KB218953

욕망과 혁명

욕망과 혁명

편역자 |윤수종

초판인쇄일 |2004년 7월 29일
초판발행일 |2004년 8월 4일

발행인 |손자희
발행처 |문화과학사
주소 |120-012 서울시 서대문구 충정로 2가 5-15
전화 |335-0461   팩스 |313-0465
e-mail |transics@chollian.net

출판등록 |제1-1902 (1995. 6. 12)
값 14,000원
ISBN 89-86598-64-7 93300

ⓒ 윤수종, 2004
* 편역자와의 협약에 의해 인지는 생략합니다.

문화과학 이론신서 47

가타리가 실천하는
욕망과 혁명

윤수종 편역

문화과학사

'국가와 혁명'에서 '욕망과 혁명'으로

　　레닌은 『국가와 혁명』 서문에서 이렇게 시작한다. '국가의 문제는 이론
적 측면에서나 실제 정치적 측면에서 볼 때 각별한 중요성을 띠고 있다.
제국주의전쟁은 독점자본주의에서 국가독점자본주의로의 이행과정을 극
도로 가속화시키고 있다. 거대한 자본주의 기업들과 긴밀하게 결탁하고
있는 국가는 노동대중에 대해 점점 더 포악한 탄압을 가하고 있다. 선진
국들은 현재 노동자들을 가두어 놓는 군사감옥으로 변해가고 있다. 인민
들은 현재 진행되고 있는 전쟁이 가져온 전대미문의 공포와 참혹함을 더
이상 견딜 수 없는 지경에 이르렀고, 이로 인해 그들의 분노는 극도로 고
조되고 있다. 이제 국제프롤레타리아 혁명의 기운은 확고하게 무르익고
있다. 여기서 국가와 혁명의 관계라는 문제가 실천적인 중요성을 띠고 전
면에 부각된다.'[1]

　　국가는 화해불가능한 계급적대의 산물로서, 화해할 수 없는 계급대립
을 화해시키려고 하면서 한 계급이 다른 계급을 통치하고 지배하는 기관
이며 동시에 계급갈등을 조절함으로써 억압을 정당화하고 영속화하는 기
관이라고 레닌은 주장한다. 그는 피억압계급을 착취하기 위한 도구인 이
러한 국가를 폭력혁명을 통해서 사멸시켜 갈 수 있다고 생각하였다.

---

1) 레닌, 『국가와 혁명』, 김영철 옮김, 논장, 1988, 초판 서문.

여기서 중요하게 등장하는 것이 국가권력 장악테제이다. 물론 장악테제는 '기존의 국가장치를 파괴하고 타도해야 하며 단순히 기존국가를 장악하는 것에만 머물러서는 안 된다'고 하는 파괴테제로 넘어간다. 문제는 기존의 현실사회주의 국가들이 국가를 사멸시키는 방향으로 나아가기는커녕 국가를 강화하는 방향으로 나아갔다는 것이다. 이것은 사실 세계혁명의 상에 배치되는 것이었고 제국화의 구도 속에서 일국사회주의라는 반동적 방향으로 나아가는 길이었다.

권력장악테제와 관련하여 푸코의 연구는 전혀 다른 방향을 제시해 주었다.[2] 푸코의 권력의 미시물리학은 미시정치의 중요성을 강조하였고 권력장악테제를 결정적으로 부적합하다고 판정해 주었다. 푸코는 권력이 모세혈관처럼 퍼져나가며 엮여 있는 그물망 형태로 작동한다고 분석한다. 이러한 권력을 집중화된 조직으로 장악하여 관리한다는 것이 어떻게 가능하겠는가?

가타리는 그러한 권력의 물리학 위에서 권력보다는 저항을, 자본보다는 노동을 강조하면서 욕망의 미시정치를 주장한다.[3] 그러나 가타리의 욕망의 미시정치는 거시정치를 무시하지 않는다. 권력을 만들어가는 미시적 작동을 바꾸어 나가지 않고는 거대한 권력작용을 물리칠 수 없다는 것이다.

권력의 미시적 작동을 파괴하고 욕망의 미시적, 분자적 작동을 넓혀감으로써 권력을 점차 해체해 가는 과정 없이는 권력장악은 깜짝쇼로 전락할 수 있다. 그러나 권력장악이 이루어지는 것을 반대하는 것은 아니다. 권력장악은 권력해체 과정의 부산물일 뿐이어야 한다. 권력장악(혁명)은

---

2) 푸코,『성의 역사』, 이규현 옮김, 나남, 1990.

3) 'Microphysique des Pouvoirs et Micropolitique des Désirs', Félix Guattari, *Les Années d'hiver 1980-1985*, Barrault, 1986.

해결책이 아니다. 영원한 개량(분자혁명)을 통해 권력해체를 가져오는 지난한 과정이 진정한 혁명인 것이다.[4] 승리게임(권력장악)에 매달린 사람들은 참지 못하고 권력게임(선거)으로 넘어가곤 하지만, 그것은 대중으로부터 멀어지는 길을 가고 있는 것이다.

어쨌든 국가권력 장악테제는 현재 한국에서 좌파 내부의 차이를 나타내는 중요한 잣대가 된다. 『진보평론』이 창간되던 즈음(1999년), 기존의 국내 맑스주의 진영에서 통상 신좌파로 묶이는 흐름들을 적극적으로 고려하려는 시도들이 있었으나 차차 이러한 문제의식들이 생산적으로 발전하지 못하고 구좌파와 신좌파 간의 의견차이만 확인한 채 평행선을 그리며 나아가고 있다.

그 문제는 한편으로는 권력을 어떻게 할 것인가라는 문제와 직결되어 있고, 다른 한편으로는 주체 문제를 어떻게 풀어갈 것인가에 관련되어 있다. 권력장악 테제에 얽매이느냐 아니냐가 한 가지 격리선이다. 기존 권력이 집중되어 있다는 레닌식 발상에서 결국은 대항권력도 매개체로서 당을 상정하고 대중운동이나 다양한 조직들을 정돈해 나간다는 방식과 대중이 구성해 가는 능력으로서 역능을 확장해 감으로써 권력을 해체해 가는 방식의 차이라고 생각된다. 분자혁명이나 미시적 작동을 바꾸어 나가는 과정을 권력장악의 부수적 고리로 배치하는 경우 신구좌파간 타협점을 만들어 갈 수 있기도 하지만 말이다. 최근 민노당의 의회진출을 보면서 여전히 당형태의 중요성을 강조하는 흐름이 있지만, 신좌파적인 성향은 아무래도 색다른 조직형태를 모색하고 있다고 생각된다. 편역자는 그러한 것으로서 소수자운동을 제기한 바 있다.

국가권력 장악테제와 함께 제기되는 문제가 주체 문제이다. 한국에서

---

4) 가타리, 『분자혁명』, 윤수종 옮김, 푸른 숲, 1998.

도 구좌파와 신좌파 사이에 주체 문제를 둘러싸고는 차이가 좀더 심각하다. 이념과 과학에 근거한 노동자 주체와 욕망을 추구하는 탈주적인 노마드(룸펜)의 차이라고나 할까. 가타리는 욕망의 문제를 제기하면서 결국 이념으로 무장된 일사불란한 조직이 이루어내는 혁명이 아니라, 노동자 계급을 비롯한 다양한 층들이 서로 엮여있는 관계상태(배치)를 모든 곳에서 다른 흐름들로 만들어 냄으로써 기존의 구조를 변형시켜 나갈 것을 강조한다. 이념의 문제에서 욕망의 문제로 초점을 옮겨가자는 것이다.

가타리는 이제 혁명은 10월혁명 같은 형태로, 봉기에 의해 기존의 국가권력을 장악하고 전국적 회계와 통제에 의해 새로운 사회를 건설해 가는 과정으로 나타나지는 않을 것이라고 본다. '넘치는 것'으로서 욕망은 기존의 제도화된 것들을 끊임없이 변형시켜 새로운 제도화를 가져온다. 매개를 거치지 않는 다양한 통로들을 만들어 가고 서로 횡단적으로 엮어 나가는 방향을 생각하게 된다. 이럴 경우 권력이 거대해지고 있는데 어떻게 작은 것들을 가지고 이길 수 있겠느냐는 반박이 즉각 들어온다. 그래서 대표체를 통해서 저항권력도 거대해지자고 한다. 사실은 그렇게 하여 저항세력은 기성권력의 파트너가 되는 길을 택하게 된다.

여기서 '욕망과 혁명'이란 문제설정은 레닌의 '국가와 혁명'과는 전혀 다른 혁명상을 제시하게 된다. 혁명을 생각하면 먼저 권력이 집중화된 곳(국가권력)을 찾아서 그것을 파괴하고 새로운 권력(노동자·농민의 권력)을 만들어 가자는 것이 레닌의 도식이었다면, 이제는 혁명을 생각하면 바로 욕망에너지를 해방하는 문제가 전면에 등장하는 것이다. 더 이상 대체권력을 만들어 가는 방식이 아니라 색다른 작동방식을 만들어 가자는 것이다. 그러기 위해서는 기존의 틀들을 벗어나서 새로운 기계들을 만들어 나가야 할 것이다. '넘치는 것(욕망)'의 선을 따라서 다양한 실험들을 전개해 나가야 할 것이다.

여기서 욕망과 배치라는 발상이 나오게 된다. 가타리의 생각에 빗대어 설명해 본다면, 이러한 발상은 어떤 대상의 내용보다는 그 대상을 둘러싼 작동(기능작용)을 바꾸어 가는 방식(실천)에 천착하게 된다. 예를 들어 경찰기구와 한 운동가는 전혀 다른 대상이다. 경찰기구가 그 운동가로 하여금 감시의 눈초리를 느끼게 한다. 그러면 그 운동가는 경찰기구의 감시를 의식하면서 자신의 활동을 조정해 간다. 그 운동가는 경찰기구 장치의 한 부품이, 기계가 되어가는 것이다(전에는 경찰기구와 가장 적대적인 사람으로 생각되었던 그가). 이와 반대로 한 운동가가 기존의 조직구도와는 (경찰기구가 예상하는 것과는) 전혀 다른 방식으로 운동을 하면(다른 기계가 되면) 경찰기구는 기존의 조직구도로 파악하던 방식으로는 그 운동가를 파악하지 못하여 결과적으로 그 경찰기구는 제대로 기능하지 못하게 된다. 이것이 경찰기구를 무력화시키는 방식이다. 예를 들면 무장집단은 엄격한 명령하달체계에 입각하여 움직이는 조직이라고 생각하는 경찰기구가 분산된 폭력을 행사하는 자율주의적 활동가들을 어떻게 잡아들일 수 있겠는가?

그렇다면 레닌적 집중화도식에서 강조하였던 동일자(통일) 논리에 대항하여 차이의 논리를 강조하는 것은 당연하다 하겠다. 통일 논리(변증법 논리)에 따르는 전통적인 좌파들은 결국은 이념을 우위에 두고 헤게모니를 관철하려는 자세에 서게 된다. 인민대중의 동의를 얻는 헤게모니일지라도 헤게모니를 관철시키려는 것은 어쨌든 욕망의 선을 따르는 움직임이라기보다는 어떤 하나의 선 또는 주도적인 선을 따라 모든 것을 배열하는 방식인 것이다. 그러다 보니 그 헤게모니적 흐름에서 벗어난 것을 배제함으로써 새로운 위계를 강화하게 된다. 또한 인민대중의 다양한 욕망의 흐름을 코드화하거나 초코드화하는 경향을 지니게 된다.

이제 욕망해방을 생각하면, 차이의 논리에 따른 조직화를 생각하게 된다. 기존의 좌파들은 차이를 강조하고 다양성을 인정하는 것은 좋지만 그렇게 해서 어떻게 공통성을 만들어 갈 수 있겠느냐고 반박한다. 그래서 결국은 헤게모니론으로, 당조직으로 되돌아간다.

그렇지만 차이의 논리를 강조한다고 해서 공통성을 만들어 가지 못하란 법이 있는가? 그것은 공통성을 동질성으로만 이해하기 때문이다. 개별자(특이성, singularité)들이 서로의 동질적인 측면(사실은 추상적인 공통성)을 모아서 어떤 대표나 매개체에 그것을 위임해야 구성이 가능하다는 것이 기존의 대표제 논리이자 구성방식에 대한 사고였다. 이 경우 개별자의 특이성은 무시되게 되어 있다. 그렇게 해서 만들어낸 공통성은 개별자들의 소통의 폭을 넓히기보다는 소통의 폭을 좁히고, 단조롭게 만든다. 그 공통성은 개별자들이 지닌 동질성의 산술적 합계이기 때문이다. 이렇게 해서는 제3의, n번째의 것을 만들어 낼 수 없다.

차이의 논리에 입각한 스피노자적 욕망(소통)의 정치는 바로 차이를 넓혀가면서도 공통성을 만들어 감으로써 소통폭을, 공통성을 더욱 넓히자는 것이다. 점점 더 달라지면서 함께 할 수 있는 것(특이화)에 대해 왜 생각하지 못하는가? 동일해져야만 같이 할 수 있다는 생각은 상당히 위험한 발상이다. 달라짐으로써 새로운 것들이 구성될 가능성이 더 많아지지 않을까? 당이나 국가 같은 매개체는 바로 이러한 생성의 가능성을 제한하고 어떤 경우에는 억압하기 때문에, 경유해야 할 것으로 생각하지 않는다. 오히려 국가로부터 더욱 더 이탈하는 운동(분권운동이 아니라), 당으로부터 더 멀어지는 운동을 통해서 대중의 구성의 폭과 가능성을 넓히는 '구성권력'의 전략이 필요하다.[5] 가타리의 욕망의 미시정치는 바로 이러한 길로 나아가는 구체적인 경로들을 분석해 내려고 한다.

---

5) 네그리, 『야만적 별종』, 윤수종 옮김, 푸른숲, 1997; Negri, *Le Pouvoir Constituant*, PUF, 1992.

*

　이 책을 묶는 데 사용된 글들은 어렵게 구한 것들이다. 1부의 독일어 텍스트 「욕망과 혁명」은 2003년 여름 보스턴에 갔을 때 카치아피카스 (George Catsiaficas) 교수의 연구실에서 구한 것이다. 그는 독일의 자율 파(아우토노멘) 움직임에 정통하고 유럽의 자율운동에 관한 책(『정치의 전복』, 이후, 2001) 을 쓰기도 하였다. 2부의 텍스트는 일본의 수기무라 마사아키(杉村昌昭) 교수로부터 어렵게 구하였다. 일본에 가타리를 많이 소개한 그도 이 텍스트가 없어서 친구에게서 구하여 빌려주었다. 나온 지 오래 되어 프랑스에서도 구하기 어려운 텍스트였는데 말이다. 1980년판 『분자혁명』 텍스트도 수기무라 교수로부터 구하였다. 두 사람에게 고마 움을 전한다.

　2부의 번역은 아주 힘들었다. 은어와 속어가 많고 비유적인 표현도 적 지 않았다. 우석대에 계신 박영주 선생님의 교정이 아니었다면 독자들을 혼란케 했을 것이 틀림없다. 지식 착취의 즐거운 기회를 주신 박영주 선 생님께 감사드린다.

　항상 그렇듯이 가타리의 텍스트에는 가타리(와 들뢰즈)가 만들어서 사 용하는 용어들이 많이 나온다. 역주를 달아보려고 노력했지만 부족한 점 이 없지 않다. 독자들께서는 그간 출판된 가타리의 책들을 참고해 주시기 바란다. (『정신분석과 횡단성』, 울력, 2004; 『분자혁명』, 푸른숲, 1998; 『기계적 무의식』, 푸른숲, 2003; 『세 가지 생태학』, 동문선, 2003; 『카 오스모제』, 동문선, 2003)

　이 책은 말하자면 『분자혁명』 2권이라고 할 수도 있겠다. 가타리는 『분 자혁명』 1판을 1977년에 내고 1980년에 2판을 냈는데, 1판에 있던 기호학 비판 부분을 많이 빼고 2판에서는 이탈리아 문제와 미시정치에 관한 글들 을 첨가하였다. 우리의 이 책에는 2판에 첨가된 글들을 모두 포함시켰다.

그간 출간한 책들과 이 책으로 가타리에 대한 소개가 어느 정도 이루어진 것 같다. 이제 그가 1980년대에 쓴 『인동의 세월』(*Les Années d'hivers 1980-1985*, Barrault, 1986)과 『분열분석적 지도제작』(*Cartographies schizo-analytiques*, Galilée, 1989), 그리고 다른 사람들과 함께 낸 『제도론의 실천과 정치』(Jean Oury, Félix Guattari, François Tosquelles, *Pratique de L'Institutionnel et Politique*, Matrice, 1985) 정도가 우리말로 번역되지 않고 남아 있다.

가타리는 대부분 들뢰즈-가타리로 이해되고 있다. 제도적으로는(특히 대학 언저리에서) 들뢰즈에 대한 논의가 활성화되고 있다. 문학비평에서, 탈근대적 사회과학 흐름에서 들뢰즈를 수용하려는 움직임이 전세계적으로 보인다. 우리나라에서는 들뢰즈-가타리가 탈근대론을 정비하고 들어선 주류적인 명칭이라 생각된다. 어느 나라에서도 마찬가지이지만 번개 같은 가타리는 슬쩍 논의에서 사라지고 피뢰침 같은 들뢰즈에게로 논의의 초점이 집중되고 있다. 물론 그렇게 되면 실천적인 관심은 사라지고 점차 강단학문적인, 해석기법적인 방향에서 들뢰즈-가타리를 착취하게 된다. 들뢰즈에서 가타리를 떼어냄으로써 위와 같은 흐름을 반전시키고자 편역자는 가타리의 단독저작과 실천내용들을 소개해 왔다. 그래도 어쨌든 가타리는 탈영토화되는 것 같다. 가타리의 제자들(있기나 한가?)은 가타리의 주장을 설파하지 않는다. 그러나 수십년 뒤에 가타리의 생각은 다른 계통을 타고 소생하지 않을까?

2004년 7월 25일
윤수종

가타리가 실천하는
욕망과 혁명

목차

1부

욕망과
혁명

유럽을 시끄럽게 했던 1977년 이탈리아 3월 봄반란 이후 가타리는 이탈리아 활동가들과 자신의 혁명에 관한 생각을 펼쳐 나간다. 그동안 들뢰즈-가타리로 소개되었던 많은 텍스트들이 이론적인 측면에 기울어져 있었던 것에 비해서, 이 대담에서 가타리는 자신의 사유가 실천과 어떻게 연결되는지를 소상히 밝혀주고 있다. 특히 이탈리아 아우토노미아 활동가인 비포나 베르테토와의 차이를 드러냄으로써, 가타리는 자신의 독특한 혁명론(분자혁명)을 보여주고 있다.

들뢰즈-가타리의 많은 텍스트들이 주로 정신분석비판이란 측면에 치우쳐 있는 반면, 가타리의 텍스트는 맑스주의적 쟁점들과 잇닿아 있다. 이 텍스트도 노동자계급에 대한 규정 문제, 역사의 주체에 관한 논의, 배치 개념의 실천적 의미, 조직의 문제, 분자혁명이란 새로운 혁명상 등에 관한 가타리의 생각을 보여주고 있다. 사회가 정치에 집중되고 정치는 권력으로 집중되어 국가권력이 그 사회의 지배장치라는 맑스주의 지배분석에 기초하여, 레닌은 '국가와 혁명'을 생각하였다. 혁명을 하려면 권력의 집중장치인 국가를 어떻게 장악하고 새롭게 재편(파괴와 구성)할 것인가 하는 것이 중요하였다. 권력은 그렇게 집중되어 있다기보다는 장치와 설비들에 미시물리적으로 편재되어 있으며 관계망 속에서 작동한다는 푸코의 분석은 이러한 레닌식 국가장악테제에서 벗어나도록 해 주었다. 가타리는 더 나아가 장치와 설비들이 움직이는 기계들에 초점을 맞추면서 이 기계들을 경직되고 집중화되는 방식이 아니라 유연하고 분산되는 방식으로, 즉 권력을 만들어 가지 않는 방식으로 작동시켜 갈 수 없을지에 대해 탐색해 나간다. 그래서 더 이상 10월혁명을 기대하는 것이 아니라 삶을, 생활을 바꾸어 가는 영구혁명을 생각하게 된다. 그리고 이러한 혁명은 바로 욕망해방을 전제로 하는 것이다.

01

욕망과 혁명[*]

베르테토 이탈리아에서의 탄압에 반대하는 프랑스지식인 선언1) 이후에 발전된 논쟁 틀에서 특히 유로코뮤니즘2)에 대한 토론이 이루어졌

---

* 이 대담은 1977년 7월과 9월에 이루어졌다. 넉 달 전에 볼로냐에서는 이른바 3월 소요가 발발하였다. 그것은 이탈리아공산당의 통합시도에 대항하여 주변층들이 참여한 저항이었다. 볼로냐의 공산당 지방정부는 이탈리아공산당이 기독교민주당과 합의한 것을 지키기 위하여 이 저항을 무자비하게 탄압하였다. 그 합의에 반대하는 사람들이 강력하게 반대하며 하루 종일 경찰과 격전을 치뤘다. 그 와중에 이탈리아에서 가장 잘 알려진 자유라디오인 라디오 알리체의 성원인 한 학생이 살해되고 많은 좌파들이 체포되었다. 이러한 이탈리아 당국의 탄압에 반대하여 프랑스지식인 선언이 발표되었다.

1) 이 책의 3부 1장 「1977년 9월의 볼로냐회의」를 보라.

2) 1970년대 이후 서유럽 공산당이 소련식 맑스-레닌주의를 비판하며 채택한 독자적인 공산주의 노선을 말한다. 2차 세계대전 후 서유럽 각국의 공산당은 큰 세력을 형성하였으나, 소련의 영향력을 벗어나지 못하였다. 그러나 1956년 스탈린 비판과 헝가리사태, 1968년 소련의 체코슬로바키아 침공 등으로 유럽인들의 반소(反蘇)감정이 악화되자 서유럽공산당들은 소련과 다른 독자적인 노선을 표방하기에 이르렀다. 소련식의 무장봉기가 아니라 선거 등의 합법적인 방법으로 사회주의정권을 수립하고, 프롤레타리아트 일당독재가 아니라 다당제를 허용하며,

다. 이탈리아와 남유럽에서 유로코뮤니즘은 서구적인 자유와 민주주의를 고려하면서 사회주의 사회를 구성해가는 기획으로 묘사된다. 좌파들과 정치활동가들은 유로코뮤니즘을 사회민주주의 및 스탈린주의와의 결합에, 그러므로 프롤레타리아 투쟁에 대한 억압을 의미하는 결합에 근거한 정치기획으로 여긴다.

가타리 공산당들의 국제연대의 붕괴—코민테른[3]의 해체, 유고분쟁[4]과 중국분쟁[5]—이후 공산당들의 일국〔국내〕 정책은 부르주아지와 더욱 더 타협하는 것으로 나아갔다. 어쨌든 나의 인상은 그렇다. 그로부터 오늘날 일국정치의 틀은 국제적 관련의 변화를 겨우 따라가고 있다. 내 생각에 일국적 수준에서는 경제 문제, 정치 문제, 그리고 일반적으로 커다란 전략 문제들은 어떤 해결책도 찾지 못하고 있다. 그 때문에

개신교나 가톨릭 등의 종교단체와 협력한다는 것이다. 이러한 노선에 따라 이탈리아공산당은 가톨릭 세력과의 역사적 타협 정책을 실시하게 된다.

3) 공산주의인터내셔널(Communist International)을 지칭하는 것으로서, 코민테른(Comintern)이라고도 한다. 1차 세계대전으로 제2인터내셔널이 와해된 후 레닌의 지도 아래 각국 노동운동안의 좌파가 모여 1919년 모스크바에서 창립된 것으로, 맑스-레닌주의를 사상적 기초로 중앙집권적 조직을 가지며 각국 공산당에 그 지부를 두고 있다. 프롤레타리아독재를 통한 사회주의의 달성이라는 노선에 입각하고 있다는 점에서 제2인터내셔널과 구별된다. 1, 2차 세계대전 사이에 공산주의자들의 투쟁을 촉진시키며 7회의 대회를 가졌으나, 스탈린에 의해 다수의 지도자들이 숙청된 후 1943년 해산되었다.

4) 1945년 민주 유고슬라비아 연방의 임시정부가 수립되었고 수상 겸 국방상으로 티토가 임명됐다. 2차 세계대전 후, 티토의 레지스탕스 운동은 합법적 정권으로 변모하였으며 소련에 대해서 자주노선을 추구하였다. 소련은 제2, 3차 코민포름(코민테른 해체 후 만들어진 국제공산주의조직)에서 유고슬라비아를 제명하고 티토를 배신자로 몰았다. 티토는 소련 측의 압력에도 불구하고, 국내적 통합을 유지하고 50년대에 들어서면서 소비에트형 공산주의 체제에 반하는 체제로서 유고슬라비아 특유의 자주관리 사회주의건설에 나섰다.

5) 소련에서 스탈린이 사망하자 후르시초프를 선두로 스탈린 비판이 진행되고, 미·소 평화공존을 주창하는 노선이 주도권을 장악하였다. 그러자 마오쩌둥(毛澤東)이 이끄는 중국공산당은 이것을 수정주의(修正主義)라고 비판하면서 1963년 7월-64년 7월에 걸쳐 만 1년 동안 공산주의의 원칙과 운동의 방법을 둘러싸고 소련공산당과 격렬하게 논쟁을 벌였다.

국제적 수준에서 어떠한 전망도 더 이상 열어젖힐 수 없는 공산당들은 더욱 더 자신의 국내 부르주아지에게 얽매이게 된다. 프랑스에서 공산당은 요즈음 "프랑스식으로 생산하자"는 말로 광고[포스터]를 내고 있다. 그러나 "프랑스식으로 생산하자"는 것은 제3세계나 해당 나라들에서 오는 생산물이 프랑스시장의 확대에 방해된다는 것을 말할 뿐이다. 프랑스공산당은 콩코드의 가장 강력한 옹호자 가운데 하나였다. 콩코드가 가장 무서운 비행기 가운데 하나일지라도 사람들은 그것을 만들어 왔다. 콩코드는 공항 주위의 환경을 파괴하고 대기 상층의 오존을 파괴하며 엄청난 소음을 낸다. 민족주의적 근시안과 편협함으로 인해 공산당은 나라의 가장 반동적인 이해세력들과 여러 번 연대하였다. 이탈리아에서도 내 판단에는 비슷한 일이 일어났다. 이탈리아는 유럽 자본주의의 가장 약한 고리 가운데 하나이다. 대중투쟁을 새로운 사회를 만들어 나가기 위한 핵심으로 전개해 나갈 수 있는 상황을 만드는 대신에, 이탈리아공산당은 우선 내핍[정책][6]을 지지하고 가장 퇴보적인 경제·정치 정책을 옹호하고 탄압을 앞서서 변호하고 그리하여 진정 대중의 사기를 떨어뜨렸다. 그럼으로써 유로코뮤니즘은 역사와의 결합과 공산주의운동의 전망을 버렸다. 유로코뮤니즘은 정말 전쟁 이전의 사회주의인 터내셔날[코민테른]보다 더 시대에 뒤떨어져 있다.

내가 보기에 우리는 독창적인 현상에 직면하고 있다. 즉 유로코뮤니즘과 특히 이탈리아공산당의 모든 커다란 주제들—정치적 다원주의, 내부 민주주의, 민주주의적 전망—에 직면하고 있다. 형식적 민주주의를 옹호하는 것이 문제가 아니라, 실질적 대중민주주의와 경제민주주의를 설립하는 것이 문제이다. 다른 한편 이탈리아공산당-자유주의의 속

---

6) 이탈리아공산당은 '희생[내핍]정책'이라는 이름 아래 임금협약과정에서 임금인상을 자제하자는 노조정책을 취하였다.

이 들여다보이는 모습은 매우 분명하다. 우파-지식인이나 기독교민주당과 대화하려고 할 때면 이탈리아공산당은 민주주의를 위한 것이라고 말하는데, 볼로냐와 로마에서처럼 투쟁하는 대중과 대화할 때면 경찰을 부르고 탄압한다. 그 결과 이탈리아공산당의 민주주의에 대한 승인은 매우 상대적이다. 소련공산당의 방법과 실제로 다른 이탈리아 공산당의 성격이 결정적인 것이 아니다. 결정적인 것은 유로코뮤니즘이 대중의 해방에 대한 현실적인 그림을 더 이상 그리지 않는다는 것이다.

베르테토 그래서 당신은 공개적으로 자본주의적 이해를 대변하는 당들이 지배하는 기존 사회들에서보다 역사적 타협의 사회인 이탈리아에서나 좌파가 지배하는 사회인 프랑스에서, 오히려 자유가 더 적고 탄압은 더 강하다고 믿는가?

가타리 좌파의 현실적인 문제들을 잠시 제쳐두고 프랑스좌파가 선거에서 승리한다고 생각해 보자. 그러면 분명히 인민들이 상당히 열광할 것이다. 왜냐하면 이탈리아에서와는 달리 대중에게 분명한 이익을 주는 강령이 있기 때문이다. 그에 반해 이탈리아에는 억압적인 강령만이 있을 뿐이다. 프랑스의 관계에 견주어 보면 이탈리아공산당의 태도는 시라크(Chirac) 7) 와 마르셰(Marchais) 8) 사이의 동맹에 필적할 것이다. 나는 프랑스공산당을 변호하지 않지만, 아직은 프랑스에서는 이탈리아에서와 같은 그러한 상태는 결코 없다. 그 결과 좌파의 승리는 커다란 실망을 가져올 것이다. 물론 나는 미테랑(Mitterand) 9) 과 마르셰가 베를

---

7) Jaques Chirac(1932~). 1967년 하원의원에 당선되었고 1974년 지스카르 데스탱의 대통령 당선 이후 새 정부의 총리가 되어 1976년까지 역임하였다. 1976년 RPR(공화국연합당)이 창설되자 총재에 취임하였고 2002년 대통령 선거에서 르팽을 누르고 당선되어 재선에 성공하였다.

8) Georges Marchais(1920~1997). 1947년 프랑스공산당에 입당하여, 1970년 당부서기장을 거쳐 1972년 당서기장에 올랐다. 1976년 제22차 당대회에서 종래의 프롤레타리아독재의 포기를 선언하고 이탈리아공산당·스페인공산당과 함께 유로코뮤니즘 진영을 형성하였다.

링게르(Berlinger) 10) 와 안드레오티(Andreotti) 11) 보다 더 낮지 않다고 확신한다. 왜냐하면 강령과 정치가의 선의가 위기를 제어할 수 없기 때문이다. 현재의 유럽의 위기는 상당히 심각하다. 현재 유럽의 위기는 자본주의 나라들 사이의 모든 모순과 모든 국제세력관계의 전반적 신구조화에 영향을 끼칠 것이다. 사람들은 바르(Barre) 12) 를 단순히 로카르(Rocard) 13) 나 아탈리(Attali) 14) 로 대체할 수 없으며, 이러한 방식으로 실업, 다국적 콘체른, 원자재나 석유 문제를 해결할 수 없다. 이 문제들은 전보다 더 커진다. 왜? 노동자들은 더 많은 것을 요구할 것이고, 기업가들과 국제자본주의가 더욱 강하게 나갈 것이고, 프랑스의 경제적 사회적 상황이 더욱 악화될 것이기 때문이다. 그리고 다른 한편으로는 프랑스 공산주의자들과 사회주의자들은 새로운 사회관념을 가지고 있는

---

9) François Mitterand(1916~1996). 프랑스의 정치가. 1959년 상원의원이 되었고 1971년 재편된 사회당 제서기가 되었다. 1974년 대통령선거에서 공산당과의 공동강령에 의하여 입후보하였으나 근소한 차로 지스카르 데스탱에게 패하였다. 1981년 사회당후보로 대통령에 당선되었다.

10) Enrico Berlinger(1922~1984). 이탈리아의 정치가로서 공산당 서기장을 지낸 유럽 공산주의의 기수. 1968년 하원의원으로 선출되었고 1972년 이래 공산당 서기장을 지냈다. 1973년 칠레의 반혁명 교훈의 영향으로 좌파 세력과 가톨릭 세력의 제휴를 요구하는 '역사적 타협'을 제창하여 당 내외에 반향을 불러일으켰다.

11) Giulio Andreotti(1919~). 이탈리아의 정치가로서 1944년 기독교민주당 창당에 참가하였고 1972~1973년 중도우파 내각의 총리를 지냈고, 사회당과의 연립 중도좌파 내각이 곤경에 빠진 뒤를 이어, 1972~1979년 공산당의 암묵적(暗默的) 지지에 의해 4회에 걸쳐 정권을 장악하였다.

12) Raymond Barre(1924~). 1959년부터 드골 정권하의 정부 요직에서 활약하였고, 1967~1972년 유럽공동체(EC)의 경제담당 부위원장으로 있다가 1976년부터 수상 겸 경제장관으로 있었다.

13) Michel Rocard(1930~). 프랑스 수상을 지낸 정치가이다. 알제리 전쟁을 비판하고 사회당(SFIO)을 떠나 1960년 통일사회당(PSU)을 창당, 전국 서기로 일하였다. 1974년 미테랑의 사회당(PS)으로 복귀하였다.

14) Jacques Attali(1943~). 프랑스사회당의 경제이론가. 미테랑 전 대통령의 수석고문과 유럽부흥개발은행(EBRD) 총재를 지냈다.

가 하는 문제가 나타난다. 그들은 생산방식과 대중의 삶을 사실상 근본적으로 바꾸려고 하는가, 아니면 핵심에너지나 콩코드에서처럼 환상-해결책만을 생각하는가?

베르테토 당신은 이탈리아의 77년 운동〔1977년 3월 소요〕에서 어떤 구체적인 측면과 어떤 이론적 구성요소에 가장 관심을 가졌는가?

가타리 라디오 알리체(Radio Alice) 15) 와 노동자아우토노미아(Auto-nomia Operaia) 16) 의 몇몇 이탈리아 동지들과 나의 공동작업은 우연히 이루어졌다. 거기서 무엇보다도 이 동료에게 가해진 탄압이 문제였다. 내가 특별히 관심을 가진 것은 라디오 알리체의 이론적 텍스트와 기록이었다. 내가 여기저기서 기록한 사실들을 다시 찾은 것은 나에게는 그렇다고 하더라도 개인적인 보상을 주었다. 그리고 그때 나는 여전히 이 역사에 동참하고 있었다. 나는 비포(Bifo) 17) 를 나의 집에 기꺼이 받아들였다. 내가 없는 동안 비포를 찾았던 이탈리아 경찰을 나는 결코 기꺼이 받아들이지 않았다. 오늘날 나는 미래를 내다보며, 우연히 지나가는 만남이 중요했는지, 혹은 나의 관점과 몇몇 이탈리아 동지들의 관점이 상당히 일치했는지 질문할 수 있다. 우선 나는 어떤 점에서 일치했고 어떤 점에서 일치하지 않았는지, 사람들은 어디에서 특정한 질문들을 심

---

15) 이탈리아 좌파 자유라디오 방송국 가운데 최초의 가장 중요한 것으로 '추잡한 이야기들'을 내보내고 실험하였다. 1976년 볼로냐에서 창설되었고 1977년 3월 운동 동안 여러 번 습격을 받고 폐쇄되었다.

16) 1970년대 중반 이후 이탈리아 운동에서의 큰 흐름의 하나로서 '노동자아우토노미아'는 전국적인 통일적 조직단위를 지니지 않은 하나의 영역으로서 대중들의 창의성에 근거한 다양한 투쟁들에 개입하였다. 노동자아우토노미아는 무장폭력을 지지하는 경향과 대중의 창의성에 기반하는 경향으로 분화되어 갔다.

17) Bifo(1950~, 본명은 Franco Berardi)는 잡지 *A/Traverso*와 라디오 알리체에서 일했다. 그는 볼로냐에서의 1977년 3월 소요의 대표로 피소되었고 프랑스로 망명함으로써 유죄판결에서 벗어났다. 파리에서 가타리와 살았다.

화시켜야 했는지 말할 수 있다. 비포와의 이 인터뷰가 나에게 중요한 것으로 보이는 한에서 말이다. 나의 방법의 하나는 역사적으로 조건지어진 상황에서 출발하여 보다 일반적인 성격의 문제들을 개념으로 포착하는 것이다. 비포와 같은 동지들과 논의함으로써 나는 내가 전에는 관여하지 않았던 주제들, 우선 위기 문제에 주목하게 되었다. 나는 여기서 처음으로 능동적인 혁명가들은 위기에 관해서 지배적인 논의와 대칭을 이루는 담론을 발전시켜야 한다는 것을 체험한다. 서구 노동자운동의 통합, 특히 프랑스 노동자운동의 통합이 위기, 특히 경제위기의 모든 계기들을 부정적으로 경험하는 식으로 이루어질 것이다. 노동자운동은 위기시에 더 약화되고 덜 유연해지며 반면에 경제성장 시기에는 그 투쟁력이 증가한다는 시각이 프랑스에서는 더욱 확산되고 있다. 그에 반해, 보이는 바와 같이 이탈리아동지들은 그들의 입장에서 "혁명적 패배주의"[18] 관념과 같은 낡은 혁명관념의 위기에서 벗어나 있다. 이탈리아 동지들은 개량주의적 행동에 대항할 뿐만 아니라 긴축에, 자율축소운동[19] 〔에 대한〕 방해시도에, 생산성 향상에 대항한다. 그리고 그들은 위기를 촉진시킨다. 그들은 노동자와 경영자의 관계라는 분자적 수준에서, 그리고 젊은 노동자, 실업자, 남부와 다른 종속지역에서 온 노동자의 이해를 지지하기 위하여 개별투쟁의 결합 속에서 위기를 촉진시킨다. 그들은 공산당-기독교민주당의 보수 동맹의 개량주의를 파괴할 수 있는 일국적 전략을 발전시킴으로써 위기를 촉진시킨다. 그것을 넘어서

---

18) 제2인터내셔날의 사회주의당들의 국수주의에 대처하는 개념으로서 로자 룩셈부르크와 레닌이 각인한 개념이다. 이것은 1차세계대전을 제국주의적 부르주아지의 사안으로 보고 그에 대한 모든 지지를 거부하라고 노동자들에게 촉구하는 내용을 담고 있었다.

19) 1970년대 중반 이후 이탈리아에서 나타난 운동으로 특히 재생산영역에서 일어났다. 공공서비스, 주택, 전기, 운송요금 등을 인하하는 운동이다. 윤수종, 「이탈리아의 아우토노미아운동」, 『이론』 14호, 1996년 봄.

그들은 국제적인 수준에서도 위기를 촉진시킨다. 거기서 사람들은 파시즘이 오늘날 더 이상 진정한 위험을 타나내지 않는다는 것을 염두에 두어야 한다. 왜냐하면 서구 선진국들 사이의 경제적 연대가 아주 강하여 이탈리아는 근본적으로 더 발전된 유럽국가들과 어떤 종류의 종속 아래에 있기 때문이다. 그러나 이것은 반대 방향에 있기도 있다. 즉 이탈리아인들은 마치 국제적인 수준에서 일종의 "자율축소운동"을 실천하는 것 같다.

이러한 위기 개념은 정말 흥미롭다. 그 개념은 역사적으로 새롭지는 않다. 그럼에도 사람들은 노동자운동의 역사에서 단지 그 개념을 이론적인 입장에서뿐만 아니라 일종의 죄책감으로 고통받는 대신에 공격적인 입장에 비추어 위기를 받아들이는 능동적인 정치적 동지들에서도 찾아내는 데로 더욱 돌아가야 한다. 예를 들어 노동총동맹(CGT)[20]의 프랑스노동자는 프랑스탄광이 국제적 수준에서 더 이상 경쟁력이 없다는 것, 프랑스 철강산업은 해체될 것이고 콩코드는 완전한 사기로 판명되며 원자력〔핵〕산업이 의문시될 것이라는 것을 치욕으로, 파국으로 받아들인다. 그러므로 오늘날의 노동자운동에서 여러 사람들이 이러한 죄책감에서 벗어나고 위기의 필연성을 승인할 뿐만 아니라 위기를 촉진시키는 것이 중요하다. 사람들은 위기를 촉진시키면서도 완전히 다른 전략을, 즉 임금 측면에서 양적일 뿐만 아니라 전체 사회의 생산방식과 조직방식을 파악할 수 있는 전략을 적용한다.

베르테토 노동자운동의 역사에서 반란 계기의 위기, 즉 부르주아국가의 파괴에 관한 질문이 제기되는 계기에 위기가 있다. 따라서 레닌적

---

20) Confédération Générale du Travail. 1895년 창립된 좌파계열의 노동조합으로, 공산당과 연계를 갖고 있다. 오늘날 CGT는 사회당 좌파계의 노동조합인 프랑스민주노동동맹(CFDT: Confédération françois démocratique de Travail)과 통일협정을 맺고, 사회당과 공산당의 통일전선을 지지하고 있다.

인 모델의 위기가 있다. 이제 위기는 더 이상 부르주아국가를 파괴해야 하는 계기가 아니라 혁명적 변혁과정이 수행되는 아주 긴 시기라는 다른 가설이 있다. 이것은 정말 고전적인 동궁〔짜르가 거주하던 궁전〕점령과 같은 그러한 것이 아니며 어떤 점령을 동반한 파괴를 피한다. 다른 한편 내 생각에는 계급구성과 국가구조에서의 변화는 혁명조직에 대한 레닌적 모델의 수정뿐만 아니라 봉기 및 권력장악에 대한 레닌적 모델의 수정을 필요로 한다. 선진자본주의 나라들에서 혁명은 더 이상 폭동적인 파괴로, 권력장악과 동궁점령으로 개념화될 수 없다고 생각한다. 오히려 혁명은 파괴와 무엇보다도 변혁에의 대중적 참여가 그 속에서 생산적이고 사회적이고 개인적인 관련을 지니게 되는 그런 과정으로 이해되어야 한다.

가타리 나는 그것을 주요사안이라고 생각한다. 왜냐하면 근본적으로─당신이 부르듯이─폭동적 파괴이론의 동요는 실천에서도 분명하기 때문이다. 억압세력은 오늘날 조직화되어 있어서 사람들은 폭동방식으로─의회, 우체국 등의 점령을 통해─권력을 장악하는 것이 아주 어렵다고 생각할 수 있다. 오늘날 사람들은 자신이 가지려는 모든 것을 무엇인가 변화시키지 않은 채 가질 수 있다. 그리고 하나의 혁명집단이 모든 중요한 중심지를 점유하는 반면 사람들은 참여하지 않고 방관한다는 것을 아주 쉽게 생각할 수 있다. 프랑스 68혁명에서 비슷하게 진행되었다. "그래, 그것은 정말 흥미로웠지만 지금은 다른 사태로 방향을 돌릴 휴가기간이야"라고. 그 후 혁명적 파괴라는 고전적인 도식은 실천적으로도 이론적으로도 기능하지 않았고, 아마도 몇몇 소집단이나 섹트〔분파〕들에서나 기능했다.

이것이 첫 번째 논점이다. 그리고 두 번째 논점은 그 모든 것은 혁명전망이 사라진다는 것을 의미하지 않고 단지 특정한 혁명유형이 실패

〔파산〕했다는 것을 의미할 뿐이다. 국가권력장악을 목표로 했던 혁명—
우리는 지난 세기와 이 세기의 초기에 언급되었던 혁명모델을 생각한다—
은 통합, 국제관련, 자본의 전략 및 발전, 정치발전의 현실적인 수준과
더 이상 일치하지 않는다. 오히려 내가 분자적[21] 수준이라고 특징지은
다른 수준이 있다. 거기에서는 하나의 편류(偏流) 과정, 모든 개념의 해
체가 일어나고, 분자혁명[22]이 분자적이지 않은 것과 어떤 관계에 있는
가 하는 질문이 제기된다. 우선 국가—더 이상 권력장악의 장소는 아닐
지언정 다소 확대기능하는—와의 관계가 중요하며, 국제적 수준에서
억압기관, 예를 들어 미국, 소련 그리고 중국과의 관계가 중요하다. 이

---

21) 가타리의 흐름분석과 사회분석에서는 몰적(molaire)/분자적(moléculaire) 이라는 개념쌍을 사
용한다. 이 개념쌍은 변증법적인 것이라기보다는 움직임의 방향과 방식을 지칭하는 것이다.
'몰(적)'이라는 것은 어떤 하나의 모델이나 특정 대상을 중심으로 모든 것을 집중해 가거나
모아가는 것을 말하며 자본이 모든 움직임을 이윤메커니즘에 맞추어 초코드화하는 것을 몰
적이라 할 수 있을 것이다. 운동에 있어서는 모든 움직임을 노동운동이라는 단일 전선에 편
제하여 다른 흐름들을 통제하는 것을 말하기도 한다. 따라서 몰적인 방향을 무조건 나쁜 것
으로 생각하는 것이 아니다. 단지 몰적인 방향은 생성을 가져오는 것은 아니며 기존에 생성
된 것을 특정하게 코드화할 뿐인 것이다. 이에 반해 '분자적'이라는 개념은 미세한 흐름을
통해 다른 것으로 되는 움직임(생성)을 지칭하는 것이다. 그러나 이러한 미세한 흐름은 반드
시 작은 제도나 장치를 통해서만 이루어지는 것은 아니며 사회 전반적인 분자적 움직임도
가능하다. 따라서 미시구조나 미시적 흐름에만 집착하는 것이 아니라 다양한 크기의 구조
및 제도 속에서 흐르는 미시적 흐름을 중요시한다. 이러한 개념을 제시하면서 가타리가 의
도하는 것은 욕망의 흐름을 파악하려는 것이다.

22) 가타리의 분자혁명이란 상은 그의 말에 따라 보면, "혁명이란 모든 소외 관계—노동자, 여성,
어린이, 성적 소수자의 소외, 색다른 감수성이나 소리, 색채나 사상의 기호(taste)의 소외—와
절단하는 문제이다. 어떤 영역에서도 혁명은 먼저 혁명에 의해 욕망에너지의 해방이 있어야
한다. 그리고 기존의 지층화를 관통하는 연쇄반응만이 현재의 사회를 유지하고 있는 권력구
성체를 재검토하는 불가역적인 과정을 촉진할 수 있다"는 것이다. 가타리는 국가 권력의 탄
압에 저항하면서도 권력장악을 위한 대(大)정치가 아니라 새로운 정치로의 방향 전환을, 즉
다양한 주변인들, 소수자들을 중심으로 대중들이 전개해 나가는 '분자혁명'을 강조한다. 주
변적 소수적 활동의 분자적 증식을 통해 권력구도를 변형시켜 갈 수 있는 장기적인 과정을
생각하는 것이다.

러한 것들은 국제경찰기능을 수행하는 기관들이다. 이 기능은 과잉성장하여 예를 들어 아프리카의 작은 국지전을 허용하고, 항상 국제적인 수준에서의 모든 사건이 일정한 한계 안에 머물도록 고려하여 일정 지점까지만 갈등이 증폭되도록 억제한다.

세 번째 논점은 국제적인 수준에서 생산력의 통합정도에, 새로운 통제 및 조절 유형을 가져오는 통합에 관련된다. 그것은 다국적기업의 새로운 구조와 세계시장의 경제적 통합의 새로운 수준과 관계한다. 이제 질문은 어떻게 어떤 조건에서 사람들은 국가 문제와 자본주의의 통합을—소련과 중국을 포함한—국제적인 수준에서 동시에 이루어낼 수 있는 혁명적이며 분자적인 수준에서의 일관된 정책을 발전시킬 수 있는가 하는 것이다. 어떻게 분자적인 투쟁이 2백 명 매춘부들의 교회에서의 항의행동을 확대하게 하고 동성애자들이 메이데이 시위에 자신들의 깃발을 들고 참여하도록 할 수 있을까? 이것들은 근본적이고 정말 비상한 주체적 변화를 분명히 증명하는 확실한 사실들이다. 이것들을 나는 결코 역설적이라고 생각하지 않는다. 그럼에도 불구하고 그런 것들은 프랑스와 이탈리아와 같은 나라들에서 정치적 관계를 별로 변화시키지 않는다.

이제 나는—당신이 제기한 질문에 대해 시험적으로 답하기 위해서—거칠게 말해서 선진자본주의 나라들에서 발전시킨 것과 같은 국가의 새로운 기능형태에서 출발해야 한다고 생각한다. 전에는 노동자계급, 농민, 그리고 다른 피억압계급을 통제하기 위한 집합적인 강제도구를 만드는 것, 부르주아지 자체 내부의 훈육을 유지하는 것, 다양한 부르주아지 분파들을 조절하고 통제하고 훈육할 수 있는 장치를 준비하는 것이 국가의 본질적인 역할이었다. 이 때문에 고전적인 모델은 프랑스에서는 급진적-사회주의적 국가이지만, 약한 국가라는 이탈리아적 모델도 있었다. 이 모델은 그때 역설적으로 미국식 연방국가 원칙에 기대어 자신이 절대적으로 필요한 곳에서만 개입하는 극도로 강한 국가를 만들어 냈다. 그러므로 자유주의적이며 급진적-사회주의적인 국가는 국지적 〔일국〕 권력에게 가능한 많은 운동공간을 허용하는 지배국가이다. 이러한 국가모델은 본질적으로 세계대전, 제국주의-식민주의의 장기놀이에 근거하여, 그리고 국제적 수준에서 국가에게 더욱 강한 기능을 인정하는 전략으로 나아간 생산의 통합에 근거하여 거부되었다. 1929년 공황 이후 국가들은 생산과 투자를 다시 일으키기 위해 그리고 사회계급들의 투쟁에서 중재기능을 수행하기 위해서 일차적으로 경제적 상대로 관여하였다. 즉 국가는 노동자계급과 자본 사이의 모든 거래에서 세 번째 사회적 상대〔파트너〕가 되었다.

그래서 개입을 통해 가장 강력한 국가부문(국유영역)을 통제하는 경향이 지배하는 드골주의적인 국가에서 그 그림이 아마 분명하게 그려지는 새로운 국가형태로 나아간다. 동일한 경향은 국제적인 수준에서 군사적이고 정치적인 자율성으로 나아간다. 내 판단에는 오늘날의 위기는 이 실패한 국가형태의 논리적 결과이다. 왜냐하면 점점 더 근본적인 결정 가운데 어떤 것도 더 이상 일국적 단위에 의해 이루어지지 않을 것이기 때문이다. 미국과 소련을 벗어나서 어떤 다른 거대한 정치구조가 구성되지 않을지라도, 국가들이 정치적으로 엄격하게 분리될지라도, 국가는 경제적 관점에서 더욱 확고하게 〔세계적으로〕 통합되어 있다. 이것은 지역시장법칙의 결과일 수도 있고, 선진자본주의 나라들뿐만 아니라 제3세계 나라들, 소련, 중국도 포함한 국제시장의 노동방식에 기인할 수도 있다.

인간은 역설적인 상황에 처해 있다. 즉 정치적인 수준에서 전체 권력은 국가에 집중되지만 반면에 경제적인 수준에서는 분산되고 국가구조와 합치하지 않는 구조들 속에서 기능한다. 이러한 상황에서 국가권력을 장악한다는 것은 불합리하고 어떤 의미도 지니지 못한다. 예를 들어 포르투갈 경제 전체가 국제적 자본주의에 둘러싸이고 붙잡혀 있는데 포르투갈에서 국가권력의 장악은 무엇을 의미하는가? 사람들은 포르투갈에서의 혁명이 가장 좋은 의도로 국가권력을 장악한다고 생각할 수 있지만, 그 혁명은 경제문제 가운데 어떤 것도 해결할 수 없을 것이다.

제기되는 질문은 다음과 같다. 국가붕괴(맑스주의적인 혹은 레닌주의적인 의미에서가 아니라 자본주의적인 의미에서의 붕괴. 왜냐하면 혁명운동이 아니라 국제적 자본의 통합과정이 국가를 붕괴시켰기 때문에)를 촉진시키는 혁명운동을 어떻게 받아들여야 할까? 그리고 어떻게 이러한 붕괴에 동시에 혁명적 방향을 부여할 수 있는가? 자, 좋다. 나는 사람들이 동시에 두 가지 방향으로 움직일 수 있다고 믿는다. 국가권력의 해체, 국가권력을 밀어버리는 방향으로 뿐만 아니라 분자혁명의 방향으로. 또한 마찬가지로 사람들은 지역적 자율성과 자치로 넘어가는데 그 과정에서 자율운동과 이른바 소수자의 모든 이해를 지지한다. 거기서 핵심문제는 국제적 수준에서 총생산의 파괴를 의미하는 경제적 무-성장, 파국적인 경제적 전망이다. 그 무성장을 사람들은 특정 부문에서는 받아들일 수 있다. 그러나 인구성장과 국제적 수준에서 경제적 불균등을 고려하면, 사람들은 무성장이라는 신화는 일종의 국제적인 "굴락화〔수용소화〕"를 가져올 것이라고 생각한다. 방글라데시처럼 엄청난 말살집단수용소로 되는 더욱 더 많은 수의 영역들이 생겨나며, 그에 반해 히틀러식 말살집단수용소는 농담처럼 들리지만 수백만 명이 자본주의체계 자체에 의해 말살당한다. 어쨌든 나는 분자혁명, 무성장과 같은 사태를 자연생산〔생계유지생산〕으로의 회귀라는 신화와 "작업도구의 제한"이라는 일리치[23]의 신화와 동일시하고 싶지는 않다.

정반대로 나는 분자혁명, 자치라는 전망, 자신의 신체·자신의 감각·감수성·성애의 재전유라는 전망—모든 기존의 분자적 구성요소들의 일종의 "자치실행"—은 어떤 종류의 정치적·경제적·생산적인 제한도 가져오지 않는다고 생각한다. 국가를 파괴하기 위해서 분자혁명은 신뢰할 만하고 결합된 전쟁기계[24]를 만들 수 있어야만 한다. 사람들이 오늘날 제국주의의 억압권력에 대항하는 적절한 도구들 없이는 더이상 자신을 지켜낼 수 없기 때문에, 일국적 수준에서뿐만 아니라 국제적 수준에서도 조정되는 전쟁기계를 만들 수 있어야 한다. 베트남혁명가들은 일국적 수준에서뿐만 아니라 국제적 수준에서도 즉 정치적 외교적 수준에서도 전쟁기계를 구성해야만 했다. 독일동지들 및 일본동지들과 함께 비행기를 납치한 팔레스타인인들도 마찬가지이다. 두 사례에서 사람들은 국제적 전쟁기계를 구축해 나가는 탐사과정을 본다. 국가를 파괴하는 한에서.

새로운 사회의 건설에 관한 한 구성성과 파괴성 사이에서 하나의 길을 찾아야 할 것이다. 즉 새로운 사회의 건설을 향한 힘과 마찬가지로 국가기계의 파괴를 위한 힘을 지녀야 한다. 그러나 새로운 사회의 건설에서 인간적인 공동체로의 재영토화[25]가 발생하며 이 재영토화의 관련

---

23) Ivan Illich(1929~2002). 일리치는 단순한 작업도구에서 예를 들어 학교와 같은 복잡한 도구에 이르기까지, 하나의 목적에 수단으로서 한정된 대상을 작업도구라고 하였다. 근대 산업사회에서 작업도구가 인간을 지배하는 장치가 되었다는 이론에 근거하여 일리치는 사회적 작업도구의 제한과 통제를 촉구한다. 그는 작은 사회적 단위에 한정된 새로운 '활기 있는 작업도구'를 만들 것을 제기한다.

24) 가타리가 국가장치의 포획기능과 대립적으로 사용하는 개념이다. 그렇다고 반드시 전쟁을 필연적으로 내재한 작동방식으로서 기계가 아니라 국가장치와 다른 방향으로 작동하면서 국가와 대결할 때는 구체적인 전쟁을 가져올 수도 있는 것으로 이해한다.

25) 가타리는 들뢰즈와 함께 영토성, 영토화 개념을 사용하며 탈영토화와 재영토화라는 하위 개념도 사용한다. 다양한 흐름을 특정한 방식으로 만들어 가는 것을 코드화라고 하며 이러한

과 유대는 국가의 수준을 넘어선다. 생산력 발전이 일국적 한계에 부딪친 이래 국가를 넘어서려는 이러한 경향이 있어 왔다. 문제는 모든 수준에서의 생산력발전이 전체 국민구조 즉 집중화된 관료적 구조의 교체를 함의하는가이다. 아니면 반대로 우리는 생산의 통합, 국제경제의 통합이 국가특수주의의 이완에 영향을 미치고 그것을 뛰어넘어 일종의 다중심적 생산체계를 가져온다고 가정할 수 있을까?

여기서 하나의 예를 들어보자. 학문발전에서, 학문연구의 가장 발전된 영역에서는 오늘날 작업을 나누고 조정하고 이식하는 어떤 일반척도도 없고, 오히려 종종 다양한 지역에서 직접적인 조정 없이 동일한 주제로 일하는 수많은 팀들이 있다. 그러므로 학문에서는 모든 부문에서 비상한 성과를 가능케 하는 일종의 리좀26) 적 발전이 있다. 학문에 타당한 것이 생산에는 더욱 더 타당하다. 하나의 국가 속에서 사람들은 분명 어떤 일반척도를 사용하지 않으며 오히려 여러 머리〔중심〕를 가진 다중심적인 발전을 생각할 수 있다. 분자적 수준에서 욕망의 궁극성〔목적〕 및 기계적 궁극성과 일치하는 생산을 생각할 수 있는 한에서 말이다. 거기서는 혁명적 전쟁기계나 항공우주수송에서의 기계, 위성탐사기계, 혹은 국제적 환경전략의 완성이 중요할 수 있다. 간단히 말하자면 국제적 수

코드화 작용이 현실 속에서 다양한 제도 속에 펼쳐져 나가는 것을 영토화라고 한다. 영토화된 것을 해체하는 것을 탈영토화라 하고 그것을 다시 포획해 나가는 것을 재영토화라고 한다. 이 영토화의 방향에서 특히 자본주의는 다양한 흐름을 그 흐름 자체의 방향에 따라 움직이도록 열어주면서도(탈영토화) 이윤획득메커니즘이라는 틀에 다시 포괄해 나가는 방향으로 움직인다(재영토화)고 한다.

26) 리좀(rhizomes)이란 '근경(根莖)', 뿌리줄기 등으로 번역되는데, 줄기가 마치 뿌리처럼 땅 속으로 파고들어 난맥(亂脈)을 이룬 것으로, 뿌리와 줄기의 구별이 사실상 모호해진 상태를 의미한다. 들뢰즈와 가타리는 수목(arbre)형과 대비시켜 리좀 개념을 제기한다. 수목이 계통화하고 위계화하는 방식임에 비하여, 리좀은 욕망의 흐름들이 지닌 통일되거나 위계화되지 않은 복수성과 이질발생성, 그리고 새로운 접속과 창조의 무한한 가능성을 보여준다.

준에서 통합·코드화·조절의 새로운 체계를 실현하도록 하는 기계가 문제이다.

비포 당신은 분자적 변혁과 정치적 변혁의 관련이라는 문제를 제기하였고 그때 한편으로 매춘부시위나 동성애자시위와 다른 한편으로 정치적 경제적 생산적 조직 사이의 구분을 강조하였다. 나는 거기에 대해서 두 가지 사실을 말하고 싶다. 첫 번째는 이탈리아에 관한 것이다. 이탈리아에서는 분자적 변혁이 프랑스에서보다도 정말 더 구체적이고 다양하게, 필연적으로 직접 정치적으로 표현되는 일련의 과정에서 발전하였다. 그러나 예를 들어 4명의 노동자, 2명의 학생, 2명의 피고용인(봉급생활자)이 사는 8-10명의 주거공동체의 구조는, 한편으로 사람들 사이의 관련과 주거형식의 변화를 나타내고 다른 한편으로는 노동력, 노동과 생활, 공동체적 노동조직의 변화를 가능케 한다는 것은 분명하다. 한 집에서 4명이 거주하며 먹고살기 위해서는 2명의 봉급생활자만이 필요하다면, 사람들은 돌아가면서 일을 안 하고 놀 수 있다. 나는 1월에 일하고 당신은 2월에 일하는 식으로. 이것은 주거공동체가 권력에 대항한 그리고 노동에 대항한(나는 볼로냐, 메이랜드, 토리노에서의 구체적인 예를 생각한다27)) 투쟁요소로서 기능하는 것이다. 즉 일과(日課) 형태로서, 일상적인 실존형태로서 대항권력이다.

그러면 정치과정에 대한 생각에서 무엇이 변하는가? 그것은 사람들이 수정해야 하는 정치 자체의 그림이다. 사람들은 변혁과정 자체는 정치영역에서 전개되고 서로 섞인다고 항상 주장해 왔다. 모든 전통적인 정치가, 전통적인 혁명가들이 그렇게 생각했다. 이제 정치가 변혁의 영토라는 것은 더 이상 진실이 아니라고 나는 믿는다. 정치는 자신의 제도적·반제도적 형식 속에서 변혁수준들 가운데 하나이지만 결정적인 수

---

27) 이 지역들에서 많은 수의 학생들과 청년노동자들이 주거공동체에서 살았다.

준은 아니라고 말할 수 있다. 변혁수준들은 주체의 모든 실존형식들이다. 즉 권력이 자신의 망〔그물〕을 그 위에 설립하고 혁명주체들이 이 망의 매듭〔결절〕을 변화시키고 파괴하는 모든 수준들이다. 나는 이러한 변혁과정의 전진적인 성격과 파괴적인 성격을 확신한다. 그러나 이러한 새로운 형태의 토론에는 문제가 있다. 즉 변혁과정에 반대로 작용하기 위하여 미시정치적 지평 안에 권력을 설립하는 특정한 대항계기, 장애물은 어떤 것들인가? 감옥은 무엇인가? 레알레법(Legge Reale)²⁸⁾은, 경찰의 죽음은 무엇인가? 분자적 과정, 즉 제도적 정치를 거부하는 과정과 결연한 대결을 유도할 수 있는 능력을 가진 국가란 무엇인가? 주체가 등장하는 분자적 형식과 국가가 지속적으로 부여하는 훨씬 몰적인 제도적 형식 사이에는 현저한 차이가 실존한다. 비록 현실적인 자본주의적 재구조화과정이 더 분자적 과정이라고 할지라도 말이다. 국가는 운동이 또다른 변혁수준을 선택할지라도 억압적인 몰적인 기계로서 운동에 대립할 수 있다. 그리고 이것은 운동 안에서 낡은—종종 백치 같은—레닌주의의 부활에 도움이 된다. 분자적 과정의 전술을 찾아내는 것이 중요하다. 분자적 과정은 전략적 전망(전략/전술 쌍이 좀 낡은 것일지라도 나는 이 개념들을 이용한다)이며 주체를 나타나게 하는 전략적 수단이다. 전술에 대한 질문을 제기하는 것은, 다시 정치에 빠지지 않고 혁명적이고 분자적인 과정을 제도적 충돌이라는 도식적 가설로 환원하지 않고, 제도적인 몰적 장치들과의 관련을 질문하는 것이다.

가타리 나는 전략/전술 쌍을 다시 수용하는 것이 유용하다고 생각하지 않는다. 그것은 인간이 특정한 부분목적을 세우는 데 특정한 구성요소를 배치할 수 있다는 가정으로 나아가기 때문이다. 더욱이 그것은 일

---

28) 이탈리아에서 1975년에 당시 법무장관인 O. Reale의 이름을 따서 만든 법으로, 이 법을 통해 경찰의 체포권이 더욱 확대되었다.

련의 국지적 배치가 어느 정도 미리 결정되고 계획된 목적에 합류한다는 생각으로 나아간다. 이것은 전략과 전술 사이의 관련에 대한 하나의 가능한 규정일 뿐이다. 오늘날 혁명운동의 현실적 위기가 정치의 죽음과 동의어라고 말하는 것은 위험할 수 있다. 그리고 정말 나에게는 정치적인 것의 근본적인 변혁이 중요하지 정치적인 것의 죽음이 중요하지 않으며, 정말 정치적인 것의 재탄생이 중요하기 때문이다. 사람들이 어떤 측면에서는 노동자운동도 부르주아지도 더 이상 정치를 하지 않는다고 생각할지라도 말이다. 반대로 현재의 문제는 실제적인 정치를 하는 것이다. 사라지고 끝나가는 정치와 미시정치 사이에는 어떤 종류의 관련이 있다. 사람들은 자기 자신의 환경 속에서, 자신의 간접적인 관련 속에서 자신이 만드는 것에 더 이상 접근하지 못하며, 경제적 통계적 법칙들을 따르는 전반적인 정치적 과정에 더 이상 접근할 수 없다. 마치 자신이 만드는 것이 아무 값어치가 없는 것처럼 일반적으로 전혀 권력을, 전혀 영향력을 지니지 못하는 사회 속에 자신이 있다는 것을 깨닫는다. 예를 들어 오늘날 이탈리아공산당의 정치는 본래 수천 명의 사람들을 공산당에 데리고 와서 자신도 행복하지 않고 반발하는 사회를 받아들이도록 하는데 있다. 이제 정치를 한다는 것은 실제로 사람들을 끌어들여서 자신들이 미시정치적 수준에서 거부하는 것을 받아들이도록 하는 데 있는가? 오히려 정치의 재구축은 실제적인 정치적 관계를 새롭게 규정함으로써 광범위하게 일어난다고 나는 생각한다. 미시정치적 배치29) 자체를 가지고 시작해 보자. 자신의 신체, 자신의 느낌, 자신의

---

29) 배치(agencement). 가타리는 보통 언표행위의 집합적 배치(agencement collectif d'énonciation)라는 개념을 사용한다. 애초에 배치 개념은 프로이트의 콤플렉스 개념을 대치하는 것이었다. 모든 것을 설명하는 준거가 되고 환원의 고정점이 되는 콤플렉스 개념에 대항하여, 다양한 기계들이 작동하면서 결합되어 일체를 이룬 상태를 말한다. 배치는 다양한 구성요소들을 포함하며 코드와 영토성에 의해 고정되지 않고 끊임없이 새로운 흐름들을 생산해 내는 틀이

생각, 성, 가족생활, 친구들과의 특정한 관계를 어디에 이용할까? 이러한 배치들은 점점 더 정치형식을 취해 왔다. 이제 미시정치적 배치와 정치적 배치의 이러한 연결을 파악한다면, 다양한 정치적 전략들 사이의 분열을, 즉 거대하게 계획하는 정치적 전위조직과 활동가적 혹은 분석적 기층배치(나에게는 활동가적인 것과 분석적인 것은 같은 것이다)들의 현실을 구분하지 않게 될 것이다. 그러므로 나는 전술적 배치에 대해서가 아니라 분석적 배치에 대해서 말하고 싶다. 비포는 새로운 코뮨의 예를 언급했는데 나는 다르게 이름붙이고 싶다.

정신의학의 영역에서 사람들은 정신병원, 병원외부시설, 치료자와 피치료자의 관계, 직업적인 준비, 기술의 사용이나 수정의 수준에서 하나의 전술을 규정하는 하나의 전략, 즉 하나의 정치를 추구하였다. 이 모든 것을 20년 동안 정신의학은 결국 특별히 많이 사용하지는 않았으며, 사람들은 공허하게 방황하고 항상 똑같은 것을 말한다는 인상을 지니고 있다. 그러나 어떤 특정한 지점에서 전통적인 정신의학자와는 다른 새로운 인물이 나타났다. 즉 환자들과 함께 살면서 문제를 제기하며 이론적인 혹은 독단적인 입장과는 무관하게 함께 사는 삶을 실험하는 파르마(Parma)의 토마시니(Tomasini)[30]나 세벤느(Cevennes)의 들리니(Deligny)[31]와 같은 사람들이 나타났다. 자, 산업화되지 않은 지방인

다. 다양한 기계들이 작동하면서 이루어 내는 집합적 구도를 언표 행위의 집합적 배치라고 한다. 어떤 진술에 영향을 끼치고 그것을 생산하는 수많은 요인의 결집. 언표행위에 관한 언어학 이론들은 언어가 본질적으로 사회적이고 주위현실과 도표적으로 연결되어 있음에도 불구하고 개인적 주체들 위에서의 언어적 생산에 집중한다. 개인화된 발화의 외관을 넘어서 실제적인 언표행위의 집합적 배치가 무엇인지 밝히는 것이 유용하다. '집단적'이라는 것은 사회적 집단이라는 의미로만 이해해서는 안 된다. 그것은 또한 기술적 대상, 물질적이고 에너지적인 흐름, 주체적인 무형적 대상, 수학적 아이디어, 예술 등의 다양한 것과의 관련을 함의한다.

30) 토마시니는 파르마에서 광인들과 함께 영화를 만들었다.

파르마에서 혹은 저발전 지대인 세벤느에서의 시도들은 확실히 미시적이다. 그 시도들은 우리에게는 부수적인 것처럼 보인다. 그럼에도 그러한 시도는 도처에 존재하고 국제적인 수준에서 입지와 연대를 발견한다는 것이 국제적 정신의학의 틀에서 증명된다. 예를 들어 볼로냐나 토리노에서 낙태에 관계한 동지들이 다른 유럽 나라들에서는 학교를 만들었다는 예는 흥미롭다. 오늘날 그 예는 세벤느의 공동체에서 집단적으로 볼로냐, 토리노, 카탈로니아로 가는 환자들, 정신분열자들이다. 이것은 분자적인 문제설정이 또 다른 수준에서, 즉 국지적일 수 있지만 종종 국제적인 연결망을 가지고 자신의 해결책을 어떻게 추구하는지에 대한 하나의 사례이다.

비포 그것은 음모…다.

가타리 그렇죠, 그것은 음모지…. 내가 제안한 것은 국제주의-신화와는 아무 관련이 없다. 중요한 것은 거주공동체에 있는 정신분열자가 언제 볼로냐나 토리노로 가느냐이다. 이것은 또한 예기치 않은 측면으로 이끌어갈 수 있다. 한 정신분열자가 이탈리아에서 발견되는 순간 그는 결코 미치지 않은 것이다. 그가 말을 알아듣지 못하고 아무도 그의 광기를 이해하지 못하는 상황에서는 모두가 그에게는 완전히 자연스럽게 행동하는 놀랄 만한 일이 일어날 수 있다. 전반적으로 봐서 완전한 상황이다. 그러나 어디가 문제인가? 외국인의 매력도 아니고 단순히 한계를 넘어가는 것도 아니다. "나는 일하러 프랑스에 가서 석 달, 그리고 나서 여섯 달은 볼로냐에 가 있고 그리고 나서 다른 어딘가로 갔다"고 오늘날 누가 말할 수 있는지 오히려 자문해 보자. 그것은 자리잡은 지식인들이 아니라 관습적인 위계제를 벗어나 직업역할을 벗어나,

---

31) Ferdinand Deligny(1913~1996). 페르디낭 들리니는 세벤느라는 곳에서 1967년 이래 자폐아 어린이 및 어른들과 함께 생활하였다.

결집하고 운동하는 자유를 가진 사람들이다. 왜냐하면 프랑스에서 정신의학자나 직원은 다르게 하면 곧바로 해고되기 때문에 무엇인가를 할 수 없다는 것이 분명하기 때문이다. 그러므로 한계를 뛰어넘는다는 것은 국가와 다른 관계를 맺는다는 것을 말하며, 여기서 우리는 한 사람이 다른 사람을 위해서 일하듯이 사람들이 규제하는 주거공동체에 대해서 그리고 노동조직에 대해서 비포가 말한 것을 다시 발견한다. 여기서 확정된 법칙—노동자의, 좋은 노동자의, 혹은 (전에 사람들이 불렀듯이) 노동귀족의 역할—이 깨진다. 이러한 파괴를 완수하는 사람들은 자신들에게는 전래의 의미에서 어떤 사회적 보장도, 어떤 노조도, 어떤 견고한 거처도 없다는 것을 안다. 여기서 주변주의라는 종교를 옹호해서는 안 된다. 단지 다르게 사는 청년들이 문제이다. 즉 그것은 노마디즘, 삶의 노마디즘, 정신분열자들의 삶의 노마디즘, 두뇌의 노마디즘, 이념의 노마디즘이다. 갑자기 "나는 학교를 바꾸고 싶고, 나라를 바꾸고 싶고, 여기저기 가고 싶다."고 말하는 교사를 예로 들어 보자. 사람들은 그를 미쳤다고 여길 것이고 학교의 행정직원은 그에게 병가를 내라고 충고할 것이다. 노동·일상·도시·노조와의 관계를 스스로 문제제기하는 사람은, 자신의 머리 속에서는 노마드이고 느낌과 생각을 보통 사람들과는 완전히 다른 방식으로 경험하는 누군가를 가장 잘 이해할 수 있다. 거기에는 결코 비밀은 없으며, 비밀이라면 새로운 생각〔이념〕의 내용이 아니라 새로운 실천, 새로운 형태의 배치이다. 그리고 이러한 배치들은 아마도 정신착란자, 불안정한 사람, 정신해체자의 거주공동체에서 우선적으로 체험될 것이다. 이들은 더욱이 지역 수준에서, 노조·전략·소집단 수준에서 생각하는 사람들보다 새로운 국제관계·새로운 형식·국제적 생산의 현실 속에서 훨씬 더 강하게 움직인다.

비포 "국제주의", 순환하는 조직이라는 이러한 생각은 나에게 아주 흥미로우며, 나는 그것을 특정한 각도에서 파악하고 싶다. 나는 1960년대의 국제주의·국제적 노마드주의(우선 노동자이주)와 1970년대의 국제주의·국제적 노마드주의는 구분된다. 이러한 노마드주의(이 개념은 아마 특별히 딱 들어맞지는 않는다)는 어떤 형식을 가졌었는가? 자, 1960년대에 이탈리아 노동자는 서독으로 갔고 거기서 횡단적인 또 다른 문화가 다시 창출된다. 그러나 통합되려고 했기 때문에 전혀 횡단적이지 않다. 이 문화는 좀더 정확하게 말해서 상호변화의 결과였다. 투쟁을 결정한 것은 항상 이주민의 물결이다. 즉 남부에서 토리노(FIAT)를 향해 온 이주민의 마지막 물결이, 서독에서는 1973년 상황을 변화시킨 터키 이주민들이 그렇다. 그것은 1960년대 노마드적 횡단화[32] 유형이었다. 1970년대에는 미국 비트세대[33]가 부분적으로 먼저 지칭했던 또 다른(색다른) 노마드적 횡단화 유형이 나타났다. 즉 어떤 기존의 통합 형식도 스스로 받아들이지 않고 오직 특수하고 내부동질적인 공동체들 속에 통합되려고만 시도했던 노마드적 운동이 나타났다. 그것은 포도를 수확하러 프랑스로 가는 이탈리아 계절노동자들에 의해 다시 생각나는 금세기 초의 미국에서의 워블리(Wobblies)[34]들의 모델이다. 즉 그 계

---

32) 계통도의 발달줄기들을 비스듬히 가로지르면서 새로운 차원을 창조하는 연계를 만들어내는 것을 말한다. 가타리의 횡단성 개념을 좀더 적극적인 행위측면과 관련하여 사용하는 개념이다.

33) Beat generation. 1950년대 미국의 젊은 세대로서, 현실사회와 문명에 대한 외면에서 출발하여 기성 권위나 도덕을 거부하고 방랑하며 원시적 감정을 강조한 세대. 이 세대를 대표하는 작품은 잭 케루악(Jack Kerouac)의 『노상에서(On the road)』이다.

34) 1905년부터 1차 세계대전까지 미국에서 세계산업노동자조합(IWW)을 구성했던 노동자들을 말한다. 주로 서부의 날품팔이꾼, 가출노동자 등 미숙련 노동자를 중심으로 조직되어 격렬한 스트라이크와 사보타주를 지도하였다. 그 결과 전성기인 1912년에는 큰 성과도 올리고 조합원 수도 10만 명을 넘었다.

절노동자들은 자신들이 거기서 두 달 동안 일하고 그리고 나서는 더 이상 일하지 않는다는 것을 잘 안다. 그러므로 이전의 노동자나 정규 노동자의 친구가 되는 것은 중요하지 않고, 자신과 같고 아마도 다른 장소에서 다시 만나게 될 다른 〔계절〕노동자를 친구로 삼는 것이 중요하다. 그리고 여기서 이러한 사회적 횡단화 유형의 능력에 대한 토론은 조직문제로, 정말 특정한 이 새로운 주체에 얽인 직접적인 사회적 조직이라는 조직문제로 나아간다. 1920년대와 1930년대의 미국 워블리들의 거대한 생각은 이렇게 보였다. 즉 당은 자신이 관련된 사회층에서 분리된 전위부서가 아니라, 다른 사회층 아래에 있는 하나의 사회층이다. 다시 말해서 당은 스스로 밀려나서 부분적으로 다른 것으로 되는 사회층이다. 요약하자면 당은 고유한 직접적 사회적 이동성을 통해 상황을 바꿀 수 있는 능력이다라고.

베르테토 당신들이 말한 것에 나는 몇 가지 문제를 던지고 싶다. 비포는 자본주의 권력과 영원한 갈등관계로서의 프롤레타리아 대항권력에 대한 논의로 나아갔다. 가타리는 분자혁명과 정치-군사적 기계를 서로 결합시키는 것이 필수적이라고 주장하였고, 변혁의 과정적 성격을 강조하였다. 두 사람에게서 권력은 욕망과 노동력에 대한 영원한 통제의 형식인 것처럼 보인다. 이제 사람들은 이러한 전망 안에서 권력/대항권력 관계를 어떻게 더욱 더 프롤레타리아트에게 유리하도록 수정할 수 있을까? 그리고 더 나아가, 이러한 갈등과정에서 권력은 생활의, 사회적 상호주체성의 변혁 수준에서 압도적으로 움직이고 있는 무서운 전쟁기계를, 즉 대항권력을 분쇄할 수 있는 억압적이고 극도로 경직된 장치를 손에 넣고 있지 않은가? 이것이 첫 번째 논점이다. 두 번째 논점은 노마디즘과 주변성에 대한 토론에 관련된다. 주변성에 대해 찬성하고, 모든 전체화 가설을 거부하고, 이 위험은 사회적인 새로운 조성에 어떤 영향도 끼칠 수 없다. 부분적 과정을 억압할 위험이 있다. 이 종류의 부분적인 과정으로부터 여전히 지배기계 옆에 어쩔 수 없이 머물러 있는 사회변혁모델이 나타날지도 모른다. 세 번째 논점은 자치이다. 노동력과 욕망의 자기착취가 아니라 집합적 통제(그러나 아직 여전히 통제)라는 자치를 사람들이 어떻게 받아들일 수 있을까?

가타리 나는 우리가 주변성의 신화와 단절해야 한다고 믿는다. 나는 주변성과 소수성(소수자)을 구분하고 싶다. 주변인들은 외부로부터 전체화되는 경향이 있는 청년들이다. 그들은 자율적인 채 머무르려고 하지만 총체성 속에 잡혀 있고 아마도 그것에 의해 압살된다. 세벤느의 주변인들은 정말 자치가 이루어지는 새로운 게토가 될 위험이 있고 여전히 게토이다. 주변인들은 시장(염소젖치즈)에 의해 그리고 경찰에 의해서 전체화된다. 경찰은 그들이 만들려고 하는 모든 것을 만들지 못하도록 방해한다. 그에 반해 소수자에 대해 말해보자. 전체성 이론의 정리에 따르면 소수자의 전체성은 모든 가능한 총계뿐만 아니라 모든 가능한 다수자를 넘어선다. 예를 들어 한 여성은 동성애자로서 혹은 코르시카 부녀자나 브르타뉴 부녀자로서 소수적일 수 있다. 그러므로 한 개별 개인은 다양한 소수성에 속할 수 있고, 자신의 일부를 이루는 소수성이 더욱 많을수록—문학상의 소수자나 임의의 다른 소수자를 포함하여—욕망경제[35]는 일관되게 더욱 더 풍부하고 혁명적이다. 소수자의 정치는 반드시 주변성으로 가지는 않는다. 소수자를 주변화하려고 하는 것은 바로 권력이다. 예를 들어 나는 소수적인 영화를 지지하지 "주변적

---

35) 프로이트가 정신의 흐름이 일정한 경계 안에서 움직이며 그 경계를 넘으면 넘치면서 정신적 이상을 일으킨다고 하듯이 욕망은 역동적으로 움직인다. 실물생산과 관련하여 움직이는 현실의 흐름을 정치경제라 한다면, 리비도적 욕망의 움직임을 지칭하기 위해 욕망경제라는 개념을 사용한다. 빌헬름 라이히의 성경제라는 개념을 가타리는 더욱 확장하여 욕망경제라는 개념을 사용한다. 료타르는 리비도경제라는 개념을 사용하기도 하였다.

영화"를 지지하지 않는다. 왜냐하면 소수적인 영화는 많은 사람들이 평가하고 보러 갈 수 있지만 반면에 "주변적인 영화"는 오로지 주변인들만이 보러 갈 것이기 때문이다.

내 생각에는 이러한 상황 아래에서는 새로운 종류의 정치참여논리를 정의하는 것이 중요하며, 나는 정치적인 것과 관련하여 더 이상 일의성(一意性)〔명백함〕도 이의성(二意性)〔모호함〕도 있을 수 없고 다의성(多意性)이 있을 뿐이라고 말하겠다. 오늘날 이의성은 정치지도부나 조합지도부의 이의성이다. 정치지도부나 조합지도부는 한편으로는 노동자계급에 호소하고 그들에게 투쟁하고 행동하도록 요구하며 다른 한편으로는 노동고용주와의 거래에서 전반적인 경제상황을 고려해야 한다. 이러한 이의성은, 좌파들이 자신들의 아이들로 하여금 일정한 지점까지이지만 자기표현을 못하게 하는 가족에서 또한 발견된다. 또 다른 이의성 형태는 은행가, 판사, 교수 등을 암살하면서 다리를 쏘는(그들이 가슴보다는 다리를 쏜다는 것은 나에게는 개인적으로 더 좋지만 그러나 이것은 이의성 형식이다) 이탈리아의 38구경 총[36] 의 일정한 전문가들〔붉은여단 단원〕이다. 사람들은 이제 이 모든 이의성을 어떻게 다루는가? 비록 일반적으로 있다고 하지만 끊임없이 사라지는 혁명적 순수성을 얻으려고 애쓰지 말고 그 이의성을 극복해야 한다. 사람들은 다양성, 행위의 다의성이란 생각에서 출발해야 한다. 나는 혁명적인 말을 많이 하지만 그럼에도 동시에 정신병원에서 일하는 소부르주아라는 것은 맞다. 나는 욕망해방에 대해서 말하지만 어린아이의 교육에서는 또한 억압적이다. 나는 욕망해방에 대해서 말하지만 몇몇 여성들에게 질투하고 독재적이다. 나는 여성해방을 말하지만 아직도 많은 〔여성에 대한〕 소유관념을 가지고 있다. 그렇다면 무엇을 할 것인가? 이것은 분명 캘빈

---

36) 붉은 여단과 노동자아우토노미아의 일부에서 사용된 권총 종류.

주의에 영감을 받은 비판이 아니다. 왜냐하면 사람들이 모순의 여러 요소들을 열거할 때만 어떤 배치가 발전할 수 있다. 즉 내가 일정한 상황 아래에서 실제 얼마나 미시파시스트인지를 밝히는 분석과정이 발전할 수 있다. 모든 다른 사람과 마찬가지로 내가 미시파시스트라는 것이 아니라 내가 어느 정도까지 미시파시스트인가가 문제이다. 미시파시즘이 어디에서 시작하고 어디에서 끝나며 어떻게 배치되고 어떻게 돌아가는지를 아는 것이 중요하다. 내가 파시스트적인 꿈을 꾼다고 해서 나에게 파시스트라는 죄를 씌울 수는 없다. 내가 여성을 지배하는 꿈을 꾼다고 해서 나를 인민재판에 세울 수는 없다. 반면에 내가 다양한 상황 아래에서 실제로 남근적인 입장을 지닌다고 해도 다음과 같은 집합적인 수속이라는 문제가 제기된다. "그러나 거기서 당신은 무엇을 하는가? 당신은 왜 그것을 하는가? 그것은 무엇을 의미하는가?" 그러므로 보편적인 도덕법칙, 범주적 명령의 수준에서는 어떤 한계도 없지만, 상황법칙의 수준에서는 한계가 있다. 즉 이 지점까지는 좋지만 그것을 넘어서면 안 된다. 그런데 어떠한 법칙도 한계를 규정할 수 없고 삶의 집합적인 배치만이 한계를 규정할 수 있다. 그러므로 이의성 대신에 다의성이다. 왜냐하면 이의성은 항상 정화주의(淨化主義)의, 즉 정치적 일의성·선악·가치의 마니교주의〔이원론〕의 대칭적 요소이기 때문이다. 상황적이고 계열체37) 적인 다의성이 필요하다. 이 지점에서 사람들은 전체화라는 문제를 꺼낼 수 있다고 나는 믿는다. 예를 들어 프랑스에는 상당한 재능

---

37) 계열체(paradigme) : 어떤 공통성을 지닌 기호 요소들의 집합이다. 예를 들면 한글 자모는 하나의 계열체다. 여기에는 자음 계열체(ㄱ, ㄴ, ㄷ, ㄹ……ㅎ)와 모음 계열체(ㅏ, ㅑ, ㅓ, ㅕ……ㅣ)가 있다. 이 계열체로부터 ㄱ, ㅏ, ㅌ, ㅏ, ㄹ, ㅣ라는 기호 요소를 선택하여 '가타리'라는 낱말을 만들 수 있다. 집안의 옷장에는 양복의 계열체, 팬티의 계열체, 양말의 계열체, 넥타이의 계열체 등이 있다. 하나의 계열체는 공통적 속성을 지니며 그 계열체 안에 있는 각 단위기호는 다른 것과 구별되는 고유성을 지니고 있다.

을 지니고 이러한 다의성을 다루는 판사가 있다. 자신의 기능을 수행하는 데서는 아무 것도 제안하지 않지만 무대장치 사이에서 이런 저런 사례에 개입하기 위하여 자신의 힘이 미치는 모든 것을 시도하여 사법장치에 모래를 뿌리는 판사가 있다. 사실상 어떤 모델도 없기 때문에, 사람들은 전체화 체계와 분자적 체계에 동시에 잡혀 있다. 나는 모든 전체화 체계들을 깨야 한다고 말하지 않는다. 개인적으로 나는 전체화체계 그 자체에 반대하지 않는다. 즉 나는 프랑스공산당에, 노동총동맹에, 프랑스민주노동연맹(CFDT)[38]에 반대하지 않고, 한번도 교육부에 반대하지 않았다. 프랑스공산당과 교육부가 내 맘에 들지 않지만 나는 그 속에서 일하는 사람들을 거부하지 않는다. 나는 그 사람들이 자신들이 할 수 있는 것을 거기서 한다고 생각한다. 분자혁명의 문제는 그것들 내부에서, 즉 프랑스공산당·노동총동맹·교육부 속에서 그리고 그것들을 지지하는 조직들 속에서도 나타난다고 생각한다. 다의성의 선택은 결과적으로 사람은 이중성이 아니라 3중성, 4중성을 연기한다는 것으로 나아간다. 즉 사람들은 시청직원일 수 있고 자신의 딸과 관계를 유지할 수 있고 동시에 동성애자일 수 있다. 이탈리아공산당은 비포에게 10억장자의 딸과 관계를 가졌다고 죄를 씌웠는데, 그러나 그것은 누구와 관계되는 것인가? 그에 반해 나는 그들을 비난하기 위해서가 아니라 단지 그것이 나에게 흥미롭기 때문에, 나의 관점에 따르면 말해져야 하기 때문에, 외관으로만 그리고 대중매체를 위해서 좋은 이러한 도덕주의와 단절해야 하기 때문에, 공산주의자가 10억장자와 어떤 관계를 맺는지 알고 싶다. 순수한 혁명가는 없다. 어떤 노동자는 또한 핵산업을 위해서 일하고 환경오염을 만들어내며, 다른 노동자는 하나의 또는 또 다른 인종적 소수자를 절멸하는 데 기여하는 무기를 만든다.

---

38) 사회당 좌파계의 노동조합.

그러므로 순수한 혁명적 행위도 순수한 노동자계급도 더 이상 없으며, 우리는 모두 많게든 적게든 연루되어 있다. 그렇기 때문에 새로운 혁명적 배치를 건설해가면서 모든 것을 밝히고 모든 것을 변화시키는 것이 더 좋다. 예를 들어 사도-매저키즘적 역동성(동성애자 자체에 그리고 그가 함께하는 사람들에 파국적인 영향을 지닌 역동성) 안에 잡혀 있는 신경증적 동성애가 있다. 비밀을 들추어내는 대신에 우리는 그것에 대해 말하고 포위와 주변화를 피하려고 시도하며, 정신의학자들이 전에는 도착이란 등록기에 기입해온 태도를 규제하고 그 폐해를 피하는 새로운 집합적 배치를 건설한다. 당연히 위험하고 잔인한 사람들이 있고, 당연히 미친 사람들이 있다. 사람들은 그들에게 어떻게 행동해야 하는가? 그러한 상황에 집합적으로 개입하기 위해서는, 도덕주의적인 입장을 제쳐두고 그 대신 오히려 집합적인 기호화(구어적인, 흉내내는 기호체계)와 배치를 추적해 보자. 그러므로 다시 한번, 나쁜 개량주의적 전체화에 대립하는 것으로서 순수하고 혁명적인 주변성의 정치도, 그런 전체화도 없다.

베르테토 이 토론을 통해 전통적인 혁명개념, 즉 계급개념이 동요하게 된다. 혁명과정을 수행해야 하는 하나의 계급으로서, 혁명계급으로서 노동자계급에 대해 아직도 말할 수 있는가? 아니면 좀더 정확하게 규정해야하는 것으로서 훨씬 더 분화되는 하나의 혁명적 주체에 관해서 말해야 하는가? 이미 노동자계급으로부터 뿐만 아니라 청년프롤레타리아, 여성, 동성애자, 소수자, 주변인으로 구성되는 하나의 주체?

비포 나는 노동자계급이 혁명과정의 주체이고 주체로 남아 있어야 한다고 확신한다. 그리고 나는 노동자계급이 여성, 동성애자 등의 옆에 있는 많은 혁명주체들 가운데 하나라고도 믿지 않는다. 결국 혁명과정의 근본적 결정은 모든 억압형식들—즉 노동이 삶을 가치로, 자본으로 변형하는 것으로서 나타내는 가치증식에 삶을 이렇게 판매하는 것, 다시 말해서 수행(Leistung)관계—의 근본을 파헤치는 능력이다. 그러나 이러한 수행관계를 파괴하는 주체는 노동자계급이다. 아마도 노동자계급을 새로이 정의해야 한다. 즉 출발점은 항상 노동과의 관계이고 결국 노동자계급은 잉여가치를 생산하는 계급으로서 정의된다. 나는 이러한 정의가 확실히 경제주의적이고 또한 아마도 사회학적이라고 생각한다. 이러한 정의는 우리로 하여금 혁명과정의 본래적인 주체에 눈을 돌리도록 한다. 사람들이 잉여가치의 생산자로서 노동자계급에 대해 말할 때 노동조직과 자본조직이 논의의 중심으로 들어온다. 반대로 나는 노동자계급을 노동을 거부하는 주체로서 특징지어야 한다고 믿는다. 즉 나는 노동자계급은 노동거부와 관련된 모든 사회계층, 모든 정치적 "미시변혁적" 실존형식 및 표현형식이라고 믿는다. 자, 노동조직과 관련하여 노동자계급은 또한 동력으로 해석될 수 있지만(노동자주의적 전통39)이, 트론티40)가 이렇게 말했고, 내 생각에는 이 점에서 트론티는 여전히 옳다), 자본주의 발전의 동력으로서이지 그 역은 아니다. 그러나 이러한 낙관적인 선회가 어떻게 가능한가? 우리는 어째서 노동자계급을 모든 자본주의적 변혁과정 및 조직과정의 동력으로 볼 수 있는가? 노동자계

---

39) 1968년 운동 이전에 이탈리아에서 전개된 노동자계급의 독자성, 자율성을 강조하는 흐름을 '노동자주의'(Operaismo, workerism)라고 한다. 이 흐름은 기본적으로 공장 안의 투쟁에 초점을 맞추고 공장 안의 명령[지배](command)체계를 깨트리는 데 주안점을 두고 있었다. 기존의 노조조직이 공장내 명령체계를 유지하려고 했기 때문에 노동자주의적 흐름은 비조화된 운동의 형태를 띠는 경향이 있었다. 그러면서 자본의 관점에 대항해서 '노동자의 관점'을 강조하고 '노동거부'를 내세웠다.

40) Mario Tronti. 노동자주의의 대표적 이론가이다. 1963년부터 1967년에 걸쳐 노동자계급(Classe Operaia) 집단에서 활약하면서, 직접적인 정치적 행동형태를 계급투쟁에 도입하고자 하였고, 그 형태로는 '노동거부, 사보타지행위, 와일드캣츠 스트라이크, 노조가 선언한 파업에의 참여거부' 등을 제시하였다.

급은 자본주의 노동조직의 이러한 거대한 대상 안에 있는 대상이 아니기 때문에, 반대로 노동자계급은 노동거부의 주체이기 때문에, 노동자계급은 노동조직 안에서 지속적인 변혁을 가져오기 때문이다. 그럼에도 노동자계급을 이렇게—『요강』에서의 맑스처럼—, 즉 객관적 현실을 생각하는 주체일 뿐만 아니라 객관적 현실일 수 있고, 자기자신 안에서뿐만 아니라 바깥에서도 존재할 수 있는 능력으로, 즉 이중성 개념에 연결된 것으로 바라보자. 노동자계급 개념을 이렇게 이중 구조에서 생각하면, 노동자계급을 변혁과정 자체의 주체로서, 노동거부의 주체로서 생각할 수 있다. 그러므로 분명 현실변혁의 대행자이자 주체로서 노동자계급을 포기할 수 없다.

가타리 당신의 정의는 현실에 일치하지 않는다. 즉 그것은 근사한 정의이지만 노동자계급이 아니다. 노동자계급은 더욱이 역사의 주체로 남으려는 위험을 감행한다. 노동자계급은 소련에서 역사의 주체이고 볼로냐의 억압적 합의[41] 속에서 역사의 주체이고 프랑스에서 역사의 주체일 수 있었다. 노동자계급으로부터 만들어진 관료제와 노동자계급 자체 사이에는 어떤 결합이 존재한다. 노동자계급은 분명 개량주의적이다. 비포가 맑스에 의거한다면, 나는 노동자계급은 (비포가 노동거부로 우렁차게 이끌어 간) 이중성에보다는 훨씬 더 개량주의와 경제주의에 경도된다고 말하는 레닌에 다시 의거하겠다. 노동자계급의 경제주의는 이론가의 생산물이라기보다는 노동자계급 자체의 생산물이다. 어떤 신비학도 만들어내서는 안 되며 노동자계급에게 어떤 이상적인 기능을 투사해서도 안 된다. 예를 들어 미국 노동자계급은 가장 반동적이고 가장 인종

---

41) 공산당이 기독교민주당과 합의하여 긴축정책에 항의하는 대중을 탄압한 것을 말한다. 구체적으로는 볼로냐에서 1977년 3월 봉기 때 공산당 지방정부가 시위하는 청년들을 진압하기 위해서 처음으로 외부로부터 경찰의 진입을 요청한 것을 말한다.

차별적이고 가장 남근주의적인 계급들 가운데 하나이며 국제적인 수준에서 가장 억압적인 시도들을 지지했었다. 즉 그것은 트럭운전사 깽노조가 선택한 계급이다.

비포 그것은 진실이 아니다….

가타리 그것은 진실이 아니지만, 사실이다. 나는 노동자계급 일반을 말하는 것이 아니라 조직되고 실제로 구조화된 바의 구체적인 노동자계급에 대해서 말한다. 나는 색다른, 잠재적-혁명적 노동자계급이 있을 수 있다는 것을 배제하고 싶지 않다. 그러나 오늘날 미국, 소련, 중국 등의 노동자계급이 어떻게 보이는지에 대해서 사람들이 충분히 잘 알지 못할지라도 잠재적-혁명적 노동자계급의 탄생과 구성은 생각할 수도 없고 계획할 수도 없다. 노동자계급은 역사의 주체에 효과를 미치게 된다. 왜냐하면 노동자계급은 특정한 측면에서, 특히 특정한 정치적 국가권력이 발전하는 곳에서는 자신의 관료제와 아주 밀접하게 결합되어 있기 때문이다. 이것은 귀족, 성직자, 부르주아가 합동하는—이러한 현상을 사람들은 역사에서 반복해서 만난다—것과 마찬가지로 일어난다. 오늘날 부르주아는 어느 정도 관료제와, 현실의 노동자계급을 특정하게 구조화함으로써 생겨난 관료제와 결합된 채 살아간다. 스탈린주의적인 노동자계급이나 사민주의적 노동자계급 혹은 미국-마피아와 결합된 노동자계급의 부패한 주체성에 대립하는 노동자계급의 순수한 주체성을 정의하는 대신에 하나의 주체성, 역사와 생산의 하나의 주체성을 정의하려는 시도는 포기하는 것이 좋을 것이다. 나는 오늘날 특정한 주체성 유형의 종말—법률적인 전통의 의미에서 대표제적 주체성 즉 합법화된 주체의 종말—이 논의된다고 믿는다. 노동자운동은 자신의 노동조합과 자신의 관료제에 의해 적어도 법적으로 대표된다. 그럼에도 불구하고 사실상 노조, 관료제, 국가권력 자체는—인민민주주의에서조차—결코 노동자의 진리, 노동배치의 진리를 대표하지 않는다는 것을 알아야만 한다. 법적인 주체성, 권리의 주체성이란 이러한 개념을 깨야만 한다. 왜냐하면 그러한 개념은 우리가 국가권력의 정당성·질서세력·공화국의 대통령 등에서 항상 발견하는 국가의 주체성에 완전히 대칭적인〔짝을 이루는〕개념이기 때문이다. 그 과정에서 틀림없이 만들어지는 것은 결국 국가권력의 정당성이다. 그때 하나의 인간집단으로서, 하나의 사회학적 집단으로서 노동자계급이라는 노동자계급의 주체성이 아닌 색다른 주체성이 틀림없이 나타날 것이다. 나는 그것을 기계적42) 주체성이라고 특징지을 것이다. 이 새로운 주체성은 유독 인간만이 아니라 사실·기관·인간의 기능에 관련된다. 오늘날 노동하는 것은 인간, 노동자, 직공〔손노동자〕이 아니라 하나의 인간기능, 하나의 기관, 하나의 생산된 배치이다. 사람들은 가동메커니즘에 봉사하듯이 부분적으로 인간에게 봉사한다. 인간노동은 상당히 기계적 통합과정에 매여 있다. 주체성은 인간적 집합성에 연결되어 있을 뿐만 아니라 인간기능·기관·말의 배치에, 또한 기계·소통과정·경제체계에 연결되어 있다.

---

42) 가타리는 기계(machine)개념을 라캉의 구조 개념에 대해 공격하면서 제시한다. 모든 주체적 움직임을 가로막는 구조 개념에 대항하여, 가타리는 이른바 '구조'라고 하는 것은 사실상 다양한 부품들이 조립되어서 작동하는 것이라고 보았다. 또한 흔히 정신적인 것이라고 하는 것이나 무의식 등도 특정한 모델에 묶인 채 움직이는 것이 아니라 다양한 방향에서 다양한 다른 것과 접속하면서 움직인다(작동한다)고 생각한다. 가타리가 말하는 기계는 결정론적인 의미의 기계학(mécanique)과는 다른 의미로 '작동(opération)'이란 의미를 강조하는 것이다. 기계학은 상대적으로 자기폐쇄적이다. 기계학은 외부 흐름과 완전히 코드화된 관계만을 가질 뿐이다. 반대로 기계는 살아 있는 종들의 계통에 비유할 수 있는 계통을 구성한다. 기계는 서로 밀어내고 선택하고 배제하는 새로운 가능성의 선을 출현시키기도 한다. 넓은 의미에서 기계는 기술적 기계뿐만 아니라 이론적 사회적 예술적 기계를 포함하는데, 고립되어서 작동하지 않고 집합적 배치로 작동한다. 예를 들어 기술적 기계는 공장에서 사회적 기계, 훈련기계, 조사연구기계, 시장기계 등과 상호 작용한다. 흐름 상태를 강조하며 서로 엮인 채 움직여가는 것을 나타내기 위해서 '기계적(machinique)'이란 용어를 사용한다.

이것이 실제적인 주체성이다. 오늘날 경제적, 경영적 그리고 모든 다른 결정은 인간에 의해서 이루어지는 것이 아니라, 인간이 하나의 구성요소를 이룰 뿐인 기계적 배치에 의해서 이루어진다. 이러한 새로운 주체성은 낡은 주체성, 즉 사람들이 권력을 장악하도록 기대하는 주체성, 노동자계급의 주체성의 퇴화 혹은 더 정확하게 말해서 붕괴를 가져온다고 나는 믿는다. 그러므로 각 주체성, 즉 노동자계급의 주체성을 포함하여 인간적 주체성, 인간주의적 주체성, 법률주의적 주체성 등의 죽음이 논의된다. 나는 새로운 유형의 기계적 주체성이 나타나는 만큼 계급투쟁 또한 국가권력과 함께 사라질 것이라고 생각한다. 계급투쟁, 계급모순, 국가권력은 한 계급이 다른 계급을 파괴함으로써 붕괴하고 사라지는 것이 아니라 한 계급이 다른 계급을 통해서 말하자면 파트너의 붕괴를 통해서 붕괴하고 사라진다. 국가권력, 계급투쟁, 착취를 끝장내기 위해서 내 생각에 오늘날 부르주아지뿐만 아니라 노동자계급도 없애야 하며, 결국 항상 이원론적이고 마니교주의적으로 되는 특정한 종류의 주체성을, 특정한 종류의 대립을 없애야 한다. 부르주아지의 전통적인 관료적 국가권력과 노동자계급의 관료적 권력 사이의 적대, 이런 이원론적 사회구조화 형식은, 생산수준에서 기계적 배치와 새로운 성격의 주체적 배치가 작동하기 시작하자마자 붕괴할 것이다. 이러한 전망에서 19세기의 노동자계급의 목표도 볼로냐에서의 노동자유형(볼로냐의 노동자는 사람들이 말하듯이 국가지배의 〔기능〕직원이다)과 같은 신비한 노동자의 목표도 깃발을 세우지 못하는 배치, 전혀 다른 종류의 배치가 역할하게 된다. 어린이·여성·남성의 욕망이 더욱 더 자주 첫 자리에 등장한다. 유용한 무엇인가를 생산하는 사람들과 노동자의 욕망뿐만 아니라 예를 들어 욕망과 같은 유용하지 않은 것을 생산하는 사람들의 욕망도 등장한다. 교환가능한 생산물을 만들어내는 사람들의 욕망뿐만 아니라 시장 수준에서 교환할 수 없는 생산물을 만들어내는 사람들, 예술가 등의 욕망도 등장한다.

비포 나는 전반적으로 그것에 동의하지 않는다. 러시아, 미국, 독일의 노동자계급에 대한 당신의 설명에서 빠져있는 것은 노동자태도의 분자성에 대한 미시정치적 논의이다. 당신은 인종차별적이고 파시스트적이거나 통합[적분]된 미국의 노동자계급에 대해 말하지만, 반면에 내 생각에 자신의 해방의 위상에 관한 한 미국 노동자계급을 가장 선진적인 노동자계급으로 특징지어야만 한다.

가타리 우리는 이 토론에서 노동자계급과 노동자운동을 혼동한다. 내 생각에 노동자계급은 없기 때문에 노동자운동에 관해서 말해야 한다. 노동자계급에 근거한 노동자운동이 있지만, 노동자계급 속에 수많은 모순과 구성요소가 있는 한 노동자계급은 실존하지 않는다. 노동자계급이 노동을 거부하는 모든 사람이라고 한다면, 어린이, 여성 등이 노동자계급일 것이다. 그렇다면 우리는 그 어떤 이성적인 토론도 벗어나 있을 것이다.

비포 그러나 그것은 말장난이 아니다. 맑스가 했던 대로 노동을 둘러싸고 노동자계급 개념을 정의하는 것이 중요하다.

가타리 맑스는 그 어떤 [불특정] 노동에 대해서 말한 것이 아니라 시장에서 교환될 상품을 생산하는 노동에 대해서 말했다. 어린이, 가정주부, 예술가는 노동하지만 그럼에도 불구하고 노동자계급에 속하지 않는다. 자본의 영역에서 수행되는 노동이 문제이다. 맑스는 노동자계급을 자본관계에 근거하여, 상품교환·잉여가치생산·잉여가치추출의 특정한 조직 안에서 정의하였다. [맑스에게는] 이러한 관계를 벗어나서는 노동자계급은 없다.

비포 경제주의적 맑스주의자들이 하듯이 노동자계급을 노동과의 능동적인 관계의 기초 위에서 정의하면, 노동자계급은 본질적으로 잉여가치를 생산하는 모든 사람을 아우르는 계급이다. 그러나 나는 이러한 생각에 동의하지 않고, 반대로 노동자계급은 노동을 거부하는 주체라고 주장한다.

가타리 그것은 완전히 관념론적인 생각이다. 왜냐하면 그러면 당신은 마찬가지로 고전시대의, 노예소유 사회에서, 원시사회에서, 인도나 이집트에서의 노동자계급에 대해서 말할 수 있기 때문이다. 노동자계급은 자본주의와 함께 생겨났다.

비포 그러나 기술발전을 어떻게 설명할 수 있는가? 우리는 자본주의 노동조직을 합리화하도록 강요하는 노동거부라는 결정적인 요소에 근거해야 한다. 노동거부 주체의 실존은 자본주의 기계장치의 모든 이행형식들을 설명한다. 노동거부 주체의 실존은 모든 발전형식 및 변혁형식을 설명할 수 있다. 그 때문에 노동자계급을 발전의 동력으로 특징지을 수 있고, 주체의 분자성에 대해 말할 수 있다.

가타리 노동자계급은 노동을 거부하는 하나의 계급이라는 파악은 현실과 전혀 일치하지 않는다. 노동자계급은 유용한 노동을 하는 사람들의 계급이다.

비포 그러나 그것은 노동자계급에 대한 사회학주의적이고 실용주의적이고 경험적인 정의다. 그것은 아마도 당신이 알게 되는 노동자이며, 아마도 정말 노동이데올로기에 잡혀 있는 노동자계급의 다수자이다. 그러나…

가타리 잠깐. 노동자와 활동자를 구분해야 한다. 활동하고 있는 어린이, 여성이나 음악가가 있지만, 그 때문에 그들이 노동자는 아니다. 노동자는 주어진 사회에서 특정한 생산관련 속에 있는 사람이다. 다른 한편 활동자의 범주는 또한 종업원, 직업, 교사, 교수 등의 노동자를 포함할 수 있다. 사람들은 노동자계급에 대해 말할 때, 생산적 노동자라는 범주에서 시작하는 이론적 표상을 가지고 다른 활동에 대해서 헤게모니를 쥐려는 경향이 있는 정치적이면서 노조적인 조직을 생각한다. "노동자계급" 개념의 윤곽은 이것〔노동자계급〕이 헤게모니 권력의 작동을 지지해야 하는 한 분명해져야 한다. 즉 볼셰비키들에게 노동자는 근본적으로 공장의 즉 퓨틸로프43)의 노동자이며, 공장노동자는 노동자전위였으며 오늘날 여전히 제3부문의 종사자들은 정통 공산주의자들에 의해 노동자전위로 여겨지지 않는다. 노동자계급의 전위—다른 활동에 대해서 헤게모니를 요구하는 전위—와 노동자계급의 구성에 대해 말할 때 아주 조심해야 한다. 왜냐하면 여기서 사회경제적인 고려는 정치적인 고려와 분리되기 때문이다.

베르테토 나는 당신들이 우리의 토론에서, 주어진 생산관련 즉 자본주의적 생산관련 안에서 노동자계급의 변증법적 구조라는 중요한 무엇인가를 잊고 있다는 인상을 받는다. 노동자계급은 스스로를 상품과 노동력으로서 가치증식하고 동시에 부정할 계급이다. 결과적으로 노동자계급의 태도에는 두 가지 측면이 포함되어 있으며, 한 측면만을 변증법적 구조에서, 계급과 생산의 구조적인 이중관련에서 분리하면서 드러낼 수는 없다. 노동자계급은 발전이자 동시에 발전의 파괴이고, 노동이자 노동의 파괴이다. 우리의 설명은 이런 저런 측면에서 생산관계의 물질적 규정과 노동자계급의 정치적 변증법을 시야에서 놓칠 위험이 있다.

비포 내 생각에 문제는 계급 개념의 정의, 즉 모든 변혁과정의 주체

---

43) 페트로그라드에 있던 퓨틸로프(Putilov) 공장은 4만 명의 노동자 및 보조원들을 지닌 당시 세계에서 가장 큰 공장이었다. 거기에 러시아 산업프롤레타리아트의 압도적인 부분이 집중되어 있었다.

로서 계급에 대한 정의이다. 사람들이 해방과정을 확산과정으로, 쪼개져있고 잘게 나눠져 있고 분자적인 것으로 묘사할지라도 이러한 정의는 더욱 절대적으로 통용되는 것으로 남아 있다고 확신하기 때문이다. 모든 억압형태의 결정인자가 있으며 그것과 관련하여 모든 해방과정이 정의되어야 한다. 수행이 그것이다. 노동수행은 모든 억압의 근본형태이다. 정말 현실적인 해방과정에는 현실적인 일상생활의 특정한 변혁운동이 있다. 그러나 한편에 자본주의 조직의 동력이 있고 다른 한편에 해방과정이 있다는 것이 사실이 아니라면, 결국 무엇이 급진적인 전복계획을 실현할 수 있게 하는가? 노동자계급에 대한 가타리의 경험적 정의는 러시아, 미국, 독일의 노동자계급을 통합되고 파시스트적이고 인종차별적인 것으로, 관료제로 폄하한다. 이것은 경험적으로 보면 맞을지도 모르지만, 노동거부를 다시 실제로 전유하는 자본주의체계의 능력과 노동거부 사이의 관련뿐만 아니라 노동거부의 구체적인 기능작용을 관찰해 보면 더 이상 맞지 않는다. 확실히 러시아 노동자계급은 20세기에는 스탈린적 전체주의의 복합적 억압을 겪었지만, 스탈린적 전체주의는 또한 생산성 향상이 불가능하다는 것을 받아들여야 했다. 즉 자유와 생활상황에 비추어 노동자 수동성은 노동자계급에게 생산성향상을 강요할 수 없는 국가의 무능과 연결되어 있었다. 소비에트 자본주의가 자본주의 세계시장 수준과 관련하여 생산성을 향상시켜야 하는 발전을 시작했을 때, 항상 이러한 배경(내막)을 모르고는 이해할 수 없는 노동자투쟁이 발전해 왔다. 무엇보다도 우리는 폴란드의 사례를 생각한다. 그러므로 모든 억압형태의 동력에는 모든 자유형태의 동력 즉 노동거부가 대립한다. 노동거부의 중요성을 간과하면 역사적 전복을 가져올 수 없는 불충분한 분자성의 표상에 집착하게 된다. 그러므로 노동거부는 주체적이지만 경제주의적이지 않고 제도적이거나 몰적이지 않은 노동자계급의 정의형식이 될 수 있다. 예를 들어 이탈리아에서의 청년 프롤레타리아트의 운동과 경험을—그리고 거기에서뿐만 아니라—특정한 사회적 맥락에서 노동거부를 구체화하고 대량화하는 형식으로 정의할 수 있는 한에서 말이다. 그리고 노동거부가 특정하고 구체적인 사회적 총체상을 띠자마자 그것은 더 이상 하나의 경향이 아니라 인류학적이고 문화적이고 언어학적으로 자기 스스로를 의식하게 되는 하나의 사회층이 된다. 본질적으로 노동거부와의 관계 위에서 정의될 수 있는 모든 사회적 영역은 노동자계급으로 특징지어질 수 있다. 그리고 이러한 점에서 주체와 주체성에 대해서 다시 말하기 시작할 수 있다. 역사적 과정의 구체화로서가 아니라 노동거부의 최종수준으로서, 노동거부의 경향으로서 주체성에 대해 말할 수 있다.

가타리 나는 당신이 내 반대를 고려하지 않기 때문에 토론이 진전되지 않는다는 인상을 받는다. 그럼에도 불구하고 좀 더 나아가 보도록 하자. 나는 주체성의 본성이 생산과정에 엮여 있는 사회 속에서 변화했다고 믿는다. 우리는 사회계급의 주체성과 결합되어 있는 선험적인 특정한 "인간적" 주체성과는 전혀 관계가 없고, 생산 자체, 과학이나 예술과 연결된 일련의 간접적인 주체적 과정과 관련이 있다. 그러므로 인간적인 것에서 기계적인 것으로 주체성의 이동이 있다. 이것은 주체성이 소외되는 것이 아니라 반대로 더 해방될 것이라고 말하는 것은 아니다. 또한 나는 비포가 말하듯이 현실상황의 근본적인 결정요인의 하나 즉 동력이 노동거부라는 것을 확신한다. 단 이러한 요소는 노동자계급을 사회층으로서 충분히 특징짓지 못한다. 오히려 그것은 낡은 계급대립과는 더 이상 아무 관련이 없는 새로운 사회유형과 조직유형의 출현을 특징짓는다.

나는 비포가 계속 노동에 대해서 말하는 한 비포의 논의를 받아들이

지 않는다. 나는 사람들이 노동 그 자체와 관련하여 사회적 기능을 규정
하는 것을 앞서 말한 대로 터무니없다고 생각한다. 비포는 자신이 말한
것을 다시 한번 어떤 노동유형이 문제인가 라는 질문으로 바꿔 말해야
한다.

나는 네 가지 노동유형을 구분하겠다(물론 또 다른 유형도 있다).

－욕망노동, 꿈노동(꿈작업에 관한 프로이트의 의미에서 어떤 간접
  적인 사회적 목적도 가지지 않은 노동). 예를 들어 똥을 쳐바르고
  있는 어린이의 노동. 그럼에도 불구하고 그것은 가치를 가진 것,
  노동이라는 것이다. 왜냐하면 특정한 측면에서 어린이는 어머니의
  처방과 청결교육규칙을 따르거나 따르지 않는다는 사실 때문이다.
  모든 다른 노동처럼 하나의 노동이다.

－사용가치를 생산하는 노동. 예를 들어 음식을 만들고 감자를 까는
  등의 모든 사람은 또한 분명한 사회적 목적을 지닌 일을 한다. 자
  신과 친구를 위해서 음식을 만들 때 그것은 분명히 놀이가 아니다.
  이러한 노동유형은 노동의 일반적인 정의—나는 물리적 정의라고
  말하고 싶다—에 당연히 포함되어야 한다.

－상품생산을 규정하는 노동유형. 잉여가치를 생산하는 체계의 조직
  을 함의하는, 모든 종류의 등가물을 가지고, 봉사수행을 가지고,
  노동력에 일치하는 내용을 가지고 교환체계에 다시 들어가는 활동.

－정상화(Normalisierung) 노동. 우리는 제도연구조사훈련센터(CERFI)[44]
  의 친구들과 그것을 반생산[45]이라고 불렀다. 경찰의 노동, 교도관

44) 가타리가 여러 분야에 관련된 사람들과 함께 만들어 참여했던 센터(Centre d'étude et de
recherche et de formation institutionelles).

45) anti-production. '욕망하는 생산'이란 개념을 통해 가타리는 맑스주의의 생산 개념을 확장하
였다. 즉 실체의 생산만이 아니라 다양한 기호 및 작동방식의 생산도 포괄하는 생산개념을
제시한다. 이에 반해 욕망하는 생산을 억압하는, 모든 생성을 가로막고 초코드화하려는 전략

의 노동, 또한 교사의 노동. 이러한 노동의 목표는 상품생산이 아니라 사회질서, 사회적 잉여의 생산이다.

당연히 이 네 가지 유형의 어떤 것도 다른 것과 완전히 분리될 수 없다는 것은 자명하다. 확실히 욕망가치, 사용가치, 교환가치 그리고 정상화가치 사이에 결합이 있다. 즉 한 경찰에게 농담을 할 수 있고 이것은 간접적인 가치 즉 유통 안에서의 사용 즉 교환가치를 가지며, 모든 것은 함께 정말 복잡한 리좀을 구성한다.

이러한 상황에서 노동자계급은 부르주아지와의 적대 관계에서 본질적으로 교환가치와 사용가치 생산 위에서 구성된다는 것을 참조해야만 한다. 다른 노동들의 전체영역은 또한 이렇게 노동거부를 노동자계급으로 정의하는 것에서 벗어나 있다. 그리고 이것은 두 가지 측면에서 그러하다. 한편으로는 욕망가치 측면에서. 욕망가치는 그렇기 때문에 유토피아적인 운동에 의해서 그리고 아나키스트적인 운동에 의해서 장악된다. 그리고 다른 한편으로 사용가치 측면에서. 여기에서 일상생활과 매일매일의 전투성을 철저하게 살아가고 있는 사람들과 노동자계급 사이에 균열이 있다. 역사의 동력인 노동자계급은 자본주의적 생산기계와의 관계를 통해서 정의되며 또한 정상화가치로부터 분리된다. 노동자계급은 생산형식에 근거할 뿐이다. 그리고 사실상 정상화가치의 생산에, 노동의 규제·계획·조직에 참여하는 사람들은 노동자계급의 일부가 아니다. 그러므로 이러한 선별, 즉 특정한 생산유형, 특정한 가치유형에 근거해서 하나의 계급을 이렇게 분류하는 것은 경제적 혹은 기술적 선택일 뿐만 아니라 사회적 선택이다. 그러한 선택은 특정한 생산모델, 특정한 생산성장, 그리고 특정한 사회형태에 근거한 전체 투쟁에 대한 개념화를 의미한다. 내 생각에 노동자계급은 지난 10년간 자본주의사회

─────────────

을 취하는 것을 '반생산'으로 규정한다. 예를 들어 국가는 반생산 장치로 등장한다.

가 계속 전진할 수 있었던 진정한 동력이었다고 강조하고 싶다. 노동자 관료제가 생산에서 낡은 분배체계를 지지하고 임금차이·노동력양성·사회보장을 지지함으로써 자본주의가 살아남을 수 있었다. 노동자관료제가 국가관료제와 결합되어 있는 한에서 사람들은 뉴딜과 같은 새로운 정치적 조정과정을 실현할 수 있었다. 거기에서 사람들은 국가의 개입 권력을 경제적 과정의 정상화와 위기극복에 봉사하도록 했다. 이러한 상황 아래에서—모든 과정이 결국 하나의 조절로 나아간다는 자신의 고유한 논리를 갖는 사회에서—노동자계급/부르주아지 대립은 근본적이며 근본적인 채 남아있다. 비포는 소련에서 노동자의 수동성을 지적했다. 그것은 옳다. 소련은 결코 혁명운동을 가져오지 않았고, 억압에 대항해서 그리고 굴락(Gulag)〔수용소〕에 대항해서 더 커다란 혁명적 고양이 결코 없었던 관료적이고 억압적이고 반동적인 사회를 가져왔다. 이와 관련하여 영국, 프랑스, 독일에서의 노동자투쟁은 마찬가지로 균형 잡고 조절을 행하지만 이들 사회가 반동적으로 되는 것을 막아내지 못한다는 것을 강조해야만 한다. 정반대로 노동귀족의 쪽에서, 아마도 부르주아들에 대하여 더욱 눈에 띄는 대칭적인 혹은 동일시적인 순응주의가 있다.

비포 맑스는『자본』1권에서 일(work)과 노동(labour), 노동과 활동을 구분했다. 이러한 구분은 중요하다.『앙티 오이디푸스』의 반생산에 대한 장46)에는 개념적이기보다는 오히려 더 언어학적인 이의성〔애매

---

46) '사회적 생산의 형태들은 또한 증명되지 않은 비생산적인 단계, 과정과 결합된 반생산적 요소, 사회체로 규정되는 충만한 신체를 내포하고 있다. 이 충만한 신체는 대지라는 신체일 수도 있고 전제군주라는 신체일 수도 있고 자본이라는 신체일 수도 있다. 맑스가 말하듯이 그것은 노동의 산물이 아니고 노동의 자연적이고 신적인 전제로 나타난다. 그것은 생산력 자체에 대립하는 것으로서 만족하지 않고 전체 생산에 관여하며 생산력과 생산주체들이 배열되는 표면을 이룬다. 그리하여 그것은 잉여가치를 전유하고 그 과정을…마음대로 주무른다.'

함)이 있다. 거기에서는 노동에 대해서 말하고 욕망기계와 노동의 관계에 대해서 질문한다. 활동과 노동 사이에 영어에서는 가능한 구분이 아마 이탈리아어에도 프랑스어에도 없지만 그럼에도 불구하고 나는 그 구분을 고집하고 싶다.

가타리 아니, 이런 구분은 자본주의에서는 유지되지 않는다. 오늘날 자본주의에 의해서 초코드화되지 않는 활동은 없다. 즉 텔레비전을 보는 것, 오줌을 누는 것, 속이는 것은 단순한 활동이 아니며, 모든 것은 끊임없이 자본의 네트워크 속에 코드화되며 모든 것은 노동이다.

비포 나는 이러한 구분의 중요성에 집착한다. 잉여가치생산으로서의 노동, 그리고 그것을 넘어서 부딪치고, 텔레비전을 보고, 함께 잠자고, 읽는 활동이 있다. 자본주의적 생산관계의 주요한 규정인 잉여가치생산이나 노동이 모든 활동형태를 규정한다는 것은 맞다. 모든 활동, 또한 감자껍질을 벗기는 노동은 노동력의 재생산이라는 목적을 갖는다. 주부노동이 노동력을 재생산하기 때문에 생산적이고, 어린이가 말을 배울 때 그것은 소통코드에 편입되는 데 없어서는 안 되기 때문에 생산적이며, 사람들은 상징화 없이는 생산에서 유용하지 않기 때문에 이 코드는 생산적인 코드라는 아까부터의 당신의 지적은 옳다. 그러나 당신은 일면적이고 비규정적이고 몰적인 방식으로 노동자계급에 대해서 말했다. 노동자가 공산당에 대해 찬성을 하면 개량주의자라는 것은 맞지 않다. 공산당을 선택하고 혁명팜플렛을 거부하는 동일한 노동자가 아마 동성애자이고, 정상적인 말을 하지 않았기 때문에 아마 정말 어디엔가로 넘겨지게 될 것이다. 이것을 나는 트론티(Tronti)에게서보다는 『앙티 오이디푸스』에서 끌어낸다. 인간의 형상은 잘게 부서져버림에 틀림없고, 어떤 "인간적 형상"도 없으며 노동자는 인간이 아니고, 노동자도 다른 사회적 인물도 인간으로서 특징지어질 수 없다. 그러한 모순에서 사람들은 복합적인 수준에 관해서 말하듯이 정치에 관해서 말할 수 없다. 왜 나하면 정치는 다양한 색다른, 마찬가지로 한정된 수준들 아래에서 하나의 수준, 예를 들면 성의 수준이기 때문이다. 성은 왜 과잉구조적인 어떤 것으로 보여야 하는가? 그럼에도 성은 어딘가로 투표하러 가는 사실보다도 더 구조적인 어떤 것인가? 인간적 실존의 모든 부분수준 위에서 하나의 결정인자 즉 삶을 생산적 노동에 희생시키는 것, 삶을 결정화·자본화하는 것, 모든 개별적 수준에서 삶을 노동력 즉 생산수단과 결국 자본으로 될 가능성으로 환원시키는 것이 발견된다. 그리고 여기서 다음과 같은 문제가 나온다. 사람들은 어떻게 다시 이러한 사실관계를 넘어서 전반적인 문제의식에, 이 모든 것으로 하여금 죽음을 넘어서 모든 삶에 기능작용 하도록 하고, 모든 삶으로 하여금 모든 것을 구체화하는 자본주의와 사회주의를 위해 기능작용 하도록 하는 규정에 이를 수 있는가?

가타리 자본주의의 최고 형식으로서 사회주의….

비포 이러한 근거에서 이러한 개념을 다시 받아들이기 위해서 나는 노동거부가 주체성의 일반적 형식이라고 말했다.

가타리 노동자계급의 주체성! 당신이 혁명적 주체성에 대해서 말하면 우리는 알아들을 수 있다. 그러나 당신이 노동자계급의 주체성에 관해서 말한다면, 우리가 백년 이래 노동자계급의 주체성에 대해서 아는 것처럼 그렇게는 알아들을 수 없다.

비포 신체로 하여금 자신의 언어로 말하게 하는 아르토[47] 의 혀로 말

---

47) Antonin Artaud(1896~1948). 1920년 파리에서 쉬르레알리슴(초현실주의) 운동에 참가하였다. 연극·영화계에서 활약하였으며, 『연극과 그 분신』(1938)에서 세계를 움직이는 것은 서로 투쟁하는 힘이라고 하여 '잔혹(殘酷) 연극론'을 밝혔고, 연극은 대사뿐만 아니라, 몸짓·광선(조명)·음향 등의 종합적 효과에 의하여 관객을 집단적 흥분 상태에 빠뜨리고 무대와의 사이에 신비적인 일체감을 자아내지 않으면 안 된다고 하였다. 특히 대사와 관련하여 호흡을

하기를 욕망한다면, 이제 그것은 아르토가 시작한 실제적인 변혁과정, 실제적인 긴장이다. 그러나 그의 의도는 그에게서는 실현되지 않았고, 그러한 한에서 예술적인 전위의 경험—아르토는 여기서 가장 절망적으로 실험했다—이 아주 복잡한 노동거부의 문제를 드러낼 수 없었다는 문제가 여전히 있다. 이것은 마야코프스키(Majakowski)48) 가 자살하고 아르토가 암으로 죽은 이유이다.

가타리 나는 당신에게 동의하지 않으며, 당신이 노동자계급에 속하는 것으로 돌린 그런 부정성을 여전히 이해하지 못한다. 당신이 우리가 백년 이래 알아왔던 노동자계급과는 다른 또 다른 노동자계급에 대해 말하려고 한다면 나는 당신에게 동의할 것이다. 그러나 당신은 이 질문에 아니라고 답한다.

비포 당신은 노동자계급에 대한 전통적인 정의를 여전히 경제적이고 사회학적이라고 생각한다.

가타리 당신은 당신 자신의 잣대에 따라 노동자계급을 발명하는 것 같다. 왜냐하면 아르토, 로트레아몽(Lautréamont)49) 그리고 슈레버 법

강조하고 독특한 발음과 억양을 개입시켜 풍부화하려고 하였다.

48) Wladimir Majakowski(1893~1930). 그루지아의 바그대디(Bagdady)에서 태어난 마야코프스키는 1908년 러시아사회민주노동자당의 볼셰비키파에 가담하였다. 정치활동 때문에 마야코프스키는 여러 번 구금되었다. 그럼에도 불구하고 그는 1910년에 모스크바예술고등학교에서 공부를 시작하였다. 그는 1912년에 러시아 미래파 선언 "공공연한 취미를 위한 모욕"을 공동작성하였고, 1918년에는 교육제도인민위원회에서 일하기 시작하였다. 그러나 1920년대 중반 소련에서는 전위적 실험은 지나가 버렸다. 새로운 상황으로 인해 마야코프스키는 체념에 빠졌다. 그의 외국비자는 거부되었고 그의 작품은 상연되지 않았다. 배우 폴론스카야(Veronika Polonskaja)와의 불행한 사랑으로 그는 결국 절망하였다. 1930년 마야코프스키는 스스로 목숨을 끊었다.

49) Lautréamont(1846~1870). 우루과이 몬테비데오 출생으로 14세 때 프랑스로 건너갔으며 1870년 몽마르트르의 하숙집에서 24세로 고독한 생애를 마쳤다. 1868년 산문시집 『말도로르의 노래』를 출판하였다. 생전(生前)에는 무명작가였으나, 1차 세계대전 후 쉬르리얼리스트에 의

원장50) 같은 사람이 노동자계급에 속한다고 한다면 나는 당신에게 완전히 동의하기 때문이다. 그러나 그것은 정말로 옳지 않다.

비포 노동력은 노동력이다. 그러나 노동자계급은 노동력이 아니다. 노동자계급은 매일 아침 공장으로 일하러 가는 모든 사람들은 아니다. 노동자계급은 수행을 거부하고 횡단화 능력을 지닌 힘(권력)이다.

가타리 노동자계급의 주체성은 "노동자계급" 개념을 스스로에 관련지우는(옳기도 하고 혹은―노동자계급이 관료이기 때문에―틀리기도 한) 모든 사람들이다. 그것은 "노동자계급" 개념에 소속한 사람들 전체이다. 그럼에도 그것은 특별히 신비스럽지는 않다. 노동자계급은 노동자계급으로서 특징지어지고 "노동자계급"이라는 표현의 특정한 통사(Syntax〔문법체계〕), 특정한 의미론, 특정한 전략과 특정한 관념을 공통적으로 갖는 사람들 전체이다.

비포 단어의 좁은 의미를 넘어서 변혁수준을 횡단하는 주체성이란 무엇인가라는 질문을 제기할 수 있다. 욕망기계(욕망하는 기계)와 기관 없는 신체51)에 대한 논의로 넘어가자. 자, 모든 질문―다양한 수준의 실존, "인간"·"인간성" 개념의 거부―을 제기하는 이 논의, 모든 수준

하여 절찬을 받고 근대시의 위대한 선구자로서 랭보의 작품은 전통적인 미학의 완전한 파괴와 인간의 상상력의 전적인 해방을 지향하고 있어 초현실주의(쉬르리얼리즘)에서 현대의 누보로망에 이르는 미학의 가장 커다란 모체가 되었다.

50) **Schreber.** 독일의 대법원장을 지낸 사람으로 정신병 증상을 보였는데 자신의 병력을 기록하였다. 프로이트가 그의 기록을 가지고 분석을 하였다. 그는 여신과 관계를 맺는 꿈을 꾸곤 하였는데 프로이트는 그것이 슈레버 법원장의 동성애적 욕망이 나타난 것이라고 해석하였다.

51) 들뢰즈와 가타리가 앙토넹 아르또에게서 빌어온 개념으로, 유기체화되기 이전의 신체를 가리키며 본성적으로 유기체화되기를 거부하는 신체를 의미한다. 유기체는 이 신체에 포섭과 배제의 어떤 특정한 질서를 부과함으로써 성립되는 것이다. 따라서 기관 없는 신체란 하나의 카오스 상태, 즉 어떤 고정된 질서로부터도 벗어나서 무한한 변이와 생성을 잠재적으로 품고 있는 것이다. 즉 단순한 인간의 신체가 아니라 인간 및 자연의 모든 요소가 지닌 파편들이 조립되는 하나의 장소라는 의미이다.

에 대한 이 전반적인 그림은 결코 인간적인 주체성이 아닌 하나의 주체성에 의해서 횡단되어야 할 것이다.

가타리 그러나 그것은 노동자 주체성이 아니라 노동자계급・부르주아지・남성・여성・동성애자・어린이라는 모든 관념을 단번에 파열시켜 버리는 기계적 주체성이다. 그것은 남성, 여성, 기표적 잉여성,52) 계급투쟁을 포괄하지만 그것들을 수많은 방식으로 연결시키는 횡단적 주체성이다. 횡단적 주체성은 노동자계급이 모든 상황 아래에서 역사의 주체라고 주장하지 않으면서도 이것들을 확실하게 연결시키고 있다.

그래서 우리는 오늘날 하나의 계급사회에, 하나의 계급모순 속에 있다. 이 모순은 특정한 상품형식과 가치형식에 완전히 집중되어 있고 그렇기 때문에 지배하는 자본주의적이고 상업적인 부르주아지와 그리고 국가 부르주아지와 하나의 연속체를 형성한다. 이 연속체 속에서 모든 관료제는 노조적이고 정치적인 노동자운동과 용접되고 노동자계급 자체의 사회적 노동자들과도 용접된다. 그것은 사실상 하나의 연속체이지 더 이상 계급전선이 아니며, 자본주의의 진화를 위해서 정말 중요한 극이다. 예를 들어 사람들은 스페인 자본주의가 지체된 것은 스페인 노동자운동의 관료적 전위가 일찍 발달하지 못.했기 때문이라는 것을 분명히 알 수 있다. 선진 자본주의 나라는 발전된 노동관료제를 필요로 한다. 그렇지 않으면 국내시장의 접합, 형성, 그리고 재설립에서 지체

---

52) 잉여성이란 군말, 쓸데없는 말 소음을 말하는 용어다. 가타리는 문법체계에 짜여진 언어를 넘어서서 다양한 요소들(몸짓, 소리, 모양, 태도 등)을 포괄하여 말할 때 잉여성이라는 개념을 사용한다. 기표는 표시하는 것으로서 표시되는 의미로서의 기의와 대립되는 개념으로 소쉬르에 의해 정착되었다. 그런데 가타리가 기표적이라고 할 때에는 의미작용을 만들어내는 기호를 의미한다. 그에 비해 비기표적이라고 할 때에는 특정한 의미작용을 만들어내지 않고 다양한 의미생성을 가져올 수 있는 것을 말한다. 그러므로 기표적 잉여성이란 분명한 의미를 지닌 표명을 의미한다.

가 일어난다. 요구하며, 내부위계제의 순환흐름에 들어서며, 더 많은 냉장고, 더 많은 자동차, 또한 더 많은 직업교육을 소비하는 노동자계급이 있다는 것이 중요하다. 왜냐하면 이 모든 것은 해당 나라의 내부에서 자본순환을 가속화하고 동시에 국제적인 수준에서 경쟁력을 높이는 요소들이기 때문이다. 선진 자본주의사회는 석유를 가지는 것이 중요하지만, 공산당과 강한 공산주의적 노조를 가지는 것이 정말 필수불가결하다.

이것에 대해서 비포는 아마도 동의한다고 대답할 것이다. 그러나 당신이 말하는 것은 노동자계급이 아니다. 자, 그것이 노동자계급이 아니라면 나는 노동자계급이 무엇인지 모르겠다. 나는 노동자운동에서 어떻게 해서든지 다시 승인되고 공산당이나 공산주의 노조에서, 사회보장과 유사 유기체[조직체]에서 자신의 주체성을 지닌 노동자계급, 진정한 노동자계급에 관해서 말하기 때문이다. 반면에 비포가 말하는 것은 노동자계급이 아니라 노동하는 일종의 인간 전체이다.

아마도 비포는 노동자계급 속에는 자신의 노동을 착취당하는 어린이도 있다고 말할 것이다. 왜냐하면 노동력의 집합적 훈련에 끼어드는 일종의 한 어린이도 당연히 노동하기 때문이다. 놀고 시험을 보고 텔레비전을 보고 학교에 가는 어린이도 땅을 가꾸고 집을 짓는 어른들과 마찬가지로 생산과정의 기초적 요소이다. 어린이의 노동을 생각하지 않고는, 어린이가 현대사회의 기호과정 안에서 훈련받는다는 것을 생각하지 않고는, 노동자계급을 생각할 수 없다. 아마도 당신은 또한 여성을 노동자계급에 포함시킨다. 성, 훈련, 가족 측근의 교육의 수준에서 노동자를 재생산하지 않는 사회는 생각할 수 없다. 노동자를 또한 소비 속에 결합하지 않는 사회는 없다. 왜냐하면 소비세포 및 경제적-가족적 단위의 재생산 및 지속성은 정치경제학에서 말하듯이 절대적으로 통용되는 것이기 때문이다. 그러므로 우리는 여성들도 노동한다고 말할 수 있다. 당신이 어린이, 청년, 여성도 노동자계급이라고 말한다면, 사람들은 노동자계급을 그렇게 규정할 수 있다. 그러나 그때 사람들은 우리가 백년 전에 맑스가 말한 것과 같은 노동자계급에 대해서 더 이상 말하지 않는다는 것을 기억해야 한다.

비포 그러므로 문제는 모든 열거한 활동형식들을 해방하고 활동을 수행〔부과된 노동〕에서 해방하는 것이다. 어떤 주체가 이런 것들을 횡단할 수 있는가?

가타리 당신이 주체란 무엇인가라고 질문하면 나는 대답하지 못한다. 왜냐하면 나는 주체가 있는지 알지 못하기 때문이다. 나는 주체는 없고, 하나의 행위자, 정말 하나의 집합적 표현배치가 있다고 말하겠다. 나는 주체에 배치를 대립시키고 개별화된 주체에 집합체를 대립시킨다. 나는 대표화된 위임자로서 생산의 대표와 분리된 개별화된 주체의 집적 대신에 비주체적이고 비기표적인 배치가 있다고 주장한다. 이러한 배치는 개인, 목표, 교환체계의 궁극목적 간에 어떤 하나의 계기도 분리할 수 없는 채로, 생산적이고 대표하고 유용하며 욕망하며 행동을 촉진하는 전체이다. 이것이 당신에게는 말장난처럼 보일지도 모르지만, 당신이 역사의 주체에 대해서 말한다면, 내 생각에 이러한 생각은 결국 하나의 강령에서 끝나지 않으며 하나의 당, 하나의 지도자, 하나의 결정중심─또한 거기서는 하나의 기호적 소여로부터 출발하여 항상 여전히 중심화된 형태로 결정된다─을 견지할 수 없다고 말해야겠다. 이것은 나에게는 피할 수 없는 것처럼 보인다. 그러므로 우리는 역사를 탈주체화해야 한다. 역사는 인간 주위에 집중되어 있지 않으며, 기계적 배치, 인간, 기관, 기능으로 구성되며 그것을 넘어서 하나의 결정다중심이 있다는 것을 인정해야 한다. 그때 우리는 완전히 다른 주체성 관념에 이르며, 주체성을 더 이상 부르주아지, 프롤레타리아트 또는 노동자 계급의 당에 속하는 것이라고 말할 수 없다.

비포 그러나 당신은 왜 주체 관념이 관념론적이라고 하는가?

가타리 주체라는 생각은 관념론 철학과 유기적으로 결합되어 있기 때문이다. 자기 자신과 우주의 주인으로서 즉 지각·의지·말·관계를 통제하는 작은 기호적 기계로서 주체라는 생각은 결정과 자유에 관한 관념론적 세계관을 나타내며, 인간이 기호화되고 자기인식에 이르는 영역과 실천·사회·소통의 영역 사이의 균열, 틈새를 함의한다. 정말 인식과 주체는 존재하지만 인식도 주체도 실천과정의 주인이 아니다. 어떤 병행론도 없고 유기체-주체와 실천 사이에 아주 작은 연결실도 없다. 부수현상53) ·권력·기표적 잉여성의 모든 효과인 주체적 효과가 있을 뿐이다. 이것들은 역사에서 상당한 중요성을 지니며 재영토화에 결정적으로 참여하지만 결코 역사의 동력은 아니다. 이데올로기는 역사의 동력이 아니며 기표적 잉여성도 또한 역사의 동력이 아니다. 오히려 역사의 동력은 기호적 표현, 물질적 장의 생산, 기계적 장의 생산을 연결시키고 주체와 객체의 등록기 속에서 전에 발견된 요소들을 결합시키고 서로 연결시키는 기능연관이다. 내가 배치라고 정의하는 것은 주체도 객체도 아니고 두 가지 차원에서 즉 기호적 차원과 표현의 차원에서— 사람들이 "가운데로 통과한다"는 뜻으로 개념을 사용하는—하나의 기계이다. 그러나 또한 물질적이고 사회적인 흐름, 경제적 흐름 등이 조립 배열된 기계이다. 배치 속에는 말(단어), 눈, 입, 돈, 전기, 신체, 자동차, 그리고 다른 것들이 있다. 그런 것들이 문제이다.

---

53) 예를 들어 푸코의 논의에 비추어 보면 권력을 분석할 때 국가주권이나 법적형태나 지배의 전지구적 통일성 등을 상정할 필요가 없다. 오히려 권력은 인간이 한 사회 안에서 복잡한 상황 속에 처해있다는 것을 이름붙인 것이다.

베르테토 배치 가운데에는 확실히 혁명적 배치도 있다. 혁명적 배치는 무엇으로 특징지어지며, 무엇이 혁명적 배치를 두드러지게 하며, 어떻게 혁명적 배치일 수 있고 혁명적 배치가 될 수 있는가?

가타리 나에게는 혁명적 배치는 재영토화되지 않는 그런 배치이다. 그리고 여기서 또 다른 피할 수 없는 개념인 탈영토화라는 개념이 나온다. 나에게는 역사의 운동—그러나 또한 시간의 운동—은 배치과정을 벗어난 좌표, 시간의 범주, 외부적 범주일 뿐만이 아니다. 시간과 공간도 탈영토화에 참여한다. 이러한 탈영토화, 배치 안에서의 이러한 변화는 공간좌표와 시간좌표에서 기획되는 것이다. 그러나 이 탈영토화는 표현배치에 간접적으로 종속되어 있다. 그러므로 한편으로 공간좌표와 시간좌표의 관점주의(원근법)적 상대주의가 있지만 다른 한편으로는 이러한 상대주의도 없다. 왜냐하면 사물의 현실적인 탈영토화가 실존하기 때문이다. 인간은 역사, 시간, 또한 간접적 시간을 하나의 탈영토화로 경험한다. 자본주의의 경제적이고 기술적인 과정의 역사 자체는 역사적 탈영토화에 연결되어 있다. 그것은 역사는 반복되지 않는다는 것을 의미한다. 분명한 반복이 있을지라도 이러한 반복은—무엇보다도 기술적이고 경제적인 기계의 수준에서—내가 부르는 것처럼 기계적 계통,54) 기계적 수준에서의 지속성을 우선 감추고 그리고 나서 나타난다. 그리고 이러한 기계들은 스스로 다시 불가역적인 변혁, 탈영토화-변혁이 된다.

한 가지 예를 들겠다. 중세 이전의 모든 시대에서 모든 성과, 로마제국의 모든 사회형식은 예를 들어 도시화와 교환관계처럼 붕괴했다. 사

---

54) 계통(phylum)은 같은 어원의 어휘를 공유하기 때문에 동족관계에 있다고 추정되는 언어군(群)을 말한다. 가타리는 이 말을 혈관의 흐름처럼 이어지는 도관과 같은 것으로서 통시적으로 혹은 공시적으로 엮인 통로처럼 사용한다.

회는 로마제국의 발전된 형식들에 강하게 접착된 수준에서 다시 조직되었다. 이러한 영역 안에서 더욱이 모든 것이 파괴되지는 않는다. 글쓰기 기계, 농업 기술, 모든 테크닉의 축적, 무엇보다도 학문적인 기술의 축적, 그러나 또한 몇몇 수도원에서의 문학적인 기술의 축적이 남아있다. 마치 서류분류자가 주민 전체를 말살한 원자폭탄 이후에도 살아남아 있는 것처럼. 그러나 가장 탈영토화된 요소로서 남아있는 코드화 핵심은 파괴되지 않은 채 있다. 그것은 인구적, 경제적, 사회적 개선이 있는 것처럼, 글쓰기, 테크놀로지, 그리고 다른 것으로부터 생긴 모든 기계적 결과가 사회진화를 열매 맺게 하고 새롭게 형성하는 데로 나아간다. 그러한 과정은 역사에서 도처에서 발견된다. 모든 제국은 파괴되지만 무엇인가가, 즉 청동·철·수레 등의 테크놀로지가 항상 남아있다. 그리고 새로운 제국이 다시 건설되면 그것은 영점에서 시작하는 것이 아니라, 가장 탈영토화된 요소들의 지속성에 근거하여 건설된다. 바로 그것을 나는 강력한 주체화 기계로 작동할 수 있는, 글쓰기·전쟁기계·학문 그리고 종교의 기계적 계통이라고 특징짓는다. 이를 통해서 하나의 전쟁기계, 하나의 글쓰기 또는 하나의 종교가 유지되고 천년 뒤에도 또 한번 탈영토화된 수준에서 어디에선가 다시 일어난다.

당신의 질문으로 돌아가 보자. 탈영토화와 관련하여 두 가지 입장이 있다. 하나는 자본주의 및 관료적 사회주의와 유기적으로 결합되어 있다. 그것은 철저하게 보수적이다. 다르게 처리할 수 없기 때문에 사람들은 탈영토화를 받아들이지만 탈영토화와 싸우고 그것의 발전을 저지하려고 노력한다. 예를 들면 부르주아 사회는 증기기관을 발전시키는 것을 주저했다. 프로렌스, 제노바, 피사에 있던 르네상스 은행회사들은 이미 어느 정도 확장을 했지만 비로소 런던, 한자동맹[55] 에서야 이러한

---

55) 중세 중기(14세기) 북해·발트해 연안의 독일 여러 도시가 뤼베크를 중심으로 상업상의 목

자본주의적 원형의 발전에 사회적이고 국제적인 최소한의 영향을 미칠 수 있는 확장을 가져왔다.

사람들은 완전한〔절대적〕탈영토화를 받아들이지만 그것을 중화시키려고 노력한다. 아프리카에는 철기기술이 지배했던 사회가 있었다. 그러나 그 사회는 확장되지 않았는데 왜냐하면 거기에는 철을 다루는 전권을 지닌 제련회사가 있었고 그것이 생산의 탈영토화된 기계적 성격을 제한했기 때문이다. 중국제국에서는 사람들이 석탄광산이나 철광산을 자신들의 수요를 충족시키는 한에서만 개광하였다. 다른 경우에는 폐쇄하였다. 결국 생산—과학, 원료, 제조업의 생산—의 탈영토화와 증가가 전혀 없었다. 또 다른 예로, 과학적 발견이 이루어지면 교회는 "우리는 그것에 대해서 전혀 알려고 하지 않았다."고 말했다. 그와 관련하여 사람들은 르네상스 시기 동안에 수학적이고 천문학적인 발견들에 대해 생각한다. 그러므로 혁명적 배치의 특성은 과정의 전진적인 재영토화가 아니라 학문적·경제적·예술적 수준에서 기계적 계통의 탈영토화이다. 탈영토화 자체의 운동 속에서 사람들은 낡은 생활형식에 들어가지 않고 신체의 생활형식·가족·공동체·생산·교환의 잉여성의 새로운 배치를 발견한다. 그 후에 혁명적 배치는 탈영토화 흐름으로 가고, 탈영토화를 항상 다시 새롭게 구성하려고 노력하지는 않는다. 거기서 탈영토화는 항상 막 일어나고 있는 과정들 뒤에 두 발자국 떨어져 있다. 나는 극단적으로 추상적 논의로 이끌어 왔고 그래서 미안하지만, 논의를 단순화할 수는 없었다.

베르테토 당신의 설명에 나는 두 가지 질문을 제기하고 싶다. 첫째, 당신의 입장은 얼마나 진화론적 구성요소나 지반을 포함하고 있는가? 둘째, 어떠한 기계적 배치와 탈영토화 과정이 오늘날 선진자본주의 사

적으로 결성한 동맹.

회에서 욕망해방의 혁명적 관점을 가능하게 하는가? 오늘날의 탈영토화 구조와 과거의 탈영토화 구조 사이의 차이는 무엇인가?

가타리 진화론. 이러한 접근은 나를 특별히 방해하지는 않는다. 왜냐하면 나는 어쨌든 직접적이지 않은 진화론을 생각했기 때문이다. 탈영토화는 강령이 아니라, 모든 과정의 분자화, 항상 더 열린 리좀구축의 방향으로 간다. 모든 원시적 진화 갈래가 수용하고 스스로 가로지르는 것이 기계적이고 기호적인 수준에서 일어난다는 점에 진화가 있다고 한다면 나는 동의한다. 오늘날 우리는 집합적 기호화를 가지고 노동한다. 우리의 바이러스 환경과 박테리아 환경, 전체 생체권 속에서 사람들은 더 이상 생물학자와 물리학자의 노동 없이는 인간의 수명연장에 대해서 생각할 수 없다. 진화라는 것이 최고도의 기호화, 가장 커다란 탈영토화가 학문적 단계에서 가장 발전된 하부구조와 결합된다는 것을 의미한다면, 나는 동의한다. 진화적인 생각에 대해서 내가 불안해 하는 것은 어떤 생각이 필연적인 단계에서 준비되고 거기서 다양한 하부구조가 중첩된다는 가정이다. 진화개념은 내 판단에는 오히려 방해하는 것이지만, 원칙적으로 나는 그것을 거부하지는 않는다.

오늘날 일어나고 있는 탈영토화의 다양한 요소들에 관한 한, 기관·신체기능·개인간 관계의 정복은 분명 진화과정이 아니다. 그러나 이러한 과정은 기계적이고 기호적인 신진대사를 더욱 더 가져오고, 그 때문에 나는 이러한 [돌연]변이가 사람의 직접적 예속과 그들의 신체의 착취에 근거한 모든 낡은 생산관계를 경향적으로 사멸시킨다고 믿는다. 이탈리아에서 이탈리아 공산당의 지지로 기독교민주당이 지배하는 경우처럼, 기껏해야 사람들로 하여금 "인간적인" 노동형식, 권력이 통제할 수 있는 노동형식으로 되돌아가게 하는 데 종사하도록 하는 노동이 발견된다. 극히 소수의 주민집단이 가장 생산적인 기계를 작동시킬 수 있다는 것은 쉽게 생각할 수 있다. 사람들은 단지 한줌밖에 안되는 사람이 가장 거대한 생산기계를 차지하는 식으로 노동시간의 단축을 생각할 수 있다. 그러므로 노동이 더욱 더 소외되고 더욱 더 불쾌해지는 곳에서 노동권리를 요구하는 것은 무의미하다. 그러면 그때 청년들은 무엇을 해야 할까? "그들은 심심하다…." 분명히 전체 사회모델에 대해 논의해야 한다.

그러면 사람들은 무엇을 해야 하는가? 아마도 주민의 사분의 삼을 위한 수용소, 아마도 교도소, 치료소를 설립해야 하는가? 아니면 한줌밖에 안되는 사람들이 기호적이고 기계적인 체계를 통제하는 동안 낚싯대를 의무적으로 가지고 다녀야 하는가? 사람들은 다른 무엇인가를 또한 생각할 수 있다. 즉 생산적 기계, 기호적·과학적·예술적 기계, 그리고 인간대중 사이의 또 다른 관계를 생각할 수 있다. 나는 여기에 근본모순이 있다고 믿는다. 다행히도 또는 아마도 불행히도, 계급모순은 사회의 동력을 이루지 않는다. 계급모순은 불행하게도 현존하며 특정 사회유형의 유지를 위한 동력으로서 또는 이 사회의 부분적 진화의 동력으로서 현존한다. 주요모순은 더 이상 다양한 생산관계 사이의 모순이 아니라 생산력과 사회적 영역 자체 사이의 모순이며, 생산관계가 더욱 넓은 의미에서 구조화되는 방식이다. 주요모순은 자본주의적 생산관계뿐만 아니라 모든 것이다. 즉 재생산·삶·활동의 관계이며, 사회적인 모든 관계가 구조화되는 방식이다. 방글라데시, 아프리카 또는 일부 남미 나라들처럼 사람들이 기아로 죽어가고 있는 가장 착취당하는 나라들은 오늘날 대중매체의 발전을 통해서 가장 선진적인 인텔리겐차와 그들의 문제와 직접 결합된다.

그래서 비로소 텔레비전, 신문, 책의 확대보급을 통해서 사람들의 실제 빈곤과 절망 그리고 이러한 상황을 참을 수 없다는 의식 사이에 틈이 생겨난다. 이것은 예를 들면 아프리카에서처럼 오늘날 종속적이지 않고 소부르주아지, 상업부르주아지 단계 없이 전진해가야 하는 인민들의 비동시적 발전을 설명하도록 도와준다. 비동시적 발전은 "지구적" 모순 안에서 매개되지 않은 채 발견된다. 거기서 훈련받고 새로운 해결책을 찾는 것은—여성 및 어린이 프롤레타리아트 옆에 있는—새로운 세계프롤레타리아트이지 새로운 노동자계급은 아니다. 제3세계와 제4세계의 이러한 대중들을 프롤레타리아트라고 특징짓는다면 프롤레타리아 투쟁이 아직 있다고 말할 수 있다. 그럼에도 불구하고 이러한 투쟁은 산업사회에서의 전통적인 계급투쟁과 자주 적대적으로 대립한다.

비포 나는 당신의 몇 가지 생각을 떠올리고, 오늘날 탈영토화 과정은 욕망해방과 어떻게 연결되어 있으며, 오늘날 욕망의 절박함이란 문제는 왜 해방의 가능성에 대한 논의인가 라는 베르테토의 질문에 대해서 답하고 싶다. 맑스도 그렇게 말했듯이 노동은 오늘날 더욱 더 추상노동으로 환원된다. 나는 정말 그것이 과학기술적 인텔리겐차의 노동으로 환원된다고 주장하겠다. 그로부터 인텔리겐차 자체의, 과학기술적 인텔리겐차의 현재 축적수준의 노동해방이 이루어진다.

베르테토 당신은 욕망생산이 적대적으로 대립하지 않는 생산의 가능성에 대해서 말했고, 당신의 모든 작업에서 욕망기계[56]와 생산기계에 대한 설명이 발견된다. 노동거부, 교환가치생산의 거부, 삶을 가치로 변형시키는 것에 대한 논의를 고려할 때, 당신은 이 주제들을 다시 수용할 것인가?

가타리 나는 그에 대해, 사용가치, 교환가치, 욕망가치 사이의 적대

---

56) 욕망하는 기계라고도 한다. 이 개념은 '흐름과 이 흐름을 막는 제도'라는 틀로 사회를 이해하려는 것이다. 여기서 욕망은 틀지워진 제도 속에서 다양한 출구를 찾아 나서는 선들로 작동되며 이러한 것을 지칭하기 위해서 '욕망하는 기계'라는 개념을 사용한다. 그리고 전체 사회적 장은 욕망기계와 생산기계에 의해 만들어진다. 또한 기계들은 서로 연결되어 있다.

의 해소는 분명히 국가, 계급투쟁, 특정한 정치개념, 정치적인 것과 공적인 것을 사적인 것과 분리된 현실로 만드는 것 등의 동시적인 붕괴와 연결되어 있다고 말하고 싶다. 이 전망은 공적인 것과 사적인 것, 권리의 정당성과 욕망의 동기화라는 대립의 지양이다. 그러므로 문제는 활동을 지배하는 규칙의 복구이다. 이것은 오늘날 더 이상 선험적인 법규에 달려있지 않다. 비록 그것이 법규나 법률이거나, 가치법칙과 잉여가 치추출에 근거하는 경제체계나 가족, 도덕, 그리고 초자아와 같은 내재화된 억압의 코드들일지라도 말이다. 그러므로 우리는 자신의 고유한 논리의 기초 위에서 모든 것을 층층이 건설해온 이 다양한 코드화 체계를 어떻게 변화시킬 수 있는가를 자문한다. 동일한 형식에서 코드화는 공적이거나 도덕적인 법칙의 수준에서뿐만 아니라 다양한 기호적 예속 체계에서도 생겨난다. 마지막으로 개인을 규정해 보자. 개인은 다소 소비할 수 있고, 자신의 위치를 다소 바꿀 수 있고, 여기저기서 활동할 수 있다. 이러한 지층들은 역사의 흐름 속에서, 하부구조 속에서, 잔여 속에서, 계급투쟁의 분비물 속에서 생산될 것이다. 그러한 지층들을 계급투쟁의 결과로서 보지 않을 때만 그것의 수정을 생각할 수 있다. 계급투쟁은 사회 속에서 분리된 집단의 관계를 규제하고 인간화하고 기술적으로 자본주의적으로 새로 질서지우며, 특정한 사회질서, 특정한 생산형식의 결집을 보장하는 것이 필수적인 것처럼 보이듯이 그렇게 오래 지속된다.

자, 예를 들어 러시아에서 귀족과 부르주아지 같은 특정한 계급이 정치적 지배에 의해 압박당하는 한, 그 대신 새로운 계급이, 노동력의 통제에서 더 억압하는 역할을 수행하는 관료제라는 새로운 계급이 등장한다. 그러므로 우리는 계급투쟁과 일치하지 않는 사회적 분리차별과 범주·지도부·기술관료적 카스트의 형성이 폐지되는 것을 본다. 정반대

로 노동자운동은 스스로의 구분 속에서, 정치적 일반척도 즉 전위정당
으로부터의 거리두기 형식에서 재생산된다. 결국 노동자운동은 부르주
아사회와 연결된 사회적 분리차별을 줄이지 못하고 특정한 형식에선 오
히려 강화했다.[57] 그렇기 때문에 이른바 사회주의 나라들에서 관료적
독재와 사회적 분리차별의 성격은 자본주의 자체에서보다 훨씬 더 두드
러진다. 그러므로 이러한 변혁을 계급투쟁으로부터 기대할 수 없고 오
히려 생산력발전 자체로부터 기대할 수 있다. 계급투쟁의 붕괴와 계급
자체의 붕괴에 대해서 말하는 것은 나에게는 혁명을 거부하는 것이 아
니다. 반대이다. 사람들은 특정한 혁명유형이 가능하지 않다고 확인하
지만, 동시에 다른 혁명유형이 가능할 것이며, 정말 특정한 계급투쟁
형태를 통해서가 아니라 사회계급들과 개인들을 작동시킬 뿐만 아니라
기계적인 혁명과 기호적인 혁명을 작동시키는 분자혁명을 통해서 가능
하다고 파악한다.

　여기서 다시 당신이 제출한 문제로 돌아가 보자. 오늘날 어쨌든 생
산력의 기계적 변혁과 연결되지 않은 어떠한 욕망생산도 없으며, 어떠
한 사용가치 생산도 없고 어떠한 시장가치 생산도 없다. 그러므로 오
늘날 예를 들어 괄약근 통제나 어린아이에게 있어서의 식사와 같이 지
각·놀이·기능숙달과 같은 가장 단순한 사실은 물론, 모든 것이 지
배적인 기계적 과정과 전적으로 결합되어 있다. 그에 대해서는 수많은
사례들이 있지만 나는 그 가운데 하나로 오늘날 어린이의 지각기호계
형성과 텔레비전 사이의 상호작용이라는 사례를 특별히 제시하고 싶
다. 여기에 어린이 양육과 화학적·약제적 양육산업 사이의 지속적인
상호작용이 있다. 그러므로 사람들은 자율적인 욕망가치의 영역을 더

---

57) 예를 들어 소련에서 10월혁명 기간 동안에 그리고 그 이후에 아나키스트들에 대한 분리차
　별에서 볼 수 있다.

이상 인식할 수 없다. 욕망 자체가 이 과정 속에 얽혀있다. 사람들은 한 남자 또는 한 여자를 자연스러운 모델로서 열망하지 않고 항상 신문, 레코드 또는 텔레비전이 마련해 준 문화적 모델과 상호작용하면서 열망한다. 그러므로 자연스런 욕망대상이란 없다. 즉 나는 사람들이 잠시도 그 자체로 기표적인 보편적 존재라고 하는 자율적인 부분대상을 전혀 발견할 수 없다는 점에서 라깡의 부분대상 이론58)을 정말 비판하고 싶다.

욕망대상은 매우 다양하며 사회적 장의 이런저런 영역에서 생겨나는 것으로 특징지어진다. 사람들은 어머니의 가슴에의 혹은 항문활동에의 고착을 발견하지 못한다. 어머니의 가슴이란 없다. 즉 어머니의 가슴에 관여하지만 또한 완전한 기계적 연쇄에, 정보연쇄와 대중매체의 연쇄에 참여하는 것이 있다. 욕망가치는 생산체계의 거대한 기계에 잡혀있다. 즉 전체문제는 욕망가치가 특정한 생산관계와 착취관계에 그리고 동시에 자본주의 사회나 관료적 사회주의 사회처럼 분리된 〔특정〕 사회의 전형적인 결정화 속에 잡혀있다는 데 있다. 사용가치의 측면에서 그것은 아직 단순하다. 즉 오늘날 분명히—내가 기계적이라고 말했지만—사회의 기계체계 전체에 의해서 주조되지 않는 사용가치란 없다. 내가 기계적이라고 말할 때는 물질적 생산의 범위뿐만 아니라 기호적 생산의

---

58) 라깡은 부분대상(가슴, 입, 젖꼭지 등)과의 관련이 심리성적 발달에서 하나의 단계일 뿐만 아니라 전체대상과의 관련이 일단 설립된다 해도 여전히 큰 역할을 한다고 주장하였다. 라깡은 부분대상의 발생적 측면을 염두에 두고 있다. 그는 부분대상이 욕망 위상에서 현저한 지위를 지닌다고 생각하였다. 빌헬름 라이히는 이러한 부분대상에 고정된 욕망(충동)의 자율성을 인정하지 않고 전체 유기체의 움직임 속에서 욕망의 흐름을 강조하였다. 예를 들어 사춘기 이전에 거세한 사람은 성욕을 못 느끼지만 사춘기 이후에 거세한 사람은 성욕을 느낀다고 한다. 이것은 성충동이 몸 전체 단위에서 발달하지 성기라는 부분대상에서만 발달하는 것은 아니기 때문이라고 한다. 그래서 부분대상이 지닌 부분욕망의 독립적인 지위를 부정한다. 가타리는 라이히의 생각을 더욱 확장해 나간다.

범위도 의미한다. 그러나 의심의 여지없이 오늘날 가장 새로운 것 가운데 하나는 이러한 문제에 대한 새로운 인식을 지닌 청년들이다. 프랑스에서는 아마 선거인의 10% 이상이 생태적 주제를 의식하고 있다는 사실처럼 말이다. 정말 정치적인 것에 대한 관습적인 정의와 단호하게 단절하게 하는 여전히 혼돈스러운 의식을 지닌 사람들이 있다. 정치는 지금까지 특정한 사회형식에, 특정한 통치형식에, 즉 교환가치와 연결된 생산에 향해 있었다. 사용가치의 집합적 관리와 장악이라는 낡은 관념과 단절하는 새로운 정치형태가 등장한다. 모든 사용가치, 공기·물·환경·빛·햇빛은 오늘날 기계적인 체계에 통합되어 있다는 것을 사람들이 지적하기 때문이다. 그러므로 사람들은 오늘날, 서로 연결되지 않은 생산·생산관계·사용가치관계활동·욕망활동을 생각할 수 없다. 사람들은 자본주의적 생산관계와 가치관계에 그리고 시장가치관계에만 오로지 근거한 사회를 결코 그려볼 수 없다. 생산은 사용가치를 통합할 뿐만 아니라—사용가치는 생산을 다른 노동부분, 생활부분, 관계부분으로 방향지우는 그러한 사람들과 생태주의자들을 요구한다—욕망가치도 통합해야만 한다. 그리고 이러한 근거에서 분자혁명이라는 우리의 전망은 자연환경의 환경오염이 산업사회의 결과라고 하는 것에 만족하지 않는다는 의미에서 생태주의자들보다 훨씬 나아간다. 즉 주체적인 수준에서 본다면 환경오염은 또한 정신적인 것 속에도 존재하며, 오염에서는 아무 것도 벗어나지 못하며, 거대 생물권에서도 선험적인 명상에서도 탈출구가 없다는 것을 우리는 안다. 모든 것이 신체의 수준에서뿐만 아니라 기호화의 수준에서도 전염된다. 그리고 여기서 일종의 영구혁명, 모든 다른—사회적, 경제적, 생태적—혁명과 결합되고 접속된 분자혁명이라는 문제가 나타난다. 분자혁명은 욕망에서 다시 출발하여 욕망을 준예술적으로 새롭게 형성한다. 사용가치의 측면에서 내가 말해온 것을 사람들은 오늘날 욕망가치 측면에서 반복해야만 한다. 즉 여성도, 어린이도, 자연스러운 관계도 없다. 모든 것은 이 기계적인 기호체계에 잡혀있다.

그렇기 때문에 사람들은 당을 장악해야만 한다고 한다. 〔그러나〕분자혁명은 바로 다음과 같이 말하는 것에 있다. "좋다. 우리는 완전히 예술적인 방식으로 인간·여성·관계에 대한 모델을 세울 것이다." 과거의 예를 들어보자. 12세기의 트루바두르(Troubadoure)[59]는 동일한 예술적 방식으로 사랑하고 싶은 여성모델을 그렸고, 그렇게 모든 사랑〔연애〕모델은 항상 문화적으로 발전되어서, 사람들은 그것에 대해서 어떤 권리도 주장하지 않고 그것을 자연스럽게 바라볼 뿐이었다. 이러한 자연스러운 모델이 일찍이 일반적으로 있었다고 해도 오늘날은 더 이상 없다. 오늘날에는 철도, 비행기, 음식, 쾌적한 환경이 있는 사회를 고안하는 것이 문제일 뿐만 아니라, 주체성, 욕망대상, 성적이고 미학적인 임의의 다른 대상을 구축하는 것이 문제이다.

비포 인간 사이의 모든 관계형식의 역사적 성격—당신은 예술적 성격이라고 말한다—과 문화적 성격에 대해서 나는 동의한다. 그러나 나는 다른 무엇인가를 말하고 싶다. 즉 혁명과정이 생산력발전으로부터 간접적으로 나오지 계급투쟁으로부터 나오지 않는다는 것은 맞다. 그리고 지성의 엄청난 축적과 자본화가 하나의 복합적인 사회적 기계를 구성한다는 것, 즉 지성의 기계적 축적이 잠재적으로는 인간노동력을 대체할 것이라는 것은 맞다. 그러나 이러한 생산력 발전에서 동력이 무엇인지를 사람들은 정말 모른다.

---

59) 12세기 초엽부터 남프랑스에서는 때로는 난삽할 만큼 정교한 시를 만들고 노래로 작곡하여 성(城)에서 성으로, 궁정 귀녀(貴女)를 찾아다니면서 불렀다. 이러한 시인·기사를 트루바두르, 즉 음유시인이라고 하는데, 그들의 낭송 내용은 일정하여, 결코 보답을 받을 수 없는 귀녀에의 사랑의 탄원과 봉사의 맹세였다.

가타리 그것은 형이상학적 문제이다.

비포 아니다. 그것은 그렇지 않다. 자본주의적 생산형식은 기계적 조직으로부터 발전되는 생산형식이 아니다. 이러한 발전은 오히려 계급모순에, 즉 적게 일하려는 노동자계급과 노동자 일반의 의지에 그리고 생산영역에서의 영원한 불복종에 근거하고 있다. 이러한 종류의 불복종에 대한 자본주의적 대답은 과정에 따라 흘러가며, 죽은 노동을 통한 산 노동의 대체이다. 자본의 유기적 구성의 고도화는 그러므로 정말 노동자-불복종이란 압박에 대한 자본주의의 정치적 대답이다.

가타리 당신은 항상 다시 노동하는 사람이 노동자다라는 생각으로 돌아간다. 착취에 대한 노동자의 변증법적 위상은 생산관계에 작용을 미친다. 당신은 생산을 인간화하려고 하고 인간적 수준으로 끌고 가는데, 반면에 나는 다음과 같이 생각하며 그것을 증명하려고 시도해 왔다. 즉 생산은 인간적이지도 인간주의적이지도 않고 오히려 기계적이며, 노동자 즉 인간적 노동과 기호화의 장악은—이것이 중요하기 때문에—기계적 과정에 매여있고 기계적 과정과 연결되어 있다고 생각한다. 그것은 기계적 과정이고 사람들이 다르게 말하기를 원한다면 진화적 과정이다. 이 과정은 탈영토화하고 자신의 고유한 운동을 갖고, 개인·집단·사회계급을 휩쓸어 간다. 프리드만(Friedmann)[60]이 했던 것처럼 노동을 인간적 장으로 환원하려는 시도는 기계적 과정을 인간적 기호화의 형식, 즉 의식적인 개인적 기표적 기호화 주위에 집중하는 데로 나아갈 뿐이다. 그것은 기획하고 관리하고 표를 짜는 기호화와 물질적 생산과정 사이의 분리를 다시 도입하는 것을 의미한다. 그것은 생산에 관한 가장 고전적 관념이다. 요컨대 좋다. 당신은 물질적 과정에서 분리된 주체성

---

60) Milton Friedman(1912~). 미국 경제학자로 자유방임주의와 시장제도를 통한 자유로운 경제활동을 주장하였으며 1976년 노벨 경제학상을 받았다.

을 다시 정당화하고 한발 한발 다시 국가, 당, 그리고 관료적으로 지배되는 노동자계급을 허용할 것이다. 그로부터 다음과 같은 과정, 즉 개인, 기관, 당은 자신들의 경로에 대해서 분명하며, 자신들의 발전을 파악하고 있으며, 역사의 흐름과 생산의 흐름을 지도한다는 필연성에 대한 주체적인 해명의무가 나온다. 나에게는 역사는 절대로 그러한 주체화 형식에 묶여 있지 않고, 기호화 구성요소를 생산적 구성요소, 자연적 흐름, 물질적 흐름, 그리고 우주적 흐름과 결합시키는 생산에 있다. 그래서 노동력에 내재해 있는 모순—나는 집합적 기호적 능력이라고 부른다—이 역사적 과정과 생산적 과정을 조정한다는 당신의 생각을 나는 거부한다.

나는 노동거부가 중요한 요소라는 것을 부정하지 않지만, 예를 들어 산업적 도시화, 인구성장, 원자재시장의 확장, 소통체계의 변화라는 다른 요소들도 있다고 말하겠다. 사람들은 노동거부와 특정한 노동자투쟁이 사회적 배치의 변혁을 위한 유일하고도 결정적인 요소라는 것을 진정으로 믿을 수 없다. 여전히 다른 많은 요소들이 있다. 주체성 대신에 주체적 기계적 배치들, 탈중심화된 주체화 형식들에 대해 말해야 한다. 노동거부는 하나의 구성요소이지만 확실히 배치들의 배치는 아니다. 노동거부는 기계적 배치의 본질적인 구성요소이지만 배치를 통제하는 것은 아니다.

또 다른 문제로, 진화과정에는 비포가 설명한 그러한 지성의 자본화에 일치하지 않는 최고도의 지성의 돌연변이가 있다. 더욱이 "지성의 자본화"라는 개념에 대해 문제제기해야 한다. 왜냐하면 학문체계에서 명령자의 코드화를 통해 생산되는 기호적 자본화는 분명히 지성의 자본화와 아무런 관련이 없기 때문이다. 그것은 개념을 잘못 사용하는 것이다. 나는 그에 반해 인간지성이 어떤 경우에도 기계적 과정에 집중되지 않는 작은 부분에 불과하게 되는 기계적 자본화가 중요하다고 믿는다. 개인에 의해서, 그 개인의 과정을 지배하는 능력에 의해서 통제되는 기호혁명에 앞서서 사람들은 먼저 기계적 혁명을 해야 한다. 왜냐하면 오늘날 어떠한 인간집단도 혁명과 혁명의 목적을 파악하지 못하기 때문이다. 어떠한 인간집단도 음악이나 그 어떤 학문적 부문의 진화를 파악하지 못한다. 그러면 인간집단은 어떻게 전체 혁명을 주관해야 하는가? 학자는 그것을 이미 이해해 왔다.

결과적으로 우리는 하나의 혁명과정에 봉합되어 있고 그 혁명과정은 우리가 낙관적인 근거에서 관계하고 있는 모든 비관주의적인 맑스주의와 관련되어 있다. 혁명과정에 관한 한 나는 완전히 행복하다. 왜냐하면 어떤 혁명가도, 어떤 혁명운동도 없을지라도, 모든 수준에서 혁명이 있을 것이기 때문이다. 그것이 바로 혁명을 하자는 이유이다. 그것은 사람들이 생각할 수 있는 가장 급진적인 낙관주의의 모든 혁명적 유토피아들과 대비된다.

베르테토 그러나 당신이 그리고 있는 혁명적 변혁과정의 구조 안에 있는 개별적인 사회적 주체인 개인의 기능은 무엇인가?

가타리 개인은 얽혀있고 연결돼 있다. 우리는 분자혁명에서 그리고 또한 기계적 혁명에서 모든 측면과 연결되어 있다. 우리는 거기(모든 측면)에 매여 있는데, 왜냐하면 우리는 하나의 세계를 구축하도록 요청받고 있고 정말 우주적 수준에서, 네트워크처럼 연결된 관계의 수준에서, 더욱 확대된 차원에서의 기계의 생산 수준에서 그렇게 하도록 요청받고 있기 때문이다. 우리는 존재하지 않는 것을 만들어내려는 미친 모험가에 매여 있다. 물리학자는 자연에서 생겨나지 않는 미립자를 구축하는 데 종사한다. 물리학자는 발명을 하는데, 왜냐하면 사람들은 오늘날 예술대상이나 손노동 대상뿐만 아니라 미립자도 발명하기 때문이다.

사람들은 느낌과 관계를 발명할 수 있다. 문학은 새로운 감수성형식을 발명한다. 음악과 영화를 통해서 우리는 가능한 새로운 창조물에 대한 환상적인 출발조건들을 갖게 된다. 이러한 의미에서 우리는 우리의 발명 가능성을 통해 모든 이전의 신학 체계가 상상할 수 있었던 것보다 훨씬 더 기계적 가치체계 안에 있다. 인간은 진정한 창조자이다. 그리고 우리의 혁명은 이러하다. 즉 우리와 우리의 열망은 더 이상, 우리를 항상 자연가치·위계제·역할·사회체계·노동·소외로 다시 되돌아가게 하는 어리석은 세계를 참아내지 않을 것이다. 우리의 열망이 바로 우리를 혁명의 중심으로 이끈다. 우리의 열망. 즉 여기서 나는 광기—개인적인 광기가 아니라 집합적인 광기—에 관해 말한다. 인간경험은 들어보지 못한 〔엄청난〕 광기이다!

베르테토 자유사회를 만드는 데 있어서 커다란 문제들 가운데 하나는 집합적 욕망의 처리와 아마도 또한 그것의 규제이다. 당신은 다양하고 종종 모순적인 집합적 욕망을 억압하거나 강박하지 않고 조화시킬 수 있는 어떤 힘을 구축하는 것이 가능하다고 보는가? 그것이 유기체화된 체계에 더 이상 기능적이지 않을지라도.

가타리 하나의 혁명으로 변해야 하는 지하운동 즉 분자혁명이란 현상태에서 당연히 하나의 예술적인 새로운 질서를 정확한 개념으로 규정할 수는 없다. 사회조직의 새로운 형태가 어떻게 보일지, 그것이 얼마나 많은 새로운 성과와 요소에서 형성될지를 정말 생각할 수 없다. '선험적으로' 하나의 새로운 질서를 과학적-사회적 장이나 기호적 장에서 계획하는 사람은 독단적이고 억압적인 방식으로 지도할 수 있을 뿐이다. 사람들은 새로운 사회, 미시사회적 수준에서의 새로운 질서, 신체·감수성·지각·사회적 조직·환경과의 새로운 관계를 찾고 발전시키며 새로운 생산유형을 찾는다. 사람들은 욕망과의 새로운 관계를 조직한다.

오늘날의 사회와 근본적으로 구분되는 사회인 새로운 사회유형이 생겨날 것이라고 나는 믿는다. 18세기의 인간은 프랑스혁명이 만들어낸 사회를 상상할 수 없었고, 아마도 그에 대해서 아주 조금밖에 예상하지 못했을 것이다. 지금은 다행히도 내 생각으로는 이러한 대비는 오늘날에 백배 혹은 천배나 되었다〔더욱 상상할 수 없게 되었다〕. 그러므로 언젠가 일어날 것에 대한 거대한 기획과 가설을 세우는 것은 어리석다. 그에 반해서 변화를 밀어붙이는 세력들을 서로 조정하고 활동하도록 해야 할 것이다. 나는 순수한 자생성·아나키·무질서 그리고 가장 강하고 가장 잔인한 형태의 감정의 자유로운 표현 등을 지지하지 않는다. 이것은 결코 내가 이해하는 바의 무의식과 일치하지 않는다. 정반대로 그것은 우리에게 항상 "당신들이 사람들로 하여금 정열을 표현하게 하면, 당신들 또한 순수한 폭력의 변호자다"라고 제안하는 신화이다. 정열이 마치 지배와 무질서를 의미하는 것처럼 말이다. 당연히 아니다. 정열의 의미는 오히려 거대한 활기, 풍부함, 차이이며, 그에 반해 자본주의 질서의 의미는 잔인성, 도식주의, 가장 억압적이고 가장 전지구적인 동일시이다. 열망, 욕망의 사회는 무질서의 사회, 순전히 잔인한 표현의 사회가 결코 아닐 것이다. 반대이다. 정말 다른 시대의 남근주의적 잔인성과 전혀 관계가 없는 〔사람들의〕 새로운 감성, 엄청난 상냥함, 새로운 부드러움을 잘 관찰해 보자.

베르테토 당신의 생각에 집합적 열망을 억압하지 않는 권력의 구축이 가능한가, 아니면 거기서 욕망의 집합적 자기조절과정을 생각할 수 있는가?

가타리 나는 다양한 생산적이고 사회적인 배치를 조절하는 권력이 있다고 정말 확신하지 못한다. 그것은 나에게는 약간은 "우리는 회사의 선두에 있다. 왜냐하면 그렇지 않으면 회사가 기능할 수 없기 때문이다."

라는 고용주의 주장과 같다. 나는 권력과 잠재성(역능)을 구분하겠다. 중요한 것은 기능하는 것이다. 그러나 종종 권력은 조직의 가장 나쁜 대행자(작용인자)이다. 권력을 제거하려고 할 때, 기능하는 무엇인가를 권력에 대립시키는 것이 가능하고 필요하며, 이를 위해 사람들은 조직되어야 한다.

권력을 조직과 동일시해서는 안 된다. 인간집단의 조직화는 대행자, 카스트, 전문가에게 권력을 위임하는 데로 나아가지 않는다. 그럼에도 의심의 여지없이 권력의 조직화는 노동이 분화되고 분배되며 사람들이 특정 단계와 계기에서 관계·생산·교환을 조직하는 데 종사하도록 유도한다. 그러나 그것은 말했던 것처럼 권력을 지닌 하나의 권력계급, 하나의 권력전문가 카스트의 형성을 의미하지 않는다. 대담으로 가능한 한에서 이 논의의 본질적인 것에 다가가 보자. 나는 욕망과 관련하여 두 가지 경제유형이 있을 것이라고 믿는다. 한편으로는 열망을 개인화하고 억압하고 균형잡히게 하는 경향이 있는 경제가 있다. 거기에서 균형은 열망을 자아의 안쪽으로 밀어넣는데, 이것은 자아의 자존심으로, 자아의 억압으로 특징지을 수 있는 것이다. 당신은 그 모습에 반대해 다른 것을 지키기 위해서 자신을 통제해야 하고, 외부로 당신의 좋은 모습을 나타내기 위하여 당신 자신 내부의 당신의 충동과 싸워야 한다. 즉 전체 유대-기독교적 교육은 일정한 금욕주의 형식을 가져왔으며 주인과 지도자의 양성에 영향을 끼쳤다. 사람들이 수장을 모셔오듯이 사르트르의 『벽』[61]에서 놀랄만한 설명이 "수장의 유년시대"라고 아주 잘 이루어진다.

그리고 다른 한편으로 사람들이 욕망경제를 개인 주위에 집중하지 않고 오히려 영원히 고정된 틀에 의존하지 않는 배치·집단·집합체 주

---

61) 『벽(Le Mur)』, 사르트르가 1939년에 쓴 소설.

위에 집중한다는 전망이 있다. 이 경우에 사람들은 약점과 강점을 지적하며 모두 함께 거세를 받아들인다. 그러나 거기에서 상징적인 기능을 만들어내기 위해서가 아니라 "좋다. 종종 나는 권력환상을 가지며 그러면 권력환상을 포기하고 또 다른 환상으로 넘어간다. 나는 전체 집단, 집합체 혹은 사회에 관련된 사실들을 만들고 싶다"고 말하기 위해서이다. 또 한번은 "그것은 내가 절멸시킨 사실이다."고 말하기 위해서다. 다르게 표현하면, 다른 것으로, 외부로 가려는 나의 전적인 경향은 권력을 불러오는 긴장 속에 집중되어 있지 않다. 극좌파, 혁명가, 동성애자에게 있어서 감수성의 진화는 확실히 흥미있는 사실을 가리킨다. 즉 사람들은 권력문제를 더 이상 남성-여성, 남편-아내, 남근-거세라는 단지 이원론적인 관계에서 다루지 않고, 모든 욕망관계에는 부정적 극과 긍정적 극 사이의, 남성과 여성 사이의 아주 빠른 교대가, 하나의 역할에서 다른 역할로의 이행이 있다는 것을 증명하려고 노력한다. 사람들은 자신의 약점과 천함을, 그리고 내가 이미 고유한 미시파시즘이라고 특징지은 것을 시인하게 된다. 그리고 사람들은 이러한 범주들을 폭발시키는 한에서 그것들을 움직인다. 이것은 인간이 고통·억압·절제 없이, 죄의식 없이 이러한 논증에 대해서 말할 수 있다는 것을 의미한다. 나는 여기서 당연히 좀 도식적으로 논증했는데, 사람들은 진정한 분석을 채택해야 했다.

베르테토 당신은 분열분석[62]을 투쟁으로, 욕망생산의 모든 전선에

---

62) 가타리의 방법론을 한 마디로 하자면 분열분석이라고 할 수 있다. 분열분석의 기본방향은 소극적으로는 라캉식의 구조주의적 프로이트해석에 대한 비판과 더 나아가 프로이트 자체에 대한 비판을 통해, 환원론을 반대하고 기계적 작동에 대한 분석을 지향한다. 적극적으로는 언어학과 기호학 비판을 통하여 변증법에 대한 대안적인 사유방식을 구성해 나가려고 한다. 들뢰즈와 함께 가타리는 『앙티 오이디푸스』와 『천개의 고원』을 통해 이를 수행하였다. 그러나 가타리 독자적으로는 『정신분석과 횡단성』, 『분자혁명』을 통해 그리고 『기계적 무

서의 정치투쟁으로 특징지었다. 혁명투쟁에서 분열분석의 기능은 무엇인가?

가타리 분열분석은 분열분석가에 의해서 발명되지 않는다. 분자혁명이 있는 곳에는 분열분석적 배치가 있다. 객관적인 분자적 혁명과정이 실제로 실존한다. 그러므로 분열분석은 발명되어서는 안 된다. 사람들은 확실히 분열분석을 위한 어떠한 학교도 세워서는 안 된다. 여성들이 열망과의 그리고 신체와의 자신의 관계를 변화시키려고 시도하는 곳에서 혹은 정치적으로 능동적인 사람들이 정치적인 것-개인적인 것의 구분을 거부하고 새로운 개입체계를 만들려고 시도하는 곳에서, 분열분석은 진행된다. 분열분석은 무의식 분석과정이고 무의식을 형성하는 모든 현실적인 기호화이다. 이것은 창조적이고 구축적이며 과거에 매이지 않고 보편적으로 역사화된 콤플렉스에 고정되지 않는다. 분열분석이란 이러한 무의식이 구축하고 분석하고 잘게 나누고 가공하는 모든 것이다. 나는 분석기능을 탈주체화하기 위하여 그것을 "분석장치(analyseur)"라고 불렀다. 이 개념은 몇몇 프랑스 심리사회학자들에 의해 일정한 방식으로 채택되었는데 그것은 내 맘에 들지 않았다. 그 때문에 나는 이 표현을 포기하였다. 아마도 사람들은 "분열분석"이란 용어조차 포기해야 한다. 그러나 용어는 어떤 커다란 중요성도 지니지 않으며, 말은 그 자체로는 내 흥미를 끌지 못한다.

분열분석은 무의식의 개별화된 주체화 형식, 즉 정신분석가, 교육학자, 정치활동가 혹은 예술가라 자칭하는 것과 단절하려고 한다. 이들은 과정을 다시 자신의 개인화된 주체화형식으로 되돌아가도록 시도하

의식』과 『분열분석적 지도제작』을 통해 분열분석을 소극적으로 그리고 적극적으로 시도하였다. 분열분석은 환원론을 반대하고 '기계적 이질발생성'에서 생기는, 특정한 원인에서 생기는 것이 아니라 카오스에서 구성되는 '카오스모제'라는 생성론으로 나아간다.

는 모든 인물들이다. 분열분석에서 인간적 관여, 인간적 기능의 관여
는 기계적 배치 안에서 다른 구성요소들과 접속되는 하나의 구성요소
일 뿐이다.

근대 회화와 조각에서 사람들은 예술가는 결합과정과 연결과정 속에
있다는 것을 잘 안다. 화가가 종종 특정한 사회적 과정과 밀접하게 접촉
한 채 사진을 가지고 작업할 때, 그것은 전체 그림을 자신의 독창성을
통해서만 만들어내는 화가는 더 이상 없다는 것을 증명한다. 또한 동시
대 음악가는 자신의 창조과정을 음악적인 배치와 결합시키려고 애쓴다.
이러한 배치는 해석자뿐만 아니라 또한 경청자도 포함하며, 외부현실과
연결되어 있고 외부로부터 구성되는 요소들을 재료로 받아들인다. 그에
대해서는 수많은 사례들이 있다.

베르테토 이탈리아에서는 『앙티 오이디푸스』에서의 정신분열에 대
한 논의가 커다란 관심을 끌고 있지만 다양한 비판의 대상이 되기도 한
다. 그대들은 쾌적한 정신분열을 구축한다고, 타자의 신화, 정신착란의
신화를 없앤다고 특별히 비난받았다.

가타리 나는 들뢰즈와 함께 분열과정을 임상적인 정신분열증과 구분
하려고 하였다. 정신분열자는 자신의 분열과정을 잃어버린 사람이다.
분열과정이 더 이상 기능하지 않을 때 정신분열증이 있다. 왜냐하면 정
신분열자는 가족과 노동 속에 박혀 있고 그것들에 둘러싸여 있기 때문
이며, 사람들은 분열자를 정신병원에 처박거나 약으로 처지게 만들기
때문이다. 그러므로 우리는 절대 정신분열증의 변호자가 아니며 죄수의
변호자도 아니다. 어느 정도는 마치 사람들이 우리에게 말하듯이 그러
하다[변호자다]. 우리는 정말 죄수와 매춘부의 투쟁을 지지하기 때문이
다. 우리는 죄수-존재나 매춘부-존재를 비호하였다. 고발의 논리는 동
일하다. 물론 정신분열증 안에서는 가장 중요한 분열과정이 흐른다는

것, 분열과정이 혁명적이기 때문에 정신분열자에 대한 억압이 심하게 행해진다는 것은 맞다. 정신분열자가 혁명적인 것이 아니라, 예술가·어린이·청년에, 모든 중요한 열망형태에 포함되어 있는 분열과정이 혁명적인 것이다. 사춘기 동안에는 모두가 분열과정에 끼여 있다. 일련의 호르몬상의 그리고 발달조건상의 구성요소들이 있고, 맞은편에 세계의 개방이 있고, 모든 것이 미치기 때문이다. 즉 세계와 언어가 다른 형식으로 지각된다. 정말 여기에 정신분열적 위기가 숨어 있으며, 몇몇 심리학자들이 하듯이 항상 2-3세 때의 위태로움 탓으로 돌리는 것은 어리석은 짓이다. 이들은 정신분열증이 어디에서 생기고 어디에서 갈라져 나오는지 즉 청년이 사회에 진입하는 특정한 형식에 대해 알지 못한다. 지나간 기호적 연결 위에 이미 하나의 몽타주〔조립하여 만든 이미지〕가 있었다는 것은 가능하지만, 정신분열증의 고유한 몽타주는 사람들이 사춘기에서 벗어날 때 비로소 생겨난다.

　나는 혁명가, 예술가 등이 분열과정에 들어간다고 말하였다. 그러나 분열과정이란 본래 무엇인가? 과정 자체가 표상을 생산할 때, 표상 자체가 과정을 생산하거나 통제하지 않을 때 분열과정이 있다. 그러므로 분열과정은 전체 욕망흐름과 모든 탈영토화를 미리 만들어진 역할과 도식에 짜맞추지 않는 것을 의미한다. (나는 사람이고 여성이고 어린이이며, 그에 맞게 행동할 것이다). 어린이, 정신분열자, 사춘기의 젊은이, 연애 커플이 이러한 분열과정에 참여한다는 것을 사람들은 지적하지 않으면 모른다. 이러한 분열과정을 이해하지 않으려는 사람, 흔적을 수집하고 분명히 하기를 거부하는 사람에게서 열망의 현실은 도망갈 뿐만이 아니다. 더욱이 그런 삶은 스스로를 열고 스스로를 구축할 수 없다. 그는 정신착란에서 비상한 것을 인정하기를 거부하는 교육자, 교사, 심지어 심리학자처럼 불쌍한 상태에 처해 있는 사람들에 대해서도 눈을 감는다.

베르테토 당신과 들뢰즈가 사용하는 열망 개념은 자연주의적 개념이며 『앙티 오이디푸스』는 긍정적인 자연주의의 장 안에서 움직인다고 얘기된다.

가타리 나는 인간과 열망에 대한 자연주의적 개념화를 지지하지 않는다고 항상 강조해 왔다. 들뢰즈와 공동작업을 하기 전에 이미 나는 기능, 기관, 그리고 (기계들을 지닌) 인간의 정신적 정서적 메커니즘의 지속성을 강조하기 위해서 욕망기계 개념을 발전시켰다. 나에게는 인간의 기능작용과 사회적 기계의 기능작용은 동일하며, 기호적, 물질적, 그리고 사회적 기계들이 문제가 된다. 즉 기계체계를 벗어난 것은 아무것도 없다.

베르테토 이탈리아에서는 반제도적으로 작업하는 몇몇 정신의학자들[63]이 열망 개념이 당신의 생각과 들뢰즈의 생각에서 중심적인지, 어느 정도 중심적인지 논의한다.

가타리 질 들뢰즈와 나는 우리 이전에 아무도 하지 않은 식으로 열망이란 말을 사용하였다. 우리가 "열망"이란 말로 이해하는 것을 사람들은 당연히 다르게도 표현할 수 있다. 당신은 그것을 뭐라고 부르는가?

베르테토 제도연구조사훈련센터는 "욕구"라는 말을 제안하였다.

가타리 우리는 그것을 "거시기(Dingsda)" 혹은 "기계적", "기계화되는 기계적인 것"이라고 부를 수 있었다. "기계적 열망" 대신에 우리는 "기계적 기계"를 말할 수 있었다. 그러나 그것은 나에게는 아무런 문제가 되지 않는다. 왜냐하면 내가 "열망"이란 용어를 더 이상 필요로 하지 않으면 나는 또 다른 말을 사용할 것이기 때문이다. 예를 들어 내가 낡은 축

---

63) 이탈리아의 반제도정신의학 혹은 반정신의학은 바살리아(Basaglia)의 모델이 있다. 그는 정신병환자를 정신병원이나 유사한 제도들 안에서가 아니라 사회환경 및 노동환경과 긴밀한 연계 속에서 치유해야 한다고 주장한다.

음기를 레코드플레이어라고 하면 당신은 나에게 이렇게 말한다. "그것은 레코드플레이어가 아니라 축음기이다. 레코드플레이어는 작은 동력을 가지고 있으며 그에 반해 다이아몬드바늘을, 즉 축음기는 시계장치를 통해 움직이며 쇠바늘을 가지고 있다." 좋다, 나는 이의성을 변호하지만 그 이의성은 나에게는 어떤 커다란 중요성도 지니지 않는다. 내가 레코드를 듣는 데 쓰는 이러한 기계유형의 변혁이 중요하고, 그 변혁의 기계적인 측면뿐만 아니라 개념적인 측면도 중요하다. 사람들이 어떻게 그 개념에 기여하는지, 그 개념을 어떻게 사용하는지가 나에게는 관심거리이다. 내가 당신과 동일한 주제에 대해 일하면 나는 당신이 특정한 도구를 알고 있거나 실험하는지 물을 것이다. 그것은 "그러나 어떻게, 그러나 그것은 무엇을 의미하는가?" 라는 논의와는 다른 논의이다. 나는 개념이 어디에서 인용되었느냐에 대해서는 걱정하지 않는다. 나는 대화를 거부하지는 않지만, 대화가 이데올로기적인 항의로 나가지 않으면 나에게는 더 좋다. 내 마음에 드는 것은 기계적 항의이다. "열망"과는 다른 말로 하는 것이 더 좋다고 말한다면, 나는 자신의 모터 달린 자전거의 동력 위로 구부리는 젊은이처럼 주의하고 긴장한다.

베르테토 『앙티 오이디푸스』를 공부하는 몇몇 사람들은 그 책이 프로이트의 충동개념의 갈등적 성격을 하나의 유일한 규정으로 환원하였고 그래서 변증법적 이원론 대신 새로운 형태의 일원론을 제기하였다고 주장한다.

가타리 이 이원론 문제는 실제로 낡은 철학 냄새가 난다. 나는 당신에게 추상적인 답변을 하겠다. 이원론을 끌어들이면 당신은 하나의 "결핍"을 끌어들인다. 이 결핍을 끌어들임으로써 당신은 이러한 결핍을 사태의 긍정성에 등록하는 준거구조로 끌어들인다. 당신이 이러한 결핍/긍정성 관련을 등록할 때, 당신은 하나의 대표표면이나 최소한 대표층위로부터 등록표면을 분리한다. 당신은 변증법에 대해 말하지만, 변증법에서 결코 해결될 수 없는 것은 이러한 분리원리 자체이다. 들뢰즈와 나는 분리에 관해서 그리고 용어의 변증법적 접합에 관해서 말하지 않고, 사태가 서로서로 설립되고 성장하는 데 영향을 미치는 강렬도[64] 체계에 대해서 말한다. 그것은 사태가 거기에 고정된다는 것을 의미하지 않는다. 정반대이다. 그러나 우리는 이러한 이원론 원리를 포기한다. 왜냐하면 그러한 이원론 원리는 항상 모든 권력형식을 위한 원형과 지반을 구성해 왔기 때문이다.

베르테토 그래서 당신은 프로이트의 죽음충동 개념을 거부하는가?

가타리 죽음충동에 대해서 구체적으로 말해보자. 어린이는 인형의 머리를 찢고 막 태어난 어린 동생을 때리려고 위협하며, 어린 여자아이는 식사를 거부하고 머리를 벽에 부딪친다. 자, 거기에는 두 가지 가능한 해석이 있다. 하나는 죽음충동을 가지고 또 하나는 죽음충동 없이. 첫 번째 해석. 본능억제가 어린이에게 주요한 위험(어린이를 체계적으로 규제하고 어린이가 모든 정신발생적 국면을 통과하는 것을 방해하는 반복기계 속으로의 붕괴)으로 여겨진다. 이러한 경우에 사람들은 어린이 자신의 상징적인 주요 동일시에 따라 어느 정도 수정해야 하는 기제 속에 어린이를 강제로 집어넣기 위해서 일련의 동일시조치들을 마주할 것이다. 그래서 사람들은 어린이의 정신내부적 층위를 에로스-타나토스라는 이원론적 충동도식에 근거지우며, 어린이 정신치료 전문가는 두 가지 충동에 속하는 것을 다시 결합하려고 시도할 것이다. 멜라니 클라인(Melanie Klein)[65]이나 판코프(Gisela Pankow)[66]의 작업이 그렇게

---

64) intensité. 모든 현상은 고정된 것이 아니라 자체가 지닌 힘에 의해 다양한 방향으로 나아갈 수 있으며, 따라서 지금 있는 '어떤 것'은 항상 여러 방향으로 움직일 수 있는 내재적 리듬을 가지고 있다. 이러한 리듬은 다른 것과 접속하면서 새로운 것을 만들어 갈 수 있는 근거가 되는데 이 리듬을 강렬도라 한다.

진행된다.

이것이 죽음충동을 가지고 하는 설명도식이다. 그 설명도식은 종종 파국적인 결과를 지닌다. 어린이는 하나의 전이체계에 고정될 것이고 거기서 결과는 전반적으로 적절하다. 사실 죽음충동은 과학적 설명이 없는 순전히 형이상학적인 범주이다. 프로이트는 그 범주를 자신의 경험에서 끌어내지 않았다. 그것은 형이상학적인 설명가설이다. 단지 다른 해석유형일 뿐이다. 사람들은 어린이의 행동이―극화된 충동들을 통해―내부정신적인 층위들에 달려있다는 테제를 거부한다. 그 대신 사람들은 배치의 전체성을 받아들이고 어떤 것도 우선하지 않고 이 상황에 포함되어 있는 모든 매개변수들을 고려한다. 그 중에서도 아마 형제, 어머니와의 동일시, 부모들과의 어려운 관계를 서로서로 고려한다. 여기에 어린이를 둘러싸고 일어나는 간접적인 환경 즉, 결국 가까이 살고 있는 놀이친구, 동물 등이 덧붙여진다. 이것은 심리학자들, 예를 들어 돌토 (Dolto) 67) 의 고전적인 테마이다. 그러나 고려해야 할 것은 또한 가족사정에 따른 돈문제, 커플관계에서 위계제와 남근주의의 문제, 아버지의 고용주와의 관계이다. 이 모든 요소들을 고려하면 사람들은 이러한 이원론적 정치("나는 죽겠다." "나는 인형의 머리를 부숴버리겠다."), 이러한 최악의 정치, 이러한 "블랙홀"은 처음에는 50, 100개의 매개변수가

---

65) Melanie Klein(1882~1960). 영국의 정신분석학자. 프로이트의 충동 중심적인 이론의 패러다임을 깨고 관계 중심적인 새로운 패러다임으로 만들어 간 개척자라고 평가받는다. 어린이에게 놀이를 시켜 문제가 되는 행동(야뇨증 · 말더듬이 · 손가락 빨기 · 도벽 · 공포증 등)을 진단하고 치료하는 유희요법(遊戱療法, play therapy)을 창안하였다.

66) Gisela Pankow(1914~1998). 프로이트의 제자로, 면접 · 그림 · 모델 · 가족접촉 등 비전통적인 기법들을 사용하여 치료하려고 하였다.

67) Françoise Dolto(1908~1988). 프랑스의 정신분석가로 특히 어린이 치료를 많이 하였다. 그녀는 프랑스 라디오 방송에서 교육문제를 정규적으로 방송하였다.

나타나는 전체 과정의 결과라는 것을 이해하게 된다. 그러한 최악의 정치를 에로스-타나토스라는 애초의 이원론적 층위로 소급하는 것은 다양한 설명 구성요소(매개변수)들을 서로 단락시키는 것이다. 분열분석은 정신발생문제뿐만 아니라 경제문제, 그리고 환경과의 모든 관계도 근본적이라고 생각한다.

그러므로 문제는 매개변수를 선별하는 것이 아니라 매개변수를 결합해서 보고 매개변수에 영향을 미칠 수 있는 모든 것을 고려하는 것이다. 아마도 유치원의 여선생님이나 어린 놀이친구들과 얘기하는 것이 중요하다. 근본적이고 상징적이며 충동이원론에 근거한 작업에 관한 한, 이것이 나에게는 주변적인 관여가 결코 아니다. 반대로 그것은 아주 본질적인 작업일 수 있다. 달리 몇 가지 사례에서는 최악의 정치, "블랙홀"의 정치로 흘러 들어가는 이 모든 구성요소들을 리좀 속에서 파악하는 것일 수 있다. 이원론적인 충동이론에서 사람들은, 충동이론이 리비도를 개인화하듯이 그리고 어린이의 열망의 미시정치와 사회적 장 사이의 관련을 찢어놓듯이, 심리학주의[68]를 대표하는 형식에 대해 토론해야 한다. 정신분석은 학교와 도시구역에서 일어나는 것에, 고용주와의 관계에, 남성과 여성의 관계에 달려있다. 즉 무의식의 특정한 층은 없다.

베르테토 당신과 들뢰즈는 우리로 하여금 지속적으로 예술가적 실천과 작가적 실천이란 문제에 주의하도록 하였다. 당신은 작가나 예술가가 어떤 형식으로 분열과정에 참여한다고 설명할 수 있는가?

가타리 카프카에 대한 우리의 연구[69]에서 우리에게 주로 흥미로웠던 것은 개인의, 개인화된 창조자의 활동으로서의 글쓰기가 불가능하게 되

---

68) 심적인 것이 모든 현실적인 것의 중심이라고 파악하는 관념론적 방식을 말한다.

69) Gilles Deleuze et Félix Guattari, *Kafka—Pour une Littérature Mineure*, Editions de Minuit, 1975(『카프카』, 이진경 옮김, 동문선, 2001).

는 지점을 발견하는 것이었다. 우리는 다음과 같은 사실들에 관심을 가졌다. 카프카는 결코 글쓰기에 이르지 못하였다. 근본적으로 몇 가지에서 잘 되었지만 정말 중요한 소설들을 결코 끝내지 못했다. 카프카는 글쓰기에 대한 고전적인 이상을 따랐지만, 그에게서 가장 빛나는 사실은 정말 글쓰기를 지배하고 통제하려는 그의 의지가 보상을 받은 것이다. 즉 당시 만들어진 가장 미친 텍스트의 하나인 펠리체에게 보낸 편지, 일기, 끝나지 않은 소설들 말이다. 소설의 미완성—엄격히 문학적인 관점에서—이란 성격은 우리를 매혹하였다. 막스 브로트(Max Brod)[70]는 구성되지 않은 자료들을 가지고 소설을 짜깁기하려고 노력하였다. 그는 장을 새로 만들고 몇몇 구절들을 새로 만들었으며 전체적으로 보아 카프카의 저작을 근본적으로 배반하였다. 우리는 그것을 밝히려고 시도하였다. 이제 카프카, 아르토, 아마도 후기 조이스[71]를 읽고—내 생각에 『피네간의 경야』는 실패작이지만 모든 사람은 그것을 조이스가 하는 대로 볼 수 있다—, 베케트[72]도 그의 작품의 형식적 완성에도 불구하고 읽어보라. 이 모든 것은 모든 측면으로부터 경향적으로 도망가는 문학이다. 그와 함께, 모두에 의해서 만들어지는—이것은 데마고기이다—

---

70) Max Brod(1884~1968). 카프카의 친구로 카프카가 소설 원고들을 맡기고는 태워버리라고 하였으나 나중에 자신이 편집하여 출판하였다.

71) James Joyce(1882~1941). 아일랜드 더블린 출생의 20세기 문학에 커다란 변혁을 초래한 세계적인 작가이다. 『더블린 사람들』, 『젊은 예술가의 초상』, 『율리시스』, 『피네간의 경야』 등의 작품이 있다.

72) Samuel Beckett(1906~1989). 아일랜드 더블린에서 출생하여 1938년 이후 프랑스에 정주하여 영문 · 불문의 전위적 소설 · 희곡을 발표하였다. 희곡 『고도를 기다리며』(1952)의 성공으로 일약 그 이름이 알려졌으며, 3부작의 소설 『몰로이』(1951), 『말론은 죽다』(1951), 『이름 붙일 수 없는 것』(1953)이 있다. 그는 스승이면서 친구였던 조이스로부터 많은 영향을 받았으나, 그것을 독특하게 발전시켰고, 특히 소설에서는 내면세계의 허무적 심연(深淵)을 추구하였으며, 희곡에서는 인물의 움직임이 적고 대화가 없는 드라마를 형식화하였다.

글쓰기가 아니라 모두에 의해 분해되고 부서지는 것을 받아들이는 글쓰기라는 글쓰기의 또 다른 지위라는 문제가 나타난다. 하나의 사태가 『앙티 오이디푸스』의 출간 이후 나에게 섬뜩하게 다가왔고—그것은 정말 나에게 다가온 유일한 사태이다—그것은 나에게 다음과 같이 말한 캐나다와 이탈리아에서의 두 사람과의 만남이었다. "저는『앙티 오이디푸스』에서 아주아주 아름다운 어떤 것을 읽었습니다"라고 하면서, 『앙티 오이디푸스』의 완전히 꼬깃꼬깃한, 줄을 치고 설명을 끼워 넣은 페이지를 지갑에서 꺼냈다. 사람들이 책을 그러한 방식으로 사용한다면—아주 좋다.

전체적으로 보면, 한 작품은 곧바로 해체되지 않고 이용될 때만 흥미를 끈다고 생각한다. 사람들은 스피노자의 명제 한 조각을 취한다. 그리고 나서 소설가의, 민속학자의, 역사가의 한 조각을 취한다. 그리고 사람들은 그로부터 하나의 몽타주를 만들고 모든 것을 함께 작동하도록 하려고 노력한다. 그리고 정말 나는 그것을 항상 들뢰즈와도 함께 그렇게 해왔다. 나는 그것을 창조성의 관념이라고, 글쓰기일 뿐만 아니라 현실인 것에서 분기되는 가능한 글쓰기-배치의 관념이라고 믿는다. 그리고 그것은 완전히 새로운 관념이다. 나는 탈주체화된 배치에 이르기 위해서 문학 속에서 소설의 이러한 죽음, 작품의 죽음을 추적하는 것이 분명히 아주 재미있다고 생각한다.

베르테토 결론을 내리자. 당신이 이해하는 바대로의 지식인의 사회적 모습에 직접 관계된 문제로 나아가 보자. 이탈리아에서 사람들은 현재 사회 안에서 지식인의 기능에 대해서 많이 토론한다. 공산주의자들은 지식인들에게 새로운 강령("역사적 타협")에 대한 동의를 조직해야 한다고 요구한다. 장게리[73]는 사람은 낭만적인 거부를 중단해야 하며

---

73) Renato Zangheri. 이탈리아공산당의 지도자이며 볼로냐 시장.

좋은 관리인이 되는 것이 중요하다고 생각한다. 그에 반해 이탈리아에서의 탄압에 반대하는 프랑스지식인들의 선언은 지식인으로서 이견〔반대〕을 실천하는 것이 가능하고 필요하다는 것을 보여준다. 그러므로 이제 나는 첫 번째로, 당신 생각에 현실 사회에서 지식인의 기능은 무엇이어야 하며, 무엇보다도 공식적인 당이 노동자운동을 지배하는 사회에서 지식인의 기능과 위상이 변해야 하는지 질문하고 싶다.

가타리 그것은 아주 중요하고도 매우 어려운 질문이다. 그리고 나는 거칠게만 그것에 답할 수 있을 뿐이다. 자, 장게리에 대한 대답은 당연히 아주 간단하다. 즉 지식인은 어떤 장치를 마음대로 해서는 안 되며 동의를 조직하는 기능인이 되어서는 안 된다는 것은 토론의 여지가 없다. 그러나 근본적으로 지식인의 특정한 문제가 중요한 것이 아니다. 즉 사람이 동시에 손노동자, 기술자, 그리고 학자일 수 있느냐 하는 질문이 그러한 문제이다. 사람들을 복종시키고 사람들로부터 좋은 군인과 기능인을 만들어내는 기획을 아주 가볍게 이해하고 그것에 대해 판단할 수 있다. 커다란 논쟁은 그때 불필요하다. 문제는 내 생각에는 다른 성격의 것이다. 즉 생산력발전에 근거하여 하나의 변혁이, 조직노동 및 소통노동뿐만 아니라 지식인·기술자·손노동자의 변혁이 진행중이라는 것이다. 전반적인 경향은 지식노동이 쇠퇴하고 붕괴한다는 것이다. 그리고 그것은 맑스가 국가붕괴에 관해 말한 의미에서 정말 긍정적인 붕괴이다. 나는 지식인 카스트라는 범주가 사실상 전진적으로 해체될 것이라고, 즉 점점 더 단순한 사람들이 지식인이 될 것이라고 믿는다. 한편으로 연구와 지성의 전문화된 지식인과 다른 한편으로 교사·학생·손노동자 대중 사이의 커다란 균열은 생산력의 진화성격에 점점 일치하지 않는다. 오늘날 모든 연계, 사회적 생산의 체계, 생활생산의 체계에 참여하기 위해서는 더 고도한 지성과 더 커다란 인식이 필요하다.

그러므로 지식인으로부터 진리의 관리자를 만들어내려는 모든 이론을 지지하지 않는 것이 중요하다. 그것에 관한 한 나는 알튀세르의 정식화에 반대한다. 왜냐하면 그는 지식노동으로부터 몇 가지 본질적인 어려움을 설명할 수 있는 이론적 노동을 만들어내기 때문이다. 또한 사람들은 그람시의 생각도 어느 정도까지 이의적으로 사용하는 데 적합한지 않은지를 고려해야만 한다. 지식노동은 지식인에게 속하지 않는다. 즉 지식인의 유기적 노동이나 정말 노동자계급의 유기적 지식인을 생각할 수 없다. 노동자, 지식인, 기술자, 과학자, 예술가 사이의 구분은 점점 더 변하고 수정될 것이다.

그러므로 지성적 수준에서 어떤 특정한 진리노동도 없다. 그에 반해 정확한 실천적 배치, 정말 특정한 사회적 관계, 투쟁, 특수한 기호화관계의 틀 안에 진리가 있다. 여기에 가열압착기(설명)의 문제가 있는 것이지, 이데올로기, 옳은 이념, 맑스주의, 혹은 어떤 다른 의사과학적 체계의 하늘 속에 방사되는 진리, 전반적 진리의 문제가 있는 것이 아니다. 움직이고 있는 객관적 변화는 예를 들어 1968년 프랑스에서 일어난 것, 즉 지적으로 노동하는 사람들과 예를 들어 정치적으로 능동적이거나 이러저러한 생산부문에서 노동하는 사람들 사이의 특정한 융합에 실제로 근거한다. 미래의 지식인은 결코 개인도 카스트도 아니고, 육체적으로 일하고 지적으로 일하고 예술적으로 일하는 사람들이 참여하는 집합적 배치일 것이다. 즉 남성-여성-어린이-청년-활동가이며, 지성의 순환에, 창조적 노동에 결합되어 있는, 지성적인 창조적 노동에 뿐만 아니라 예술적 창조에, 생활양식·감수성유형·관계유형의 창조에 결합되어 있는 사람들이다. 이 모든 영역을 서로 구분하고 전문화하기 시작하면, 점차 인종적, 성적, 사회적, 그리고 또 다른 분리차별을 가져오는 모든 분리차별의 자립화로 끝난다. 나의 생각의 방향이 분명해졌는지 모르겠다. 어쨌든 나는 지식인은 낡은 정치적 기계들—어떤 종류의 감수성도, 상상력도, 선견지명도 가지지 않은 (완전히 낯설고 구역질나게 하는) 기계들—을 자신의 뜻에 따라 처리해야 한다고 생각 한다.

(디종, 1977. 7, 9)

2부

60억의
도착자들

이 2부에 실린 텍스트들은 가타리가 주도한 잡지 『르셰르셰』(12호 동성애 특집호, 1973)에 실린 글들 가운데 선별한 것이다. 이미 발표 당시에 '풍기문란죄'로 문제가 되었던 텍스트이기도 하다. 동성애 문제를 단순히 주변인의 문제로서가 아니라 모든 사람의 문제로, 이성애에 강박당한 사람들을 포함한 문제로 제기하고 있다. 1970년대 당시의 세계 인구가 30억이어서 '30억의 도착자들'이란 소제목을 달고 있었지만, 지금 세계 인구가 60억이니 '60억의 도착자들'이란 제목으로 바꾸어 보았다.

「똥꼬에 열광하는 사람들」은 기존의 글쓰기와는 아주 다른 느낌을 준다. 당사자들의 이야기를 직접 들을 수 있을 뿐만 아니라 속내들을 들을 수 있기 때문이다. 남성동성애자들의 행동과 생각을 글로써 이 정도 드러내기는 쉽지 않을 것으로 생각된다. 그것도 허리 위의 얘기가 아니라 허리 아래에 흔히 가장 지저분한 곳이라고 여기는 항문을 즐기는 사람들의 이야기이다. 가장 신체적인 것에 근접한 글쓰기의 모습을 보여주는 것이 아닌가 생각된다. 그러나 이 텍스트는 흔히 신체에 관한 텍스트들이 그렇듯이 주변인들만 읽을 수 있는 주변적인 텍스트가 아니라 누구나 읽고 관심을 가질 수 있는 소수자적인 텍스트이다. 주변인으로 스스로 폐쇄되는 것이 아니라 다수자적인 것을 문제삼을 수 있다는 말이다. 하지만 한 다리 더 건너 비동성애자들은 이러한 텍스트를 어떻게 받아들일까? 또한 여성동성애자들의 경우 어떻게 느낄지 모르겠다. 남근적인 텍스트라고 생각할까? 어쨌든 이 글은 동성애를 통해서 가타리가 말하는 횡단성애에 이르는 방향을 제시해준다.

덧붙인 작은 텍스트 「신체에 대한 말살을 끝장내기 위하여」는 신체선언문 같이 느껴진다. 이 글에서는 욕망이 신체와 결합하여 권력에 대항해 외치는 소리를 들을 수 있다. 신체(육체)에, 욕망에 따른다는 것이 갖는 실천적 함의를 요약해주는 짧지만 강력한 글이다.

똥꼬에 열광하는 사람들[*]

무명씨

1.

이런! 그들은 무슨 짓을 하는 것이야? 아니, 이것들 정말 쓰레기구나!
—사무엘 베케트

앞으로 전개되는 모든 것은 내가 사랑하기〔육체관계를 맺기〕에는 장
애를 가지고 있는 개인들에게만 호소한다는 것을 인정하면서 시작해 보
자. 그 외의 사람들에게는 신체의 환락은 언어〔말〕를 신체의 종에 지나
지 않는 존재로 축소한다. 다음을 분명히 해두는 것도 쓸모없지 않다.
사람들은 자신의 자리를 양보하기 싫어하는 얼굴을 해가지고서만 성에
대해서 말하든가, 아니면 마찬가지로 당신에 관하여 욕망을 가지지 않

---

* Les Culs Énergumènes, *Recherches: Trois Milliards de Pervers: Grande Encyclopédie des Homosexualités*, Mars 1973, 23F.

은 것처럼 가장하면서만 말한다고. 사랑하는〔육체관계를 맺는〕 것과 사랑을 말하는 것 사이의 이분법을 도입한 것은 내가 아니다. 오히려 나는 이 이분법을 증오한다.

욕망이 **비-욕망〔욕망이 없다〕** (혹은 자칭 **비-욕망**) 을 합체하는 날 혁명은 더 이상 목표가 되지 않는다고 나 자신 감히 말해도 되는가? 당장은 비-욕망을 말하는 것은 욕망이 실존한다는 절대적인 증명이다. 그러나 이것은 욕망에 대항하여 세워진 장애물들을 확대하는 기획이자 그 장애물들을 정의하려는 시도이기도 하다. 나는 그것이 말도 안 되는 태도라고 서둘러 인정하지만, 더욱 기가 막힌 것은 그러한 시도가 말에서 글로 옮겨가는 것이다.

도처에서 욕망을 거부하는 것은 최고의 행위로 인정되고 있다. "나는 욕구가 없어, 그뿐이야." 이것은 우리가 부르주아지의 중간층에게도 이민노동자에게도 말하는 것이다. 그리고 좌파학생은 더욱 강한 어조로 그것을 우리에게 반복해서 말할 것이다. 그는 욕망을 지적으로 신성시하기 때문이다. 누군가가 자신에게는 욕망이 없다(비-욕망)고 말하는 것을 들을 때, 나는 그 이면에 있는 다음과 같은 말을 듣는다. "강요하지 마세요! 자본주의가 이 거부를 내 몸에 새긴 것이니까."

내가 이 주제에 관해서 계속 말하는 대신에 결국 쓸 필요를 느꼈다면, 그것은 바로 말할 수 없게 되었기 때문이다. 동일한 욕망형태에 익숙해진 사람들 사이에서 그러하듯이 말이다. 이것이 내가 여기서 주제로 삼고 싶은 동성애, 즉 점차 혁명적 전망을 잃어가고 자신의 순수한 이론에 속거나 그래서 내가 (내가 좋아해서) **열광적인 (énergumène) 동성애**라고 부르는, 혁명적이려고 하는〔혁명적인 체 하는〕 동성애에 영향을 끼치기 때문에, 나에게는 훨씬 더 확실한 벽인 것 같다.

내 자신이 관계된 최근의 두 가지 일화로부터 시작해 보자. 이것들이

나로 하여금 글로 설명하게끔 만들었기 때문이다. 첫 번째 일화는 이렇다. 자신들의 신체로 소통하기보다는 확실히 지적인 공모와 자신들의 정치적 과거에 의해 소통했던 어떤 동성애자들이 있었다. 이들은 거의 모두 **'혁명행동을 위한 동성애자전선'**(FHAR)[1]의 결성에 참여하였고 동성애적 욕망의 해방을 위해 가는 데까지 간 전문활동가들이었다. 이러한 사람들이 자신들 가운데 한 사람이 쓴, 그러니까 그 제목이 『동성애적 욕망』이라는 책에 관해서 토론하려고 녹음기 앞에 모이게 되었다. 갑자기 마치 아마추어가 한 사람 끼어든 것처럼 누군가 이렇게 말했다. "우선 우리 사이에서의 동성애적 욕망에 관해서 말하고 그것이 이 방 안에서 어떻게 유통되고 있는가를 알지 않고서, 이 책에 관해서 말할 수 없을 것 같습니다." 즉각 상상할 수 있는 말의 억압과 자기검열이라는 아연실색하게 만드는 분위기가 일었다. 그러나 그러한 상태가 3시간이나 계속되어도 발기라는 말도 할 수가 없었다. 욕망의 활동가라고 할 수 있는 사람들의 한 가운데에 욕망이 금지되어 있는 상황이었다. 덧붙여 말하자면 그들 가운데 누구도 본성이나 나이 때문에 저주받은 사람은 없었으며 그런 것과는 거리가 멀었다.

두 번째 일화는 파리미술학교에서 일어났다. 매주 목요일 8시가 되면 동

---

1) Front Homosexuel d'Action Révolutionnaire. 이 조직은 1971년에 결성되었다. 프랑스동성애자 해방운동의 여명기를 받치고 있던 『아르카디아』(Arcadie, 잡지 이름이자 집단의 이름) 속에서 1970년경부터 페미니즘에 관심을 갖는 여성들 집단이 있었다. 이들이 분리되고 몇 명의 게이들이 참여하면서 점차 잡지도 간행하게 되었다. 그런데 잡지가 정부의 탄압을 받으면서 FHAR은 전국적으로 알려지게 되었다. 미술학교에서 매주 집회가 열렸고 그 모임인원이 급속히 늘어갔다. 다양한 성적 소수자를 있는 그대로 인정하면서 배제의 체계인 규범을 거부하는 것이 제1의 강령이었다. 명확한 조직형태를 띠지 않고 자연발생성을 강조하면서 내부에 다양한 분파들이 만들어졌다. 1974년 사실상 해체되었지만 이 운동을 기반으로 하여 동성애운동이 공공연히 발전하기 시작했고, '동성애해방집단(GLH)', '반동성애차별긴급위원회(CUARH)' 등이 발전해 나오게 되었다.

성애자들이 계단식 강의실에 자발적으로 모여서 집회를 열었다. 그들은 FHAR 곁에서 정치적 투쟁욕망뿐만 아니라 성욕망의 배출구를 찾았다. 말할 필요도 없지만 거기에서 그들 사이에서라면 누구도 반대하지 않을 것들을 말했고 감정적인, 신체적인 분출을 하였다. 내가 이 집회에서 빠져나오려고 할 때 한 소년이 나의 팔을 잡고 어두운 통로 쪽으로 끌고 갔다.

나는 그와 함께 축축하고 어둠침침한 모퉁이로 들어갔다는 것을 깨달았다. 발 밑에는 물과 오줌이 남아 있었다. 미술학교의 화장실이었다. 어두워서 누가누군지 분간할 수 없는 5, 6명의 신체가 섞여 있었고, 어느 손발이 연결되어 있는지도 똑바로 판단할 수 없었다. 그러나 눈을 감아야 한다는 의무감이 나를 괴롭히고, 오줌의 시큼한 냄새가 나의 목덜미를 잡았고〔구역질을 일으켰고〕, 나는 순간적으로 죄의식을 느끼며 뒤로 물러났다. 그러자 나를 데리고 간 소년이 귀에 대고 "왜, 부끄러워?"라고 속삭였다. "부끄러워, 동지?"라고 말하지는 않았다.

그래, 나는 부끄러웠다. 그러나 바로 이 부끄러움이 나를 부끄럽게 만들었다. 동성애적 욕망은 억압이 그것을 등록하는 곳에서만 등록될 수 있는 것처럼 모든 것이 진행된다. 많은 페데[2] 들이 서로 접촉하기 위하여 화장실 이외의 다른 해결책이 없다는 것을 알고 있다. 그리고 더 이상 벽을 깨지 않기로 결정한 사람들이, 체계가 그들에게 자유롭게 허용하고 더욱이 경찰이 도발하기 어려운 비참한 장소에서 흥분을 계속 분출한다는 것에 나는 절망한다. 화장실의 경련은 은행의 암거래 같다. 즉 돈과 마찬가지로 육신을 떠나 어둠 속으로 흘러들어가는 정액의 흐름, 은행 창구의 창살 뒤에 있는 정액수표와 같다.

갑자기 나는 파시스트가 되어, 페데들을 그들의 **찻잔**(유일한 장소)

---

2) pédé. pédéraste의 준말. 남성동성애자를 지칭하는 말로 FHAR의 남성활동가들은 자신들을 이렇게 불렀다.

에서 채찍으로 몰아 아주 어둠 속에서밖에 즐길 수 없는 이 작은 방 밖으로 쫓아내고 싶어졌다. 기묘한 역설이다. 즉 그들은 자지와 똥꼬가 주어진다면 어떠한 신체도 거의 욕망하게 되지만(그리고 나도 정말 거기에 있고 싶다), 모든 일이 어둠 속에서 진행되고, 상대방을 알지 못한 채 키스를 하고, 기계적 기관 이외에 아무 것도 개입하지 않는다는 엄밀한 조건에서 그러하다.

동일한 사람들을 제 시간에 서로 완전히 볼 수 있도록 환한 방이나 고요한 목장(나는 공원을 말하는 것이 아니다)에 두면, 거기서 그들은 욕망으로부터 도피하기 위해서 지껄인다. 도자기로 된 개들처럼 서로를 쳐다보지 않는다면, 한 사람의 육체에 추파를 던지면서, 그 육체와 함께 단 둘이서 다시 보기를 원하였을 것이다. 욕망기계는 황혼녘의 방탕을 만들고 혹은 결국 전기를 끄고 빛을 차단하는 커플들을 만든다.

세 번째 일화를 이야기해 보겠다. 그런데 이 일화의 주역들 자신이 이 잡지3)에 실린 「아랍인과 우리」라는 제목의 텍스트 속에서 스스로 설명하고 있다. 동성애적 욕망의 왜곡이〔이처럼〕본인들의 입에서 놀랄 정도로 정직하게 기술된 적은 거의 없었고, 지금까지 그것을 읽은 사람들은 모두 불편함을 스치는 심각한 질문을 경험하지 않을 수 없다. 이 텍스트를 읽는 대다수의 독자는 그것을 병리학으로 분류하면서 곤경에서 벗어날 수 있을 것이다. 반면에 이 텍스트가 직접 문제로 삼고 있는 것은 행해진 고백이 아니라 거기에 없는 것 전부, 즉 이 확실한 사실을 인정하는 데 불쾌감을 지닐 뿐인 모든 사람들의 동성애적 행위(혹은 모든 단순한 성행위)에 대한 매우 구역질나는 방식이다.

나로서는 거기서 말한 도착들은 나 자신의 도착과 일치하지는 않는

---

3) 이 텍스트가 원래 실렸던 *Recherche* 12호를 말한다.

다. 나의 도착은 확실히 상당히 부르주아적인 것이다. 그러나 그들의 도착은 그들이 묘사한 실천과 그들이 지닌 정신에 대해서 왜 혐오스러워했는가를 자문할 수 있게 해주었다. 이 모든 것은 특히 참혹한 성빈곤이며 이 모든 것은 나에게는 기쁨(joie)과 그것의 마땅한 공유와는 반대극에서 전개된 것 같다고 말함으로써 궁지에서 벗어날 수 없었다. 그래도 나는 기쁨은 드물며 거의 항상 시대(어떤 원시시대)·연령(어떤 어린이들)·계급(어떤 주변적인 부르주아)의 특권의 산물이라는 것을 알았다.

나는 많은 자지들, 아랍인들과 그들의 자지를 만나는 특권을 지녔다. 그렇다고 내가 아랍인과만 그리고 그들의 자지와만 최고도의 즐거움을 누린다고 하는 사람의 성구조를 비판하거나 거절할 권리는 없다. 「아랍인과 우리」에서 말하고 있는 소년들은 자신들의 강박관념이 복음이라고 가리키지는 않는 것 같다. 즉 그들은 반대로 누구든 자신들을 단죄하려고 하는 자는 복음의 이름으로만 그것을 할 수 있다는 것을 교묘하게 부각시킨다.

이 텍스트는 무엇을 말하는가? 이야기의 무대는 파리이지만 근본 배경은 모로코 평원의 낙원이다. 거기는 또한 자본주의적인 도시풍속에 오염되지 않고 자급경제가 남아 있다. 거기서는 원시적인 신화가 깊게 작용하며, 사정은 조숙하고 야만적인 천진난만함으로 변전하고, 조금만 더하면 사람들은 아랍인이 될 수도 있을 것이다. 그러나 그는 파리의 생활로 되돌아가야 한다. 파리에서 아랍인은 아르카디아[4]의 존경받는 목자가 아니라 하층 산업프롤레타리아이다. 그리고 바로 거기에서 모든 것이 복잡해진다. 마라케슈(Marrakech)〔모로코 서부의 도시〕에서처럼 아랍인을 위해 창녀를 이용하는 감미로운 사창가를 연다는 것은 더 이

---

4) Arcadie. 고대 그리스의 펠로포네소스 반도에 있던 고원. 이곳 사람들은 목축업을 하면서 목가적이고 평화로운 도원경을 이루고 살았다고 한다.

상 있을 수 없는 일이다. 경제적인 것은 더 이상 감출 수 없다. 모든 것은 다시 스펙터클과 착취가 되었다. 이 거대한 스펙터클 속에서 부르주아지가 프롤레타리아트를 배치하지만, 부르주아지와 그것의 배타심을 생산하는 것은 바로 프롤레타리아트이다.

아랍인에게 파리의 젊은 페데가 말하지 않는 것은 여전히 다음과 같은 일종의 죄책감이다. "부르주아지는 당신을 착취하고 있다. 나의 아버지도 당신을 착취하고 있다. 그러니 나에게 키스하라!" 그는 이렇게 덧붙일 수도 있을 것이다. "이런 짓을 우리 나라 클리시(Clichy)의 다리 아래 어딘가에서 한다면 아마 불결할거야, 하지만 이 짓을 너의 나라 에사우이라(Essaouira) 숲 속에서 한다면 훌륭해!" 계급투쟁, 계급적 마조히즘, 그리고 나서 이 원시적인 것의 인위적인 회복 속에 무엇이 감춰져 있는가?

「아랍인과 우리」 속에서 소년들(동성애자들)은 자신들의 욕망이 원시인과 피억압자를 찾는다고 설명한다. 그러나 그들이 찾는 것은 자신들에게 전혀 권력을 행사할 수 없는 존재이다. 하지만 이러한 사회적 희생자보다도 더 국수주의적인 남성은 없다. 결국 페니스 없는 남근을 지닌 신체가 남근 없는 페니스를 지닌 신체가 된다고 말할 수 있을 것이다. 만족하지 못하는 비상한 욕망은 다음과 같은 알리바이에 사용되는 정치행동을 저지를 수 있다. 즉 **나는 나의 아버지와 할아버지가 공장에 키스하러 오기 전 식민지전쟁에서 나의 아버지와 할아버지가 키스했던 사람들에게 나의 똥꼬에 키스하도록 한다.** 그러나 그 정도 차이가 나는 대차대조표도 없다. 그것은 수입을 지출변에 감정하는 것이다. 즉 **나는 부르주아지와 이슬람교에 의해서 등록된 남자의 자존심을 완성했을 정도로 신비스럽게 한평생 찌른 그 누군가에게 15분간 똥꼬를 빌려준다.**

이러한 식으로, 극단적인 한계에서 유럽인이 아랍인을 향하여 "너의 오만한 남자다움! 나는 그것을 무척 좋아해!"라고 소리치면 그때 아랍인이 "아아! 넌 내가 멋진 남자라는 것을 확인했구나! 그러면 넌 나를 찌를 수 있어!"와 같이 역할설정에 끼어드는 기회만이 있을 것이다. 이때 문제의 아랍인은 자신의 원형적인 사회-성적인 범주를 벗어날 것이다. 그러나 결국 찌르는 사람일 수 있다는 급박한 조건에서 우선 찔리는 역할을 받아들이는 아랍인을 만나기는 쉽지 않다. 「아랍인과 우리」속에 존재하지 않는 것은 다음에 찔린다고 하는 조건에서 찌르는 역할을 하는 아랍인이다. 이유는 이러하다. 그러한 아랍인은 서구화되어 있을 것이며 마호메트와 코카콜라에 의해서 코드화된 동물성을 생산하는 대신 의미를 생산할 것이다. 그리하여 그는 자신들의 고백 속에서 우리에게 말할 기회를 놓치지 않은 아랍인 바람둥이 페데들 모두에게 더 이상 흥미를 가지지 않을 것이다.

미리부터 적의를 가지지 않고 이 고백을 주의깊게 읽어보면 몇 가지의 공준이 발견될 것이다. 우선 이미 본 것처럼 욕망은 모든 혁명적 기획과 단절되어 있다. 즉 한 아랍인은 성혁명을 시작했지만 누구와도 잠을 자지 않았다. 역할은 파괴되지 않고 고양되었다. 우리 쪽에서 어떤 의심도 없애기 위해서 이러한 말을 첨가해 두자. 즉 인종차별은 성적으로 체험되어야 한다고. 이 텍스트에서 우리가 말하고 있는 페데들은 인종차별을 외혼(外婚)의 특수한 형태로서 요구하는 성(sexualité)을 살아간다. 이 형태 아래에서 인종차별이 최종적으로 어떻게 소비되어야 하는가에 대해서 상상할 수 없는 채 말이다.

다음으로 쾌락은 인격대립으로부터, 모든 심리적 윤활제로부터, 요약하자면 기관의 삽입이라는 소통 이외의 모든 소통으로부터 철저하게 분리되어 있다. 부르주아들은 사랑과 우정을 분리한다. 여기서 문제가 되는 동성애자들에 있어서는 이제야 쾌락과 소통의 분리가 이루어지고 있다. 그중 한 사람이 녹음기 앞에서 마침내 글로써 우리에게 전달될 이런 구절을 공표하였다. "소통, 그것은 나를 죽도록 진저리나게 해." 그렇다면 남아있는 것은 유일한 힘관계, 근육관계 뿐이다. 자, 자신의 비좁은 방에서 하는 혼자만의 발기, 인간적이라고 믿지 않는 기계가 있다. 대단한 똥꼬와의 사랑은 사랑의 신을 죽였다. 하나님 감사합니다.

한번의 자지치기가 결코 우연을 폐기하지 않는 이 이야기 속에서 아랍인이란 결국 무엇인가? 그들은 인조남근의 수집장이며 수집자는 언제나 어디에서나 부르주아라는 것을 잊을 수 없다. 이 도구들에 등을 돌려 그들에게 똥꼬를 열고서, 아랍인들을 쫓아다니는 페데는 자신의 자지를 없애버리는, 자지에 의해서 죽는 것을 꿈꾼다. 그가 말하듯이 상아의 자지에 의해, 그에게 환상적으로 자지가 없는 구멍, 극화된(각색된) 여자를 만들어 줄 것이고 그에게 신성한 죽음을 가져다 줄 원시적인 오락기구에 의해 죽는 것을 꿈꾼다.

거기에 다다랐을 때 그 행동에 당황해도 아마 그것을 몽상한다고 말한다면, 나의 분석은 사람들이 믿기에는 너무 비판적일 것이다. 그러나 「아랍인과 우리」를 이야기하는 녹음기는 나의 머리 속에 계속해서 맴돌고, 나는 마치 홈집 난 디스크처럼 계속되는 한 문장을 듣는다. 그 동성애자들 가운데 한 사람이 끈덕지게 이렇게 되풀이하고 있다. "속은 사람들이 있어서는 안 된다! 나는 속은 사람들이 있는 것을 원치 않는다! 속은 사람들은 없다! 속은 사람들은 없다! 속은 사람들은 없다!" 그런데 그와 그의 동료들은 그럼에도 불구하고 우리에게 원초적인 남자다움을 소비하고 남근지배를 개척하며 그의 문화적 법칙을 끊임없이 부과하는 지성을 제안한다. 한편으로는 상아의 자지가, 다른 한편으로는 상아탑이 있다. 그리고 모든 사람은 속는다.

이 증언은 본보기로 남아 있다. 모든 동성애자가 자신들이 위험하다고 생각하는 그런 모험을 하며 살아가지는 않으며, 이러한 비밀들은 심지어 그들로 하여금 격분하여 이를 갈게 만든다. 그러나 그러한 모험을 하며 살아가는 사람들 그리고 그것을 감히 우리에게 말하려는 사람들이 적어도 여정의 끝에 이를 것이다. 부르주아지는 우리에게 동성애에의 36가지 길을 남겨놓지 않았지만, 단 하나의 길이 있고 다른 모든 길은 피하는 길이든가 위장술일 뿐이다. 그리고 그 하나의 길에 관해서, 「아랍인과 우리」란 텍스트는 훌륭한 사진을 제공하고 있다. 거기서 말하고 있는 인물들은 속은 사람들이지만 그들은 확실히 거짓말 하는 사람들은 아니다. 오히려 전혀 다른 페데들이 거짓말을 하거나 어떤 때는 부르주아 희극을, 어떤 때는 혁명 희극을 연기한다.

2.

> 여자와 접촉하지 않는 것이 남자에게 좋을 것이다
> ─성 바울

우리 색다른 페데들은 말할 것을 가지고 있으며 자신의 동성애를 부정하는〔숨기는〕사람들에게 그것을 말할 수 있다. 그러나 그렇게 특수하고 바꿀 수 없는 자신의 동성애를 자랑하는 사람들에게도 말할 것이 있다. 그리고 그것은 같은 것들이 아니다. 똥 속에 정액을 털어내고 나오면서 똥칠을 하고 있을 때, 우리는 정말 사회적인 게임의 냄새나는 공이다. 찔리고 있을 때 우리는 똥을 역류시키는 유일한 인간이다. 그러나 우리는 가장 청결하지 않기 때문에 가장 재산을 가지지 않으며, 가장 방탕하기 때문에 가장 경쟁하지 않으며, 가장 기계적이기 때문에 가장 로맨틱하지 않으며, 가장 주변적이기 때문에 가장 부르주아적이지 않다고 믿을 필요는 없다.

머리를 떨구고 똥꼬끝을 흔들며 걷는 우리의 가재〔게〕걸음은 거꾸로

본 진부한 정상성이다. 우리는 동성애를 이성애자가 상상하는 대로 프로그램하고 있다. 이성애자가 여기서는 남자 역할, 저기서는 여자 역할(여기서는 여자 대신에 실패한 남자를 욕망하는 아저씨지만 저기서는 아저씨를 욕망하는 아줌마)로 나누면서 묘사하고 몽상하는 대로 정확히 프로그램하고 있다.

페데들은 여자에게 자신들에 관해 말하며 "몇 시예요?"라고 물어보면서 서로 만나는 체 하려고 하는 사이에 성차별주의를 강화하고 있다. 택시 운전사가 뒷좌석에서 수다를 떨고 있는 두 사람의 정다운 여장남자(folle)를 향해 몸을 돌리면서 진력이 나서 "아, 나는 착한(얌전한) 여자는 딱 질색이에요"라고 한 마디 던진다. 기적, 그는 남근숭배의 본심을 드러낸 것이지만, 그 여장남자들이 "그래요, 어떻게 해볼 수 있어요. 집에는 큰 침대가 있어요."라고 대답하자 모든 것은 본 궤도로 돌아간다.

사람들이 남자이기를 강요하지 않는 어린 소년들은 "저는 딸입니다!"라고 하면서 운동장에서 조건부로 노는데 어떤 공포심도 갖지 않는다. 그렇지만 어른들은 여자인 척 하면서 여성의 강박관념에서 벗어나지 못한다.

나는 나 자신의 속에 있는 여자를 충분히 살아가도록 놔두지 못한다는 것을 종종 후회한다. 여장남자를 연기하면서 나는 단지 여자의 남성적인 가면들을 밝혀낸다는 인상이 들었다. 바보같은 것을 더 바보같게, 수치스러운 것을 더 수치스럽게, 하나의 스펙터클을 만들어낼 정도로까지 만드는 것은, 유익한 악마불식(푸닥거리)에 기초한 것일지라도, 회색으로 분장하는 부르주아지처럼, 붉게 분장하는 좌파처럼 하는 것이다. 내 안에는 여자가 있다. 내가 왜 그것을 문제삼을 것인가? 내 자신 안의 남자와 여자 사이에서 나는 갈피를 잡지 못하고 싶다. 자위할 때 갈피를 잡지 못하듯이. 즉 채찍질하는 사람과 채찍질 당하는 사람, 묶는 사람과 묶이는 사람, 찌르는 사람과 찔리는 사람을 나는 더 이상 모른다[구분할 수 없다]. 나의 자위는 나를 미치게 만드는 두 가지 천칭을 지닌 저울이다.

물론 우리는, 주체의 위치를 점하든 객체[대상]의 위치를 점하든 온갖 방식으로 정상적인 관계들을 복사한다. 오늘날 동성애자는 다형적 욕망의 장소가 아니다. 즉 그것은 다의성의 가면 아래에서 한 방향으로 나아간다. 그 성 대상은 사회적 혹은 정치적인 기계화[작동]에 의해서 이미 선택되며 항상 동일한 성 대상이다. 즉 자신보다 강한 사람인가 약한 사람인가, 연상인가 연하인가, 자신이 사랑하는 이상으로 자신을 사랑하는 사람인가 아니면 그 반대인가, 부르주아적인가 프롤레타리아적인가, 소박한가 지적인가, 대단히 남성적인가 그다지 남성적이 않은가, 흑인인가 백인인가, 아랍인인가 북구인인가, 찌르는 사람인가 찔리는 사람인가 등등에 따라 선택된다. 정치적인 것이 이미 수면 아래에서 자신의 일을 끝냈다. 그러나 그 위에서 이제 의식이 정치투쟁에 관계하고 현재의 동성애의 이성애적 혹은 혼외성적인 경향이 희화화되기까지에 이른다면, 자지가 오직 머리와만 사랑할[육체관계를 맺을] 수 있거나 머리가 자지와만 사랑할 수 있는 사례들이 증가하는 것을 볼 것이다.

움직임은 복잡하다. 오로지 신체에 의해서 즉 신체적 아름다움이나 욕망가능성[매력]에 의해서 권력을 가진 사람들은 서구화되지 않은 세계에서는 보통으로 보이듯이 (자신들의 신체 속에 완전히 존재한다면) 누구든지 욕망할 수 있을 것이다. 그러나 서구에서는 아주 종종 신체권력만을 가졌다는 사실은 좌절을 가져온다. 그리고 욕망할 만한[매력있는] 신체는 신체권력과는 다른 권력을 꿈꾸고, 그 욕망은 언어(parole) 권력을 가진 사람들에게로 향한다. 그런데 이 관계는 어렵고 종종 그것을 두려워하여 금지하게 되지만, 바로 이것이 그들의 심도있는 사이버네틱스[의사소통과 조정의 과학]이다.

마찬가지로 신체에 의한 권력을 잃지 않고 언어에 의한 권력을 가진 사람은 누구든지 욕망할 수 있을 것이다. 그러나 서구에서는 신체와 언어의 이 이분법이 우리에게 각인되어 있어서 언어에 의한 권력을 지녔다는 사실은 조만간 신체의 매력을 잃어버리지 않을까 하는 의심을 불러일으킬 것이다. 그렇다면 언어신체는 자신의 동류와 사랑하는 것을 스스로 금지할 것이다. 신체-신체 속에서 언어를 언어와 대항하게 할 것이다. 언어신체는 투쟁 중에 자신의 언어권력을 잃을까봐 상당히 두려워하기 때문이다. 그리고 언어신체의 욕망은, 침묵 속에서 말해지는 자신들의 언어에 의해서, 다시 말하자면 자신이 남근과 언어의 관계를 끊어버릴 수 있는 남근에 의해서 자신의 언어의 신체를 표시할 수 있는, 신체권력만을 가진 사람들에게로 향한다. 이러한 언어신체는 사랑하면서〔육체관계를 맺으면서〕말할 수 없으며, 시몽 보고서를 믿으면 프랑스인의 5분의 4가 그러하듯이 어둠 속에서 즐기기 위하여 눈을 감기조차 한다.

저항자들의 위축된 동성애는 오늘날 같은 성을 가진 (물론 특히 한 쌍을 이루는 말이나 침묵을 갖지 않는, 즉 같은 기원이나 같은 역사를, 전체적으로 말해서 같은 가계를 갖지 않는) 어떤 사람과 사랑하는 것에 있다. 이러한 동성애는 정신적 유사함을 피하려고 하며, 다른 인종, 다른 계급문화, 다른 지성에 혹은 아주 단순히 다른 연령에 속하는 성 대상을, 사유에 의해서 자신에게 일치하는 것이 아니라 그 속에서 삶을 함께 나누는 것이 우선적으로 가장 어려울 수 있는 그러한 성 대상을 만들 필요가 있다. 이것은 형제간의 근친상간 금지의 한 형태이다.

모든 사회적 활동은 동성애적 관심이 공공이익의 목적으로 승화된 것이라고 말할 때, 결과가 아무리 우습더라도 이것은 페데들에게도 적용된다는 점을 덧붙이는 것을 잊어서는 안 된다. 사람들은 럭비나 전쟁이나 자본주의적 자유경쟁이나 정치활동을 하지만, 단체로 혁명적 동성애에 참여하는 사람들은, 특히 웃지 마라, 그들 사이에, 동지들 사이에, 친구들 사이에 남자가 여자에게 키스할 때와 같이 신중하다. 훌륭한 것은 아닌데, 걸레와 수건을 혼동해서는 안 된다. 형제간의 근친상간 금지가 동성애 속에 잠재하고 있다. 전투성이나 반전투성이 생기자마자 그 금지는 정언명령이 된다. 이 동성애에서 바로 우리의 카스트적인 욕망-정치적 규범은 형제 사이의 외혼제를 만들어 냈다.

3.

> 목욕물에 몸을 던져라, 그러나 아기를 던지지는 마라
> ―마오쩌둥

5년 전에는 다른 것에 대해 말하지 않고는 동성애에 관해서 말할 수 없었다. 오늘날에는 동성애에 관해서 말하지 않고 다른 것에 대해 말할 수 없다. 어떠한 인간도 이제는 동성애로부터 결백하다고 할 수 없으며, 누구도 자신의 욕망이나 반-욕망을 벗어나서 동성애에 관해서 객관적으로 기술할 수 없다.

우리의 동성애는 위협 위에서 구조화되어 있으며, 정신과 의사들은 이 위협은 편집성 박해불안에서 유래한다고 믿게 만들었다. 원인과 결과가 그렇게 전도된 적은 일찍이 없었다. 반대로, 우리의 욕망이 억압된 동성애자들을 위협하는 사회적 분위기가 바로 우리를 현재의 우리이게 하였다. 그리고 마치 유일자처럼 우리는 피박해자가 되는 함정에 빠졌다.

사회는 자신이 심한 공포로 인해 거절하는 욕망 때문에 나를 고발할 뿐만 아니라, 내가 그 욕망에 편집적으로 집착하고 있다고도 고발한다. 그러면 고발하는 사람과 박해받는 사람 어느 쪽의 박해욕망이 더 강할까? 동성애 박해는 동성애적 욕망에서 비롯된다. 정념적이든 과학적이

든 동성애에 대한 모든 태도는 동성애적 태도이다. 억압이 어떤 욕망을 **뒤쫓을** 때, 그것은 뒤쫓는다(poursuivre)는 동사의 모든 의미에서 그러하다. 즉 악착같이 쫓아다니고, 상처를 입히고, 뒤를 쫓고, 맹종하고, 목표로 삼는다는 의미이다.

그렇지만 이성애가 패닉이나 병의 상태에 놓이게 된 것은 우리 때문이 아니며, 바로 이성애 사회 자신이 끊임없이 패닉에 빠진다. 자신의 모든 것을 동성애에 대항하여 구축해 온 이성애사회는 자신의 동성애가 모습을 드러낼지도 모른다는 생각에 지속적으로 패닉상태에 빠진다. 사람들은 우리에게 문명은 외혼제에서 발생했다고 자꾸 되풀이한다. 그러나 문명은 근친상간의 금지와는 다른 기초적 구성요소(예를 들면 마조히즘과 동성애)를 발견하도록 할 수 있는 그러한 사디즘과 미쳐버린 이성애를 드러내고 있다. 우리의 심리적 혹은 경제적 조직 전체는 섹스 없이 그리고 섹스에 대항하여 경험된 마조히즘적[피학적] 혹은 동성애적 모험이다.

작은 집단에 공공연한 동성애자가 한 사람이라도 있으면 어떤 남자도 자신의 동성애를 감추려고 하고 동성애를 공격하고 그 동성애자를 왕따 시키기까지 하지만, 이러한 방어와 공격을 교묘히 위장된 유혹행위로 만들면서 그런다는 것은 기이하기조차 하다. 이것은 한 남자에 의해 강간당한 공포-욕망이라 불리며, 모순이 아주 강할 때는 이 움직임은 갑자기 남자를 강간하려는 욕망으로 바뀐다.

동성애가 어디에나 존재한다고 정신분석이 우리에게 소리쳐 말하는 데 이제까지 쓸데없는 노력을 해 왔다. 안타깝게도 정신분석은 거기에 그치고 있지 않다. 정신분석은 특히 세상사람 모두가 가지고 있는 이러한 동성애 리비도는 감정, 우정, 사회경제적 활동으로 승화되어야 한다고 가르치고 있다. 오이디푸스의 금지가 가족을 가능케 한다. 항문의 금지가 임금, 이윤, 노동을 가능케 한다. 동성애의 금지가 가정, 집단, 부족, 기업, 조합, 조국에 대한 모든 사회적 감정을 가능하게 하고 조직한다.

우스운 가설을 감행해 보자. 만약 어린이들의 교육이 갑자기 어떤 착오로 고대 그리스의 교사들처럼 동성애의 전도사가 아닌 동성애자의 손에 맡겨지면, 동성애에 관한 이러한 편집증은 사라져버리고 동성애적 욕망의 본성 자체도 변하여 유죄성을 면할 것이다. (그러나 우리는 거기에 있지 않고, 게다가 대다수의 동성애자는 바로 거기에 이르는 것을 바라지 않는다. 왜냐하면 그들의 양심의 가책이 몇몇 동성애자들에게는 그들의 안전의 축이 될 정도로 일종의 균형추 구실을 하기 때문이다.)

가족과 학교는 우리의 동성애를 수치스러운 것으로 만듦과 동시에 우리를 자신들과 같은 밀고자나 환자로 만들어 버린다. 동성애 억압이 욕망을 뒤쫓는 데 집착하는 것은 동성애적 욕망이 줄곧 머리에서 떠나지 않기 때문이다. 그러나 동시에 동성애자들은 병적인 즉 부르주아적인 세계에서만 만들어질 수는 없다. 억압은 이성애자 거리에서는 쥐 없는 고양이이며 동성애자의 머리 속에서는 고양이 없는 쥐다.

거의 모든 동성애 행위는 부르주아적이지만, 그것은 노동자주의자들이 쁘띠부르주아적인 계급정신이나 낙인을 고발하려는 도덕적 의미에서는 절대 아니다. 여기서 쁘띠부르주아적이라는 것은 욕망이 창조되는 대신에 외워서 기계적으로 암송된다는 의미에서이다. 그것은 그 욕망이 오로지 성기에서만 작동하지 신체 전체에 작동하지 않기 때문이다. 항문은 성별을 알지 못한다는 것은 논의의 여지가 없으며 항문에의 반복투여가 남근적인 [대문자]기표를 약화시킨다는 것은 (항문을 욕망하는 데 사용하는 것은 예를 들어 수치심을 뛰어넘어도 질의 정통적인 사회적 사용법뿐만 아니라 강한 남근을 소리쳐 구하므로) 명확하지 않기 때문이다.

타인의 남근 취득욕망과 자신의 남근 상실공포 사이에 끼어 이러지도

저러지도 못하는 현상은 반동성애적 부르주아지의 사회적 게임을 특징 지을 뿐만 아니라, 경쟁적인 채 남아 있는 동성애적 실천 속에서 특히 항문이 정확히 반복투여 되는 때에도, 보다 착란적인 형태로 존속한다. 항문이라는 것은 페데의 남근적 실존을 계속 위협하며, 항문의 자발적 소멸은 여성에게 향하는 남성들 사이에서 그 위협을 정당화하지 않고 설명하지 않는다.

요약하자면 남근적 기표가 모든 남자들에게 타격을 주고, 더욱이 탐구의 출발 세포로서 커플에서 항문적 삽입이 쌍방향으로 행해진다면, 항문의 재도입은 남근적인 기표를 실추시킬 수 있다. 그런데 우리는, 이성애 커플은 소도구나 페티쉬를 사용하지 않고는 이러한 단계에 도달할 수 없다고 알고 있다.

결국 다음과 같이 과감히 인정할 필요가 있다. 동성애적 욕망은 외워서 복창될 뿐만 아니라 심정억압에 의해서도 복창되고, 남근이 그 속에서 끊임없이 소생하는 그 부분대상에의 고착이 아무리 페티시즘적인 외관을 드러내더라도 결국 남근취득장치는 몰적인 것에 꼭 붙은 채 있다.

확실히 동성애적 항문은 오이디푸스적인 문명을 위기에 빠뜨리는 데 기여한 것은 사실이다. 그러나 그것은 회로 속에 정상성을 반복해서 주입하는 복잡하고 모순적인 방식으로 그렇게 한다. 따라서 동성애적 욕망의 근본적으로 혁명적인 본질을 하나의 공준으로서 선언하도록 허용할 수 없으며, 또한 동성애적 욕망의 궤적이 욕망의 무차별화와 유인원적 성의 거부로 향한다고 선언할 수도 없다.

아! 사람들은 얼마나 인간을 해방하면서 비-인간을 해방하고 싶어하는가! 사람들은 얼마나 인간의 종교나 정치를 변형시킬 뿐만 아니라 신체구조까지 변형시키고 싶어하는가! 서양의 그 어떤 남성도 승려와 학생들에게 통용되지 않는다면, 자신의 남자다움에 끔찍하게 실망을 느끼지 않는 한 삽입요구 없이 성생활을 할 수 없다. 그것이 자본주의가 바라는 것이었거나 희화적으로까지 비난하려는 것이다. 또한 그것을 통해서 자본주의는 우리를 붙잡는다. 그리고 우리는 천사의 성을 구걸하면서 그것에 반응할 수는 없다.

대부분의 경우 우리는 비정상인이 아니며, 우리 색다른 동성애자는 부르주아지가 노동자를 실패한 부르주아로 만들면서 성적으로 코드화하는 것과 마찬가지로 부르주아지에 의해서 코드화된 실패한 정상인이다. 쉬기 위해서 사랑하는 대신에 우리는 질식을 피하기 위해서 남색행위를 한다. 덕망있는[고결한] 사람처럼 보이려는 대신에 우리는 우리를 음탕한 존재인 것처럼 보이게 한다. 그리고 욕망의 자주관리가 정숙한 것이라면, 우리는 그것을 거절할 것이며, 거기서 또한 규율과 강제의 냄새를 맡을 것이다. 사람들이 우리를 화형대 위에서 태워버리지 않고 우리를 수용소에 더 이상 가두는 것도 아니지만, 마치 이러한 비참한 곳이 우리의 행복의 거처가 되기라도 하듯이 우리는 바, 화장실, 곁눈질 시선의 게토 속을 계속해서 헤매고 다닌다. 이처럼 국가와 협력하여 사람들은 자신의 고유한 감옥을 만들어낸다.

4.

> 나의 똥꼬에 말하라. 내 머리는 아프다[나는 미쳤다].
> ─남프랑스 속담

혁명적 동성애자들의 요구는 그것이 자극받은 여성해방운동과 마찬가지로 극좌파[신좌파] 움직임 속에서 나타났고, 사람들은 그 요구가 극좌파를 와해시킬 정도로 상처입혔다고 말할 수 있었다. 그러나 혁명적인 동성애적 요구들은 극좌파의 남근중심주의적 조직형태와 주변적인 성에 대한 검열(성 그 자체에 대해서조차)을 폭로하는 것으로 극좌파를 붕괴시킴과 동시에, 이러한 자율운동들은 어떤 형태의 위계화를 거부함에도 불구하고 자신들을 만들어낸 정치당파에 특유한 조건반사들을, 즉 말만의 논쟁(무의미한 말), 욕망을 투쟁신화로 치환하는 것, 결혼피로연과 권력에의 접근으로 여겨지는 공공연설에서 왜곡된 유혹을 계속 해왔고 지금도 하고 있다.

이처럼 FHAR의 궤도에서 사람들은 초기에는 극좌파의 쓰레기통에서 수집되었던 편집증, 조증, 특히 내부의 잔혹한 공격성을 발견하였다. 사람들은 동성애의 침입(난입)이 비-욕망의 고전적 열성파의 태도를 뿌리 뽑고 그것에 에피큐리즘(향락주의)을 주입하고 욕망하는 공모 축제를 창조하기를 기대할 수 있었다. 그러나 그것은 동성애자의 양심의 가책을 잊은 기대에 지나지 않았다. 오히려 일시적인 정열(동성애적 침입을 통해 기대했던 것들과 그 운동들)은 너무 짧았다고 고백해야 한다.

레즈비언들이 대단한 남근의 중압 앞에서 빠르게 저버린 남성적 종파인 FHAR은 내적 요구 혹은 잠재적 상태로서의 남자다움만을 무기로 남자다움과 싸워야 하는 모순을 해결할 수 없었다. 여기서 사람들은 극좌파의 연극을 재건하였고, 저기서 사람들은 야회복을 입고 다음 바리케이드를 치기 위해서 스타들의 카니발을 재건하였다. 이론을 위한 이론이 망상을 위한 망상과 부딪치고, 둘 다 젊음과 아름다움의 제국주의 속에서 그럭저럭 화해했다. 왜냐하면 수집품은 낡았을 때만이 아름답다고 평가되는 것과 마찬가지로 대상으로서 독점적으로 탐내는 신체는 젊어야만 아름답다고 여겨지기 때문이다.

배제된 사람들, 남성적 내지는 유사여성적인 권력대결게임, 운동을 위한 원심적인 혹은 자살적인 행동에 의해 흔들린 후, 오늘날 FHAR은 안정성을 보장하는 원형질이나 자궁의 형태로 살아남아 있다. 거기서 서로를 유혹하거나 친구로 사귀지만, 이 두 가지를 동시에 하는 일은 결코 없다. 대선배들을 조롱하는 태도를 보인다. 대선배가 되지 않고서는 욕망할 만해야만〔매력적이어야만〕존재한다. 욕망하면서, 사람들은 페데들의 유흥장에서처럼 외부원형질 상태의 처지가 된다. 이곳은 사람들이 마치 재채기하듯이 모든 사람 앞에서 즐길 수 있는 장소는 아니다. 극좌파는 거기를 지나갔고 손에 닿는 모든 것을 말려 죽였다.

극좌파로부터 이어받은 모든 것은 테러리즘과 분파주의로 각인되어 있다. 현존하는 개인들을 결집하는 복음적 혹은 반(反)복음적 전술이 없다는 강박관념 속에서, 사람들은 이러한 환경 속에서는 본의 아니게 항상 자신을 학생이라고 혹은 이제 발언한 학생의 교사라고 느끼고 있다. 극한적으로는 힘관계를 파괴하려고 하는 의지, 힘관계의 끊임없는 감시가 보완적이고 환각적인 힘관계를 만들어내게 되었다.

FHAR 속에는 확실히 박해자-피박해자 유형의 모든 장치를 거부하려는 시도가 있었으며 지금도 있지만, 다른 곳 이상으로 종기가 제거된 것은 아니다. 혁명적 페데들의 집합적 신체는 오늘날 녹초가 되고, 기력이 없고 쓸모가 없으며, 이 신체는 여전히 다른 좌파 집단의 경우보다도 훨씬 급속히 사라졌다.

나는 그것을 카타스트로프〔위기〕라고 부르지 않는다. 거품이 꺼지는 것이다. 다른 거품도 표면에 떠오르고 있다. 어떠한 집회도 제도가 되지 않는 점은 훌륭하다. 진정한 공동체의 최소한의 부분만을 움직이는 조합이나 협동조합에 개인들을 집결시키기보다는 개인들의 현실적 구분〔차이〕을 무한히 밀어붙이는 것으로부터 시작하는 것이 더 낫다. 그러나 나는 도대체 우리는 야만상태로부터 벗어날 것인가라고 자문한다. 나는 야만상태라고 할 때 벌거벗음, 소박함〔원시성〕, 자연발생성이 아니라 (극좌파들은 나체주의도 소박주의도 자연발생주의도 모두 인위적인 것으로 만들었다), 제대로 말하자면 **악의**(惡意)를 의미한다.

부르주아지의 재미있는 선의는 우리를 극적으로 악의적이게 만들었다. 정치분석은 우리에게, 비폭력은 휴머니즘적 음모이며 정중함은 계급적 유산이자 속이는 꾸민 태도이며 싸움을 피하려는 언어사용은 살롱의 위선이라고 가르쳐 왔다. 우리는 거기서부터 약간 성급하게 결론을 끌어냈다. (우리를 좋게 만드는) 타인의 모순과 위선을 어김없이 감시하기 위해서, 우리는 함께 서로 소파(搔爬) 기구를 사용하여 검사하는 일에 열을 올려왔다. 그 속에서 혁명은 우리에게 위임장을 부여하고 우리 각자를 대신하여 말하는 것으로 여겨졌다. 혁명은 거기 있지만 우리는 더 이상 없다. 그렇기 때문에야말로 우리의 필요한 공격성이 이 상호비난 속에서 분출할 때, 그것은 불행하게도 그것의 유동적인 원천과는 다르게 되어 버렸다.

혁명클럽에는 **친절한 회원**은 없다. 내가 아직은 가까스로 감히 동지라고 부르는 대부분의 사람들에게서, 사디즘과 마조히즘은 살갗〔피부〕앞에서가 아니라 시대에 뒤진 정치적 공리계[5]에 의해서 체험되고 있다. 채찍질은 끊임없이 이루어지지만 그것을 받거나 하는 것은 절대 신체가 아니다. 신체의 자유로운 사용을 말하는 사람들 사이에서 신체 전체가 거의 금지에 처해 있다. 눈도 귀도 입술도 손도. 왜냐하면 그것들은 더 이상 보는 것도, 듣는 것도, 맛보는 것도 알지 못하고 더 이상 접촉하려고 하지도 않기 때문이다.

그들에게서 자본주의가 우리에게 만들어 준 일상생활의 기묘함과 몽환적인 이상함이 우리 사이에서 지각되기도 전에 공박될 정도이다. 모

---

5) 공리계. 공리는 수학이나 논리학에서 증명 없이 자명한 진리로 인정되며, 다른 명제를 증명하는 데 전제가 되는 원리를 말한다. 가타리는 지배권력이나 자본이 자명한 듯 사용하는 관계틀 및 그 관념을 공리계라고 말한다.

든 것은 비참, 착취, 정치적 위선이라고 알게 됨으로써, 모두 체계적으로 비판되어야 한다고 주장함으로써, 사람들은 우리를 둘러싸고 있는 것을 즐겁게 관찰할 기회를 완전히 잃어버린다. 단순한 지각능력, 즉 부르주아지가 잃어버린 것이 부르주아적 특권의 수치스러운 기호가 되었다고 믿게 된다. 모든 의미의 확장된 사용은 프롤레타리아에 대한 모욕이라고 믿게 된다. 자본주의는 프롤레타리아들의 신체를 훔치고 동시에 부르주아들의 신체를 와해시켰다. 지구에 대한 신체적 감수성과 감각수용기관의 작용 속에 혁명의 적이나 악마적 권력이 집짓고 있다고 믿게 된다.

분명히 프롤레타리아트는 노는 것과 즐기는 것을 방해받고 있다. 그러나 단지 연대감에서 극좌파의 핵심에 있는 학생들이 놀거나 즐기는 것을 방해받거나 더 이상 도둑-경찰 놀이를 하지 않는 것일까? 어떠한 불안이 하루 종일 성욕에 울부짖는 사람들을 그들의 신체로부터 갈라놓는가? 그들의 아버지가 주식, 경마와 부부섹스 이외에 즐길만한 것을 찾지 못하고, 모든 놀이 공간이 필연적으로 오염되어 버릴까? 우리 사회의 놀이〔게임〕는 모두 경쟁적이어서 우리는 그렇지 않은 놀이를 상상할 수 없기 때문일까?

우리는 놀이를 하는 것에 커다란 혐오감을 가지고 있으며, 놀이들은 승자도 패자도 없는 것들일 것이다. 많은 사람들이 혁명이란 투쟁·패배·승리라는 한 계열을 이룬다고 생각하고 있다. 나는 혁명을 오히려 펼쳐지고 움직이는 식탁보라고 본다. 혁명은 놀이꾼에게 맡기기에는 너무 심각한 일일까? 자본주의의 한탄할 만한 게임은, 혁명이 게임이 아니도록, 혁명이 결코 순종하는 현실에 역행하지 않도록, 혁명이 결코 자칭 현실에의 순종에 역행하지 않도록 배치할 수 있다.

극좌파는 자신의 감각을 막아버릴 뿐만 아니라 그 말들이 종교에 의해 또한 부르주아지에 의해 또한 맑스나 프로이트의 이데올로기에 의해서조차 식민화되고 의미를 잃어버렸다는 구실 하에 말의 반수가 의문시되고 고발되는 언어를 만들어 냈다. 어원에 의한 증명은 유행이 지났다. 어떤 말이 있고 거기에서 사람들은 다른 사람들이 어리석게 소리치는 것을 들으면서 입술 위에 부끄럽게 손을 얹는다.

만약 당신이 용감하다면, 극좌파의 집회에서 우애라든가 친절이라는 말을 입에 올려보라. 친절하다거나 우애를 표시한다는 것이 누구의 지지도 얻을 수 없을 것이라고 추측할 수 있을까? 아, 그것은 극좌파가 결정한 것이다. 그들은 그들 나름대로 모든 화제에, 있거나 없거나 사랑하던 증오하던 모든 사람에게 적용되는 공격성과 비난을, 온갖 방식의 증오를 전혀 휘청거리지 않고 아주 근면하게 실행하는 데 전념하고 있다. 모순 속에서 전진하기 위해서거나 하나의 모순을 다른 모순으로 바꾸기 위해서가 아니라 모순으로 꼼짝달싹 못하기 위해서는 하나의 체계가 중요할 것이다. 타자를 이해하는 것이 문제가 아니라, 내민 손의 손가락 위를 손바닥으로 때리는 것을 기대하면서 타자를 감시하는 것이 문제이다.

이러한 조건에서 말하는 것은 중단되고, 공격받는다는 영원한 불안 속에서 자기검열과 죄책감 사이에 균형을 잡으면서 면도날 위에서 모험하는 것이다. 가장 놀라운 것은 불만과 충고가 이렇게 길어지는 것은 안쪽으로도 바깥쪽으로도 이야기를 중단시키든지 강요할 것이라는 점이다. 따라서 침묵은 터부이며 어떤 침묵도 즐겁게 체험되지 않았음에도 불구하고, 각자는 자신의 방패를 잃어버려서 흥분한다고 믿게 만든다.

그때부터 불유쾌한 것의 난입은 모두 타인에게서 오고 타인에 의해 의도된 것으로 지각된다. 그때부터 주의라고 불리는 것은 타인에게 귀를 기울이고 마음을 여는 것이 아니라 하나의 자동차가 다른 자동차에게 하듯이 위험한 존재로서 타인에게 주의하는 것이다. 그래서 금지로 뒤덮인 장은 부르주아 세계에서보다도 훨씬 더 넓고, 자유로운 처분권에 의해 덮인 장은 아주 좁다.

그것을 설명하기 위한 모든 노력은 비판과 투사라는 망상의 역류를 불러일으킨다. 그것을 말한 사람이 실존하지 않는 것처럼 발언된 말만을 포착하는 해석의 아린 열풍〔지중해의 남풍〕이 일어난다. 이렇게 하여 가능한 모든 상황이 술책 위에서 세워진 것처럼, 각 사람의 터부는 교묘한 정당화의 그물에 의해 보호된다.

그렇지만 낡아빠진 휴머니즘에 대한 거부감에도 불구하고 그리고 민주주의의 끈적끈적한 가래의 악취에 의해서처럼, 누구도 금지되지 않고 모두가 모두에게 말할 수 있다. 그러나 독재적인 언어 안에서 즉 결국 그 누구도 어떤 이에게 말할 수 없거나 아니면 더욱 정확하게 코드만 교환되는 것이 어디에도 금지되지 않았다는 것이 암묵적인 관례로 남아 있다.

이러한 담론의 짜임 속에서는 왜 우는지 왜 웃는지를 잊을 정도로 울거나 크게 웃으려고 하는 것만은 절대로 할 수 없을 것이다. 심정토로는 진지하지 않으며 평판이 나쁘다. 아, 아니다! 그것은 노는 사람도 즐거운 사람도 아닌 극좌파이며, 구멍을 뚫는 직공으로서 동성애 해방을 주장하는 사람이자 프롤레타리아트 해방을 주장하는 사람이다. 극좌파는 결코 뒤흔들리지 않고 언제나 다음을 위해 남아있다〔준비한다〕.

극좌파는 스스로 시간을 끌지 않는다. 급하다. 당신을 히스테릭하게 만들기 위해 혹은 경직시키기 위해 어디에서나 속도를 생산하고 있다. 그러나 전진하고 시각이나 생각을 바꾸는 것에 너무 놀라서 당신을 다른 곳으로 멀리 밀어내는 것은 바로 그 속도 자체가 아니다. 아니, 오히려 언제나 동일한 장소에서 상처를 일으키기까지 긁어대는 것은 원숭이의 초조함이다. 이 동물은 함께 있는 것의 어려움에 놀라면서 장시간 공중에 대고 혼자말을 계속할 것이고, 자신을 건드리지 않고 어느 오월을 따라가면서 세계를 계속 변화시키려고 할 것이다. 이 동물은 정체성이나 근거가 관련되지 않고 욕망이 박탈되지 않는 애매한 상황에서 자신의 생각에 입각하여 그리고 가능하다면 생각하지 않고 자신의 성생활을 계속할 것이다.

모든 종류의 테러리스트! 이론적 담론의 테러리스트, 완벽히 방향지어진 망상의 테러리스트, 허무주의적인 조소의 테러리스트, 이 모두는 동일한 곳으로 되돌아간다. 즉 억압의 동일한 조건들 안에서 억압에 반응한다. 내가 여기에 쓰는 것은 이 오염을 피하지 못하고, 불가피하게 같은 경향을 지닐 것이다. 그렇지 않으면 나의 고찰은 이번에는 테러를 행사하고 금지를 유발할 것이다. 또는 나의 고찰은 매우 빠르게 부정될 것이고, 지지할 수 있고 항의할 수 있는 장으로 되돌아가도록 운명지어진 해석에 의해 세심하게 뒤덮일 것이다. 혹은 엿듣는 대상조차도 되지 않을 것이다.

극좌파의 모든 톱니바퀴는 이제 녹초가 되었다. 그러나 그 기계는 마치 같은 홈을 계속해서 돌고 있는 디스크처럼 아직도 잘 돌아간다. 마치 유령처럼. 마치 눈먼 개가 자신을 맹인견이라고 생각하는 것처럼.

5.

사랑에 의해서 행해진 것은 도덕적이지 않고 종교적이다.
―니체

정신의학자 앙드레 몰라리-다니노스(Ande Morali-Daninos)[6]는 이렇게 쓰고 있다. "만약 동성애가 이론상으로만이라도 승인된다면, 만약 동

---

6) 『성의 역사』(Storia della sessualita)라는 책을 썼다.

성애가 부분적으로라도 병리학적 틀에서 벗어나도록 허용된다면, 우리가 살아가고 있는 서양문명의 근간을 이루는 이성애 부부와 가족은 급속히 폐기될 것이다." 오오! 사랑스런 사람, 용감한 사람, 사랑스럽고 귀중한 용감한 사람! 페데들이 싸우기 시작했을 때 동성애에 대한 부르주아지의 전형적인 담론 중에 그 어떤 부분도 페데들에 대해서 이렇게까지 평가하지 않았다. 어떠한 문구도 페데들을 그 정도로 정당화할 수 없었다.

그러나 혁명적 동성애자들이 자유주의적 부르주아들 앞에서 혹은 극좌파 동료들 앞에서 〔자신들이 동성애자임을〕 선언하거나 규정하는 것이 처음에 불가피했던 것처럼 현재는 문제가 안 된다. 더욱이 그들의 언어를 빌리고 이른바 과학적 객관성에 준거하여 서로의 만남을 시도하여도 이제 문제가 되지 않는다.

어떤 정신의학자의 문구를 반박하는 것에는 위험이 따른다고 사람들은 지금까지는 받아들인다. 그것이 주는 전도된 공준은 이러하다. "만약 이성애가 이론상으로만이라도 동성애자 쪽에서 승인된다면, 만약 이성애에 부분적으로라도 남근지배와 종족재생산의 틀에서 벗어나는 것을 허용하면, 우리의 조건과 우리의 투쟁의 근거이기도 한 반란으로서, 정상성의 거부로서 동성애 커플은 급속히 폐기될 것이다."

스탈린주의적인 논법을 경계해야 한다. 논법을 거꾸로 한다고 무언가가 바뀌는 것은 아니다. 우리 가운데 많은 페데들은 그럼에도 불구하고 그것을 하는 데 주저하지 않았다. 그들에 있어서 의심의 여지없이 혁명은 동성애적 욕망을 위한 장소를 자유화하고 공인하는 것, 화장실을 몇천 개라도 짓고 사회보장의 급부를 받는 기둥서방들을 수천 명이라도 만들어내는 것일 것이다. 자신이 욕망하는 사람을 공공연히 밝히며 우리를 욕망하는 사람을 공공연히 요구하는 것으로부터 시작하는 것은 아닐 것이다.

지하생활〔비밀〕의 실천은 관습을 만들어내며, 이 관습에 입각하여 요구가 생기며 일종의 규범성이 만들어진다. 사람들은 이러한 동성애광들이 그들의 담론 어디에 어떻게 그들 특유의 소외감을 감추고 있는지, 그들 가운데 어디에 반동적인 차폐물이 있는지를 알기 시작한다.

박해받는 욕망은 대간첩조직에서처럼 암호에 입각하여 작동한다. 페데들에 있어서 이 암호는 복잡하다. 그들의 욕망은 지독히 불규칙적으로 변한다[기묘하다]. 즉 어떤 남자 속에서, 다른 남자에 대해서 지닐 수 있는 욕망과 그 남자를 여자라고 하는 몽상 혹은 자신을 여자라고 하는 몽상 사이에 필연적인 동질성은 없다. 왜냐하면 여성의 이미지가 항상 남성동성애 속에 재도입되기 때문이다. 그렇다고 해도 우리가 일상적으로 지니고 있는 동성애적 욕망은 스스로의 이단적 혹은 기묘한[불규칙적으로 변하는] 성격에 편집광적 실천을 부가함으로써 갈피를 잡지 못한다.

그런데 혁명적 동성애에 관한 어떤 이론가들은 우리 색다른 동성애자에게, 동성애자는 욕망흐름의 탈코드화를 철저하게 밀어붙인다고 믿게 하려는 중이다. 마치 우리의 죄책감을 교육에 의해서 제거하려는 것처럼. 그것은 바로 우리의 혁명욕망을 우리의 리비도적 욕망의 실천적 현실로 착각하는 것이다. 그것은 특히 다음 사실을, 우리가 욕망의 흐름을 탈코드화한다는 것은 사실이라 해도 그것은 곧 좀더 낮게 초코드화하기 위해서인데, 우리는 정상적인 사람들에 대한 저항 속에서 우리를 정의하기 때문에 사회적 기하학 속에서 우리는 정상적인 사람들보다 더는 아니지만 마찬가지로 공리화된다는 것을 묵살하는 것이다.

사람들은 우리의 혁명적 출현은 우리를 주체-객체 관계의 소멸의 방향으로 향하게 한다고 주장한다. 그러나 우리는 이성애자와 마찬가지로 힘관계의 비천함에 매여 있다. 사람들은 또한 우리에게 양성애는 각자에 의해 자신의 동성애를 보편적으로 승인하는 것 속에서만 자신의 근거를 지닌다고 말하며 그것은 진실이다. 그러나 사람들은 우리의 동성애 자체는 자신의 상상적 혹은 사회적 근거를 이성애체제 속에 두고 있다는 것을 덧붙이는 것을 완전히 잊어버린다.

결국 동성애에 관한 신구조주의자들의 최근의 발견은 끈끈한 애정생활과 사랑받고 싶다는 치사한 욕망 둘 다를 인간주의적인 가치에서 생겨난 것에 지나지 않는다고 낙인찍는 것이다. 이것은 마술이 아니라 요술에 지나지 않는다. 왜냐하면 사람들이 이처럼 범죄사실을 사라지게 만들기 때문이다. 즉 우리는 더 이상 감정에 대항하여 강박적으로 방어하려는 우리의 태도와 커플이 가장 무시무시하고 가장 끈질긴 감상성을 억압한다는 것을 잊어서는 안 된다. 왜냐하면 우리의 욕망이 우리가 아직 가짜 유목민(노마드)이며 성적 정주생활의 위선적인 앞잡이들과 여직공들보다 더 고약한 연인들이라는 것을 깨닫기 위해 함정에 빠졌다는 핑계로 영토를 절대로 점령하려 하지 않고 정복하려고만 하는 것을 보는 것만으로 충분하기 때문이다.

사랑받고 싶은 욕망이 치사한 것이라면 우리는 더 이상 치사함의 위탁자가 아니다. 나는 모든 사람에게 제공되는 기둥서방이고 싶다. 그러나 나를 매료시키고 나보다는 훨씬 후안무치하게 욕망받는 존재이려는 욕망에서 함부로 유혹하는 사람을 만날 때, 나는 내가 잡혀있는 함정, 내가 욕망하는 것보다 덜 욕망된다는 함정, 사람들이 사랑하는 상태라고 부르는 것의 함정을 다른 사람들과 마찬가지로 두려워하는 것은 아닐까?

바로 여기에서 흐름을 뒤섞고 그 경로를 탈욕망화하고 욕망내화하고 역전시키고 기계를 미치게 할 수 있을 것이다. 그렇게 하는 대신에 사람들은 고통당하거나 사기당하는 것을 두려워하여 접촉을 끊는다. 감정을 억제하는 훈련보다 더 감상적인 훈련은 없다. 우리에게 더욱 치사한 것은 사랑받는다는 쾌락으로부터 생겨나는 것이 아닌, 즉 사랑하는 욕망의 거절이라는 것을 누가 아는가?

우리는 아이[자녀]를 가지지 않는다. 우리는 이러한 종류의 잉여가치를 분비하지 않는다. (우리에게 자녀를 가지지 못하게 하는 것은 우리의 여성거부 때문만은 아니다. 또한 입양법이 부모가 없는 아이들을 오직 경찰조사 후에 정식으로 인정된 부르주아와 이성애커플에게만 위탁하기 때문이다. 우리는 여자들을 수태시키지 않을 뿐만 아니라 우리의 상황은 다리 사이를 달리는 작은 미개인들에 의해 우리가 변하는 것을 금지하고 있다.) 결국 우리는 지구의 인구증가오염에 대한 가장 강력한 처방이다. 우리밖에 없다면 인류는 완전히 멈출 것이다. 즉 아무도 생겨나지 않고 어린이도 청소년도 존재하지 않고 우리는 서로 똥꼬를 찌르는 허무주의적인 평온한 노인으로 될 것이다.

그러나 누가 페데들보다 더 자신의 팔에 젊은 신체[육체]를 껴안는 것을 좋아하는가? 아! 세대교체나 자본이전이나 자손을 위한 희생에 불가사의할 정도로 등을 기댄 부르주아 부부는 우리에게는 얼마나 귀중한가! 그러나 그들은 우리가 현재 열심히 움직이고 있는 도덕적 가치들의 붕괴 속에서 점점 동성애자가 되어갈 것이라고 알고 있는 신처럼 아름다운 소년들을 우리에게 만들어준다!

분명히 우리 가운데 어떤 사람들과 일차적으로 나 자신은 동성애운동과 각 동성애자의 탐구가 최종적으로는 생물학과 심리학의 경계를 붕괴시키기를 바란다. 부성(父性)도, 자아소멸의 불안도 인정할 필요가 없기를 사람들은 원한다. 그러나 빈사상태에 있는 극좌파가 정치적 공리밑에 감춘 채 우리에게 유산으로 남긴 최면술사의 이 묘기들을 두드러지게 하기 위하여 그것을 선포하는 것만으로도 충분하다고 생각한다.

그 정리들 가운데 가장 황당한 것은 사랑은 죽었다고 선포하는 것이다. 반면 사랑은 사람들이 우기는 것처럼 부르주아적이기 때문이 아니라, 부르주아지에 의해서, 사유재산에 의해서, 사회보장에 의해서 오염되어서 그 힘이 최종적으로 약화되었기 때문이다.

사람들은 사랑이라는 말에 붙여둔 시적인 혹은 반동적인 지혜에 의해 사랑하는 광기로부터 자신을 보호하려는 사람에게서 사랑이 의미하는 것을 안다. 우리, 색다른 사람들인 우리는 자본주의적인 문화뿐만 아니라 사회주의적인 문화의 명령에 따라서 자연 그대로의 감정을 질식시키고 감각중추를 마비시키고 상상력을 진부하게 만들고 마침내 그것들의 장소를 철거해 버린 **감정**의 이 모든 끈끈함을 벗겨내야 한다. 왜냐하면 〔대문자〕질서는 항상 우선 주민에게 다양한 감정을 주입함으로써 자신을 방어하고 정당화하기 때문이다. 중세 이래 인간의 조건이라고 생각되어온 태고적인 점착성에서 우리를 벗어나게 하기 위해서는, 사랑이 비등하는 **욕망하는 욕망**, 즉 **사랑에 빠지는 것과는 정반대**라는 것을 더 이상 의미하지 않아야 할 것이다.

그런데 위축되고 분산된 성해방 군대는 동일한 열정을 가지고 사랑과 죽음과 싸운다. 왜냐하면 사랑과 죽음은 둘 다 사라지려는 동일한 욕망을 지칭하기 때문이다. 사랑과 죽음은 자아를 싫어한다. 자아가 사랑과 죽음에 잘 하고 오르가즘이 유령이 될 때, 자아는 개가 죽음에 대해 짖어대듯이 더 이상 울부짖지 않으며, 종교적이기를 멈추며, 정치적이기를 멈추며, 자아는 더 이상 주의·신중함의 사안이, 도덕적인 사안이 아니다. 그리고 사랑과 죽음의 이러한 격리〔고립〕는 사람들이 이미 말했듯이 모든 것으로부터의 격리에 저항하지 않는다.

죽음에 관하여 이렇게 이야기한다고 해도 나는 언어와 죽음의 본질적 관계가 (우리가 이 관계를 또한 진정으로 사고하지 않더라도) 사고를 매혹시킨다는 것을 무시하지 않는다. 서구의 귀족정치와 부르주아지와 프롤레타리아트는 일단 동맹관계를 맺으면 끊임없이 죽음을 은폐해 왔다. 시체, 자기 자신의 시체, 죽는다는 유일한 사고에 관한 한, 사람들은 무엇보다도 마치 우리가 혁명보다는 훨씬 더 오랫동안 살아야 하는 것처럼 죽음에 대항하여 바리케이드를 친다.

내 자신이 참여했던 집단적 투쟁을 통해서 관찰할 수 있었던 모든 것 속에서 나는 죽음이 마치 하나의 사건, 정치적 자료로 여겨지는 것을 절대 본 적이 없다. 이 점에 관해서는 철학이나 정치가 말하는 것이 아니라, 숙명, 어떤 늙은 얼간이 맹인이 말한다. 나는 순진하게 유명한 문장을 수정해서 말한다면, 만일 혁명이 행복의 완성에 있다면 죽음도 또한 행복한 어떤 것이 되어야 한다고 생각한다.

이러한 종류의 생각을 제기하면 곧 기독교적이든가 신비적이라고 보이는 것은 이상하다. 즐거움에 관해서 말하면 직업혁명가들은 교회나 이데올로기가 배후에 있다고만 듣는 것도 이상하다. 즐거움(jouissance)이라는 개념이 최근에는 저항의 용어집에 들어갔지만, 기쁨의 개념이 아니고, 이 말의 배후에는 아시시의 성 프란체스코[7]나 라마크리슈나[8]가 있듯이 생각할 것이다. 맑스는 섹스에 대해서 말하지 않았고 프로이트는 부르주아적인 혹은 오이디푸스적인 장치를 묘사하기 위해서가 아니면 결코 사랑에 관해서 말하지 않았다. 그러나 사람들이 예수, 맑스, 프로이트, 프랑스-디망쉬(France-Dimanche),[9] 트리스탄과 이졸데,[10]

---

7) Francesco(1181~1226). 이탈리아의 수도사. 프란체스코회의 창립자. 중부 이탈리아 아시시의 유복한 상인의 아들로 태어나 젊어서는 향락을 추구하였고, 기사(騎士)가 될 꿈을 가지기도 하였으나, 세속적인 재산을 깨끗이 버리고 완전히 청빈한 생활을 하기로 서약, 청빈·겸손·이웃에 대한 사랑에 헌신하였다.

8) Ramakrishna Paramahansa(1836~1886). 벵골주(州)의 브라만 집안에서 출생한 그는 형식적인 성직에 만족하지 않고 고행을 택해 행자(行者)생활을 했다. 그는 신과의 일체감으로 자기를 신의 화신이라 생각하였고, 세계의 다양성을 결코 실체가 있는 것이라고는 보지 않았다. 라마크리슈나는 모든 종교의 조화를 설파하고, 인류협동의 이상을 드높였다고 할 수 있다.

9) 프랑스에서 나오는 주간지. 종합지로서 문화 부문에 대한 소개가 있다.

10) 바그너의 오페라 작품의 이름이자 주인공들. 이루어질 수 없는 사랑의 고뇌를 노래함.

그리고 그들이 불지른 모든 언어에서 벗어날 때, 사랑, 기쁨, 죽음이라는 것은 과연 존재할까?

동지들과 같은 길을 걸으면서 내가 그들 대부분으로부터 떨어져 있게 된 것은 나에게 많은 상처를 준 연령이라는 아주 흔한 이유에 의한 것은 아닌 것으로 생각한다. 부르주아지는 지속적으로 연령차이를 문제삼고 그것에 경험이라는 이름을 부여한다. 그들은 연령을 자신들의 계율을 정당화하고 자녀들에게 자신들과 같은 길을 살아가도록 강요하기 위해서 이용한다. 나는 경험의 전달이라는 이 생각과 전혀 관계가 없다. 나의 상처는 나의 것이며, 그 상처가 가르치는 것, 나에게만 가르치는 것이다. 나는 커플생활이나 글쓰기의 왜곡이 나를 어느 정도 동성애자 가운데 별종으로 만든다고는 믿지 않는다.

당연히 아마도 나를 다르게 만드는 것은 죽음에 관한 어떤 종류의 정치적 관념이며 그것은 결국 형이상학으로부터 끌어낸 관념이다. 이 관념은 분명히 낭만주의적 자살 형태가 아니라면 고등학생이나 젊은 활동가에게서는 거의 나타나지 않는다. 그러나 나는 그것을 모택동 주석의 저작에서보다 닉슨 대통령의 연설에서 더 많이 발견하지는 못하며, 이 관념은 프로이트 박사에게서는 훨씬 비교(秘敎)적인 것처럼 생각된다.

분명히 사랑과 죽음은 부르주아지의 정치적 담론에도 성혁명 지도자들의 담론에도 머무는 것이 금지된다. 부르주아지와 공산당에게 성이란 가족이며, 가족이란 설명할 것까지도 없이 사랑이어야 한다. 자칭 혁명적인 자율적 성운동과 특히 동성애자들에게, 성이란 욕망이며 욕망은 정치적이지만, 사랑 즉 욕망하는 욕망은 욕망의 발판〔비계〕 속에 겉치레로 지어진 상부구조에 지나지 않는 것처럼 내동댕이쳐진다. 죽음에 관해서는 부르주아들도 혁명가들도 전혀 말하지 않는다.

나는 도대체 어디에서 사랑과 죽음에 관한 흥미를 찾아냈는지 자문한다. 아마도 부르주아지에 앞선 낡은 지식을, 부르주아지가 욕망생산 전체를 좁은 의미의 경제적 잉여가치생산으로 향하게 하는 데 유용한 도구로 만들어버린 지식에 비추어 보아야 한다. 사람들은 여기서 한 영역을 언급한다. 거기에는 마법의 관개설비가 상당히 강력하여 권좌에 있는 어떠한 사회계급의 사고장치도 속임수 요술에 의뢰하지 않고는 그것을 자신의 논리적 영역으로 끌어들일 수 없다.

그런데 지금까지 혁명기획은 사랑과 죽음을 거의 동일하게 취급해 왔다. 맑스의 유산을 계승하는 동포-적들이 그러하듯이 순수하고 단순하게 검열을 하든지, 프로이트의 유산을 계승하는 동포-적들이 그러하듯이 남근적 혹은 오이디푸스적인 담론에 위성화시키고 종속시키려는 의도를 가지고 그것들에 접근하든지 말이다. 그리고 『앙티 오이디푸스』가 양자 사이에 열어놓은 넓은 틈 속으로, 완력을 강조하는 의식적인 프로이트-맑스주의파 노동자들은 손에는 변함없이 진리인 변증법을 들고서 이미 흘러들어 간다.

그러는 동안 우리 주위에 어디에나 어리석게도 사람은 사랑 때문에 계속 죽고, 사랑을 거절하는 모든 것에 저항할 수 없어 계속 자살하고, 계속 파열하고[죽고] 있다(혹은 종종 계속 살아남지만 죽은 사람처럼). 사랑받고 싶다는 치사한 욕망은 공허한 것으로 바뀌기 때문이다.

6.

그뤼예르 치즈를 만들기 위해서는 구멍 하나를 취해서 주위에 반죽을 넣어라
—베르모트(Vermot) 예언

만일 내가 환상이 우리의 현실의 커다란 부분을 생산한다고 말하면, 나는 단지 환상이 현실을 완전히 덮어버리고 잘못 알려진 공존과 상호

간섭을 생물학으로 감춘다고 믿을 수는 없다. 그러나 우리의 모든 탐구는 아주 극적으로 단편적이다. 따라서 나는 아래의 기술에서는 생체물리학과 생체화학에 관해서는 잠시 제쳐놓겠다. 어쨌든 사회적인 것은 환상의 카오스〔혼돈〕일 뿐이며, 사회적으로는 모든 것이 유일한 모델인 이성애로부터 출발한다. 이 모델 덕택에 고전적 정신분석에서 나온 상투적인 문구들이 믿기 어려울 정도로 유통되고 있다.

예를 들어 동성애는 나르시시즘적이라는 것이 당연하다고 생각한다. 그러나 자신의 상대를 이성 속에서 허무하게 혹은 소박하게 구하는 이성애자는 동성애자처럼 나르시시즘에 의해 특징지어진다. 동성 속에서 자신과는 반대의 것을 구하는 동성애자는 이성애의 모델에 의해 각인될지라도 이 모델을 복사하면서 살아가는 것을 거부한다.

만일 이성복장착용자라는 한정된 사례를 조사해 본다면, 그가 여성보다 더 여성적이라는 것을 알 수 있다. 여성은 자신의 〔주어진〕 성을 감내해 나가는 반면 그는 어떠한 대가를 치르더라도 여성이고 싶어하기 때문이다. 그리고 여성에 관해서는 단지 남성적 이미지만 존재하는 것처럼, 그 남자는 어떠한 매개도 없이 타인에게 전달할 어떠한 차원도 없이 어머니나 누이나 아내에 대해서보다는 자신의 고유한 신체에 적용하기로 결정한 그 순간부터 여성에 대해 수천 배 더 잘 말할 수 있을 것이다. 이성복장착용자는 남자가 바라는 여성의 가장 완전한 이미지이며 남자가 싫어하는 여성으로부터는 가장 먼 이미지이다.

마찬가지로 찔리는 것을 꿈꾸는 동성애자는 분명히 자신 앞에 있는 남자를 찾고, 자신을 남자를 구하는 여자와 동일시한다. 환상 속에서는 그는 동성애 관념보다도 훨씬 더 이성애 관념에 일치한다. 동성애가 진실로 동성애가 되기 위해서는 그는 레즈비언이 되어야 할 것이다. 단지 그때 그는 남자를 꿈꾸지 않는 여자 앞에서 전적으로 재발견되어야 한다는 조건에서 말이다. 그렇지 않으면 구도는 다시 이성애적으로 될 것이다. 그와 병행하여, 삽입하는 것을 꿈꾸는 여성은 자신을 거세당한 남자라고 상상하며, 그녀는 동성애자가 되기 위해서는 페데가 되어야 할 것이다. 단지 그때 그녀는 여자를 꿈꾸지 않는 남자 앞에서 전적으로 재발견되어야 한다는 조건에서 말이다. 그렇지 않으면 구도는 다시 이성애적으로 될 것이다.

요약하면 진정한 동성애는 여자를 욕망하는 여자의 동성애와 남자를 욕망하는 남자의 동성애이며, 그때는 상상계가 예를 들어 일순간이라도 이성의 이미지를 어느 쪽에도 도입하지 않는다. 또는 다시 둘 다 페데인 남자와 여자의 경우, 둘 다 레즈비언인 남자와 여자의 경우에서. 그러나 이미 알고 있듯이 그러한 상황은 정말 불가능해 보인다. 왜냐하면 성별에 관한 한 동성애자는 그 자신에도 불구하고 자신이 꿈꾸는 이성[다른 성]이며 항상 자신의 반대되는 것을 찾기 때문이다. 따라서 동성애 자체는 자신의 상상계가 이성애적이므로 억압된 동성애에 속해 있다.

똑같이 추론해가면, 진정한 이성애는 어떤 순간에도 상상계가 동성의 이미지를 도입하지 않는, 여자를 욕망하는 남자에게 혹은 남자를 욕망하는 여자에게 있다고 말할 수 있다. 반면에 이것은 이성애 사회의 상상계에 의해서 완벽하게 가능하고 실현되기조차 할 것이다. 이 사회는 자신 내부의 모든 동성애적 상상을 마비시키기 때문이다.

따라서 우리의 동성애는 시원적, 일차적, 동물적, 신체적인 것이 아니라 이성애적 담론·실천·명령에 대한 반응에 지나지 않는다. 그렇기 때문에 우리의 동성애는 이성애의 소화불량에 고통받게 된다. 다른 한편 우리를 세상에 태어나게 한 사랑하는 정상인들은 자신들의 동성애적 리비도를 감추었음에도 불구하고, 임의로 추출한 열 사람의 동성애자 속에 아홉 사람은 자각하지 않은 동성애자이다. (인류에 한정되지 않고 반분은 암컷이고 다른 반분은 수컷이다, 두 사람 가운데 한 사람은 여자이고 다른 사람은 자신이 페데이기도 하다는 것을 알지 못한다는 것을 우리는 잘 알고 있기 때문이다.) 이처럼 우리는 동성애가 이성애적일 수 있는 혹은 동성애가 생겨나지 않을 수 있는 정신착란적인 상황에 거처한다.

왜냐하면 동성애자들인 우리는 초보적이지 않기 때문에, 동성애자라는 수치심을 소리 높여 외치는 것을 중단해야 할 때이다. 히스테리로 치부될지라도 모든 사람을 향해서 "당신들은 동성애자다"라고 짖어댈 필요가 있을 것이다. 만일 동성애가 먼저 그 자체로 경험되지 않으면 속임수 없이는 양성애가 있을 수 없다고 알고 있기 때문에, 우리의 혁명행동은 반동성애적인 편집증의 틀 안에 있는 침묵하는 다수의 동성애를 어떠한 수단을 통해서 발아시킬 수 있을 것이다. 만일 여자들과 연결되는 것에 익숙한 남자들이 서로에게 욕망을 갖기 시작하면, 그들은 때로는 우리보다 더 동성애적일 것이다. 왜냐하면 여자는 두 남자 사이에서 더 이상 미지의 환상적인 신체가 아닐 것이기 때문이다.

그리고 동시에 우리, 색다른 페데들은 마침내 동성애적인 동성애를, 이성이 추방된 뒤에 끊임없이 항문성교 극장의 무대에 재등장하지 않는 동성애로 살아가야 할 것이다. 그렇지 않으면 우리는 여전히 혹은 이미 환상적으로 우리가 되기를 거부하고 있는 이성애적인 동성애로 살아가야 할 것이다.

남자인 순간에야말로 나는 남자와 사랑하고[육체관계를 갖고] 싶다고 바라고, 여자인 순간에야말로 나는 여자와 사랑하고 싶다고 바란다. 그것이 나의 모든 자위의 비밀이다. (인류전체가 나를 욕망한다고 할지라도 나는 완강하게 나와의 사랑을 속일 것이기 때문이다.)

레즈비언이 아닌 여자가 남근을 꿈꾸거나 대신하려고 하지 않고 여자와 사랑할 때, 페데가 아닌 남자가 질을 흔들면서 질을 똥꼬로 대체하려고 꿈꾸지 않고 남자와 사랑할 때, 그때야말로 진정한 동성애가 시작될 것이고 그리고 그 순간에 동성애는 위선 없이, 오해 없이, 어리석은 실수를 저지르지 않고, 양성애 안에 융합될 수 있을 것이다. 한번 사람들이 가지고 있지 않은 성, 복사하는 성을 없애버리면, (신체가 단순한 조작적 개념이 아니라고 맹세하는) 진정한 동성애의 유일한 순간에 의해 확인되면, 그때 양가감정은 결코 더 이상 모호하지 않다.

그때 사람은 동일한 의식을 가지고, 동일한 강렬도를 가지고, 극한적으로는 가능한 모든 가지치기를 언제라도 허용하는 동시성 속에서, 하나의 성일 수 있고 이성을 꿈꿀 수 있다. 즉 그때 이성애와 동성애는 더 이상 서로의 경찰이 아니다. 죽음의 위협이 계속되고 있는 순간에만 즐거웠던 오르가즘과 오르가즘으로의 상승은 마침내 즐거운 죽음의 위험이다. 그리고 성은 공포스러운 것으로부터 모든 사람을 **감동시키는 것**으로 변해간다.

7.

…기계의 비도덕적인 영원한 진동을 유지하는…
—사드

능동적인, 수동적인, 오래된 바보짓거리. 남자가 남자답기 위해서는 모든 여자와 모든 페데는 수동적이어야 하고 그것으로 충분하다. 그것이 항간의 소문이 말하는 것이다. 그러나 찔리는 것은 결코 찔려본 적이 없는 그리고 항문의 흥분**활동**을 결코 체험해 보지 못한 사람들에게만 수동적일 뿐이다. 이 증거는 두 남자 사이에 옴짝달싹 할 수 없이 끼인 채 찔리면서 찌르는 사람은 (찔리는 것과 찌르는 것의) 두 가지 대립하는 환상을 깨지 않은 채 동등하게 즐길 수 없다는 것이다. 그의 즐거움〔향락〕은 선택사항이어야 하며, 대부분의 경우 자신의 자지 주위에 있는 똥꼬보다는 자신의 똥꼬 속에 있는 자지에 보다 더 금지되고 보다 더 침범적인 힘과 위상을 준다.

열쇠이자 자물쇠인 이 찔리면서 찌르는 사람은 역할을 나눌 수 있는 가장 좋은 교차로에 있다. 왜냐하면 찌르기는 서로 바꿔서 할 수 있는 만큼 전복적이기 때문이다. 만일 두 개의 페니스를 갖춘 신체가 드디어 그 페니스가 누구 것인지 더 이상 알지 못하게 된다면, 서로 서로를 무효화시키기까지 한다면, 이 극한적 모습은 역설적으로 남성적 접속 없이 교접하기에 이르는 두 레즈비언의 모습으로 이어질 것이다.

사람들은 이 환상들을 유토피아와 함께 나에게 넘겨주었다. 그래도 여전히 동성애는 유약하고 경쟁하지 않고 고유하지 않은 관계가 됨으로써만 즉 남성적 편집증을 분열증으로 역전시킴으로써만 이성애에서 벗어날 수 있다. 〔나 몰라라 하는〕 관망태도와 인간적 존경이 수줍고 괴로워 보이며 점잖은 애인에게서처럼 온전히 남아있다면, 감정의 빈궁함이 그늘진 영역을 흡수한다면, 동성애자는 단지 반쪽의 반란자이다. 신비한 제3의 성을 차려입은 동성애자는 남자다움을, 정복과 구역질의 시련을 계속해서 읊조린다.

"내가 너를 욕망하기 위해서는 네가 나를 욕망하는 것으로 충분해"라는 말보다도, 오히려 신체 전체에 대해 말하게 하는 이러한 **정열적** 운동이 페데들 사이에 출현하는 것을 막는 장애물이 어떤 것인지 알아둘 필요가 있을 것이다. 그래, 나는 백일몽을 꾸고 있다. 나는 페데들이 거근을 쫓아다니지 않고 똥꼬를 흔들〔발광할〕 수 있다고 상상한다. 나는 페데들이 청소년의 가랑이를 벌리지 않고 그들을 자신들 사이에 끼워넣을 수 있다고 상상한다. 나는 페데들이 휴식을 취하기 위하여 하나의 신체에 욕망이 고정되는 것을 두려워하지 않고 질주하는 욕망을 따라잡는 것을 상상한다. 나는 페데들이 다른 신체에 대한 자신의 열광적인 욕망을 구속하지 않고 어떤 신체 위에 누워있는 것을 상상한다.

욕망이라고 부르는 것과 사랑이라고 부르는 것을 더 이상 구분할 수 없다. 자, 어떻게 내가 페데들, 즉 나의 연인, 형제, 친구, 적, 그리고 나 자신을 상상하는지. 그리고 나는 페데들은 여성과도 동일한 즐거움을 느낄 수 있다고 상상한다. 왜냐하면 나는 사람들이 상호성애적(inter-sexuel)이라고도 이름붙이는 상태를 보편화하지 않고는 정상성을 해체하는 것을 상상할 수 없기 때문이다. 나는 남자다움의 독재와 손을 끊는 다른 방법을 알 수 없다. 이 남자다움이 여성뿐만 아니라 남성 역시 억압하고 있다고 말하는 것으로 충분하지 않지만 말이다. 이성애 제국주의에 의해 이미 풍속 속에 식민화된 동성애를 재승인하라고 요구하는데 만족하는 것만으로는 개량주의이며, 이것은 이제 막 기념축제를 조직하고 내빈으로서 (파리 시의) 경찰국 대표를 초청한 **아르카디아**〔동성애운동조직의 하나〕의 선량한 사람들이 하는 일이다.

페데는 정상성〔규범성〕을 배반하는 것에 우선 수치심을 느끼는 변절자이다. 그러나 이 수치심을 넘어서면 그는 정상성을 배반함으로써 자신이 실은 정상성에 굴복하는 것 이외에 다른 것을 하지 않았다는 것을 깨닫는다. 훨씬 더 마키아벨리적인 우리의 게임은 반대로 동성애이든 이성애이든 욕망의 억압된 반분을 모든 사람에게 분출시킬 수 있을 것이다. 한 남자가 한 여자를 욕망하면서 한 남자를 욕망할 뿐만 아니라 한 남자가 한 남자를 좋아하면서 한 여자를 욕망할 수도 있다.

한 사람의 인간이 자신의 신체 속에서 우선 자기 것에서부터 시작해 남자와 여자를 더 이상 구분하지 않을 정도로까지 남자도 여자도 동등하게 욕망할 수 있도록 흐름을 흥분시키는 것, 이것은 오이디푸스적인 사회체가 자의적으로 구분하는 성형식들을 화해시키는 것으로 귀착하는 것이 아니다. 반대로 그것은 성별을 구분함으로써 신체를 성별의 무게 아래 녹초가 되도록 만드는, (마치 유전학이 성별을 충분히 만들어내지 못하는 것처럼) 곳곳에 보완적인 성별을 퍼뜨리는 이러한 배타적인 분할을 거부하는 것이다.

유전자형과 그 표현형은 이미 충분한 권위를 가지고 있다. 거기에 역사적 성별, 심리학적 성별, 법적 성별을 덧붙여 보았자 무슨 소용이 있을까? 사회체는 욕망의 다의성을 억압함과 동시에 더 이상 성별을 구분하지 않는 신체를 과잉 성애화하였다. 아마도 성(성애)에 대해 말하는 대신에 신체에 따라 살아가기 시작할 시간일 것이다.

물론 우리는 남근지배에 여성호르몬을 주입해서 균형을 맞출 정도로 미치지는 않았다. 그러나 풍속의 변화를 가져오는 상호성애의 깊은 욕망에 쫓기어 남근지배가 점차 소멸하여 성역할을 파괴함으로써 아주 장기적으로 생체발생적 돌연변이가 일어나게 되는 것을 배제할 수 없다. 이러한 가설은 SF소설에서 유래하지만 유혹적이다. 즉 우리의 이성애가 더 이상 몰적이고 사회적이지 않고 우리의 동성애가 더 이상 개인적이고 주변적이지 않으며 우리의 횡단성애가 더 이상 기초적이고 비밀스럽지 않게 되는 그런 유토피아. 거기서는 그 세 가지 모두가 신체라는 동일한 장소에서 교차하고 섞여버려서 그것들을 구별하는 말이 더 이상 필요하지 않게 될 것이다.

이러한 추상적인 상태가 실존하지 않고 실존하지 않을 것이라고 하는 것은 자명하다. 왜냐하면 그것은 바로 성혁명의 종언이기 때문이다. 중요한 것은 거기에 도달하는 것이 아니라, 다양한 집단이 거기에 접근해가고, 스스로 믿고 스스로 말하고 성제도보다 더 강하게 됨으로써 그러한 제도를 자신들 속에서 파괴해 버리는 것이다.

8.

성별을 구분하지 않으면, 무엇이 성별을 구분하는 것을 표시할까?
　　　　　　　　　　　　　　　　　　－밀라레파(Milarepa)

　도대체 왜 사람은, 세계의 반수의 인간에게서 전력을 다해 욕망을 제거하려는 것처럼, 동성애의 비밀스러운 원천을 찾고 동성애를 수치스럽게 만들려고 애쓰는가? 죽을 수밖에 없다는 것을 느끼면서 생각은 자연에 대항하여 경쟁이나 반란 상태에 들어간다. 자연과의 동맹이란 구실 아래 자연과 싸우는 이러한 과정 이외에 인류를 동물과 구분하는 것은 아무 것도 없다.

　인간은 자연에 반하는 동물이 되었으며, 이 투쟁과정을 사람들은 우습게도 지성의 발생이라고 한다. 우리의 혹성(지구)에 대항하도록 길들여지고 모두가 모두에 대립하도록 길들여져서, 결국 이 혹성에 대해 열광하기로, 지리와 역사, 곤충과 하마, 어린이와 노인, 여자와 남자 모두를 혹성(지구) 전체 속에서 욕망하고 그것에 열광하기로 결정하지 않는 한, 우리는 지구에 대해서 우리의 냄새나는 흔적, 우리의 도덕적 재난, 우리의 인간적 오염을 각인하는 것 이외에 다른 출구를 가지고 있지 않다.

　동성애는 추잡한 작은 비밀에서 유래하지 않는다. 동성애를 억압하는 사회적 메커니즘만이 수치심을 만들어낸다. 인류전체의 반과 전체 사이에서 진동하는 비율의 인간이 동성에 대해 욕망을 지니고 있다. (그리고 각 사람은 이 부분의 보유자다.) 유대기독교 문화에 전적으로 침투당한 대중의 양식은 이 분명한 사실을 거부한다. 반대로 대항문화 전체는 투명한 순간에, 즉 대항문화가 자연의 모델을 모방하는 체 가장하는 것을 멈추고 자연을 준-신학적인 방식으로 알리바이로 삼는 것을 그치는 매순간에 베일을 벗는다.

모든 것이 경제적인 기초와 욕망만을 지닐 때, 그 어떤 사회에서 그 어떤 도덕도 자연의 존중과는 다른 어떤 것에 근거하고 있다고 주장하지 않을 것이다. (그리고 지나는 길에 생명존중을 이유로 가장 격하게 낙태에 반대하는 우리 장관들의 도덕은 또한 상당히 많은 단두대의 제작과 분배를 지휘하는 도덕이라고 지적하고, 그럼에도 불구하고 복지부의 그의 동료는 단 한번도 조소의 고함소리를 보내지 않은 채 동일한 인물이 사형에 반대하면서 무분별한 태아학살에는 찬성하는 캠페인에 참여하는 것은 모순이라고 감히 선포하는 것에 주목하는 것은 부적절한 것이 아니다.)

개미는 낙태하지 않는다. 개미는 동성애적이지 않다. 개미는 유언을 남기지 않는다. 개미는 달밤에 나가지 않는다. 개미는 주식을 하지 않고, 축구도 하지 않는다. 개미는 자연적이다. 인간적인 기계와는 전혀 반대이다. 즉 만일 우리의 최상의 조건이 이해되는 장소라면, 이는 우리의 인간적 조건화의 반대지점에 있다. 그리고 특히 질서와 욕망 사이의 이 지점들 위에서 상처는 언제나 가장 깊고, 굳은살과 상처자국은 가장 가혹하다.

동성애는 유년기〔어린시절〕의 창백한(그리고 자칭 개인적인) 모험의 결과이기 이전에 인간 사회와 문화적 자연 사이의 주요한 갈등지점 가운데 하나를 이룬다. 그 때문에 동성애라는 선택지가 인류에게 내재적이게 되었고 인류를 정의내리고 자연법칙을 간청하면서 잔인하게 방어하는 것을 벗어나기 위해서, 인류라는 종이 동물을 넘어서는 것이 필요하고 충분하다. 명백한 것은 사람들이 자연은 법을 만들어내지 않고 자연현상을 만들어낸다는 것을 무시하고, 도덕이 존재하지 않는 동물세계에서 도덕을 찾고 참기 어려운 잔혹성에 눈을 감는다. 우리의 사회는 이처럼 동성애를 승화시키는 사회이다. 이러한 의미에서, 단지 이러한 의미에서만 사람들은 세상의 동성애적 관념에 대해 말할 수 있다.

인간, 특히 남자가 아주 집요하게, 또 도덕적이고 형이상학적인 평계를 대량으로 만들어내면서 자신의 이성애성을 주장한다면, 그런 인간은 자신 속의 동성애를 배척하고 억압하며 동성은 물론 이성에게도 역시 마음이 끌리는 것을 인정하기를 거부할 것은 분명하다. 이러한 은폐는 동성애 욕망을 은닉하면서 그것을 확대시키고 왜곡할 뿐이다. 그렇지만 반대로 소수의 인간이 사회적 규칙에 반하여 공공연히 동성애를 하며 살아가는 것을 선택할 때, 그것은 국가에 의해서 강요된 교미형태라는 이유로 이제 저주받은 신호의 대가로 이성애에 대항하는 배타적 유사성을 지닌다. 이처럼 승인되지 않은 동성애적 실체는 서로 양육하는 두 가지 인종차별의 원천이자 결합체가 되고, 모두에 의해 수용되고 체험될 때 자신의 대상에 관해서는 욕망의 모든 구별을 폐지하는 방향으로 나아가기 위하여 이성애를 해체함과 동시에 스스로 분해될 것이다.

여기에 말하기는 쉽고 구체화하기는 어려운 전망이 있다. 왜냐하면 우리는 단일한 성(monosexualité)과 커플이라는 이중법칙 아래 살기 때문이다. 극우로부터 극좌까지 그리고 방탕에서 살아남은 사람들을 제외한 모든 사회계급 속에서 거의 일반적으로 동시에 두 가지 명령에 따르지 않을 때는 이 두 가지 명령의 어느 쪽인가를 따른다. 두 가지 성 가운데 하나와만 사랑하고 교미 속에서만 사랑한다. 즉 한 번에 한 사람과만 사랑한다.

그런데 이 독재를 분쇄하려는 생각은, 단지 부르주아지가 성적으로 강박적인 사람이라고 부르며 자신들의 사회층에 따라 다소 허용되고 강요된 주변성 속에 던져버리는 사람들의 머리에만 떠오를 수 있을 뿐이다. 그리고 정확히 부르주아지의 환상적인 강력한 체계는 성적으로 강박적인 사람들을 욕망의 더욱 강한 특수화로 그리고 자신들의 신체에 대한 아주 편집적인 관능적 기입〔등록〕으로 제한한다. 그리하여 부르주아지는 성적인 강박관념에 사로잡힌 사람들을 성적인 다가성에서 멀리 떼어놓는다. 왜냐하면 그들은 시코레 화병만을 수집하는 어떤 골동품 상인과 같은 형식적 궤도를 따라가기 때문이다.

더욱이 성에 의한 항의가 정치적으로 격앙된 현 상태는, 사회의 불결한 남근지배에 대한 상당히 교조적인 비판에서 그리고 권력의 공준들을 간단히 전복하는 것에서 생긴다. 이런 의미에서 극좌파의 방법론에 의해 특징지어지는 그러한 운동은 매우 성미 급하고 동시에 매우 이데올로기적이다. 그리하여 이 영역에서의 혁명기획은 서로 공격하는 다양한 거부국면에 머물게 된다. 즉 욕망을 확장하려고 하는 의지가 모든 수준의 정치적 적들과 욕망의 활동가라고 코믹하게 이름붙일 수 있는 사람들을 포함한 모든 수준의 압제자가 누구이며 어디에 있는지를 잊지 않았다고 하더라도, 그러한 의지는 페데들이든 레즈비언들이든 여성해방운동이든 상이한 자율적 성투쟁집단들 쪽으로부터 가혹하게 거절당할 것이다.

그들의 눈에는, 욕망을 분화시키지 않으려는 난감한 추적이 정치적으로 미숙했거나 아니면 극한적으로는 신비주의의 재출현에 의해서 탈정치화되고 타락하기까지 한 것으로 보일 것이다. 이처럼 여자에 대한 자신들의 두려움 아래에서 이성애적 욕망이 자신 속에 다시 나타나도록 그대로 두려는 동성애자는 배반자라 불리고 곧바로 정통 정신분석의 회수에 의해 자신의 경쟁자인 사회가 자신의 도착을 치료한다는 것을 받아들이는 사람에게 동화된다. 그렇지 않으면 사람들은 공식적인 성이데올로기에 알리바이를 대는 그를 고발할 것이다. 왜냐하면 그는 그것을 따라가기 때문이다.

결국 서로 경직되고 얼어버리고 배제하는 일련의 보복-테러의 제도를 목격하게 되며, 그들 간의 분명한 동맹, 예를 들면 페데들과 갈보들 (Goines, 레즈들)의 동맹은 동일한 체계에 대한 서로 다른 거부들에 근거해 있을 뿐이다. 모든 성적 소수자는 이처럼 자신들의 특수한 특성에 집착한다. 주변인이 수천의 다른 방식으로 정상성을 포위하고 침식하는 것이 좋기 때문에, 이러한 원자화는 필요한 단계라고 생각할 수 있다. 그러나 주변인은 주변인과 투쟁하는 것을 피해야 한다. 그렇지 않으면 정상성은 최고로 견고해질 것이다.

사람들이 욕망에 대해서 할 수 있는 모든 정치적 차원의 관찰에서 가장 명백한 것은, 사람들이 우리에게 그대로 전달한 것처럼 욕망보다 더 인종차별적인 것은 없으며, 한 방향으로만 작은 굴을 뚫는 욕망의 전능함보다 더 차별적인 것은 없다는 것이다. 이 인종차별을 우리의 지극히 신성한 욕망 속에서 정제되도록 할 것인지, 아니면 혁명은 욕망 속에서 인종차별적인 근거들을 추방하기 위해서 욕망투쟁을 우선적으로 그리고 일관되게 해나갈지를 알 필요가 있다.

나는 이미 그 외침을 듣는다. 사람들은 내가 욕망하지 않는 것을 욕망하려고 한다고 말하는 것을 막는데, 그것은 정말 기독교적 자비이다. 욕망에 어떤 노동도 강요할 수 없다고 사람들은 외친다. 결국은 순수한 혹은 엄격한 혁명 쪽에서 보면, 사람들은 곧바로 주의주의와 거의 파시즘을 불러일으키는 의지에 관해서 말할 권리가 아니라 욕망에 관해서 말할 의무를 지니고 있다는 것이다. 많은 혁명가들은 혁명이 의지에 기초하는 것을 금지하고 있다. 설사 이 의지가 성의 흐름을 탈선하게 할지라도 말이다. 말하자면, 좋다. 우리의 욕망하는 기계는 궤도를 벗어나지만 특히 이것은 우리의 의식의 밖에서 그리고 감히 용기를 내서 말하자면 우리의 등뒤에서 행해진다.

노동(일), 의지, 나는 그것이 브레즈네프나 바오로 6세의 입에서 나올 때에는 무엇을 의미하는지 알고 있다. 더욱 일반적으로 도덕은 나오지만 자지가 들어가지 않는 입에서 말하는 노동, 의지의 의미를 나는 안다. 그러나 노동이라는 말은 발효·상상·분만 현상들 안에서도 어떤 의미를 지닌다. 그리고 나는 관능(쾌락)(volupté)과 의지(volonté)라는 말이 동일한 어원을 가지고 있다는 것을 완전히 잊을 수는 없다.

동성애자에게서 생을 바꾸고 삶을 바꾸는 것은 분명히 미묘한 죄책감도 은폐된 공포심도 없이 자신이 지닌 욕망에 따라 아주 즐겁게 살기 위해서 노동을 시작한다는 것이다. 그러나 자본주의 사회가 동성애를 합법화시키기를 기다릴 필요는 없다. 몇몇 나라에서는 모순의 정신에 의해서 동성애(또는 다른 많은 것 가운데 동성애)의 배타적 제국을 피하기 위해서, 다수자적 도착자들이 소수자 되기를 멈춘 뒤에 저주받거나 금지된 채 남아있는 영역들 속에서 다시 한번 예언하기 시작했다.

우리는 복종을 제외하고 위반이나 대항위반에서만 구조화될 수 있는 욕망을 끝까지 가질 수 있을까? 오늘날 욕망의 확장은 그것을 예측하고 욕망하는 사람들을 위해 시작한다. 오직 하나의 성적인 노선에 갇혀서 그것은 자신이 갈망하는 것이며 그 길은 게다가 정치적 일탈의 기회에 일치한다는 핑계 아래, 사람들은 부르주아지가 제조한 욕망이데올로기의 양극화를 강화한다.

사람들은 내가 여기서, 남자를 사랑할 때 여자에게 가거나 그 반대로 하는 새로운 도덕의 싹을 언급한다고 말할 필요는 없다. 욕망이 어떠한 대상에게도 작동하도록 허용하는 것이 필요하다. 자신의 신체 이외의 다른 신체에 대해서만이 아니다. 동시에 둘이나 여럿에 대해서보다는 오히려 하나의 신체에 대해서만이 아니다. 이 영역에서 계급투쟁의 형식적인 기초요소들인 젊은 나이나 아름다움의 미적 차이에 대해서만이 아니다. 그리고 마조히즘이나 사디즘으로 위장한 마조히즘이라는 두 가지 환상적 양태 가운데 한 쪽에 대해서만이 아니다. 양성 가운데 하나의 성에 대해서만이 아니다. 그리고 이러한 차이들이 사라진다는 가설 속에서 인간에 대해서만도 아니다.

이러한 것을 들으면 동성애에 대해 불안해하는 민족주의자들은 자신들의 성정체성을 잃어버릴까 두려워하고 유토피아라든가 정치적 포기 (기권) 혹은 정말 방탕하게 노는 부르주아라고 말할 것이지만 놔둬도 좋다. 욕망의 그러한 폭발은 어떤 자유로운 부르주아지의 남근지배적이고 차가운 음란함이 유행하는 빛깔을 띠기 위하여 양성애의 거짓꾸밈에 다시 결합할 수 없다. 이러한 탐구는 반대로 욕망하는 기계를 탐욕이 아니라 욕망하는 욕망으로 향하게 하는 것이다. 이 탐구는 남근에 반대하는 투쟁의 긴급성을 인정하지만 사람들이 남근을 페니스와 혼동하지 않는다는 조건에서이다. 욕망이 식탁보처럼 펼쳐지는 순간에, 욕망은 남성적 리비도 경제의 군주제를 피하며, 성별을 이용하여—우리 사회에서는 남근적이지만 사람들이 달리 크리토리스적이거나 자궁적인 것이라고 상상할 수 있는—권력을 수립하는 것에 대립한다.

강제나 위반의 중압 없이 동성애적 욕망이 어떤 한 사람의 역사와 환경 속에 나타난다면 그 사람에게 성별은 더욱 반동화하지 않으면 동성애적이지도 이성애적이지도 않다. 아마 그러한 사례는 자주 나타나지는 않을 것이다. 아마 그것은 억압과 성 빈곤을 중시하지 않는 견해이다. 아마 그러한 견해는 특권을, 특권층의 태도를 반영하고 있을 것이지만, 각자는 자신이 지금 어디에 있는지를 말해야 한다.

단지 서둘러 말해둘 필요가 있는 것은 팽창하고 이리저리 배회하면서 성욕망의 영토를 넓히려는 관심은 여성동성애자보다는 남성동성애자가 훨씬 더 쉽게 채택하는 행동을 요구한다는 것이다. 남성동성애자는 찔리는 것으로 요구되지 않은 채 혁명적이라고 자칭할 수 없다. 여성동성애자는 반대로 남성에 의한 자신의 육체 안으로의 침입의 공준과 그것으로부터 생기는 모든 형태의 실질적이거나 암묵적인 강간을 부정함으로써만 혁명적이라고 느낄 수 있다. 그러한 사정이 있기 때문에 남성적인 억압을 의식하는(그리고 이 억압을 자신의 욕망에 합체하는) 여성이 남성의 면전에서, 그녀 자신이 그 속에서 반드시 해방의 먹이가 될 것이라고 예감하고 추측하고 확증하는 그 용어의 온갖 공포 속에서 해방형태를 발견하는 것은 현실적으로 불가능하다.

그럼에도 불구하고 비록 페데들과 레즈비언들이 자신들의 욕망형태에서는 거리가 멀면서도, 이 자연스런 동맹자들에게 그들이 사랑하려고 시도한다면 그들 사이에(혹은 그녀들 사이에) 도대체 무슨 일이 일어날 것인가 상상하는 것이 허용된다. 이 이상한 전망(그리고 논리적 정신은 이것을 잘못된 것이라고 규정할 것이다)은 페데행위가 사회질서에 반대한다는 구실 아래 가장 나쁘고 가장 교활한 남근숭배를 감추는 것이 아닌지를 알아보도록 허용하지 않을까? 그리고 그것은 결국 탐욕의 욕망이라기보다는 오히려 상냥함의 욕망을 양육하는 기회를 우리에게 부여하지 않을까? 욕망하는 기계 이론은 그처럼 상당히 유행하며 모든 것을 설명해 주지만 사람들은 욕망 속에 상냥함을 숨기기 위해, 마치 상냥함이 냉소주의와 마찬가지로 해당 기계들 속에서 다른 것들만큼 능동적이며 리비도경제 체계 속에 조립된 문제의 톱니바퀴 안에 있지 않은 것처럼 명랑하게 이용하고 있다.

우리 모든 페데가 자지가 아니라 정결한 마음을 갖기를 원한다면, 언젠가 우리의 신체를 남자를 거부하는 여성의 신체에 가까이 하도록 하는 것이 필요할 것이다. 왜냐하면 여성들을 멀리하는 것은 사냥이나 가족적인 가벼운 키스[속박]의 사디즘을 그들에게 행사하는 것처럼 여성들을 아주 경멸하는 것이기 때문이다. 그리고 그것은 그들의 인생과 그들에게 오직 날조된 부부간의 화목(애정생활)을 남기기 위한 자신들의 사회적 음모로부터 여자들을 떼내어 버리는 이성애자들의 행동과는 거리가 먼 복사된 행동이다. 적어도 우리에게 관련된 것으로, 남자가 여자에게 부과한 수치심과 손을 끊고 여자가 우리 속에 불러일으키는 공포(또는 신성화된 숭배심)에 이러저러한 방식으로 참여하려고 한다면, 바로 우리의 신체는 레즈비언들이 남자에 대해서 성적 거부감을 지니는 이유를 이해하고 그 거부감이 우리가 넓적다리 사이에 가지고 있는 것에서 혹은 우리가 그것을 사용하는 방식에서 그리고 그것이 의미하는 것에서 유래하는지를 이해하기에 이르러야 한다.

소년들을 열정적으로 사랑하는 나는 그러한 이해에 도달하는 방법으로는, 벌거벗은 신체가 언어나 정치투쟁보다 더 중요성을 지닌 곳, 근육과 피부의 전체적 즐거움이 억누를 수 없는 삽입욕구에 결박되어 있지 않은 곳, 미소가 텔레비전의 여성사회자의 미소 없이 존재하는 곳, 키스가 이루어지지만 그 후에 무엇을 하는가를 아는 군청의 무도회에서와는 다른 키스가 이루어지는 곳에서 여성동성애자와 만나는 것 이외에는 다른 방법은 없다고 본다.

이것은 내가 예언자처럼 알리는 좋은 소식이 아니다. 이것은 아주 간단히 표현하고자 하는 나의 욕망이며, 나는 그것이 이론적인 것인지 관능적인 것인지 어떤 어려움을 표출하는지 알아보는 것은 무시한다. 그 모순을 앎에도 불구하고 나는 이러한 욕망에 대해 쓰고 있다. 왜냐하면 이제 그것을 고백할 용기가 없거나 아니면 내가 여기서 원용하려는 것들과 마찬가지인 지적 논지들을 사용하여 자신을 방어하는 다른 페데들의 어딘가에 감춰져 있지 않았는지 상상할 수 있기 때문이다. 페데와 레즈 사이에서 어떻게 욕망의 상호부정이라는 이 증기망치를 육체라는 수단으로 일탈시킬까?

나는 욕망의 궁둥이를 충분히 가지고 있다. 강박이란 사람이 하는 것이 아니라 사람이 하지 않는 것이다. 욕망하지 않는다고 내가 주장할 때 무슨 일이 일어나는지를 알고 싶다. 적어도 나의 욕망은 그것을 알았는지 알고 싶다. "나는 알고 싶지 않아!"라고 말하는 잔소리가 심한 상전은 정말 지겹다.

욕망에 관한 모든 연구는 비-욕망〔욕망의 부재〕에 관한, 욕망에 장애가 되는 것에 관한 연구여야 할 것이다. 여기에서처럼 욕망에 관한 말들에 엄벌을 가하는 벵센느의 철학과에서 나는 하루 동안 욕망하지 않는다고 선언하는 사람들 사이에 시행된다는 조건 아래 비-욕망에 관한 집단적 연구를 제안하고 싶다. 이것은 황당무계한 생각일까 아니면 욕망이 없다는 주장을 그 주장의 고유한 부조리함 아래 붕괴시키는 한 수단일까? 그러나 접촉 금지에 계속 복종하는 사람들 사이에서, 마치 언어와 접촉이 서로 막아버리는 영역인 것처럼, 욕망에 관한 언어의 유용성을 믿을 수 있을까?

예를 들면 페데와 레즈 사이에서처럼 욕망이 존재하지 않는 이러한 〔비-욕망의〕 상황은, 나의 담론을 위시하여 그 어떤 비판적 담론도 여전히 해소하는 데 기여할 수 없게 하는 어떤 집요한 착각에서 생기는 것 같다. 왜냐하면 남자다움은 관계에 의미와 유효성을 부여하기 위해서는 그 관계를 전력을 기울여 정의하고 언어화하려는 어떤 방식이기도 하기 때문이다. 모든 철학적 담론, 모든 정치적 담론, 모든 경제적 담론은 정액 대신에 솟구치고, 그 남자 자신이 나온 그 구멍에 의해 겁을 먹은 (공포에 질린) 남자에게서 솟구치고, 여기에서 그 남자의 페니스는 철학, 정치, 경제 없이는 혼자서 되돌아가지는 않는다.

남자의 논리 아래 짓눌린 여자는 더욱 남자 없이 그리고 남자에 대한 자신의 논리 없이 살아갈 수 없다. 남자는 과거고 여자는 미래다. 남성동성애자는 둘 사이에 끼여 있다. 그가 여성화될 때 그것은 여전히 남자의 모델에 따르는 것이다. 그는 남근으로서만 실존한다. 그리고 자신의 남자다움의 신화를 위해 남근 없이 자신들의 관계를 만들어내는 레즈비언들은 빈 거울 앞에 선 빈 거울처럼 보인다.

그러나 그녀들이야말로 남성동성애자에게는 없는 결여를 가지고 있다. 그녀들이야말로 그 결여환상을 작동시키는 비밀을 갖고 있다. 그녀들이야말로, 그 결여는 하나의 결여가 아니라, 권력 없는 에너지이며, 거세의 거세이며, 그로부터 욕망과 쾌락을 끌어내릴 수 있는 어떤 것이라고 우리에게 분명히 제시한다. 그녀들이 없으면, 우리는 이미 알고 있는 것 이외에 아무 것도 배우지 못할 것이다. 레즈비언들은 우리 색다른 페데들에게, 동성애를 남자의 동성애로 환원하여 그녀들의 동성애를 말살하고, 자지들의 혼합물일 뿐이게 하고, 우리의 생각은 더욱 간사하게 여성으로가 아니라 거세된 남성으로 변장하려고 노력하기 때문에, 그녀들이 한층 더 해롭다고 평가하는 영원한 남근적 담론을 운반하는 것을 충분히 비난한다.

그렇다, 나는 남자로서만 동성애를 논할 수 있을 뿐이다. 정말, 나는 내가 거의 알지 못하는 여성동성애에 대해 이야기하는 것을 거절하고, 치명적으로 남성적이 될 여성동성애에 대한 이론을 가공하고 싶지 않다. 모든 페데들은 그것에 대해서 그만큼만 말할 것이다. 바로 그런 까닭에 FHAR가 남근의 무게로 붕괴했다. 바로 그렇기 때문에 FHAR가 옳건 그르건 간에 자신이 당연히 그 일부를 이루고 있는 층위에 호소하면서 남성사회에 대한 분노를 우선 터트리는 것이 좋다고 믿는다. 그렇기 때문에 레즈비언들은 FHAR를 떠났다.

나는 이제 남자를 흉내내지 않고 남근과 남근공포 없이 살아가는 레즈비언을 꿈꾼다. 비록 단 한명만 존재하더라도 나는 지금 막 사라지려는 사람처럼, 마치 미래 여성처럼, 그녀 곁에 눕고 싶다. 순간[찰나]의 공간에, 성혁명의 공간에서, 나는 나 자신을 레즈비언이라고 생각하고 싶다.

아! 자본주의적으로 번식하고 싶은 대신에 여성이고 싶고, 번식하고 싶고, **애기를 만들고** 싶다! 나는 내가 망상하고 있다는 것을 안다. 다른 성을 복사하지 못하지만 암컷이자 동시에 수컷이라는 행복을 맛보는 달팽이들처럼 살고 싶다. 머리를 모래 속에 처박고 성욕의 혁명적 폭발의 유일한 지점과 그것을 흩날려 버리는 유일한 방법이 정확히 여성동성애와 남성동성애의 어려운 결합에 있다는 것을 보려고 하지 않는 타조들은 물러가라. 제기랄, 남근지배를 타도하기 위해 싸우고 있는 남자와 여자가 서로의 관능을 추구할 권리를 전혀 갖고 있지 않은 이 혁명의 지옥은 도대체 무엇인가?

나는 고뇌로 나를 항상 멀리하는 육체의 만남에 어리석게 다가서고 싶다. 남자를 좋아한다고 믿는 남자가 여자를 좋아한다고 믿는 여자에게 접근하기 위해서라면, 그것이 나라고 해도 아무래도 좋다. 나는 그러한 행동은 남자에게서만 나올 수 있을 것이라고 생각한다. 왜냐하면 이 사건 속에서는 바로 남자가 전제[독재]에 책임이 있다고 느끼고 또한 가장 책임이 있기 때문이다. 그러나 이왕이면 페데들이다. 왜냐하면 옳건 그르건 간에 여자들은 페데들이 다른 남자들보다 덜 억압적이라고 느끼기 때문이다. 그리고 특히 페니스를 자르는 것이 문제가 아니라 자지의 새로운 사용법을 발명하는 것이 문제이기 때문에, 자지를 가진 남자를 좋아한다.

그것을 위해서는 사회가 변하는 것을, 즉 남성적 정신[마초]이 사라지기를 기대해야 할까? 페데는 오늘날 남근을 가진 사람 가운데서는 남근지배라는 의심을 가장 덜 받는다. 그것이 진실인지 나는 알고 싶다. 페데의 신체는 레즈비언에게 그것을 증명할 수 있을까? 레즈비언들이 마음 편하게 조롱거리가 될 사랑이라고 부르는 것을, 페데들에게 자신들의 성적인 꼭지들 속에 녹아버린다고 그렇게 비난한 것을 거기서 느낀다면, 그녀들은 그 접근을 수동적으로가 아니고 성가심 없이 받아들일 수 있을까? 숫총각과 숫처녀처럼 페테와 레즈는 함께 즐길까, 신체의 유년기를 즐길까? 이것은 그들을 쾌락으로 이끌까? 왜냐하면 이는 정중한 사랑〔기사도 정신〕을 부활시키는 문제가 아니기 때문이다.

비록 남자의 위선이 터져 나오고 아마 이미 이 노선에 있다고 해도, 적어도 다음과 같은 사태는 분명할 것이다. 즉 사람들은 남자가 권력의 지를 위장하면서 알랑거리며 전진해 온 것을 알 것이며, 음흉한 힘관계를 만들지 않고 사랑하고 싶다고 하는 욕망이 유토피아라는 것도 정말로 잘 알 것이다. 주지하는 대로 모든 것은 어디에서나 덫에 걸려 있고 우리의 역사가 우리의 욕망 속에 퍼트린 효모는 그 용어의 어원적인 의미에서, 즉 성직자의 종교나 그것을 대신한 정치적 종교가 종교적인 것을 타락시키기 전의 의미에서, 종교적인 어떤 것을 욕망에 포함시키는 것을 금지하고 있다. 주지하는 대로 항상 어원적인 의미에서 공물은 정복정신의 계략이자 그 한 형태에 불과하며, 마조히스트적 화신일 뿐이거나 아니면 정신분석과 변증법이 그것을 발견하는 데 기꺼이 헌신할 것이라는 것을 신만이 알 것이다〔알 도리가 없다〕.

반대로 남성동성애자와 여성동성애자의 이 미발달한 커플 속에서 기상천외하게든 혹은 기적에 의해서든 여성이 자신의 면전에서 복잡한 다른 움직임 가운데 자신의 성별을 잊어버리고 있는 남자의 신체를 **수용**하면, 그럼에도 여전히 자신의 거부에 집착한다면, 그때 사람들은 반대로 그녀에게 사회적 신체의 상황에서 끌어낸 정치적 알리바이〔핑계〕를 더 이상 줄 수 없을 것이다.

그러나 돌연 나는 이론적으로 제기하는 것도 아니고 처음부터 마키아벨리즘을 각인하지도 않고 널리 실험하는 것도 아닌 커플을 가능케 하기 위해서는, 이 커플을 묘사하는 시도에서 너무 지나쳤다는 인상이 든다. 그리고 곧바로 나는 박장대소하고 상관없다고 생각한다. 왜냐하면 나는 욕망하는 욕망이 철저하게 분석하는 욕망보다 강력하게 되는 순간이 올 것이라는 것을 알기 때문이다. 한 달 뒤든 일년 뒤든 무슨 상관인가?〔아무래도 좋다.〕 나는 나에게든 다른 사람에게든 그것이 일어날 것임을 알기 때문이다. 손이나 입이 페니스나 클리토리스를 발기시킨다는 것을 나는 알고 있다. 모든 경찰이 손이나 입은 이성의 것을 사용하도록 강요한다는 핑계로 사람들이 지니고 있는 손이나 입을 동성에게 속하게 할 필요가 있을까?

　욕망을 세분화하고 그것을 극도로 상처내 온 것은 지배계급이다. 동성애라는 관념을 발명하고 그것을 게토화한 것은 부르주아지이다. 이것을 절대로 잊어서는 안 될 것이다. 이 세상에는 두 가지 성이 있다는 것은 세 가지, 네 가지, 열 가지, 천 가지 성이 있다고 하는 것을 우리에게 감추기 위한 것이다. 그러기 위해서 곧바로 사람들은 성격상 늙은 창녀 같은 생각을 내동댕이친다. 이 세상에는 두 가지 성이 있지만 성욕망은 단 하나이다.

9.

분석과 욕망이 결국 같은 편이라면? 결국 욕망이 분석을 이끈다면?
—질 들뢰즈

　어떠한 명제도 그 명제를 표명하는 사람의 일상생활의 특수한 성좌(constellation)를 은폐하기 위해서라면 말할 가치가 없다. 그래도 글쓰기의 관습은 마치 장르를 섞는 것이 괴상망측한 것처럼, 이론과 고백, 비평과 증언, 정치적 항의와 개인적 자기주장을 적절하게 구분하도록 유도한다. 그러나 내가 동성애에 관한 나의 탐구를 계속 진전시키고 생

152 2부 60억의 도착자들

활을 변형시킬 필요를 나와 나누어 가지고 있는 다른 페데들의 탐구와 계속 혼합할 수 있을지, 매일의 생활에서 나를 다른 대부분의 페데들로 부터 철저하게 분리시키는 것에 관해서, 즉 결국 내가 어떻게 그들 사이에서 특권자 내지는 변절자로 보이는지에 관해서 침묵할 것인지를 자문할 순간이 온다.

내가 추구하든 안 하든 나의 경험은 내가 동일한 투쟁을 함께 수행해 온 사람들 누구도 경험하지 않은 것이다. 다행히도 나는 페데이다. 왜냐하면 FHAR에서 나는 오히려 나쁜 별자리를 가지고 있기 때문이다. 내가 어떤 페데이든 나는 다른 남자와 18년간 커플로 살았다. (사람들은 내가 혁명을 수행하기 위해 좋은 티켓〔좌석표〕을 가지고 있다고 말할 수 없다!) 나는 이것이 커플 제도 속에서 어떤 기능을 가지든 어느 각도에서 열려 있는 결혼의 반동적 망령을 보는 모든 사람들에게, 통상적인 커플 속에 결코 빠지지 않는 데에 자신의 에너지의 가장 명확한 부분을 바치는 모든 사람들을 공포에 질리게 할 수 있다는 것을 안다. 우선 그것을 고백하지 않고 페데와 혁명에 대해서 어떻게 말할 수 있을까? 그래도 나는 자신을 정당화하지 않고, 자신을 방어하지 않고, 동성애의 이 특수한 구현을 필연적으로 따라야 할 길이라고 생각하지 않는 조건에서만 그것〔페데와 혁명〕에 관해 말할 수 있다. 극좌파 등장 이후의 야만적인 분위기 속에서 이것을 믿도록 만들기는 어렵다. 어쨌든 극좌파에서는 그 길은 개인들에게 허용되는 것이 아니며, 우정이란 관대함이나 원조나 친절이라기보다는 공격이기 때문이다.

나는 나를 둘러싼 사람들의 행동을 통해서 어디에 혁명의 노력이 있고 어디에 부르주아지의 무의식적인 암송〔흉내〕이 있는지를 잘 분간하지 못하게 된다. 왜냐하면 어떤 사람이 자신이 주파하기에 쉽거나 어려운 거리에서 출발하는지를 항상 알 수는 없기 때문이다. 어쨌든 젊지 않은 사람에 대한 젊은 사람들의 테러리즘을 부정할 수 없고, 경제적 기계에 의해 자발적이건 강제적이건 어떤 지위를 지닌 사람들에게 매여있지 않은 사람들에 대한 암묵적인 혹은 집요한 비난도 부정할 수 없다. 도시의 노마디즘의 예를 부정할 수는 없고, 어떤 세대가 다른 모든 세대에게 연결됨으로써 부여되는 속박을 거절하는 예를 부정할 수 없다. 노인들로부터 사회에 기생하고 있다는 비난의 대가를 치르고 있지만 말이다.

사회의 기생충. 모든 혁명가들은 더욱 더 무책임하다고 규정될 방식으로 혹은 이런저런 도덕성의 수호자가 되지 않으면 사회의 기생충이 될 것이다. 우리의 에너지는 우리에게 영양을 공급하는 동물을 파괴하는 데 기여하며, 그리고 그것은 반대로 우리 가운데 피할 수 없이 그 동물을 기르는 사람에게는 진실로 남아 있다.

그러면 욕망으로, 나의 욕망으로, 그리고 나의 욕망이 등록되어 있는 지도로 돌아가 보련다. 오래된 동성애 커플을 이루어 오면서 나는 먼저 현재까지 우리 사회에서 동성애는 다소 예술가로 규정되는 주변적인 부르주아들에게만 허용되었다는 당연한 사실에 놀란다. 그리고 이들을 둘러싸고 있는 자유주의적인 부르주아지는 자신들을 기분전환하도록 보장하고 보다 지적으로 만들고 어쨌든 부유하게 해준다고 여겨지는 생산과의 교환조건으로 그들의 도착을 인정한다. 왜냐하면 결국은 자유주의적인 부르주아지는 그러한 생산을 착취하고 유통시킬 것이기 때문이다. 이것이 체계와 나의 관계이다. 그러면 동성애자와 나의 관계는 어떠한가?

커플, 그것은 동성애자들에게는 마음에 들지 않는다. 대부분 예외 없이 마음에 들지 않는다. 커플은 그들이 싫어하며 가장 무서워하는 것이기조차 하다. 이성애 사회가 동성애자들을 위해 만든(그리고 그 사회의 방탕한 도락가들도 종종 이용하는) 기계는 반(反)-커플기계, 엽색(獵色, 꼬시기) 기계이다. 어쨌든 이 이상한 기계는 영원한 방황과 유랑의 모습 아래 자본주의적 축적과 현저한 유사성을 나타내고 있다. 이런 의미에서 이 기계는 집합적이고 계열적인 자신의 톱니바퀴 때문에 과거로의 지속적인 투사인 동시에 예측한 톱니바퀴 때문에 미래에의 지속적인 투사이기도 하다. 그 톱니바퀴 덕택에 엽색가는 이처럼 문자 그대로 사서 고생하면서 이제 막 한 명을 꼬드긴 후 곧바로 그 다음 획득물을 찾아 나선다.

사람들은 분명히 이 기계로부터 단지 합법적인 결합과 공식적 정절을 교묘하게 분리시키고 심도있게 전복시키는 작용만을 붙잡고 있을 수 있다. 그러나 애초에 이 기계는 그러한 목적으로 움직이지 않았다. 그것은 아무도 공격하지 않고 위험으로부터 자신을 보호한다. 부부가 '공굴리기'와 '아빠-엄마'놀이를 하는데 엽색가가 개구리뜀〔두 손으로 다른 사람의 등을 짚고 뛰어넘는 놀이〕을 하며 논다면, 둘 다 동일한 고독불안에서 생겨난 것이다.

이 엽색기계, 나는 그 기계를 잘 안다. 아니 오히려 한 커플이 이 엽색기계를 고장 내는지 확인하기 위해서 그것을 충분히 알고 있다. 사람은 단지 혼자서만 엽색할 수 있다. 이 기계는 페데의 비참한 운명이라고 자본주의는 자신이 그렇게 만든 것을 밝히지는 않고 쉽게 말할 것이다. 마치 노동인가 방랑인가를 선택하라는 것과 같이, 당신들은 커플인가 나비인가를 선택하라고 한다. 우리가 우리 자신을 그 안〔양자택일〕에 갇히도록 내버려둘 것인가? 우리는 결혼한 부부가 일부다처제의 공포를 말하는 것처럼 커플공포를 나쁘게 말할 수 있을까? 우리는 부르주아들이 엽색(돈후앙주의)을 욕망하는 것과 마찬가지로 비밀스럽게 커플을 욕망한다고 할 수 있을까?

이런 경우에 우리는 결혼은 발판을 쌓아올리며 지속적인 사랑을 저주한다는 평계 아래, 반대로 남성적 부르주아지가 일순간에 분출되는 사랑을 자신 속에서 억압하는 조건들을 재생산하면서 공황상태의 두려움에 빠질 것이다. 요약하자면 남근지배자들이 조소하며 향수에 젖어 '**자유로운 존재**'라고 부르는 것, 연쇄 간통을 저지르는 6, 7명의 기만적인 주변인들을 만들어내는 곳에서, 자신들에게 가해진 족쇄(관습의 힘에 의해 또 하나의 족쇄일 뿐인)에서 멀어진 이 탈주자들은 간단히 말해서 정상인(스트레이트)들의 엽색꿈은, 100년 이래 1억의 미소년, 아름다운 자지, 아름다운 똥꼬들을 온 대지에 걸쳐 쫓아다니면서, 자신들의 모든 노력과 시간을 그들을 찾아다니고 유혹하고 자연스럽게 이별하는 데 소모하는 페데들의 현실일 것이다. 만일 아직도 어슬렁거리는 똥꼬와 노마드적인 귀두가 어디에든 다닌다면! 그러나 동성애자에게서 이러한 여행객들은 아주 인습적이며 적은 수의 지역에서만 견딘다.

아무 것도 구체화하지 않고 어떤 욕망대상도 오래 지속되도록 그대로 두지 않는 욕망 속에는, 사람들이 고독의 성향을 지니지 않자마자 대단한 어떤 것과 절망적인 어떤 것이 있다. 대단한 어떤 것이 있다는 것은 바다 속에 떠다니는 해초의 상태와 관련되기 때문이다. 절망적인 어떤 것이 있다는 것은 한번 사정하면 누군가와 관계를 맺지 않고 이미 알고 있는 한 부분이 미지의 것 속에 들어가도록 하지 않는다는 규칙이 있기 때문이다. FHAR의 많은 소년들이 서로를 조금이나마 알게 되는 순간부터, 그들이 친구가 되는 순간부터는 그들끼리 사랑할(육체관계를 맺을) 수 없다고 고백하는 것이 이것을 잘 보여주는 것 아닌가? 그것은 동성의 활동가 사이에, 정치적 동지 사이에 세워진 성교금지, 바로 FHAR이 정확히 분쇄하려고 하는 그 금지로 되돌아가 버리는 것은 아닐까? 어쨌든 이러한 도식에서 아직 상대를 즐겁게 해주지 않고, 아직 그 상대가 즐기는 것을 보지도 않았는데 서둘러 바쁘게 그를 떠나고 사정하자마자 곧바로 그와 함께 다른 모든 것을 나누기를 거부하면서 그를 안다고 주장하는 것은 터무니없는 짓 아닌가?

엽색기계는 이처럼 발기시키는 것과 생각나게 하는 것 사이에 막힌 경계선을 설정해 왔다. 분명히 이 경계선은 힘관계의 진입을 저지하는 방어선일 것이다. 아마 이 경계선은 또한 절대로 두 번 오지 않을 사람을 사랑하고 싶다는 욕망의 낭만적인 재표출이다. 그리고 나는 거기에서 우리가 결혼 속에 기입된 것으로 봐온 단적인 죽음공포라고는 말하지 않는, 욕망의 죽음에 대한 본능적 공포를 보지 않을 수 없다. (그러나 성혁명의 철학자들은 욕망과 죽음의 관계를 소홀히 하며 그것을 동양적 신비주의에 맡겨 왔다.) 자본주의처럼 죽음에 맞서 구축되어온 엽색기계는 자본주의처럼 자신 속에 죽음을 지니고 있다. 왜냐하면 현재 있는 사람을 미치도록 사랑하는 대신 없는 사람을 욕망하고, 언제나 그 다음 대상을 갈망하고, 소비사회의 절대적 기준에 따라서 결핍의 제도와 신성한 승천(昇天) 위에 스스로를 구축하기 때문이다.

내가 한가하게 밤거리에서 놀기 위해서, 빵을 사거나 친구들을 만나러 가기 위해서 집에서 나가 페데이든 아니든 마음에 드는 소년을 우연히 마주치면, 나는 현재를 즐기고 있는 것이다. 그러나 페데들이 자주 다니는 장소에서 배회하면서 다른 페데를 찾기 위해 매일 밤 나간다면, 나는 대기도 대지도 즐기지 않으며 매저키즘을 족쇄노동으로 환원하는, 나의 욕망의 프롤레타리아에 지나지 않는다. 나의 전 생애를 통해서 나는 정말 내가 엽색하지[유혹하지] 않은 사람만을 만나왔다.

동성애자가 나비처럼 나풀대는 것은 분리작용의 가공할 힘을 그리고 한결같이 결혼을 해체하기 위한 작용 및 극한적인 유효성을 나타낸다는 것은 분명하다. 그러나 그것이 자승자박하는 좌절(욕구불만) 숭배에서 비롯된다는 것을 어떻게 부정할 것인가? 그래도 나는 허위의 안전, 삼각관계 혹은 소집단화[집단성교]의 관능적인 평계에 의해 하나의 신체

내지는 복수의 외부 신체를 자신들 쪽으로 도착적으로 유혹하려는 정착한 동성애 커플을 조금도 비난하지 않는다(그리고 이러한 비난은 자기 비판의 차원에 속한다).

어쨌든 결혼은 아니더라도 확고한 결합상태에 있는 이 페데커플은 동성애적 사냥을 아연실색케 하는 부르주아적 모래알처럼, 나비처럼 날아다니는 사람[동성애자]의 엽색기계에 직면하여 분노한다는 것은 명백하다. 그러한 모래알은 그들에게 금지이며 금지된다.

만일 이 커플이 순수경제적인 질투메커니즘의 장기적 동화작용을 가정하는 모든 것을 지닌 채 폐쇄되면, 사람들은 그 커플을 헐뜯고, 게다가 부르주아 이데올로기는 사람들이 알고 있는 진부한 이미지—주름투성이의, 경화되고, 자녀들도 없고, 쓸모없는 만남으로 지치고, 거울의 법칙에 폐쇄되어 있는 이미지—를 오래된 동성애 커플들에 부여할 준비를 한다. 그들은 자신들의 자녀에게 투사하는 해결책조차 가지지 않고서 쁘띠부르주아 가족의 모든 결함까지 재생산한다. 모든 동성애자처럼, 그들도 처음에 엽색기계에 의해 낙인찍히고, 너무 강하게 질식당할 때에는 그들의 상호적 코드가 그들을 거기에 다시 나타나도록 하는 일이 있다. 그러나 너무 늦고 그들의 배반은 아주 명백하기 때문에 더욱 쓰디쓴 고립과는 다른 것을 찾으려고 한다. 그들은 특히 자신들의 욕망이 해체되는 데 적합한 설비 속에 인공적으로 재영토화된 동성애의 희생자들이다.

그러나 자신들이 동성애자라는 조건이 충분한 통과증이라고 생각하여 자발적으로 참가했던 어떤 커플이 FHAR의 밖에서는 인정이 안 된 어떤 엉큼한 과정에 의해 가혹하게 축출되었는지 보아야 한다. 그러나 누구도 그들이 도대체 왜 또한 어떻게 그러한 난관 이외에 다른 출구를 찾지 못했는지를, 그들은 어떤 그물에 걸렸는지를, 예를 들면 그들과 이야기하면서 밝혀내는 데 전념하지 않았다. 연령차별이 완전히 가동하고 있다. 마치 혁명은 30세 이상의 사람을 모두 배제하고 젊은 세대만으로 되는 것처럼 말이다. (연령차별은 아름다움의 차별과 마찬가지로 강하다. 왜냐하면 사람들은 시골구석에서 절망을 외치는 사람들에게 마찬가지로 그랬듯이 젊고 매혹적인 신체가 도움을 청하는 범위 안에서만 FHAR의 메아리[반향]를 만나기 때문이다.)

만약 반대로 이 페데커플이 개방적이라면? 사람들은 즉각 다리가 다섯 개인 송아지는 없으며, 고정되는 커플은 마찬가지로 폐쇄되고 부르주아화된다고 반박할 수 있다. 어쨌든 페데커플을 외부로부터 독신자페데와 사냥꾼페데 둘로 나누어야만 생각할 수 있는 애매한 욕망대상으로서 느낄 것이라는 것이 사실이다. 그리고 사람들은 신중을 기하기 위해서 이 커플이 둘로 나뉘는 것을 거부하고, 만일 먼저 자발적으로 헤어지기로 결정하지 않으면 개방적일 수 없다고 결정할 것이다. 왜냐하면 이성애자뿐만 아니라 동성애자에게도 관련되는 우리의 성적이고 정서적인 이데올로기의 가장 엄격한 법칙은 욕망대상의 형태나 성별이 아니라 그 수에 근거를 두고 있기 때문이다. 즉 두 사람을 동시에 욕망하는 것은 위험하며 그래서 금지되며, 이 사람들 사이에서 서로서로 욕망하는 특수한 경우에는 더욱 그러하다.

질투에 의해 결합된 커플, 서로의 신체의 소유자로서 커플은 결국 충분히 안심시키는 존재이다. 사람들은 그 커플을 한 조라고 생각할 수 있고, 두 배우자 가운데 아마도 더 나은 것을 요구하지 않을 한 사람을 선택하면서 그로부터 도망치는 해결책을 항상 가지고 있다. 그러나 오랜 인내의 대가로 형성하고 파괴하고 재구성할 수 있는 보충적인 혹은 둘로 나뉜 욕망의 짝짓기를 기꺼이 타인과 함께 할 커플을 상상해 보라. 자신들의 상호적인 권력의 잡종적 동맹을, 이 권력들에 대한 비판을 위선 없이 기꺼이 확대하려는 두 주체를 상상해 보라. (만일 내가 이 커플을 상상하라고 요구한다면, 이는 나는 그러한 커플이 실존하는지 확신하지 못하며 나의 커플을 이 이미지에 따라 보는 것을 확신하지 못한다는 이야기다.)

자신들 둘만의 거처로부터 위험을 무릅쓰고 어렴풋이 폭발을 갈망하면서, 그럼에도 불구하고 모든 에너지를 끌어내는 것이 끝나지 않았다고 믿는, 아마도 외부의 모든 침입에 노출되어 있는 이 두 소년을 주시하라. 서로 불을 태우고 핵을 지니지만 아직도 자신들을 서로 관찰하는 것과 같은 욕망을 지니고 당신을 탐내듯 바라보는 휘황찬란하고 다의적인 매춘부 커플을 주시하라. 그것에 되돌아가 볼 가치가 있다.

둘 더하기 하나로 되는 것이 아니라 세 사람으로 욕망의 균형상태를 만들어내는 것은 아주 어렵다. 언제라도 한 사람이 밀려나거나 스스로 떨어져 그 사람도 커플의 작은 몫을 요구하며, (그 커플과 세 번째 사이에서 자신이 선택한) 다른 두 사람 가운데 한 사람에게 (커플의 작은 몫을) 요구한다. 그러나 그를 커플의 이러한 주술에 거는 것은, 관념론과 변증법적 유물론의 사제들이 모두 그렇게 주장하고 있는 것처럼 인간의 본성이 아니다. 반대로 그것은 사회체의 기계화(작동)이며 사회가 발명한 모든 것 가운데 가장 미친 것이다. 이러한 기계화와 싸우기 위해서 나는 결혼(동맹)기계보다 엽색기계를 더 믿지는 않는다.

물론 결혼기계는 어떤 커플을 파괴하고 또한 특권적인 다른 커플을 규정하기 위해서가 아니라면 커플을 그 자신보다 더 강렬한 상황에 직면케 하고 싶어하지 않는다. 그러나 나는 지속된다는 정의에 근거하여 커플이 부르주아적인지 어떤지 모르겠다. 지속되는 커플이 상아탑인가 아닌가는 커플로 살아가고 있는 나로서는 대답할 수 없는 질문이며, 나는 그 질문에 대해서 예라고 대답할 양심의 가책도, 아니오라고 대답할 정도의 뻔뻔스러움도 가지고 있지 않다. 나는 오히려 우리는 모두 감옥 속에 있고 커플로 피신하거나 커플이 마치 페스트나 되는 양 피한다는 인상을 받는다.

우리는 여기에서 틀림없이 같은 커플제조공장의 두 가지 모델, 즉 엽색기계와 결혼기계를 상대하고 있다. 왜냐하면 제품은 언제나 커플이며 이를 곧바로 비어버린 불알을 영구히 쇄신하거나 외부에 있을 욕망의 폭풍우에 드러내기도 하면서 무던히 이 기계를 고장나게 하려고 하기 때문이다. 그리고 가장 심각한 것은 두 가지 기계 사이에, 자지치기와 성적 소유 사이에, 감각을 즐기는 것과 의미를 생산하는 것 사이에서 진공상태를 만들기 위해 적당한 조치를 취한다〔타협한다〕는 것이다.

만약 사람들이 혁명이 욕망 안으로 침투하기를 원한다면, 만약 욕망이 자신의 고유한 혁명을 만들어내기를 원한다면, 커플법칙이 어디에서 가장 강력한지, 리비도에너지가 어디에서 가장 보수적인지를 알아야 한다. 커플을 모험으로 유인하는 사람에 있어서인가 아니면 모험을 반복하는 커플에 있어서인가? 또한 어떤 경우에 커플이 폭발할 위험이 가장 클까? 유일한 긍정적인 지표는 어떤 우선성도 두지 않은 채 욕망의 복수적이고 동시적인 분기가 가장 가능한 곳에서 발견될 것이다.

커플에 대결하는 최강 무기는 유일한 성욕망의 잘 알려진 혹은 알려지지 않은 구조들을 훨씬 뛰어넘어 확장된 매혹되려는 욕망의 노선에 복종하면서 욕망하는 영원한 욕망이다. 이 욕망은 사람들이 자신을 갈구하는 것으로 시작한다고 가정되는 것이다. 욕망하는 것과 욕망하는 모두를 욕망하는 욕망은 결국 부르주아 인간주의의 냄새와도 신비적 의례의 유치함과도 연을 끊은 사랑이다. 나의 약점은 욕망을 믿는 사람처럼 그것을 믿는다는 점에 있는 것이 아니라, 견자(見者)처럼 나의 욕망이 반복되기를 그치고 있다고 보려는 점에 있다. 욕망이 기계를 변화시키는 바로 그 순간에 내가 욕망을 충분히 치환하여 장악한다면 얼마나 즐거울까! 아니오라고 말하는 대신에 **왜 안돼**?라고 말하는 욕망. 욕망의 거절을 각개 격파하는 욕망. 탐욕과 훼손에서 벗어나 다형적 지출, 유출, 낭비, 탕진하며 사는 욕망의 불사조.

10.

신체는 진보를 결코 믿지 않았다. 신체의 종교는 미래가 아니라 현재이다.
—옥타비오 파즈(Octavio Paz)

권력을 장악하려고 하면 난관에 빠진다. 그러나 자아지배라 불리는 아주 특수한 이 권력형태를 함께 해소하지 않은 채 권력을 파괴하려고 하면 더욱 더 그물에 걸릴 것이다. 자기에 대해서 역능을 행사함으로써 스스로가 권력을 갖추지 않고 타자를 누르려는 효과적인 혹은 상상적인 권력을 어떻게 파괴하겠는가? 가령 권력은 두 사람의 결합에서 시작할 뿐이라고 해도, 역능은 타자를 침묵과 무관심과 평정에 의해서 냉대하는 권력으로 조만간 되지 않으면서 어떻게 자기 자신에 행사될까?

권력을 거부하기 위해 노력하면서 권력의 존재 속에 머물며 자신의 구석에만 홀로 있는 그러한 사람들의 권력은 가장 나쁜 권력도 아니며 더욱이 마술 같은 화음도 아니다. 의지가 권력을, 자신의 자지를 먹는 뱀의 이 매듭을, 항상 물어뜯는 사람이자 물어뜯기는 사람이 있는 이 매듭을 파괴하려고 하는 것은 사회에 머무르려는 존재[인간]에게는 최악의 모순이 아니며 가장 해결하기 어려운 모순도 아니다. 능력, 잠재력, 단순한 에너지적 자질이라도 남아있다면 권력은 즉각 우리 뒤에 다가온다. 우리를 에워싸고 우리에게 스며들어온 이 경쟁사회가 그대로인 한, 즉 그렇게 오랫동안 두 사람 혹은 좀더 많은 사람들 사이의 관계 속에서 역능이나 약함의 평등이 단지 환상이나 짧은 기적인 한, 권력이란 우리에게 강요되었다. 그러한 평등이야말로 특히 동성애적인 동성애의 유토피아이며, 그 유토피아에서 모든 힘 관계는 당연히 평준화[평면화]되고 욕망은 두 가지 숫자 사이의 수학적 동일성을 닮을 것이다.

그러나 권력은 의무가 무너져 버린 뒤에도 남아있다. 혁명기계가 일단 작동하면 황금송아지가 이렇게 말할 수 있을 것이다. '나의 권력은 황금의 휘황함을 발산하는 것이지 역능을 부여하는 것이 아니다.' 그러나 혁명기계를 작동시키기 위해서는 해결된 문제를 가정하는 기하학처럼 해서는 안 된다.

권력이란 파괴할 수 없다. 권력의 파괴는 우리의 힘을 훨씬 넘어서 있다. 그러나 우리는 적어도 권력 메커니즘을 이해할 수 있으며 그것을 고장나게 하기 위해서 할 수 있는 것은 얼마든지 있다. 권력을 검열하는 대신 권력을 초월하든, 권력을 전반적으로 혼란케 하기 위해 일하든, 게임규칙을 교란시키든. 그러나 이러한 활동들은 여전히 밤에 활동하고 모든 인간들 사이에 약함을 드러내는 것이 아닌 권력행사임을 잘 알면서 권력을 혼란케 하는 모든 것을 할 수 있다. 더욱이 우리가 현재 있는 지점에서 가장 바라는 것은 감각이 의미로부터 권력을 박탈하는 것일 것이다. 이제 우리는 탄식하지 않고 소리치며 웃고 춤추며 떠들며 노래부르며 이야기할 수 있을 것이다.

변증법적 유물론에서는 정신분석에서와 마찬가지로 물질이란 비신체이다. 신체의 회귀를 요구하는 투쟁이 비신체에 오염되고, 신체를 말하는 투쟁이 신체의 추방에 박차를 가할 정도이다. 사람들은 이야기의 내용은 우리의 우주의 그릇일 뿐이라는 것을 잊고 있다.

오늘날 프랑스에서 가장 많이 읽히는 시인은 '언어[말]의 권력 아니면 살갗[피부]의 움직임'이라고 말한다. 지성적인 혹은 알 수 없는 말이 여전히 살갗에 대해서 계속 말한다. 그러나 살갗은 설명할 수 없고 신성화된 독재에 계속 예속되어 있다. 독재를 욕망이라고 이름붙이며 무의식의 심연 속에서 자신의 에너지를 끌어낸다는 핑계로. 욕망은 신이 되었지만, 자본주의 장치[기구]와 가족소설이 재건한 대로 여전히 맹목적 혹은 기계적인 채 있다.

우리는 언제 피부의 움직임에 의해서 언어의 권력을 분쇄할까? 욕망을 길들인 낡은 가정용 기계들 모두를 무한정 헤아리고 나열할 필요는 없다. 재봉틀, 욕망제빙기, 욕망접지기, 욕망재단기, 욕망고정기, 욕망연마기, 욕망분쇄기, 욕망다리미, 욕망압연기. 이 걸쇠와 부품 모두는 우리에게 사람들이 이렇게 외침으로써 끝내려는 것에 대해 알려준다. '나는 자유롭다! 나는 나를 기쁘게 하는 것을 욕망할 뿐이다!' 나를 기쁘게 하는 것은 쾌활함과 혁명을 생산할 수 있는 모든 신체를 욕망하는 것이다.

11.

프로이트와 맑스, 나쁠 것 없지. 하지만 우리는 오토바이를 더 좋아해.
—『오베르빌리엘 청년회보』(Bulletin des Jeunes d'Aubervilliers) 제2호, 1972년 10월.

여기서 나는 도대체 누구에게 말해야 하는가? 혁명을 하지 않기 위해서 혁명에 대해 말하는 모든 사람들에게. 즉 나에게도. 분명히 나의 담론은 남근적이며, 그리고 더욱 더 명쾌하고 고전적인 문법에 근거하고 있다. 무서운 침묵에 이어진 히스테릭한 짧은 타는 소리를 제외하고 모든 글쓰기는 추잡한 짓이라고 아르토는 말한다. 그는 이렇게 말하면서 수십 억의 인간에게 자신의 똥을 던졌다.

착란[망상]은 글쓰기 속에 나타날 수 있을까? 착란은 모든 질서의 부정인데, 글쓰기가 착란의 차원에 속할까? 소통하는 (따라서 상품화되는) 글쓰기는 할 수 있는 한 착란에 가까이 접근하지만 소통을 멈추는 고통 하에 거기에 들어가지는 않는다.

광기를 전달하기 위해서는 광기를 이성 속에 즉 감옥 속에 가두어야 한다. 감옥에까지 다다르지 못한 사람은 자신의 독방에 혼자 있다. 감옥에 도달한 사람은 단어들이 더 이상 그것들에 없는 광기를, 완전히 커다란 불안을 모두 살해한 이데올로그이다. 그는 경관, 이성복장착용자를 분신으로 하는 경관이다. 그의 사고는 제복의 바지 아래 숨겨져 있는 팬티〔스타킹을 고정시키는 양말대님 달린 팬티〕 위에 있다. 욕망에 대해서 떠벌리는 남자들은 다 그렇다. 담론의 배후에 있는 피신처에서 열광하게 하며 비어져 나오는 방식이다. 왜냐하면 서양에서는 담론에 선행되지 않는 실천은 존재하지 않기 때문이다. 나는 그러한 경관들 가운데 한 사람이며 이러한 팬티는 나를 최고로 흥분시킨다. 그러나 나는 그 누구도 페티쉬〔성적인 상징을 가지고 있지 않지만 성적인 욕망을 일으키게 하는 물체나 육체 부분, 또는 그것을 가지고 하는 애무〕를 필요로 하지 않는 날을 꿈꾼다.

12.

사람들이 무엇에 대해 얘기하는지 생각해 봐라. 그리고 나를 속이려고 헛수고 마라.
나는 기억해. 나는 정말 그것인지 확인할 거야. 내가 뭐라고 한거지?

—롤랑 뒤비르(Roland Dubillard)

숲 속에 있는 오두막에서 혼자 사는 식인귀(食人鬼)는 몇 년에 걸쳐서 방문자들에게 서로 사랑하도록〔육체관계를 맺도록〕 강요하기 위한 기계들을 만들었다. 도르래를 단 기계, 사슬, 괘종시계, 목걸이, 가죽 각반, 금속 갑옷함, 시끄럽게 흔들며 돌아가는 벽걸이 등. 어느 날 길을 잃은 7, 8명의 젊은 형제가 이 식인귀의 오두막에 들어갔다.

올가미가 그들에게 씌워졌는지 혹은 호기심에 끌려서 그들이 스스로 갇혔는지는 알 수 없다. 어쨌든 그들은 이 세상이 끝날 때까지 서로서로 찌르고, 둘씩 짝을 지어 사정하도록 강요되었다. 그들은 전기가 없는 공장의 부품[톱니바퀴]으로, 시체의 노예로 되어버렸다. 그들은 알지 못했지만 식인귀는 헛간에 이미 죽어 있었던 것이다.

(1973. 3)

신체에 대한 말살을 끝장내기 위하여

무명씨

제 아무리 거짓-관용을 공표한다고 할지라도, 자본주의 질서는 자신의 모든 형식들(가족, 학교, 공장, 군대, 코드, 담론…) 아래에서 모든 욕망하는·성적인·정서적인 삶을 착취·소유권·남성권력·이윤·생산성…에 근거한 자신의 전체주의적 조직의 독재에 끊임없이 종속시키고 있다.

꾸준히, 자본주의 질서는 우리의 삶에 자신의 법칙을 새겨넣기 위하여, 노예상태를 재생산하기 위한 자신의 장치들을 무의식 속에 고정시키기 위하여, 우리의 신체를 거세하고, 부수고, 고문하고, 분할하는 지저분한 일을 계속하고 있다.

질식〔폐색〕, 울혈(鬱血), 상해(傷害), 신경증을 사용하여, 자본주의 국가는 자신의 규범을 부과하고, 자신의 모델을 고정하며, 자신의 특성을 각인시키며, 자신의 역할을 할당하고, 자신의 강령을 전파한다…. 자본주의 국가는 우리 유기체에 접근하는 모든 길을 사용하여, 죽음의 뿌리를 우리의 내장 안 깊숙이 찔러넣고, 우리의 〔신체〕기관을 침해하고, 우리의 생명기능을 왜곡하며, 우리의 즐거움을 훼손하고, 모든 "체험의" 산물을 자신의 흉악한 행정의 통제에 굴복시킨다. 자본주의 국가는 각 개인을 신체가 잘린 불구자로 만들고 그들 자신의 욕망으로부터 멀어지게 만든다.

개인적인 죄책감으로 경험되는 사회적 테러를 강화하여, 자본주의 점령군은 훨씬 더 세련된 공격·선동·협박 체계를 가지고 실제로 지배형식을 재생산하지 않는 모든 욕망하는 실천을 억압하고, 배제하고, 중화시키는 데 열중한다.

이처럼 자본주의 체계는 불운, 희생, 체념, 제도화된 매저키즘, 그리고 죽음이라는 천년의 통치를 무한히 연장한다. 그것은 죄진, 신경증적인, 할퀴어대는, 부역에 종사하는 "주체"를 생산하는 거세통치이다.

도처에서 시신(屍身)의 악취가 풍기는 이 낡은 세계는 우리를 무서움에 떨게 하며, 우리는 자본주의 억압에 대항한 혁명투쟁을 억압이 매우 깊이 박혀있는 영토, 즉 우리 신체의 살아있는 곳에까지 확장할 것을 결정하였다.

바로 이러한 신체의 공간은 자신이 욕망으로부터 생산한 모든 것을 가지고 우리를 "낯선" 지배로부터 해방시키려고 한다. 바로 '그렇게 해서' 우리는 사회적 공간의 해방을 위해 "일하기"를 원한다. 이 두 가지 요소 사이에 경계선은 없다. 내가 모든 체험형식에까지 영향을 미치는 억압체계의 산물인 한 나는 스스로를 억누른다.

"혁명적 의식"은 그것이 "혁명적 신체"를, 즉 자기 자신의 해방을 생산하는 신체를 통과하지 않는 한 하나의 신비화이다.

수 세기 동안 여성의 신체 속에 이식된 남성권력에 반항하는 여성들, 테러적인 "정상성"에 반항하는 동성애자들, 어른들의 병적인 권위에 반항하는 "젊은이"들, 이들은 집단적으로 신체의 공간을 전복을 향해 열어젖히고 전복의 공간을 신체의 "직접적인(즉각적인)" 욕구를 향해 열어젖히기 시작했다.

이들은 욕망의 생산양식, 즐거움과 권력의 관계, 신체와 주체의 관계를 문제삼기 시작하였다. 이들은 활동가 집단을 포함해 자본주의 사회의 모든 영역에서 기능하는 것으로서 그러한 관계를 문제삼은 사람들이다.

이들은, 대중의 이름으로 말하고 대중을 대표한다고 하는 사람들만큼이나 부르주아 사회의 관리인들에게 큰 이익을 주기 위하여 체험한 현실과 "정치"를 구분하는 낡은 분리를 확정적으로 파괴해온 사람들이다.

이들은 죽음의 세력〔층위〕들에 대항해 삶의 거대한 고양을 위한 길을 열었던 사람들이다. 바로 이 죽음의 세력들은 우리의 에너지, 우리의 욕망, 그리고 우리의 현실을 점점 더 교묘하게 기존 질서의 요구에 종속시키기 위해 우리 유기체에 끊임없이 침투한다.

새로운 절단선이, 더욱 철저하고 더욱 확정적인 새로운 공격노선이 열려왔고, 그것에 입각하여 혁명세력들이 "필연적으로" 재배치될 것이다.

다른 사람들이 자본·착취·가족…을 생산하는 저열한 기계학〔기계체계〕의 부품과 장치를 짜 맞추기 위하여 우리의 입·항문·성기·신경·창자·동맥을 훔치는 것을 우리는 더 이상 참을 수 없다.

우리는 다른 사람들이 우리의 점막, 피부, 모든 감각표면을, 점령되고 통제되고 편성되고 접근금지된 지대에 집어넣는 것을 허용할 수 없다.

우리는 우리의 신경계가 자본주의적·국가적·가부장제적 착취체계를 위한 소통망으로 봉사하도록 허용할 수 없다. 우리는 우리의 두뇌가 우리를 둘러싼 권력에 의해 계획된 고통기계로서 작동하는 것도 더 이상 참을 수 없다.

우리는 더 이상 다른 사람들이 우리의 교접〔성교〕, 우리의 똥, 우리의 피부, 우리의 에너지를 법률과 그것이 세심하게 규정한 작은 침범들에 대한 규정에 맞춰 통제하는 것을 더 이상 허용할 수 없다. 우리는 자본주의가 우리의 살아있는 신체의 파편들을 가지고 끊임없이 만들어내려고 하는 불감증적인 신체, 수감된 신체, 더럽혀진 신체를 파열시키고 싶다.

정주적인 것에서 벗어나라

우리에게 근본적인 해방을 향한 이러한 욕망은 혁명적 실천이라 불리는 것에, "사람[개인]"의 한계에서 벗어날 것을, "주체"를 전복할 것을 요구하며, 경계 없는 신체공간을 횡단하기 위하여 그리고 성을 넘어서, 정상성·그 영토·그 레퍼토리를 넘어서, 욕망하는 이동성 속에서 살아가기 위하여, "시민상태"에서, 정주성(定住性)에서 벗어날 것을 요구한다.

바로 이러한 의미에서 우리는, 욕망을 분쇄하고 포획하는 세력들이 우리 각자에게 "특수하게[개별적으로]" 행사하고 행사해왔던 지배로부터 "공통적으로[함께]" 우리 자신을 해방할 생생한 필요성을 무언가 하나가 되어 느껴 왔다.

개인적인, 사적인[친밀한] 삶의 양식에서 우리가 경험해 온 모든 것을 우리는 접근하고 탐색하고 집합적으로 살아가고자 노력해왔다. 우리는 지배적 사회조직의 이해 속에서, 존재를 외양에서, 말해진 것을 말해지지 않은 것에서, 사적인 것을 사회적인 것에서 분리하는 콘크리트 벽을 파괴하길 원한다.

이와 함께, 우리는 우리의 매력·반감·저항·오르가즘의 모든 기계학을 밝히기 시작했고, 표상·성욕대상·강박관념·공포증의 세계를 공통인식하기 시작했다. "고백할 수 없는 것"은 우리에게 반성, 전파(傳播), 정치적 폭발(정치가 "살아있는 것"이 지닌 억누를 수 없는 열망을 사회적 장에서 표명하는 방향에서)의 재료가 되었다.

우리는 기성권력이 (억압형태를 생산하고 재생산하는 모든 사회적 실천의 현실적 기능작용 위에 기성의 것을 두듯이) 관능적인, 성적인, 그리고 정서적인 실천의 현실적 기능작용에 관련되는 모든 것 위에 둔, 참을 수 없는 비밀을 파괴하기로 결정해 왔다.

성을 파괴하라

우리는 우리의 개인사를 함께 탐색함으로써, 우리의 모든 욕망하는 삶이 유대-기독교 전통의 국가적·부르주아적·자본주의적 사회의 근본법칙에 의해 얼마만큼이나 지배당해왔고 사실상 그 사회의 효율성·잉여가치·재생산 규칙들에 종속되어 있었는지를 측정할 수 있었다. 우리의 특이한 "경험들"을 비교해 볼 때, 욕망이 제 아무리 "자유로운" 것으로 보인다고 할지라도, 우리는 우리가 항상 그리고 영원히 공식적인 성적 상투형[스테레오타입]에 순응하도록 강요당한다는 것을 알고 있다. 이 공식적인 성적 상투형은 모든 체험형태를 규제하고 부부침대, 매춘굴, 공중화장실, 댄스홀, 공장, 고해성사실, 섹스샵, 감옥, 고등학교, 버스, 방탕주택 등등에 대한 자신의 통제력을 확장한다.

이 공식적인 성, 단 하나의 성과 관련해서, 사람들이 자신의 감금조건을 관리하듯이 성을 관리한다는 것은 우리에게는 있을 수 없는 일이다. 그 성이 무한히 거세하고 재거세하는 하나의 기계는, 모든 존재에서 모든 시간에 모든 장소에서 노예적 질서의 토대를 재생산하는 기계에 불과하기 때문에, 그것을 파괴하고 제거하는 것이 우리가 할 수 있는 일이다. 그 "성"은 한정된 형태에서건 이른바 "허용된" 형태에서건 간에 괴물이다. "선진" 자본주의의 경영자들이 조직하고 통제하는 풍속의 "자유화" 과정과 사회현실의 전진적 "관능[에로]화"는 공식적 리비도의 "재생산" 기능을 더욱 효과적이게 만드는 목적을 지닐 뿐이라는 것이 분명하다. 이러한 거래는 성빈곤을 줄이기는커녕, 단지 좌절감과 "결핍"의 장을 확장할 뿐이며, 이러한 장은 욕망을 소비자의 강박적 욕구로 변형하도록 하고 자본주의적 표현의 바로 원동력인 "수요창출"을 보장한다. "순결관념"과 광고의 창녀〔유혹적인 여성〕사이에, 부부의무와 방탕한 부르주아들의 자발적인 난교(亂交) 사이에 차이는 전혀 없다. 동일한 검열이 작동하고 있다. 욕망하는 신체에 대한 동일한 살해가 계속된다. 전략변화만이 있다.

우리가 원하는 것, 우리가 욕망하는 것은 우리 신체의 현실, 우리의 살아있는 신체의 현실을 알기 위해서 성(性)의 스크린과 그것의 표상들을 깨뜨리는 것이다.

엄한 교육을 없애라

규정하고 엄하게 교육하는 사회체계에 의해 짓뭉개진 모든 에너지, 모든 욕망, 모든 강렬도를 해방시킬 수 있도록, 우리는 살아있는 신체를 자유롭게 하고, 구획짓지 말고, 열어두고, 깨끗이 하려고 한다.

우리는 우리의 생명기능 각각을 그 기능이 지닌 쾌락에 필수적인 잠재력을 가지고 충분히 실행시키고 싶다.

우리는 억누르고 더럽히는 세력들에 의해 글자 그대로 질식되어 온 숨쉬는 쾌락과 같은 기초적인 능력〔재능〕을 되찾고 싶다. 우리는 시장이익의 기준에 따라 생산되고 준비된 불량식품과 생산성이 부과한 리듬에 의해 교란된 먹고 소화하는 쾌락을 되찾고자 한다. 그리고 괄약근의 강제적 조절—이것에 의해 자본주의적 권위는 자신의 근본 원칙들(착취관계, 축적의 신경증, 소유의 신비, 청결의 신비 등)을 심지어 살에까지 새겨넣는다—에 의해 체계적으로 말살된, 배설하는 쾌락과 항문의 즐거움을 되찾고 싶다. 또 결핍과 보상에 대한 불안한 감정이 아니라 그저 자위하는 쾌락을 위해서 행복하게 그리고 수치스러움 없이 하는 자위 쾌락도 되찾고 싶다. 또 몸을 뒤흔드는, 콧노래를 부르는, 말하는, 걷는, 움직이는, 표현하는, 광분하는, 노래하는, 모든 가능한 방식으로 자신의 신체를 즐겁게 하는 쾌락도 되찾고 싶다. 우리는 창조하는 쾌락과 쾌락을 생산하는 쾌락—순종적인 노동자들-소비자들을 제조하는 책임을 진 교육장치가 무자비하게 억눌러왔던 쾌락—을 되찾고 싶다.

에너지를 해방하라

우리는 우리 신체를 다른 사람의 신체에, 다른 사람들 일반에게 열어 두기를 원한다. 우리는 전율이 사람들 사이에 관통하도록, 에너지가 순환하도록, 욕망들이 융합되도록 하기를 원한다. 그 결과 각자는 자신의 환상 전체에, 자신의 황홀경 전체에 자유로운 경로를 부여할 수 있고, 마침내 각자는 죄의식 없이, 금지 없이 혼자서 그리고 둘 혹은 여럿이서 모든 관능적 실천을 하며 살아갈 수 있다. 우리의 일상현실을 자본주의적·부르주아적 문명이 자신이 등록한 주체[신민]에게 존재양식으로서 부과하는 이 만성적 고통으로 경험하지 않기 위해서, 우리는 이 모든 관능적 실천을 필사적으로 요구한다. 그리고 우리는 모든 억압의 오래된 뿌리인 죄의식이란 악성종양(惡性腫瘍)을 우리의 존재에서 떼어 내길 원한다.

우리의 열망이 아주 소수의 주변인들의 꿈으로만 남지 않도록 하기 위해서 우리가 극복해야 할 가공할만한 장애물을 우리는 분명히 안다. 우리는 신체의 해방과 관능적·성적·정서적·황홀경적 관계의 해방이 여성해방과 그리고 모든 종류의 성 범주의 폐지와 뗄 수 없이 연결되어 있다는 것을 특히 잘 알고 있다. 욕망혁명은 모든 형태의 억압과 모든 정상성 모델을 파괴함으로써 이루어지듯이, 남성권력을 파괴하고 남성권력이 부과한 모든 행동양식과 커플양식을 파괴함으로써 이루어진다.

우리는 〔대문자〕남근이 할당한 역할들 및 정체성들과 단절하고 싶다.

우리는 성적 소재지에 대한 모든 종류의 할당〔지정〕과도 단절하고 싶다. 우리는 더 이상 우리 사이에 남자와 여자, 동성애자와 이성애자, 소유자와 피소유자, 다수자와 소수자, 주인과 노예가 없고 오히려 횡단성애적이고 자율적이고 유동적이며 다면적인 인간이 있기를 바란다. 놀이의 양식에서일지라도 어떤 잉여가치 체계, 어떤 권력체계를 작동하도록 하지 않고, 우리의 욕망, 즐거움, 황홀경, 다정함을 교환할 수 있는 변이가능한 차이들을 가진 존재들이 있기를 바란다.

우리는 "전복적인" 강렬도의 생산공간으로서 그리고 억압의 온갖 잔혹함이 결국 실행되어온 장소로서 신체에서, 혁명적 신체에서 시작해왔다. "정치적" 실천을 이 신체와 그것의 기능작용이란 현실에 접속함으로써, 이 신체를 해방시키기 위한 모든 길을 집합적으로 찾음으로써, 우리는 이미 최대의 황홀경이 최대의 의식과 결합되는 새로운 사회적 현실을 지금부터 생산해낸다. 이는 자본주의국가가 직접 실행되는 곳에서 자본주의 국가의 지배에 대항하여 직접적으로 투쟁할 수 있는 수단을 우리에게 제공하는 유일한 길이다. 이는 끊임없이 자신의 권력을 발전시키며, 각 개인을 자신의 공리에 찬동하도록 강요하기 위하여 즉 각 개인들을 개의 수준으로 격하시키기 위하여 그들을 "약화시키고" "깨트리는" 지배체계에 대항하여, 정말로 우리를 **강하게** 만들 수 있는 유일한 발걸음이다.

(1973. 3)

3부

유럽에서의 탄압/폭력과
새로운 자유의 공간

　　가타리는 1970년대 말 이탈리아 사회운동에 적극적으로 개입하고 많은 관심을 가졌다. 국가폭력과 테러리즘의 동반상승 속에서 가타리는 이탈리아 국가권력의 탄압에 저항하는 운동을 벌인다. 특히 그 과정에서도 가타리는 1977년 볼로냐회의 이후 새로운 정치로 방향전환이 진행되고 있음을 강조한다. 이탈리아공산당이 제시하는 대(大) 정치가 아니라 다양한 주변인, 소수자들을 포괄하는 대중이 전개해 나가는 '분자혁명'을 강조한다.

특히 당시에 성행하던 테러리즘에 대해 비판하면서 또한 권력의 탄압에 대해서 분석하면서 강경한 탄압과 부드러운 억압을 구분한다. 물론 가타리는 양자는 상보적인 관계에 있고 그 목표는 대중을 틀지우고 또 대중이 그 틀에 최대한 참여하도록 정비하는 것이라고 강조한다. 주체성에 개입하는, 즉 어떤 모델을 주입하고 인민대중을 불구화시키고 행동 구석구석까지 감시하려는 부드러운 억압을 철저하게 변형시키는 주체성 혁명이 없이 사회변혁은 가능하지 않다는 것이다.

국가폭력에 대항하는 테러리즘이 결코 분자혁명을 촉발시키는 것이 아니라 억제한다는 것을 가타리는 누누이 밝히고 있다. 물론 1970년대 이탈리아나 독일 등에서의 좌파 테러리즘에 대해 인민대중의 지지여부에 따라 단선적으로 정당성 여부를 따질 수는 없다고 본다. 특히 국가폭력과 닮아가는 테러리즘을 비판하면서 색다른 방식을 모색해야 한다고 주장한다. 국가권력의 지배는 소형화, 분자화해 나가고 있으므로 그에 대항하는 다양한 투쟁방식을 개발해야 한다는 것이다.

최근 9.11 사태 이후 이라크전쟁 등으로 이어지는 폭력의 극치를 보면서 가타리의 논의는 지금도 많은 것을 생각하게끔 한다. 가타리는 폭력을 도덕적으로 비난하는 것이 아니라, 인민대중의 지지를 받지 못한다고 부정하는 것이 아니라, 전체 운동, 전체 변혁과 어떻게 연결시켜 갈 것인가를 고민해야 한다고 지적한다.

이러한 분석들 위에서 가타리는 항상 아우토노미아의 가능성을 모색한다. 탄압과 폭력(테러) 속에서 대중이 자신의 삶을 바꾸어 나가려는 움직임을 찾아보려는 것이다.

04

1977년 9월의 볼로냐회의

1. 이탈리아에서의 탄압에 반대하는 프랑스지식인의 성명[1]

베오그라드에서 두 번째 동서회의가 열리는 때에 맞추어 우리는 현재 이탈리아에서 일어나고 있는 중대한 사건, 특히 역사적 타협에 반대하여 싸우고 있는 노동자활동가와 반대파지식인을 위협하고 있는 탄압에 주목할 것을 촉구한다.

이러한 상황에서 오늘날 이탈리아에서의 "역사적 타협"이란 무엇을 의미하는 것일까? "인간의 얼굴을 한 사회주의"는 이 수 개월 동안 그 본래

---

1) 'L'Appel des intellectuels français contre la répression en Italie.' 7월에 다음 사람들이 이 문건에 서명하였다. Roland Barthe, Jean Paul Sartre, Michel Foucault, André Glucksmann, Gilles Deleuze, Félix Guattari, Gérard Fromanger, M. A. Macciocchi, Jean Pierre Faye, Jérôme Lindon, Christian Bourgois, François Châtelet, David Cooper, Daniel Guérin, O. Revault d'Alonne, Denis Roche, Philippe Sollers, Claude Mauriac, François Wahl 등. 이탈리아에 대한 다음 글들과 관련한 참고문헌들을 참조.

모습을 잔인하게 드러냈다. 즉 위기의 대가를 치르는 것을 거절하고 진정한 "독특한" 당(공산당)으로 기독교민주당과 (은행과 군대는 기독교민주당에, 그리고 경찰, 사회통제 및 영토관리는 이탈리아공산당에 라는) 국가를 분할하는 계획에 반대하는 노동자계급과 청년프롤레타리아트에 대한 억압적인 통제체계를 전개하고 있다. 이 수 개월 동안 이탈리아의 청년프롤레타리아트와 지식인반대파는 바로 이러한 사태에 대항해온 것이다.

왜 이렇게 되었는가? 정확히 무엇이 일어났는가? 2월 이래 이탈리아는 청년프롤레타리아트, 실업자, 학생 등 역사적 타협과 제도적 흥정에서 잊혀진 사람들의 반란으로 흔들려 왔다. 내핍정책과 희생강요정책에 대해서 그들은 대학점거, 가두에서의 대중시위, 부정노동에 반대하는 투쟁, 와일트캣츠 스트라이크, 공장에서의 사보타지와 계획적인 결근으로, 권력에 의해 배제되고 잃을 것이 아무 것도 없는 사람의 격한 독설이나 창조성을 가지고 대치하였다. "희생, 희생!", "때려보시오, 라마!", "기독교민주당원은 도둑질을 해도 무방하지만, 우리는 무얼 해도 범죄자!", "더 많은 빈민굴, 더 적은 주택!" 등등. 경찰, 기독교민주당, 이탈리아공산당의 응답은 분명했다. 로마에서의 시위금지, 볼로냐에서는 무기한의 계엄령, 장갑차에 의한 도시의 제압, 군중에 대한 발포 등.

항의운동은 바로 이러한 끊임없는 도발로부터 자신을 보호해야 했다. 자신들의 활동을 CIA나 KGB에서 조작한다고 비난하는 사람에 대해서 이 역사적 타협에서 배제된 사람들은 다음과 같이 응답한다. "우리의 음모는 우리의 지성이지만 당신들의 음모는 우리의 반란운동을 이용하여 테러를 확대하는 것이다."고.

아래와 같은 것을 환기시켜야겠다.

― 다수의 노동자를 포함한 3백 명의 활동가가 현재 이탈리아에서 감옥에 있다.

- 그들의 옹호자들도 체계적으로 박해받고 있다—카페리, 세네제, 스파짜리 변호사의 체포, '붉은구조대'의 다른 9명의 활동가의 체포. 모든 탄압형태가 최근 독일에서 사용된 방법에서 착상하고 있다.
- 파도바 정치학연구소의 교수와 학생을 범죄화하고, 그들 가운데 기도 비안키니, 루치아노 페라리-브라보, 안토니오 네그리 등 12명은 "국가전복공모"죄로 고소되었다.
- 아레아, 레르바 보그리오, 베르타니 등 출판사의 수색과 베르타니 편집장의 체포. 그리고 볼로냐운동을 다룬 책의 교정쇄를 압수한 전대미문의 사건. 난니 바레스트리니, 엘비오 파키네리 등 작가의 가택수색. 문학잡지 『Zut』의 편집자인 안젤로 파스키니의 체포.
- 볼로냐의 〈라디오 알리체〉 방송국의 폐쇄 및 장비의 압수, 12명의 편집국원의 체포.
- 운동의 투쟁과 그 문화적 표현을 음모라고 보고 국가를 진정한 마녀사냥에 착수하도록 부추기는 신문캠페인.

우리, 이 성명의 서명자는 투옥된 모든 활동가의 즉각 석방 및 이 운동과 그 문화적 생산물에 대한 박해와 중상 캠페인의 중단을 촉구함과 동시에 현재 신변을 위협받고 있는 모든 반대파들과 연대를 선언한다.

(1977. 7)

2. 성명에 반대하는 캠페인에 대한 응답[2]

이탈리아에서 탄압에 반대하는 성명에 서명한 프랑스지식인들은 "유머가 부족하다!" 몇 사람의 이탈리아 저널리스트는 적어도 이러한 비난을 프랑스지식인에게 하고 있다. 이 성명의 서명자들이 상황을 심각하

---

2) Réponse à la campagne contre l'appel, le Nouvel Observateur, le 25 juillet 1977에 실린 글.

게 만드는 경향을 지닌다는 것은 사실이다. 최근의 몇 가지 사실들을 상기해 보자.

- 지난 3월의 로마와 볼로냐에서 시위에 대한 폭력적인 탄압 뒤에, 수백 명의 학생, 청년노동자, 실업자가 오로지 정치적인 구실 하에 구금되었지만, 그 재판과정은 알려지지도 않고 있다.
- 모든 정치"범"들이 "범죄화"되고 있다. 그 때문에 내무부장관 코시가(Cossiga)의 통계표 속에는 모든 극좌파 구금자는 테러리스트로 분류되고 있다.
- 이탈리아 붉은구조대의 변호사들이 "테러리스트" 혹은 그렇게 보이는 사람을 옹호한다는 이유로 박해받고 몇 사람은 투옥되었다.
- 출판사가 수색당하고 이제까지와는 달리 책이 교정쇄 단계에서 압수되었다.
- 〈라디오 알리체〉 같은 항의하는 자유라디오 활동가들이 체포되고 박해받으며, 비포(Bifo)라고 하는 프란체스코 베라르디(Francesco Bérardi)에게 실제로 그런 것처럼 추격의 손이 프랑스에까지 미치고 있다. 3)
- "국제적 음모"라는 정말 낡아빠진 주제에 대해 **매체**에서 연주되는 교묘한 캠페인은 과격한 주장과 테러리즘의 혼동을 정당화하는 목적을 지닌다. 그리고 그 캠페인은 이탈리아공산당의 왼쪽에 있는 것은 모두 붉은 여단이나 NPA(프롤레타리아무장중핵)〔테러조직〕와 공모하고 있다고 의심해야 한다는 생각을 믿게 하려고 한다. 개인테러—그것은 절망이나 하나의 정치적 선택의 표현이지만, 이탈리아 상황에서는 내가 보기에 분명히 어이없는 행동이다—에 현재

---

3) 마찬가지로 이 라디오들은 이탈리아에서 합법화되어 있다. *Radio Alice, radio libre*, Éditions L.S.C. Delarge, collectif A/Traviso를 참조.

의 상황의 타락에 대해 유일한 책임을 물을 수는 없을 것이다(급속도의 인플레이션, 1백50만 명 이상의 실업자 등).

성명에 서명한 프랑스지식인은 사정을 전혀 모르고 이탈리아정치에 전혀 무지하다고 하는 주장이 나오고 있다. 그러나 그것은 정반대이며 "역사적 타협"의 지지자를 곤혹스럽게 하는 것은 이 지식인들이 이탈리아의 학생들과 활동가들과 직접 접촉하며 그들로부터 상황의 진전에 관해서 매일 보고받는다는 것이다. 수주 전에 움베르토 에코(Umberto Eco)가 이탈리아에서 생기고 있는 사태에 관해서 프랑스여론의 관심을 공개적으로 촉구한 것을 망각한 것일까? 레오나르도 샤샤[4]가 우파와의 동맹정책을 계속하는 이탈리아공산당과 더 이상 함께 할 수 없다고 거절한 것을 망각한 것일까? 또한 수일 전에 마리아 안토니에타 마치오치[5]가 『르몽드』에 이탈리아의 상황은 "시민권, 인권, 참정권에 관한 헌법상의 보장을 유명무실화하고 있다"고 쓰지 않았던가? 그녀는 "이탈리아는, 정부의 정상급 합의에 대한 반대를 일말의 흔적도 없이 일소하려고 하는 치열한 탄압국면에 돌입하고 있다"(『르몽드』, 1977년 7월 30일)고 덧붙였다.

사람들은 우리의 성명이 한 번도 언급하지 않은 것, 즉 이탈리아에 "강제수용소"가 존재한다!는 것을 들어 우리의 성명을 조소하려고 한다. 어떤 이탈리아신문도―2만부밖에 나오지 않는 『투쟁지속Lotta Continua』 은 별도로 하고―우리의 성명을 게재하지 않았다는 것은 마찬가지로 더욱 그럴듯하다. 그런데 이것에 대해서는 물론 아니라고 말해야 한다. 우리는 이탈리아가 모스크바와 보조를 같이 한다고는 결코 쓰지 않았고

---

4) Leonardo Sciascia(1921~1989). 이탈리아의 소설가.

5) Maria-Antonietta Macciocchi. 여성과 파시즘의 관계에 대한 분석을 하였고 그람시에 관한 책 (Pour Gramsci, Éditions du Seuil, 1971)도 썼다.

또한 결코 그렇게 생각하지도 않았다. 그러나 우리는 이탈리아식 유로 코뮤니즘의 반스탈린주의는 극좌파와 관련하여 그리고 이탈리아공산당에서 벗어나는 모든 항의형식과 관련하여 전체주의적이라고는 말하지 않아도 극히 억압적인 방법의 실시와 완전히 양립한다는 사실을 확인해야 한다. 이탈리아공산당은 잠시 전까지는 공공질서에 관한 "레알레 법"(1975년 5월 입법)을 범죄나 정치폭력에 대한 **무익한 도발적** 응답이라고 고발하였는데, 기독교민주당과 손을 잡고 권력의 입구에 섰을 때 처음 한 것은 피의자의 구류, 신문, 가택수색, 전화도청 등에 관해서 가장 엄중한 무한한 조치들을 채택하기 위해 기독교민주당과 경쟁하는 데서 한술 더 뜨는 것이었다.

사실은 이렇다. 국가권력과 노동운동의 관료기구 사이의 공모는 자유를 위험에 몰아넣었다. 우리는 반공산당캠페인을 하려는 의도는 전혀 없다. 우리는 그것을 볼로냐 시장 장게리씨와 논의할 때 몇 번이나 반복하여 표명하였다. 그러나 어떠한 이데올로기적 구실 아래에서도 우리가 무엇인가를 받아들인다는 것은 아니다. 과거에는 지식인들은 너무 종종 전체주의체제 혹은 단순히 전체주의적인 방법과 공모하였다. 오늘날에는 침묵하고 평민으로 돌아가는 것을 받아들이기 위해서, 이탈리아에서처럼 장게리씨의 희망에 따라 어떤 좋은 관리가 되기 위해 준비하면서, 루치오 마그리[6]가 한 권유에 따라 프랑스에서는 "공동강령"에 조력하는 데 자족하기 위해서.

장게리의 다음 경고를 마음에 새겨 두자. "대중은 낭만주의를 필요로 하지 않는다. 오늘날 지식인은 아주 적극적인—동시에 또한 다분히 아주 겸손한—기능을 관청이나 정부나 조직 속에서 하도록 요구받는다.

---

6) Lucio Magri(1932~).『일 메니페스토』(이탈리아공산당의 좌파집단)의 이론가로서 당 문제에 천착하였다.

지식인 가운데는 고집이 센 사람이 있고 이 새로운 역할을 거절한다는
것을 나는 이해한다…"(『르몽드』, 1977년 7월 30일).

(1977. 7)

3. 볼로냐회의의 개회선언[7]

　두 달 전 우리는 이탈리아에서 극좌파 주변인에 대해 가해진 탄압을 고
발함으로써 스캔들을 불러일으켰다. 그때 우리는 약간 정보가 부족하였고
우리와 무관한 것에 참견하기도 하였다. 지금 이 문제는 매듭지어졌다. 이
제 이탈리아에서 정치탄압을 부정하는 사람은 아무도 없다. 따라서 이제
문제를 실천적인 구도에서 설정해야 한다. 즉 우리는 우리의 동료들을 감
옥에서 꺼내기 위해서 모든 수단을 강구해야 하며, 이탈리아 및 전 유럽나
라들의 **모든** 좌파정치범을 대상으로 한 전면적인 사면을 요구해야 한다.
　모든 나라에서 온 수만 명의 청년들이 볼로냐에 모여들었다. 탄압에
저항하는 싸움이라는 방어적인 주제를 논의하기 위해서만이 아니라, 자
본주의권력 및 그 사회주의적/공산주의적 지지자들에 대항해서 수행해
야 할 공격이란 주제를 논의하기 위해서이다.
　이 공격은 우리에게 대중을 위해 새로운 생활공간을 장악하는 것과
분리할 수 없는 것처럼 보였다. 즉 과학과 기술은 오늘날 계급분할 및
사회적·성적·인종적 등의 위계체계들에 근거한 억압적인 경제와 억
압적인 사회에 봉사한다.
　따라서 해방투쟁은 새로운 영역으로 열려야 하고 정치활동의 전통적 기
반을 다시 문제 삼아야 한다. 그것이 오늘날 여성해방투쟁, 생태주의자들

---

7) Déclaration d'ouverture du Colloque de Bologne, 1977년 9월 27일, 28일, 29일에 열린 볼로냐
　회의에 제출된 프랑스지식인들의 이름으로 작성한 선언.

의 투쟁, 언어적·성적인 소수자들과 정신병자들의 투쟁이 지닌 의미이다.

이탈리아공산당은 이러한 투쟁에 의해 압도당하고 당의 "역사적 타협" 정책에 대한 대중의 항의가 당의 좌파에서 전개되는 것을 두려워하고 있지 않은가?

당초 공산당 지도자들은 이 회의를 축소하고 심지어 조소하기 위해 모든 노력을 집중하였다. 그러나 이 기획이 촉발한 운동의 힘 앞에서 공산당은 후퇴하고 일정한 양보를 해야 했다. 우리는 스스로 축하했다. 그러나 우리는 다음 3가지 점에 관해서 사태를 명확하게 해 두어야 한다.

(1) 이번 발의의 추진자들은 우리의 의도를 분명히 긍정하였다. 즉 볼로냐회의는 이탈리아신문이 여기저기서 확인해왔듯이 볼로냐 시를 막다른 골목에 처하게 하려고 하지 않았다. 역사적 타협에 대한 혁명적 거부운동의 힘을 증명하고 이 운동의 다양한 구성분자들의 전망을 대면시키고 앞으로의 투쟁을 준비하는 것이 중요하다.

그러나 이러한 규모의 시위행동을 할 때에는 사건들은 항상 일어날 수 있다. 바로 사실에 비추어, 한편으로 현재 볼로냐에서 활동하는 청년들을 환영한다고 선언하면서 동시에 자율주의자들을 파시스트 취급하는 사람들의 실제적 의도를 밝힐 수 있을 것이다!

선택은 분명할 것이다. 작은 사건들을 부풀리거나 아니면 반대로 폭력증가 일체를 막으려고 하든가 어느 쪽이다.

(2) 많은 지식인이 전에 하고 있었다고 사람들이 생각하는 역할을 오늘날 거부하고 있다. 지식인들은 부르주아지의 종복이 되고 싶지 않으며 또한 분명한 이론가 혹은 무오류의 지도자로 나서려고 하지 않는다. 이론은 모두의 일이다. 지식인들은 어떠한 구실에서든 민중투쟁과 다양한 피억압 소수자 투쟁에서 멀어지는 것을 수용할 수 없을 것이다.

그런데 이 회의를 준비할 때 여러 방면에서 낡은 반지식인적인 반발을 재연시키려고 하였다는 것을 확인할 수 있었다. 이탈리아신문은 심지어 알프스를 넘어온 "두목들"에 대한 배외적인 캠페인을 벌이려고 하였다. 즉 프랑스지식인성명의 어떤 서명자들에 대해서 비방과 중상을 일삼았다.

우리는, 진실한 정치적 토의와 아무 관계도 없는, 우리를 스탈린주의의 최악의 순간들로 되돌릴 위험이 있는 이러한 실천들을 고발한다. 이 영역에서 역시 신문 및 공산당지식인들의 성실함이 이 회의의 전 기간을 통해서 시련에 빠지게 될 것이다.

(3) 우리는 아주 광범한 토론이 볼로냐에서 비의회좌파와 이탈리아 주변인들 사이에서뿐만 아니라 가능한 한 많은 공산당의 기층활동가들과 함께 벌어질 수 있으면 하는 희망을 표명하였다. 이것은 이 회합이 우리에게 전세계적 전환을 가져올 것이라는 것을 전혀 의미하지 않는다! 수백만 명의 노동자, 실업자, 부정노동하는 피착취자, 여성, 주변인, 온갖 종류의 배제된 사람들은 바로 자신들의 생활, 자신들의 살 속에서 자본주의체계의 파산의 결과, 그러한 상황에서 좌파정당들과 노동조합이 보이는 믿기 어려운 수동성의 결과, 희생정신이 필요하다는 그들의 끊임없는 핑계, 점점 참기 어려워지는 탄압에 대한 그들의 경고를 감내해 낸다. 따라서 단순한 의견교환, 단순한 전문가토의가 중요하지 않을 것이다. 공산당 활동가들과 고요하고 평안하게 논의한다는 것은 자본주의 속에 가장 부패한 존재의 하나인 부르주아권력과의 타협노선을 약간 좌선회시키는 데 만족한다는 것을 의미하지는 않는다. 따라서 우리에게 볼로냐회의가 공산당의 노선을 정비하고 개량하기 위하여 공산당의 노선에 의존하는 일은 결코 있을 수 없었다.

현실적인 혁명전망으로 통하는 **새로운 정치노선**의 가공에 기여하고 싶어하는 공산당 활동가들에게로 토론이 확장되어야 할 것이다.

(1977. 9)

4. 볼로냐 이후

자본주의사회는 누구도 그 탈출구를 예견할 수 없는 위기에 빠져 있다. 그것은 예전의 이른바 **주기적인** 위기의 반복이 아닌 다른 위기의 다른 시련이라고 사람들은 깨닫기 시작한다. 그러나 현재, 사태가 장기간의 정체 뒤에 회복이 시작되고 드디어 경기가 상승하고 결국은 자본주의의 대규모 재활성화가 모색된다는 식의 지금까지와는 다르게 끝날 수 있다고 〔사람들이〕 생각하기는 어렵다.

모든 거대한 소요(폭동)에서처럼, 문제의 정확한 성격을 집합적으로 자각하는 데 이르기는 어려울 것 같다. 어쨌든 사안에서 벗어나려는 다양한 범주의 주민들은 상황의 심각성을 과소평가하는 경향이 있는 반면, 일상적인 어려움에 처하여 스스로 생각할 시간도 수단도 지니지 않은 방대한 대중은 신문이나 텔레비전, 정치지도자나 조합간부 등이 자신들에게 말하는 것에 몸을 맡겨버린다. 그러나 볼로냐회의는 이탈리아에게는 아마도 이 대중의 중요한 부분이 이 **"대정치가 잊어버린 것"**을 자각하기 시작하는 출발점을 이룰 것이다.

사회적 모순들의 현실은 전통적인—좌파, 우파, 중도라는—분열의 도식에서, 자신들의 의례나 투쟁의 극장을 지닌 조합의 거대시위에서 점점 벗어난다. 이러한 표면적인 움직임과 병행하여 새로운 유형의 정치적 기능이 자리를 잡아가고 있다. 다음과 같은 두 가지 유형의 현상이 그러한 사태가 몇몇 유럽나라에서 부상하고 있다는 것을 알려준다.

(1) 조합관료와 정치관료가 교대하며 맡는 새로운 양태의 국가전체주의의 발전.

(2) 전통적인 노동운동조직의 통제에서 벗어난 새로운 민중적 표현형태의 발전.

통상적 의미에서 국가장치와 노동운동 관료제의 결합은 소련에서, 인민민주주의들에서, 그리고 중국에서 수용소 유형의 아주 눈부신 결과를 가져온다. 서구 민주주의의 전통, 공산당의 자율성으로 향한 변화(다중심주의에서 유로코뮤니즘으로의 경향), 사회당의 휴머니즘이 우리 사회를 이러한 유형의 전체주의로부터 보호한다고 오랫동안 생각되어 왔다. 각국이 처한 조건은 서로 매우 다르며 또한 대중의 예속양태도 같은 길을 가지 않는다는 것은 사실이다. (이탈리아에서의 탄압에 반대하는 프랑스지식인의 성명에서 우리가 이탈리아에는 강제수용소, 소비에트식의 수용소, 혹은 일당독재체계 등이 존재한다고 말했다고 사람들이 말하는데 우리는 그러한 주장을 한 적이 없다고 반복할 필요가 있을까?) 그러나 상황의 차이가 어떠하든, 공통적인 특징을 지닌 변화가 어디에서나 불가역적으로 부과되는 것 같다. 즉 생산력의 변혁, 사회통제의 "필연성"으로 인해 국가권력이 이제는 경찰, 군대라는 고전적인 강제수단에만 의거할 수 없으며, 자신의 권력을 무수한 "중계제도"나 대중매체를 통해서도 행사하게 되었다. 따라서 주조되고 구획되고 통제되는 경향이 있는 것은 사회생활이나 경제생활의 영역 전체뿐만 아니라, 지역이나 시읍면에서의 생활, 혹은 스포츠나 가정생활의 톱니 하나하나에까지 이른다. 이 변화에서 역설적인 것은 국가 히드라가 각 개인의 사생활 속에 이르기까지 그 촉수를 넓히면 넓힐수록, 상이한 국민들의 내적 균형을 보장하거나 혹은 그러한 국민들을 서로 대립시키기도 하는 경제적 사회적 대문제의 수준에 개입하는 데 무능해진다는 것이다. 이제 국가권력이 대체로 원자재시장의 변화, 중대한 기술적 선택, 중대한 생태적 선택, 중대한 전략적 선택, 중대한 인구적 선택 등의 문제를 현실적으로 거의 장악하지 못한다는 것은 명백하다.

국가권력의 이러한 "무능한 전제(專制)"에 대한 반작용으로 사람들은 새로운 종류의 활동, 새로운 종류의 정치생활을 스스로 모색하고 있지만, 그 정치생활의 목표는 개인들의 현실 생활에 더욱 밀착하여, 그들의 직접적인 환경이나 그들의 욕망에 적극적으로 관여할 것이다. 요약하자면 그것은 좌파의 전통적인 이데올로기와 결합한 정치와는 거의 무관한 정치이다. 이러한 관점에서 보아 이탈리아의 경험은 정말로 모범적인 것이라고 나는 생각한다. 이탈리아의 경험은 자본주의사회가 나아가는 길을 우리에게 비춰준다. 한편으로 이탈리아에서는 현재 어떤 유형의 생산관계가 해체되고 있다. 즉 노동을 존중하고 상품경제를 존중한다는 도덕이 쇠퇴하고 있다. 다른 한편으로 거대한 정치구성체에 의해서 새로운 권력정식이 추구된다. 거기서는 자본주의 부르주아지는 전통적인 대표체계—예를 들면 영국형의 보혁교대체계나 "인민전선"형의 체계—를 단념해야 한다는 생각에 이르고 있다. 이탈리아의 정치계급은 역사적 타협으로 가장 광범한 민중적 합의에 기초한 사회통제장치를 설치하려고 기도한다. 이탈리아에서 실험되고 있는 것은 대중 자체에 의거하는 통치방법이자, **민주주의적 권위주의**의 방법, 대중훈육의 방법이다. 이것은 말할 필요도 없이 선전이나 대중매체에 의한 중독〔정신적 마비〕기술의 대대적인 활용을 의미한다.

수 개월 이래 중요한 일부 신문이 이탈리아의 모든 중요한 문제는 공산당이 기독교민주당과 합의에 이르는 순간 해결될 것임을 증명하려고 고용된 것 같다. 또한 이탈리아공산당 지도자들은 국민적 분발에 끊임없이 호소하고 있다. 이제 권력의 입구에 있는 그들은 이탈리아의 구세주, 최선의 질서보증인으로 등장하고 있다. 그들은 인민대중에게 희생을 강요함으로써 이탈리아경제를 회생시킬 수 있다고 말한다. 그러나 어떠한 질서를 그리고 어떠한 종류의 이탈리아를 만들 것인가? 그것은 항상 그대로의 이탈리아, 즉 부르주아적 부패의 이탈리아라는 것은 명백하다.

이탈리아공산당의 이 타협정책 속에서 가장 실망스러운 점은 그 정책이 최소한의 리얼리즘조차 자랑할 수 없다는 것이다. 그 리얼리즘의 이름 하에 많은 사람들은 최소한의 실천적 결과를 기대한다면 아마 해당 희생을 수용하기도 할 것이다. 실제로 오늘에 이르기까지 이탈리아공산당이 안정화라는 자신의 목표를 어떻게 달성하기를 기대하는지 이해할 수 없다. 현행 체계의 틀 안에서는 어떠한 정부도 통화위기의 심화, 생산위기, 실업 등에 대해서 그 어떠한 영향력도 지니지 못할 것이다. 사실 말하자면 이제 공산당은 현존 상태에 매달리는 이외에 방법이 없고, 따라서 그것과 더불어 수백만 명의 실업자가 빠져나올 수 없는 어려움 속에서 악전고투하며, 몇 백만 명의 청년들이 어떠한 미래 전망도 없는 채 방치되어 있다.

그러나 신문, 라디오, 선전기관에게서는 그러한 관점은 전혀 존재하지 않는다. 역사적 타협을 신뢰한다고 하는 것밖에 안중에 없다. 즉 **노동자, 여성, 청년은 공산당을 신뢰하고 있다.** 기독교민주당과 그리고 헌법 옹호에 선 다른 정당들과의 동맹은 이탈리아를 위기에서 탈출시키며 **이탈리아국민의 90%가 역사적 타협의 강령에 동의한다**고 말한다. 이것은 모두 터무니없다! 여론이 완전히 마비되어 있는 상태에서 90%의 선거민이 여당에 투표한다는 사실은 무엇을 의미하겠는가? 현행 선거절차에서 대중이 스스로 의견을 표명한다고 정말 생각할 것인가?

이탈리아공산당 당규의 제1장 제1절에 놓여 있는 것은 **공산당원의 왼쪽에는 사람들이 서로 닮았다고 할 수 있는 한줌의 파시스트, 극좌파, 테러리스트, 마약중독자, 사회적 낙오자를 제외하면 아무도 존재하지 않는다**는 것이다. 바로 이러한 대중매체에 의한 여론조작의 맥락 속에서 1977년 3월의 반란운동(로마와 볼로냐에서 특히 격렬하였다) 후 극좌파 활동가나 주변인집단에 아주 극심한 탄압이 가해졌다. 가장 거짓말 같은 혼합물의 이름으로〔어떤 것이라도 동일시하여 표적으로 삼아〕, 무장투쟁에 들어간 집단에 대항해서 싸운다고 하는 구실 아래 수백 명의 활동가에게 근거 없는 죄목을 씌워 투옥시키기 시작하였다(대부분의 소송이 지금에 이르기까지 알려지지 않았기 때문에 죄목을 검증하는 것이 한층 곤란하다).

볼로냐회의는 원래 수십 명의 유럽 지식인이 이탈리아 공산당이 지지한 이 탄압에 반대하여 연대를 확인하기 위해 이탈리아 운동의 상이한 구성분자들과 만나도록 하고, 또한 거기에서 몇 가지 전망을 끌어내려는 것 이외에 다른 의도를 가지고 있지 않았다. 실제로, 탄압에 대항하는 방어활동에 언제까지나 만족할 수는 없고 유럽에서 새로운 유형의 전체주의의 대두에 대항해서 공격적인 운동을 고려하는 것이 필요할 것이라는 점이 점차 분명해진 것 같다.

이탈리아 극좌파와 (성해방을 의도하는 다양한 페미니즘 운동, 생태운동을 포함한) 넓은 의미에서의 자율파(아우토노미아), 그리고 지식인의 이러한 의도는 즉시 공산당 지도자의 눈에 대역죄처럼 비쳤다. 그것은 민주주의의 오랜 요새인 볼로냐에 대항한 "도발", 더욱이는 "침략"이라고밖에 할 수 없다. 이러한 파시즘적인 종기는 즉각 제거되어야 한다. 탄압에 반대한 프랑스지식인의 성명이 배포되고 볼로냐회의의 개최예고가 이루어진 직후부터, 거대한 언론캠페인이 이러한 방향에서 조직되고 있다.[8] 믿을 수 없는 저주가 신문지상에 나타났다. "파시스트의 '군사행동'이 재생하고 있다", 혹은 "볼로냐회의는 1922년의 '흑셔츠당'[이탈리아의 국수(國粹) 당]의 로마 진군에 비할 만한 것이다" 등등. 볼로냐의 주민을 위협하기 위해서 모두가 동원된다. (그 결과 볼로냐회의 개최 중, 볼로냐 주민들과 청년들의 교류는 사실상 불가능했다). 내무부 장관 코시가 씨는 처음에는 5천, 뒤이어 6천, 결국에는 1만5천 명의 증원부대를

---

8) 이 관점에서 보면 이탈리아 신문의 태도는 스프링거 신문이 생태모임들을 비난했을 때의 태도와 전적으로 비견할 수 있다.

볼로냐에 파견한다고 예고한 반면, 공산당도 자신으로서는 몇 시간 만에 볼로냐의 중심가에 7만 명의 활동가를 결집시킬 준비가 되어있다고 알렸다. 또한 모데나에는 오십 만 명 앞에서 베를링게르 씨가 볼로냐회의의 조직자를 매도하고 회의에 참가하는 사람은 모두 "운토렐리(untorelli)" 즉 "페스트균을 나르는 소악당"이라고 하며 이 캠페인을 칭찬하였다. 결국 신문, 텔레비전, 정치지도자의 이 믿기 어려운 격앙된 모습 속에서 유일하게 냉정을 지킨 것은 "운동"을 담당한 다양한 구성원들이었다. 그러나 볼로냐 시당국은 이 회의가 정상적인 상태에서 이루어질 수 있도록 하는 실질적인 방법에 관해서 그들과 교섭하는 것을 단념하였다.

집결의 엄청난 성공—공갈, 협박에도 불구하고 이탈리아 전국 및 유럽의 여러 나라들에서 5만 명 이상의 사람들이 모여들었다—앞에서, 또한 거기에 평화적인 혹은 축제적인 성격이라고도 할 수 있는(모인 사람들 사이에는 아주 분명한 차이가 드러났어도) 분위기 앞에서, 공산당과 이탈리아 신문은 이 회의의 준비기간 동안 내내 거짓말을 했다!는 명백함에 굴복할 것이라고 생각할 수 있었다. 그런데 전혀 그렇지 않았다. 25일의 대시위 직후부터 매체 전체가 돌연 방향을 전환했다. 목소리를 정돈하여 공산당과 국가권력을 기리는 노래를 부르기 시작하였다. **승리한 것은 공산당이다. 볼로냐 시당국은 그 정도 충격을 견뎌내고 폭력분파가 만든 이 청년대중 전체를 진정시킬 수 있다는 것을 모두 앞에 밝혔다. 자율집단들은 고립되었다. 탄압을 고발한 지식인들은 웃음거리가 되었다고.** 그리고 이 3일간의 회의 사이에 5만 명의 젊은이들이 좌파활동가에 대한 탄압과 역사적 타협의 결과를 동시에 고발하고 있다는 사실에 관해서는 한 마디도 없었다.

그러나 이러한 거짓은 잠깐만 효력을 지닐 수 있었다. 거짓말의 증대는 저절로 스스로의 부조리의 벽에 부딪치게 되었다. 며칠 후에『투쟁

지속』의 활동가가 살해되었고, 수만 명의 젊은이가 이탈리아의 모든 대도시에서 시위를 하였는데, 이번의 시위는 지극히 격렬해서 파시스트의 사무실에 불을 지르기도 하였다. 그때 신문은 이렇게 소리쳤다. **도대체 이 청년들을 어떻게 이해할까? 수일 전에는 볼로냐에서 과격파 집단을 고립시키는 성숙함을 보였는데 도대체 다시 폭력에 빠지다니!** 어떻게 이해할까? 가장 좋은 방법, 유일한 방법은 사람들이 말하는 것에 귀를 기울이는 것, 사람들을 대신하여 재잘거리지 않는 것, 사람들이 표현하려는 것을 체계적으로 왜곡하지 않는 것이다.

왜 볼로냐인가? 왜 그렇게 증폭되었는가? 왜 이러한 사태가 일어났는가? 아마도 이 도시에 집결한 조건, 특히 라디오 알리체의 추진자들 같은 활동가들의 "횡단적"인 독창적 표현을 분석해야 할 것이다. 또한 3월의 사건이나 이 지역 일대의 청년층에 이탈리아의 사회적 현실에 대한 고차적인 인식을 가져온 극도의 폭력적 탄압을 다시 생각하는 것도 필요할 것이다. 볼로냐회의는 **전국적**(그리고 국제적이기도 한) **범위**를 지녔는데, 왜냐하면 이탈리아 체계 속에서 이러한 회의가 가능하다고 아무도 생각하지 않았기 때문이다. 전통적인 정치세력의 차원에서는 말할 필요도 없이 이탈리아 혁명운동의 조직구조 차원에서 아무도 그러한 가능성을 예견하지 못했다. 볼로냐회의는 서로 상대를 알지 못하든가, 혹은 조직된 운동 속에서 어렵게만 알 뿐인 사회세력들에게 스스로를 **정치세력으로서** 백일하에 드러내는 기회였다. 거기서 출현한 것은 쁘띠 부르주아적인 반역도 아니고 프롤레타리아 혁명의 단서도 아니고 지하의 깊은 곳에서 진행되는 신진대사의 표현, 즉 모든 현실적인 사회 변화의 조건이 되는 일련의 "분자혁명"의 표현이다. 이러한 운동 속에서 문제가 되는 것은 종래의 정치운동이 일반적으로 고려하지 않은 사회적 개인적인 톱니들—남녀관계, 어른과 아이의 관계, 노동·화폐·여가·신체·환경 등에 대한 관계—이다. 모든 사람이 따라야 한다고 하는 "정상성"의 규범을 전면적으로 재검토하는 것이다. 이러한 "전선들" 각각을 통해 계급노선을 관철시키려고 하는 정치집단이나 이론가는 매우 복잡한, 더욱이 전적으로 터무니없는 실행에 몰두하게 된다! 그 때문에 그들은 이 투쟁들을 통해서 자신을 "발견하는" 것이 어렵고 동시에 투쟁 자체를 인식하는 것도 어렵게 된다. 고전적인 활동방식과 볼로냐에 모였던 청년대중의 이러한 단절은 "스포츠회관"에서의 밤샘모임에서 나타난 것으로 감지할 수 있다. 거기에 집결한 수천 명의 사람들이 시내의 다른 모든 곳에서 토론하고 있는 수만 명의 젊은이들과 좀 분리되어 있었을 뿐만 아니라, 이 모임의 내부에서도 한줌의 리더가 책임지고 관리하는 토론이나 발언 방식은 아주 종종 대부분의 참가자들의 열망에는 낯선 것처럼 느껴졌다.

그러나 "투쟁지속"과 같은 그런 운동들이나 "조직된 아우토노미아"의 다양한 구성분자들은 볼로냐에 모였던 청년들을—이제는 공인된 표현을 차용하면—"도구화하는" 것에 성공했다고 결론 내리는 것은 삼가야 한다. 사실 사태는 어쩌면 훨씬 더 복잡할 것이다. 반대의 사태가 생길 가능성도 있다. 주변인, 청년, 실업자 대중, 하나의 새로운 흐름이 자신의 고유한 정치적 정체성을 추구하면서 기존의 운동, 조직된 "아우토노미아", 극좌파의 기관지 등을 이 재결집의 최초단계에서 "이용"하였다. 그들의 열망은 그들의 지도자들이나 촉진자들의 열망과 합치하지 않았는데도 불구하고 말이다. 몇몇 아우토노미아 조직의 "군대식 활동가" 스타일은 모든 사람의 구미에 맞지 않는다는 것, 지배적인 마초이즘〔남성중심주의〕은 페미니스트에 의해서 고발된다는 것, 덧붙여 일부 극좌파 저널리스트들의 정치스타일은 청년대중의 감수성에 맞지 않는다는 것 등을 지적하는 데 머무르자.

그러나 이들의 운동이나 그 지도자들이 고립되어 있다고 말할 수는 없다. 일종의 사실상의 상보성, 일종의 이성(理性)의 결혼이 거기에 성립된다. 거대신문이 폭력의 신봉자인 붉은여단이나 NAP 등이 볼로냐에서 거절당하고 고립되었다고 주장했을 때—선의에서든 악의에서든—완전히 길을 잘못 들었다는 것을 특별히 지적해 두자. 물론 압도적 다수의 청년은 분명히 개인습격을 승인하지 않는다. 그들은 개인습격이 즉각적인 유용성도 없고 완전히 부당한 것이라고 본다. 그러나 그들은 그러한 활동가들이 **그럼에도 불구하고 "운동"의 일부를 이룬다**고 본다. 그리고 그〔개인습격〕실천유형을 아무리 거부할지라도, "운동"이 이 활동가들의 결단에 무관심하지 않고 또한 탄압에 직면하여 그들과 연대를 저버리지 않는 것은 분명하다.

따라서 오늘날 이탈리아를 흔들고 있고 아마 다른 유럽 나라들에도 광범해지고 있는 새로운 현상은, 내가 보기에는 전통적인 정치조직이나 조합조직을 철저하게 그리고 아마 불가역적으로 벗어난 새로운 유형의 대중운동의 출현이다. 이러한 상황에서 직업을 찾지 못한 학생, **"사회적 낙오자"**, 정신병자, "죄수", 박해받는 동성애자 등의 전통적인 주변적인 존재가 각국에서 수만 명 정도라는 시대는 아마 지나갔다. 오늘날 수백만 명의 실업자, 노동자는 살아나가기 위해서 음성노동에 의거하지 않을 수 없고, 여성은 스스로의 해방을 위해서 투쟁하고, 남부에서 온 노동자—이것은 프랑스에서는 아마도 이민노동자에 해당한다—는 새로운 주변적 프롤레타리아트가 되어 기존의 사회질서에 철저하게 항의하는 사람들 전체와 동맹을 맺는다. 당이나 조합이나 소집단에 참여하지 못하는 역사적 타협으로부터 "무시당한 사람들"의 일단은 자신의 목표나 수단을 찾는 데 머무르고 있다. 그들의 개입은 대체로 큰 효과가 없는 항의나 반사적인 질서거부 혹은 자생적인 표현에 한정되며, 이것들은 잘 알듯이 기성질서를 뒤엎고 사회를 변혁하기에는 불충분하다. 아마 이 새로운 정치세력은 스스로에게 고유한 조정수단과 표현수단을 지녀야 할 것이다.

　이러한 대중운동은 새로운 혁명당—종래의 의미에서—을 건설하는 방향으로 나갈 수 있을까? 나는 그렇지 않다고 생각한다. 이 대중운동의 목표와 투쟁방법은 완전히 새로운 조직수단의 설치를 요청하고 있다. (이탈리아에서 자유라디오 네트워크는 이와 관련하여 아주 흥미로운 방향을 우리에게 보여준다.) 어떠한 당도 이 "분자혁명"을 지도하거나 포획한다고 할 수 없을 것이다. 그러나 그것은 현재의 당과 조합이 어떠한 역할도 할 수 없다는 것을 의미하지 않는다. 다른 일이 없으면, 그들은 그들 나름의 방식으로 전통적인 반동권력과 균형을 유지하는 데 공헌한다. 소집단에 관해서도 똑같이 말할 수 있다. 소집단들도 다른 일이 없으면 이 과도기에 운동이 최소한의 결합수단을 갖도록 해준다. 따라서 이 양자〔당과 소집단〕에게 바라는 최선의 것은 그들이 운동의 발전을 저해하지 않는 것, 또 반대로 그들의 방향이 운동에 의해서 "도구화"되는 것을 수용하는 것이다. 볼로냐 시당국과 볼로냐 시장은, 이탈리아 공산당의 정치적 도발이나 저주에 대응하여 거기에 집결하려고 결심한 청년대중에 의해서 도구화되었다. 공산당 지도자들은 오늘날 그것은 자신들의 대승리라고 평가하고 있다. 그들은 이러한 종류의 많은 또 다른 승리를 바란다!

　"분자혁명"은 자신에게 필요한 도구를 받거나 마련한다. 그러나 사회혁명과 욕망혁명이라는 이중적 성격 때문에 하나의 특수한 유형의 도구에 유기적으로 연결되는 것을 받아들이지 않을 것이다. 오늘날 이탈리아에서는 아무도 노동자 아우토노미아, 페미니즘 운동, 실업자대중, 남부노동자, 주변인 및 모든 종류의 소수자 등의 이름으로 말한다고 할 수 없다. 그러나 이들 구성분자들 전원이 서로 협력하여 최소한의 공동목표를 설정할 필요를 느끼고 있다. 이 운동의 주체적 표현과 그 객관적 현실 사이에는 실제적인 어긋남이 있다는 것을 인정해야 한다. 이 현상은 볼로냐에서 명확하게 부상하였지만 그것에 대해서 그 효과를 제한하기 위한 어떤 제안도 제기되지 않았다. 조정 및 조직을 통한 집합적 해결에 의해서 앞으로 몇 달 안에 이 분자혁명의 움직임이 새로운 단계에 들어서고 다른 사회투쟁과 결합할 수 있을 것이라고 기대해 보자. 어쨌든 이러한 구조화 양식이 정치생활의 구래의 표현방식, 그 의례 및 담론과 일치하지 않는다는 것을 강조하는 것이 편할 것이다. 그리고 그것〔일치하지 않는 것〕은, 욕망은 현실과 단절된 형식적 표현 속에서 결코 스스로를 인식하지 못할 것이라는 그럴듯한 이유에서이다. 따라서 끊임없는 항의가 기성질서—**그것이 어떠한 성질의 것이든**—에 뿐만 아니라 항의자 자체의 질서의 **내부에도** 행해져야 할 것이다. 그것은 비합리주의를 신봉하는 것도 아니며 **선험적인** 자생주의적 선택도 아니다. 그것은 단지 기존의 구조 속에서 스스로의 표현이나 조직수단을 찾을 수 없는 대중의 욕망이 지닌 일종의 고도의 합리성에 대한 재인식일 뿐이다. 세계를 변화시키는 것, 사회 관계를 변화시키는 것, 욕망관계들을 변화시키는 것은 동시에 기존 권력의 병적이고 터무니없는 낡은 합리성과 손을 끊는 데만 머무르지 않고, 욕망의 특이성이 스스로의 길을 찾지 못하게 하는 새로운 전제적 권력구성체의 수립을 결코 허용하지 않는 것이기도 하다.

(1977. 11)

05

유럽에서의 탄압에 관하여

1. 이탈리아에서의 폭력[1]

쟝-뤽 마르탱 Jean-Luc Martin 정리

질문 이탈리아공산당은 정치를 바꾸기 위하여 정부에 들어가겠다고 선언하였습니다. 이러한 방식으로 위기를 관리하려는 것은 위험을 동반하지 않습니까? 결국 반대진영에 머무는 것이 당에게는 더 편안할 것입니다….

가타리 이탈리아공산당에 관해서 말하자면, 우선 무엇보다도 당을 균질적인 것으로 보고 물상화하는 사고방식에서 벗어나려고 노력해야 합니다. 이 당 안에는 다양한 입장이 공존합니다. 역사적 타협의 방향으로 통합을 추진하는 사람들이 있다면, 어떠한 구실을 대서라도 결코

---

[1] La violence en Italie, 잡지 *Le Martin de Paris*와의 대담. *Le Martin de Paris*, 1978년 1월 14일자.

권력에 참여하지 않으려는 다른 사람들도 있습니다.

자신들의 방침이나 기능양식을 계산한 위에서 공산당원들은 만약 권력의 자리에 들어가면 탄압조치와 내핍조치를 강화하는 이외에 다른 출구를 가지고 있지 않다는 것을 아주 잘 알고 있습니다. 또는 노동자투쟁의 이 고양기에는 자신들을 일상적으로 지지하는 대중이 항의하는 것을 보게 될 위험이 있을 것입니다. 현재 역사적 타협의 움직임에 적대적인 강력한 민중운동이 일어나고 있습니다. 이러한 적의를 사람들은 볼로냐 로마에서 금속노동자의 시위 때에 분명하게 마주쳤습니다. 그러므로 이탈리아공산당은 역사적 타협이 받아들여지지 않는다는 것을 잘 알기 때문에 더욱 강경하게 권력에 참여할 것을 요구한다고 생각할 수 있습니다.

질문 그러나 이미 은행과 군대는 기독교민주당에, 경찰과 사회통제는 공산당에 준다는 국가분할안이 있지 않습니까?

가타리 그처럼 정태적인 방식으로 생각할 수는 없습니다. 일련의 중첩된 위기가 이탈리아의 상황을 매우 불안정하게 만들었으며 이제 그 위기가 억압적인 정부의 구성을 향해 나가고 있습니다. 거기에는 유럽 및 세계 수준에서 사람들이 아는 위기로부터 이탈리아에 고유한 위기들이 있습니다. 예를 들면 이탈리아에는 남부의 공업화의 완전한 실패가 지역 및 읍면 생활의 도덕화의 실패로서 나타납니다. 그러한 속에서 이탈리아공산당은 사회민주주의정당으로 변형되기 위한 전환을 준비하지 않는 한—그것은 당에게 비싼 대가를 치르게 할 것이지만—, 반동적인 정부와 관련하여 잠정적인 외부의 지위를 찾을 수밖에 없을 것입니다. 당이 탄압내각을 직접 떠맡을 수는 없습니다.

질문 그러나 이탈리아공산당은 자신의 제도적 성격으로부터 사회통제의 일을 맡으려고 준비하고 있다고 생각할 수 있습니까?

가타리 그것은 보다 복잡합니다. 최소한의 균형, 최소한의 안정화가 있어야만 이탈리아공산당은 다수의 합의를 유지할 수 있습니다. 그것은 이탈리아공산당이 계산할 일입니다. 당은 위기를 관리하기에는 일련의 정화조치로 충분하다고 생각해서 권력에 참여하고 역사적 타협을 하기로 하였습니다. 그러한 모습 속에서 이탈리아공산당은 사회를 안정화하고 극좌파를 무력화시키기 위해서 다수의 합의를 얻을 수 있었을 것입니다. 그런데 합의가 성립되지 않은 것입니다! 이탈리아공산당이 신뢰할 만한 가치 있는 대안을 제공하지 않는 한, 또한 현존 권력을 강화하는 경향이 있는 그 현실정책이 벌거벗겨지는 한, **당은 한층 일탈적이고 극단주의적인 모든 표명을 더욱 더 범죄화하는 데로 나아갈 것입니다.** 주지하는 바와 같이 『뤼니타/*Unita*』〔공산당 기관지〕 지상에서 "악질적인 노동자"에 대한 고발을 권고하기까지 하는 것입니다.

질문 이탈리아에는 "범죄화"와 통합 사이의 선택만이 있다는 것입니까?

가타리 그 선택은 복잡합니다. "일 메니페스토"라든가 "투쟁지속"의 일 분파 같은 극좌파집단은 오히려 이탈리아공산당이나 노동조합에 가까이 있습니다. "운동"은 일반적으로 모든 정치조직 일반과 거리를 두면서 노동자도 포함한 중요한 흐름을 점차 대표하는 존재로 되어갑니다. 이탈리아에서는 진정한 대중은 현재 주변화되어 있으며, 노동자·실업자·학생 대중은 모두 실제로 항의 실천을 하고 있습니다. 그들은 전화요금도 전기요금도 교통운임도 내지 않습니다. 또한 그들은 음성노동을 서너 가지씩 하고 있고 그들의 행동은 모두 일반적 감수성에 호소합니다. 그러한 의미에서 순전한 비행행위와 테러리즘활동이 서로 연장선상에서 종종 연결되는 일이 있습니다. 어떠한 비행범죄자도, 물건을 훔치는 도둑도 법정에 출두하면 갑자기 정치적 항변을 하는 것이 특징적입니다.

질문 『라 스탐파』[2]에서 레오나르도 샤샤가 "테러리즘은 권력을 현재대로 강화하는 데 기여한다"고 평가했죠.

가타리 노동운동은 자신의 전 역사 동안 모든 형태의 폭력과 항상 충돌하여 왔습니다. 저는 어떤 사람들이 그러하듯이 테러리즘이 도덕의 문제로 귀착된다고 생각하지는 않습니다. 어쨌든 주머니 속에 백 리라의 돈도 없고 어떤 전망도 없고 완전한 혼란상태에 있는 사람들에게 정치적 교훈을 주는 것, "운동" 속의 다양한 입장을 하나의 전체 전망 아래 포섭하려는 것, 이 모든 것은 아무 의미도 없습니다.

정치적인 표현형식과 사회적 현실, 이탈리아 청년의 현실 사이의 그러한 부적합성이 심하여 무장활동에 도덕적 평가를 내리는 것은 저에게는 완전히 터무니없는 것처럼, 어쨌든 이탈리아에서는 독일보다도 더 터무니없는 것처럼 보입니다.

질문 왜요?

가타리 독일의 경우, 주민과 더욱이 프랑크푸르트에서도 베를린에서도 게토 같은 곳에서 생활하고 있는 수십만 명의 항의자들 사이에 단절이 아주 두드러집니다. 더욱이 서독 적군파의 활동가들이 주변화된 대중과 예를 들면 이탈리아에서의 붉은 여단이 맺고 있는 것과 같은 유형의 관계를 맺고 있다는 것은 분명하지 않습니다. 이탈리아의 경우는 반대로 폭력은 어디에나 존재합니다. 사람들은 역사가 지금까지 알고 있는 어떤 혁명적 상황과도 닮지 않은 혁명 직전의 상황에 직면해 있습니다…. 이탈리아인들은 이탈리아공산당과 함께 오랫동안 경제기적이나 사회변혁을 믿어 왔지만 결국 무엇 하나도 변하지 않았습니다. 기적은 일어나지 않았고 이탈리아공산당도 상황을 변화시키기 위한 구체적인 제안을 진전시키지도 않았기 때문입니다. 그러한 상황에서 이탈리아인

---

2) *La Stampa.* 이탈리아의 종합잡지.

들에게 생활수준의 상승을 동결해야 하고 4명 중에 3명은 후진국들의 생활수준과 비교할 만한 수준으로 되돌아가야 한다고 어떻게 납득시킬 수 있을까요? 만약 국제기관이나 미국이 구제해 주지 않았다면 이탈리아경제의 붕괴는 볼 만했을 것입니다.

질문 그러나 당신은 이탈리아공산당과 같은 분석을 하고 있지는 않지요? 이탈리아공산당은 이탈리아에서 자본주의는 역부족이라고 합니다.

가타리 이탈리아공산당이 그것을 자각하고 있다는 것은 확실합니다. 공산당이 권력에 참여하지 않는다고 제가 생각한 것은 바로 그 때문입니다. 이탈리아공산당은 프랑스공산당처럼 사회를 변혁시킬 수 없는, 유럽을 가로지르고 있는 위기에 최소한의 영향력도 가질 수 없는 도구라는 것이 현 상태입니다. 그것은 왜냐하면 당에 자신의 열망을 건 사람들도 당을 지도하는 사람들도 함께 이 사회의 질서를 전혀 수정하려고 하지 않았기 때문입니다. 그런데 우리가 지금 경험하고 있는 위기는 생산, 교육, 환경, 생활과 같은 모든 수준에서의 변혁을 포함합니다. 국유기업이 40개인가 67개인가를 안다고 해도, 사태는 전혀 바뀌지 않습니다. 이탈리아공산당이나 프랑스공산당이 진보적이려고 할지라도 실제적으로는 심히 보수적입니다. 그러한 경우에 그들이 어떻게 성, 정상적인 것, 병리적인 것, 신체와 노동의 관계를 문제삼는 혁명에 대면할 수 있겠습니까? 이 위기는 유례가 없는 것으로 주기적인 것이 아니며 장기간 지속되고 있습니다. 예를 들어 석유위기는 원자재 전체에 관련한 일련의 위기의 전위일 뿐입니다. 제3세계의 체제가 몇몇 부패하고는 있어도 새로운 경제 세력이 나타나 동서 타협의 방향에까지 미치는 세계경제의 재구성을 필연화하고 있습니다. 이러한 재편성 속에서, 국내의 각 부문들 속에 폐쇄되어 있는 소규모 정치기구로 무엇을 할 수 있겠습니까?

이러한 조직들이 내세운 해결책을 받아들이는 사람들의 처분자유 또한 변해 왔습니다. 탈스탈린화, 조합과 당 속에 있는 관료주의에 대한 문제제기, 여성·청년·생태주의자의 항의는 자본주의의 재구조화를 가져옴과 동시에 대중운동의 구조화를 모색하도록 합니다. 그것은 아마 혼돈스럽고 불안정하지만 그럼에도 불구하고 존재합니다.

질문 그 새로운 투쟁형식들의 독창성을 이루는 것은 무엇일까요?

가타리 그 투쟁들은 비록 국지적일지라도 모든 사람에게 관련됩니다. 자유라디오는 매체에 의한 조작을 교란시키고 "대중(masses)"—점점 덜 대량적(massive)이며 점점 더 분화〔다양화〕되고 있는 대중—의 표현을 둘러싼 관계들을 변화시킵니다. 노동거부는 일종의 전면화된 부분파업입니다. 이탈리아 활동가들의 발명정신과 지성은 아주 경탄할 만합니다. 최근 볼로냐에서의 시위 때에 그들은 자신들이 조립한 작은 기구를 사용하여 모든 신호등을 적신호로 고정시켜 버렸습니다〔상황을 정지시켜 버렸습니다〕. 우리들 가운데 누군가는 그때 볼로냐에 있었고 우리가 관련되지 않은 것에 참견한다고 비난받았습니다. 그러나 이탈리아가 그처럼 우리를 끌어당겼다면, 그것은 오로지 이탈리아에서 정치생활과 문화생활이 특별히 생생하며 풍요롭기 때문입니다. 실제 이탈리아인들은 스스로 생각하기 위해서 교훈을 주고받을 필요가 전혀 없었습니다!

질문 그러나 사람들이 민주주의의 미래를 비관하게 하는 어떤 종류의 전체주의가 유럽에 뿌리를 내리고 있다는 인상을 갖는데요?

가타리 저는 단기적으로는 독일모델이 승리를 거두고 그와 함께 그 모델의 기능작용·구획·정상화 양식이 지배하는 것이 두렵습니다. 그러나 저는 무엇 하나 잘 되지 않고 곧바로 전체가 흔들릴 것이라고 생각하기 때문에 낙관적입니다. 이 독일식 탄압의 역설은 탄압이 점점 광범한 주민층에 부과되면서 동시에 주민 쪽에서의 어떤 공모를 요구한다는 것입니다. 이미 이탈리아에서 생기고 있는 사태는 프랑스에서도 생기고 있죠. 그것은 내부의 커뮤니케이션이 점점 불통되어 온 중층사회에 일어난 현상이며, 또한 개인뿐만 아니라 구역이나 지역 전체의 주변화라는 현상이기도 합니다. 탄압은 아마 더욱 더 잔인해질 것이지만 동시에 "분자혁명"의 움직임이 점차 힘을 키워 갈 것입니다. 탄압을 정교화하고 소형화하기 위해서 어디에 머리를 써야 할지 알지 못하는 권력에 직면하여, "분자혁명"의 움직임은 대안체계를 만들어내는 가능성이라는 점에서 유리한 입장에 있습니다. 투쟁의 이러한 분자화는 자생주의나 조직부정과 같은 뜻이 아닙니다.

생태주의자들이 진전시킨, 볼로냐를 하나의 고리로 하는 새로운 국제적 조정 유형이 이제 탄생하기 시작하고 있습니다. 이러한 정신에서 개방적인 거대한 집회가 다가올 [1978년] 1월 27일, 28일, 29일 3일간에 걸쳐서 베를린에서 열릴 예정입니다. 그 집회에서는 "유럽사법공간[유럽법정]", 매체, 여성운동, 지식인의 역할 등에 관한 토론회가 열릴 것입니다.

항의는 이제는 근 3-40년간의 것과는 아주 다른 지성을 획득합니다. 그 때문에 저는 다가올 수년 동안에는 아마도 싫증나지 않을 것이라고 말합니다.

(1978. 1)

2. 강경한[경성] 탄압 – 부드러운[연성] 탄압[억압][3]

질문 최근 가장 주목받고 있는 것 가운데 하나는 유럽(그리고 심지어 세계 전체)에 이른바 "독일화"라 불리는 현상이 더욱 심화된다는 것입니

---

3) Répression forte – répression douce, 스페인 잡지 *Ajoblanco*에 발표된 대담에서 발췌.

다. 더욱 지구적인 전망에서 당신은 이 문제의 중요성은 무엇이라고 생각하십니까?

가타리 저는 제가 **강경한 탄압**이라고 부른 것—독일에서 예를 들면 혁명적 극좌파의 변호사나 구금자 등을 육체적 정신적으로 파괴하는 그런 탄압—과 **"부드러운" 탄압**[억압]—주민을 대중매체를 사용하여 정신적으로 마비시키고 혹은 지구별 정신의료기술, 가족생활의 "심리학화", 학교에서 교육적 통제방법의 개발, 더욱이 여가나 상업스포츠에 관한 일정한 관념 등에 의해서 주민을 통제하고 틀지우는 억압—을 분리할 수 없다고 생각합니다. 스키너 유형의 조건반사 방법(영화 〈시계태엽장치 오렌지*A Clockwork Orange*〉)[4] 에서 볼 수 있듯이)에 준거하는 강경한 탄압이나, 광고의 암시수단이나 정신분석 등에 의해 이루어지는 "부드러운" 억압은 상보적인 관계에 있습니다. 부드러운 억압의 근본 목표는 대중을 틀지우는 것이며 그리고 대중 자신이 그 틀지움에 최대한 참여하도록 합니다. 부드러운 억압의 기술은 오로지 이 목적을 달성하기 위해서 보급되고 있습니다. 하나의 사회모델, 하나의 가족모델, 하나의 소비모델이 대중 속에 주입되고 있습니다. 권력은 인간관계를 소아화하려고, 사회관계에 대한 각 개인의 책임을 벗기려고 노력하고 있습니다. 간호·보호·보안에 대한 요구는 인플레이션 상승을 가져옵니다. 권력은 자신을 정치·조합·문화의 면에서도 확장함으로써 우리의 생활행동의 구석구석까지 감시하는 경향이 있습니다. 이러저러한 이유에서 사회통제의 일반체계에서 벗어난 모든 사람은 특별한 구획[틀지움]체계에 보내집니다. 어떤 도시에서는 주변인 보호구역을 만들기까지 합니다. 생산의 톱니바퀴에 통합되지 못한 방대한 사람들을 위해서 생

---

4) 스탠리 큐브릭 감독의 영화로 원작소설은 앤소니 버지스, 『조직과 인간』, 홍기창 옮김, 벽호, 1998에 실려 있다.

존수당을 설립하려는 경향이 있습니다. 이 이중체계에서 벗어나는 비타협적인 사람들이 한 줌이라도 있고 더욱이 그들이 통합에 반대하는 거부를 정치적으로 정당화하려는 것이 분명해지면, 그들은 추적당하고, 신문에서 고발되고, 살아가는 것이 불가능해지게 됩니다. (영화 〈카타리나 브룸*Katarina Blum*〉)5)을 참조). 사람들은 그들을 절망적인 행동으로 뛰어들도록 몰아넣습니다…. 그리고 결국 경찰에 피살되지 않는 경우에도 기구한 운명 끝에, 복종해야 할 형무소 체계가 그들의 인격을 파괴하고 자살로 몰던가 미치게 만들기 위하여 전적으로 작동합니다. 독일식 탄압방법이 유럽의 나머지에도 일반화되어 있는지 아닌지 저는 모릅니다. 특수한 각 상황은 아마도 강경한 탄압—부드러운 억압이라는 이 짝을 적용할 기회일 것입니다. 그것은 소련에서도 미국이나 유럽에서도 혹은 선진국들에서도 제3세계 나라들에서도 다양한 형식을 띠고 존재하는 문제라고 생각합니다.

질문 노동자계급의 투쟁은 이미 사회기계에 통합된 하나의 "톱니", 시대에 뒤진 혹은 복고주의적 투쟁수단이라고 생각합니까? 아니면 오히려 새로운 대안의 개방을 위한 불가피한 길이라고 보십니까?

가타리 어떠한 사회변혁도 노동자계급 없이는 이루어질 수 없다는 것은 분명합니다. 그러나 또한 노동운동이 정당, 조합, 그 현재의 구조를 통제하는 모든 종류의 관료의 멍에에서 벗어나지 않는 한 사회변혁의 방향으로 가지 않을 것이라는 것도 명백하죠. 이제 그[대표적] 노동자계급을 [하나로 묶어서 보편적으로] 말할 수는 없습니다. 몇 가지 노동

---

5) Volker Schlöndorff, Margarethe von Trotta가 1975년에 제작, 감독한 영화로 원제목은 *Verlorene Ehre der Katharina Blum*(카타리나 브룸의 잃어버린 명예)이다. 두 남녀가 사랑에 빠지는데 남자가 테러리스트이고 경찰이 쳐들어 온다. 남자가 사라진 뒤 여자가 핍박받는 내용을 다루고 있다. Volker Schlöndorff 감독은 <양철북>이라는 영화로 알려져 있다.

자계급이 존재합니다. 노동귀족의 일부는 예를 들면 독일이나 미국에서처럼 객관적으로 보아 부르주아지와 동맹을 맺고 현존 질서의 최량의 지주의 하나로서 행동하고 있습니다. 〔부르주아지와의〕 통합을 거부하는 수많은 실업자, 혹은 스스로의 해방을 위해서 싸우는 수많은 여성, 한 나라에서 다른 나라로 이동하는 수많은 이민노동자, 더욱이는 미래도 희망도 없는 수많은 청년들에 더 친근감을 느끼고 있는, 또 하나의 노동자계급이 출현하고 있습니다. 예전부터의 소수자(지역적 소수자, 성적 소수자 등)는 현재 생기고 있는 이 새로운 노동자계급과 혁명적 동맹의 길을 추구해야 한다고 저는 생각합니다.

질문 동일한 의미에서, 당신은 현재의 사회 속에서 새로운 투쟁형태와 새로운 투쟁수단의 문제를 제기해야 한다고 생각하십니까? 그리고 대중매체가 그 영역에서 할 수 있는 역할이 있다고 생각하십니까?

가타리 대중매체는 사회통제의 정치 속에서 그리고 자본에게 봉사하게 하는 노동력의 양성에서 근본적인 역할을 하고 있습니다. 저는 새로운 투쟁형식은 대중의 새로운 표현방식의 발전을 동반한다고 생각합니다. 오늘날에는 지도자들이 잡지나 정치신문에 논설을 쓸 때 기층의 이름으로 말한다는 것에 사람들이 만족할 수 없습니다. 대중은 자신의 고유한 신문을 통하여, 혹은 벽 위에서, 현재 이탈리아에서 이루어지고 있듯이 자유라디오를 사용하여 직접 자기를 표현할 필요를 지니고 있습니다. 자연발생주의를 예찬하는 것이 문제가 아니고, 노동운동과 혁명운동의 집중화되고 조직된 표현은 이제는 완전히 경직화되었다는 것을 자각하는 것이 중요합니다. 저는 우리가 눈앞에 두고 있는 자연발생적인 거품 속에서 이제는 누구도 정의할 수 없는 새로운 조직 유형, 새로운 감수성 유형이 모습을 드러내고 있다고 생각합니다.

질문 마지막으로 당신에게 꼭 대답해 주셨으면 생각하는 구체적인 문제가 하나 있습니다. 앞에서 말한 "독일화"가 일반화〔보편화〕되는 과정에서 스페인이 독재체제 시기 동안에 했던 역할은 어떠한 것이었다고 생각하십니까? 1977년의 스페인은 지금까지와 같은 역할을 계속하고 있습니까, 아니면 새로운 역할을 하고 있습니까? 또한 그 이유는 무엇입니까?

가타리 스페인의 파시스트 독재가 당신이 말하는 "독일화" 과정에서 중요한 역할을 했다고 저는 생각하지 않습니다. 반대로 저에게 중요한 것처럼 보이는 것은 프랑코체제의 붕괴가 전통적인 좌파단체에 의해 지도된, 조직적인 정치투쟁의 결과가 아니라는 점입니다. 이 붕괴는 제가 보는 바로는 한편으로는 부르주아지 내부의 모순에, 특히 EC(유럽경제공동체)에의 통합가능성과 EC와의 관계에서의 경제적인 모순에 연결되어 있고, 다른 한편으로 그리고 아마도 주요하게는 사회의 모든 톱니를 횡단하는 제가 "분자혁명"이라고 부른 것에 연결되어 있습니다. 이 관점에서 스페인은 현재 진정한 폭발 전야에 있다고 생각합니다. 저 자신은 콩소(Conxo)의 병원에서 일하거나 싸우고 있는 갈리시아지방 동지들과 논의한 적이 있습니다.[6] 그때 저는 갈리시아 해방의 문제, 정신병자 해방의 문제, 성적 자유의 문제, 표현의 자유 문제 등이 서로 얼마나 깊이 연결되어 있는가를 실감했습니다. 아마 스페인은 앞으로 현재 유럽 전체에 침투하고 있는 이 새로운 혁명의 원동력, 현재 이탈리아에서 진행 중인 운동을 연계하고 가속화할 원동력이 될 것입니다.

(1978)

---

6) 이에 관해서는 가타리,『분자혁명』, 윤수종 옮김, 푸른숲, 1997, 180-182쪽을 참조

06

왜 이탈리아인가?[*]

왜 이탈리아인가? 첫 출발은 상대적으로 우연적이다. 볼로냐의 이탈리아 자유라디오 방송국인 라디오 알리체의 책임자 몇 명이 내게 자기들 텍스트의 불어판 서문을 써 달라고 부탁해 왔다. 그들의 영감은 그렇게 말할 수 있다면 상황주의자(Situationist)[1] 적이자 "들뢰즈-가타리적"이었기 때문에, 그 점이 나의 관심을 끌었다.

두 번째 축은 전통적 의미에서의 국가장치와 노동자운동의 관료제 간의 결합이다. 우리는 그것이 소련과 중국에서 현저하게 작동하는 것을 봐왔다. 서구의 민주주의 전통, 유로코뮤니즘으로의 진화, 사회주의 정당의 인간주의는 우리로 하여금 그런 종류의 전체주의에 노출되지 않을

---

[*] 이것은 이탈리아 자율주의운동의 지도자들이 1979년 4월 7일 체포되기 몇 달 전에 한 대담이다.

[1] 1957년부터 1971년에 걸쳐 진행된 국제상황주의자(SI: Situationist International) 운동을 말한다. 68혁명을 예견하고 적극적으로 개입하였다. 이론적으로 정리된 상황주의자 텍스트로는 Guy Debord의 『스펙터클의 사회』(이경숙 역, 현실문화연구, 1996)가 있다.

210   3부 유럽에서의 탄압/폭력과 새로운 자유의 공간

것이라고 믿게 했다. 예속양식이 다르게 기능한다는 것은 사실이다. 그러나 국가로 하여금 자신의 권력을, 더 이상 경찰이나 군대와 같은 전통적인 강제 수단을 통해서가 아니라, 국민 교육을 통한 아이들의 체계적 훈육에서부터 매체, 특히 TV의 거대한 권력에 이르기까지 모든 영역에서 모든 타협수단을 통해서 발휘하게끔 하는 불가역적인 경향이 존재한다. 이 국가장치는 매우 가시적이지만 종종 국민국가적 수준에서는 무기력한데, 왜냐하면 실제 결정은 종종 국제적 수준에서 이루어지기 때문이다. 반대로 그 국가장치의 개입이 소형화되면 될수록, 그 힘은 더욱 더 강해진다.

국민국가적 현실에 너무 근시안적으로 집착하게 되면, 영국은 독일이나 프랑스, 이탈리아와는 매우 다른 현존체제를 갖고 있다는 인상을 받는다. 그러나 한 발짝 물러나 보면, 전통적 분할선들을 따라서 매우 잘 진행되고 있는 어떤 종류의 전체주의가 설립되고 있다는 것을 알 수 있다. 노동력의 생산·형성·재생산의 기계들은 국가권력의 거대한 기계장치와 그 안의 모든 종류의 톱니바퀴들, 정치·노동조합·교육·스포츠 등을 포함하고 있다. 이와 관련하여 나는 이탈리아의 경험이 가장 전형적이라고 믿는다. 왜냐하면 거기서 우리는 탈주선과 앞으로 나아가는 길을 볼 수 있기 때문이다. 이탈리아의 경험은 좌파든 우파든 영국유형의 대안이나 프랑스식 인민전선으로 나아가지 않는다. 이탈리아의 경험은 이탈리아의 정치적 스펙트럼처럼 공산당·대중조직·노동조합이 국민국가적 동의 안에서 충분한 능력을 발휘하며 기능할 것임을 확신시키기에 이른다.

10월혁명이나 심지어 중국혁명을 필요로 하지 않는 어떤 종류의 국가체제가 지금 고안되고 있지만, 다음과 같은 동일한 결과를 생산할 것이다. 즉 인민은 가능한 모든 수단—그것들이 정치적, 지역적 다양성이라는 척도에 의해 숨겨질지라도—을 통해 통제될 것이다.

왜 이탈리아인가? 영국, 프랑스, 독일의 미래가 이탈리아이기 때문이다. 내가 이탈리아에 개입했을 때, 프랑스 좌파의 공동강령은 아직 폭발하지 않았었다. 그러나 나는 그때 이미 그것이 이치에 닿지 않으며, 사태가 그런 식으로 진행되지는 않으리라고 개관한 바 있다. 그러나 통합은 움직일 수 없는 것이며, 이탈리아적 도식은 결국 프랑스에서 재생산될 것이다.

내가 말하는 바는 오직 분자혁명이라고 부른 것과 관계 속에서만 이해될 수 있다. 기술적 수준과 사회적 수준에서 발전해 가는 그런 사회들 속에서 불가능하고 참을 수 없게 되는 어떤 수준의 욕망, 폭력, 반란이 존재한다. 테러리즘의 예를 들어보자. 무장행동과 테러리즘 활동은 노동자운동의 전 역사에 걸쳐서 존재해왔다. 공산주의운동 전체에 걸쳐서 무장행동을 전망하고 위치지우기 위한 수많은 토론이 있어왔다. 오늘날 그것은 더 이상 이론적인 문제가 아니라, 국가장치와 그 시청각적인 촉수에 의해 형상화되는 집합적 감수성의 문제다. 즉 사람들은 더 이상 죽음, 폭력, 단절에 대한 생각, 심지어는 예기치 못한 것에 대한 생각을 받아들이지 않는다. 이제 보편적 유아화(幼兒化)가 모든 인간관계에 퍼져있다. 만일 국영전기회사에 파업이 일어난다면, 조심하라. 파업을 위한 윤리코드를 작성해야 한다. 볼로냐에서의 대결? 조심하라. 충분한 협상이 이루어져야 한다. 그리고 만일 누군가가 일탈적인 요인을 느낀다면, 이 윤리적 코드를 받아들이지 않는 한줌의 저항자들이 존재한다면, 그것은 블랙홀이다. 지금껏 볼 수 있었던 가장 아름다운 블랙홀은 뉴욕의 정전사태였다. 사람들이 더 이상 볼 수 없다면, 무엇이든—거대한 '대중'이든, 이상한 동물군이든—어둠 속에서 어렴풋이 나타날 수 있다.

19세기 자본주의사회로부터 물려받은 일정한 잔인성 유형은 일정한 욕망진리와 짝을 이루었다. 일부 사람들은 여전히 스스로를 해방시킬 수 있었다. 맑스주의 노동자운동에 의해 이루어진 진보의 강화는 거기서 멈췄다. 오늘날 당신은 단절을 욕망할 수 없다. 당신은 혁명을 욕망할 수 없다. 혹은 현대 사회의 틀과 가치를 의문시하는 어떤 것도 정말로 욕망할 수 없다. 이제 통제는 유년기에서, 유치원과 학교에서 시작된다. 왜냐하면 모든 사람이 체계의 지배적 잉여성으로 들어가도록 강요당하기 때문이다. 지금 수립되고 있는 억압적 사회들은 두 가지 새로운 특징을 지닌다. 즉 억압은 부드러워지고 더욱 분산되며 더욱 일반화되지만, 동시에 훨씬 더 폭력적이다. 굴종하고 적응하며 조종할 수 있는 모든 이들에 대해서는 경찰의 개입이 줄어들 것이다. 경찰청에는 더 많은 심리학자들이, 심지어 정신분석가들조차 있을 것이다. 더 많은 공동체 요법이 사용될 것이다. 개인적인 문제나 부부간의 문제는 어디서든 이야기될 것이다. 억압은 더욱 심리학적으로 이해될 것이다. 매춘행위가 인정되어야 할 것이며, 라디오에서는 약물상담자가 등장할 것이다. 간단히 말하면, 용인하고 이해하는 전반적인 분위기가 있을 것이다. 그러나 이런 포용을 벗어나는 범주들과 개인들이 존재한다면, 인민들이 일반적 감금체계를 의문시하려 한다면, 그들은 미국의 흑표범당원 (Black Panthers)[2] 처럼 절멸당하거나 그들의 인성들은 독일의 적군파

----

2) 미국흑인권력운동의 중추를 이루었던 조직으로 블랙팬더당이 있었다. 블랙팬더당은 1966년에 창설되었고 원래 명칭 '자기 방어를 위한 블랙팬더당'에서 보이듯이, 경찰들의 잔학한 행동에서 주민들을 보호하기 위해 흑인 게토들에 순찰을 돌기 위한 조직이었다. 팬더들은 맑스주의 혁명집단으로 발전해 나갔고 흑인의 무장, 차별로부터의 해방, 흑인죄수의 석방, 수세기 동안의 착취에 대한 보상 등을 요구하였다. 1960년대 말과 1970년대 초 블랙팬더들과 경찰 간의 싸움이 벌어졌고 사상자들이 속출하였다. 경찰의 탄압이 자행되고 1970년대 중반에 이르러서는 많은 조직원들을 잃게 되었다. 남은 팬더들은 흑인지역에서 사회적 서비스 역할을 담당하기도 하였다. 블랙팬더당은 1980년대 초반 사실상 해체되었다.

에 일어났던 것처럼 절멸당할 것이다. 스키너식의 조건화가 어디에서나 사용될 것이다.

테러리즘은 독일과 이탈리아에 고유한 것이 결코 아니다. 석 달 안에 프랑스에서 붉은 여단원들이 득실거릴 것이다. 권력과 매체가 어떻게 작동하는가, 인민이 어떻게 구석에 몰려 이 감금체계 속의 죄수가 되는가를 생각해 보면, 몇몇이 격분해서 사람들의 다리나 또 다른 어느 곳을 총으로 쏘기 시작하는 것은 놀랄 일이 아니다.

그러나 분자혁명은 정치적이고 전통적인 조합 대결의 수준에서도, 여성운동, 매춘부들, 남성동성애자해방전선 등과 같은 상이한 운동들의 전선에서도 생산되지 않는다. 이런 운동들은 종종 다만 예비적인 재영토화들이며, 심지어는 국가권력 및 상이한 정치세력들과의 타협형식들이기도 한다. 표현형식 및 투쟁형식의 소형화가 존재하지만, 분자혁명이 일어날 특수한 장소를 충족시키거나 기다릴 수 있다고 생각할 이유는 없다.

현대사의 좀더 깊은 수준에서는, 브레즈네프의 굴락 체제 하에서 사느냐 카터(Carter)나 베를링게르 체제 하에서 사느냐는 거의 문제가 되지 않는다. 모든 역능은 동일한 기괴한 정식에 얽혀 있다. 확실히 전통적 의미에서의 모순, 대결, 압도, 계급투쟁, 심지어 전쟁이 존재하지만, 이제 변하고 있는 것은 사회 전체다. 그것은 단순히 또 다른 부르주아혁명이나 프롤레타리아혁명이 아닐 것이다. 이 변화에 영향받은 톱니바퀴들은 너무나 미세해서, 그것이 계급대결인지 더 심각한 경제적 예속인지 결정할 수 없을 것이다. 나는 인간관계의 재배치뿐만 아니라 기관·기계·기능·기호·흐름의 재배치를 함의하는 사회 안에서의 이런 변화가 인간내부(intrahuman) 혁명이지, 명시적인 관계들의 단순한 재정돈은 아니라고 믿는다. 이전 역사에는 주요한 혁명적 붕괴가 있어

왔다. 18세기에는 모든 종류의 서열·질서·분류가 갑작스럽게 붕괴했다. 오늘날에는 누구도 혹은 어떤 것도 무슨 일이 일어나고 있는가를 집합적으로 기호화할 수 없는 것 같다. 패닉이 기어들어 오고 있으며, 더욱 더 압도적으로 촉수를 뻗치며 한층 더 조작하고 기만하는 국가권력에 사람들은 의거하고 있다. 이탈리아에서 공산당이 종종 '이탈리아를 살리자'라고 하는 것을 듣는다. 그러나 이탈리아의 미래가 불확실하면 불확실할수록, 이탈리아를 살리자는 주장도 더욱 더 많을 것이다.

이탈리아에는 국가권력의 전통도 시민정신도 없으며, 프랑스의 중앙집권주의 및 위계적 책임이라는 전통과 같은 것도 없다. 따라서 상황은 수많은 변화를 가져오는 데 더 유리하다. 국제적 규모의 자본재구조화로 인해 〔이탈리아〕 전 지역은 퇴보를 겪을 것이다. "이탈리아의 기적" 혹은 프랑스의 기적에 대해서 말하자면, 그 따위는 잊어버리는 편이 훨씬 낫다.

나는 정말로 꽉 막힌 사회를 경험한 세대에 속한다. 그 당시 스탈린주의는 하나의 제도였고, 무한으로의 지평을 차단하는 벽이었다. 나는 지금 모든 좌표의 분해가 비정상적으로 가속화되고 있다고 느낀다. 그것은 똑같은 방식으로 대하는 것이다. 이 모든 것을 가루로 만들어야 하지만, 분명히 그것은 어떤 혁명조직에 의해서 이루어지지는 않을 것이다. 그렇지 않으면 당신은 가장 기계론적인 혁명적 유토피아, 맑스주의적인 단순화로, 즉 이 길의 끝에는 승리가 있을 것이라는…것으로 되돌아가게 될 것이다. 이것은 19세기의 블랙홀이 아니다. 마치 대문 앞에 선 야만인들처럼, 그 이래로 많은 일이 일어났다. 정치적 상부구조와 표상체계는 비웃음과 어리석음 속에서 몰락하거나 붕괴할 것이다. 그러나 엄청난 수의 기능하는, 놀라울 정도로 잘 기능하는 것들이 이미 존재한다. 과학이나 미학의 수준에서든, 일상생활의 창의성 수준에서든 말이다.

기계적 과정 속에는 비범한 활력〔생명력〕이 있다.

라디오 알리체의 이탈리아인들은 아름다운 경구를 갖고 있다. 무엇을 건설해야 하는가를 그들에게 묻는다면, 이 사회를 파괴할 수 있는 힘들은 확실히 다른 무언가를 건설할 수 있으며, 이미 그것은 일어나고 있는 중이라고 대답할 것이다. 미래 사회나 관계에 관한 모델이 어떨 것인지에 대해 나는 모른다. 나는 그런 질문이 잘못된 문제, 맑스와 엥겔스가 피해가려 했던 그런 종류의 잘못된 문제라고 생각한다. 우리는 오직 한 가지를 할 수 있을 뿐이며, 그것은 사회의 종말을 인식하는 일이다. 혁명과정은 합리적, 헤겔적, 혹은 변증법적 틀에서 생겨나지 않는다. 그 대신 혁명과정은 전반적인 혁명, 즉 성적·관계적·미학적·과학적 혁명들을 묶어내며, 이 모든 것들로 하여금 서로 넘어가고, 표시하고, 탈영토화 흐름을 만들어내게 한다.

분자적 수준에서 사태는 다르게 기능한다. 전통적 정치의 안경을 끼고 보면 예컨대 미국 급진운동에는 아무 것도 남아있지 않다. 만일 안경을 바꿔 현미경을 통해 본다면 완전히 다른 그림이 있다. 새로운 감수성, 새로운 관계방식, 새로운 종류의 친절, 이 모든 것들은 규정하기 매우 어렵다. 역사가들은 이런 대상들—부드러움의 역사—을 다루는 데 매우 애를 먹고 있다. 모든 종류의 복잡한 길에서, 그리고 여성주의운동의 역사와 동성애의 역사에 걸쳐서, 관계들 일반에 걸쳐서, 이 새로운 유형의 감수성은 또한 혁명이다. 만일 혁명적 안경이 우리로 하여금 그것을 보도록 허용하지 않는다면, 그렇다면 더 이상의 혁명은 없다. 모든 혁명은 끝난 것이다.

더 이상 10월혁명 같은 것은 없을 것이다.

(1979년 초)

07

집합적 우울증의 메아리처럼[*]

영화 〈독일의 가을〉은 여러 가지 점에서 영화사를, 말하자면 옛날 말투를 끄집어내서 말하면 "참여" 영화의 역사를 특징짓는 작품일 것이다. 우선 첫 번째로 그것은 진정 집단제작 작품으로, 서로 다른 제작자들이 만든 장면들을 병치한 것이 아니라 모든 것이 논의를 거친 공동가공의 산물이기 때문이다. 다음으로 이 영화는 1977년 가을 사건〔테러, 납치, 사망 사건〕 직후 "열이 아직 덜 가라앉은 채" 제작되었고 그 때문에 아주 진짜 같은 분위기를 자아내고 있기 때문이다. 장면들이 연기될 때조차도 배우나 감독(그들은 더욱이 몇 번 자신의 고유한 역할을 연기한다)이 또한 사건의 영향 아래 있어서 현장탐방(reportage), 픽션, 사실자료(다큐멘트)의 몽타주 요소들 사이의 어떤 단절도 없이 진실이 직접 다가오는 것처럼 느껴진다.

---

[*] *le Temps Moderne* 독일 특집호, 1979년 7,8월에 실림.

제작자[작가]의 영화를 넘어서려는 이러한 시도—"분석적"이라고 형용할 수 있을 것이다—는 집합적인 정서적 요소들을 파악할 수 있는 새로운 가능성조차 보여준다고 나는 생각한다. 그러한 "분석"은 이 영화에서는 두 가지 극을 중심으로 하여 조직된다.

첫 번째 극은 대중매체에 의한 사건의 조작과 관련된다. 슈라이어(Hans Martin Schleyer)[2]의 죽음, 모가디슈(Mogadiscio)의 공중납치,[3] 스탐하임(Stammheim) 감옥의 구금자의 죽음[4]은, 사회통제와 탄압에 기여하는 정서적인 전하로 전적으로 변환되어 버린다. 소포클레스의 『안티고네』에 대한 준거가 영화를 푸는 열쇠가 되며, 〈독일의 가을〉의 사건들은 어느 정도 고대극의 차원을 띤다. 그러한 전망에서 슈라이어의 죽음과 서독 죄수들의 죽음은 2막으로 이루어진 악마추방행위나 탈출구로서, 나치즘에까지 소급하는 집합적인 죄책감의 내재화를 목적으로 하면서도 더욱이 그것을 넘어서 독일적인 주체성에 본질적이라는 폭력 속에 녹아 있는 이중의 희생으로서 기능하도록 되어 있는 것 같다.

영화의 이 첫 번째 극에서 받는 일반적인 인상은 숙명에 대한 느낌, 부르주아민주주의나 부르주아정의의 전통적인 규칙을 부정하는 데서 출발하여 대세순응주의를 무조건 수용하고 일체의 반역을 점점 더 소수파적인 폭력형식들에 빠진다고 비난하며 그 제작자들을 필연적으로 안드

2) Hans-Martin Schleyer. 독일 전경련 회장. 1977년 10월 5일 적군파는 슈라이어를 납치하고, 수감된 적군파 핵심 세력의 석방을 요구하였다. 슈라이어는 10월 19일 살해된 채 발견되었다.

3) 1977년 10월 13일, 적군파 2명이 마요르카발, 프랑크푸르트 행 루프트한자 여객기를 납치하여, 수감된 적군파의 석방 및 1천 5백만 달라를 요구하였다. 10월 17일, 모가디슈 비행장에 테러진압단이 투입되고, 여객기 납치극이 종료되었다. 테러리스트는 모두 사살되었다.

4) 1977년 10월 18일, 적군파가 수감된 감옥에서 묄러를 제외한 적군파 핵심 세력 모두가 숨진 채 발견되었다. 묄러는 칼에 온몸을 찔린 채 발견되었다. 경찰은 집단자살이라고 해명하였지만 묄러의 진술과 엇갈렸다.

레이스 바더(Andreas Baader), 구드룬 에슬린(Gudrun Esslin), 얀 카르라스페(Jan-Carle Raspe) 등5)과 같이 (자살설을 퍼뜨리려는 관변측의 온갖 노력에도 불구하고 보다 상세한 것을 알기까지는 어떠한 가설[추측]도 가능하다) 제거하는 해결책 밖에 제공하지 못하는 사회체계 속에 갇혀 있다는 느낌이다.

영화의 다른 극은 이러한 집합적 매체중독에 정면으로 맞서서 죄책감의 "연옥기계"—여기서 오이디푸스에 관한 장 콕토6)의 표현을 빌리면—를 저지하려고 하는 제작자들의 시도이다. 그것은 본질적으로 서독 적군파 대 서독 국가라는 대치구도, 탄압과 보복이라는 순환, 현존하는 이데올로기들의 거의 좌우대칭적인 도식에서 벗어나 있다. 결국은 영화제작자들은 그들이 느끼고 있는 것, 카메라를 손에 쥐고 보는 것의 수준에서, 가장 직접적인 수준에서 그들 자신의 반응을 표출하는 것에 만족하고 있다. 그들은 자신들과 가까운 사람들과 떠들어대는 것을 촬영하고 또한 자신들의 환영(fantasme)을 그려내기도 한다…. 이처럼 극적인 맥락 속에서 심각한 주제에 대해서 "그렇게 해야 했다!" 그러나 결과는 덜 심각해진 것이 아니다. 그리고 아마도 조사나 현장탐방 혹은 선전영화 등의 모든 다른 양식보다 더 진실하다. 각 장면을 통해서 우리는 배우들로 하여금 이 마니교적인 드라마에서 개인적으로 약간이라도 벗어날 수 있게 해 주는—종종 작은, 하찮은 혹은 기묘한—탈주선의 증식을 목격한다. 어쨌든 현재의 정치적 분류에서 벗어난 지극히 개인적인 행위들—친구들을 껴안는 파스빈더,7) 얼어붙은 땅 위를 삽으로 파는

---

5) 적군파 핵심인물들.

6) Jean Cocteau(1889~1963). 파리 출신의 시인이자 소설가, 희곡작가이다. 『희망봉』(1919), 『포에지』(1920) 등의 작품집이 있으며 『오이디푸스왕』(1928)이라는 희곡이 있다.

7) Rainer Werner Fassbinder(1945-1982). 연극과 영화를 통해 정치문제에 개입했던 영화감독이자

젊은 여교수, 스탐하임〔교도소〕의 죄수들의 매장장면을 놀란 채 바라보는 어린이, 장례행렬이 나간 뒤에도 묘지 파는 사람과 경찰 쪽에 웅크린 채 그대로 있는 젊은이, 돌아가는 길에 있는 젊은 여성과 그녀의 작은 딸 등등—이 삶의 요소들, 생존의 요소들, 이른바 독일인민의 "비극적 운명"에 대한 순간적 장면들과 곁눈질 장면들을 이룬다. 그러나 억압권력, 구석구석까지 행해지는 사회통제, 일상적 파시즘 속에서 매체가 하는 역할이라는 문제설정이 소홀히 취급된다는 의미는 전혀 아니다! 이와 관련하여 그 영화는 그것들을 묘사하고 고발하는 데서는 분명하다. 그러나 이 영화의 본질적인 목표는 거기에 있지 않다. 이러한 점들에 관해서 여론은 이미 굳어져 있고 설명의 가감이 감지할 수 있는 수정을 가져올 수 있는 기회는 거의 없다. 여기서 문제가 되는 것은 그러한 여론이 결정화되는 집합적인 정서적 맥락이다. 즉 **법을 만드는 의견〔여론〕**의 대량적인 정립에 본질적인 구성요소들 가운데 하나이다.

이 영역에서, 적군파, 붉은 여단, NAPAP〔인민자율무장중핵〕[8] 등의 "테러리즘" 활동의 실제적 범위가 그 운동의 책임자들에 의해서 결코 파악된 것 같지 않다. 도식적으로 말하면 무장투쟁 문제에 관하여 유럽의 극좌파 속에는 대립하는 두 가지 입장이 있다. 첫 번째 입장은 적군파의 입장에 가까운 것으로 현재의 사회투쟁은 국민국가의 틀을 넘어서며 국제적 수준에 특히 독일-미국제국주의와 제3세계 사이에 위치해야 하고, 따라서 자본주의의 보루를—지하무장투쟁을 시작으로—**모든 수단을 사용하여** 흔들고 부르주아민주주의 체제들이 지닌 내재적인 파시즘적 성격을 폭로하며, 더욱이 노동자계급의 전위가 제3세계의 피억압대중과 손을 잡고 사회주의혁명투쟁의 오래된 임무를 담당하는 것을 기대할 수

극작가로 그의 중심주제는 전후 독일의 정치적 사회적 부패였다.

8) Noyaux Armés Pour l'Autonomie Populaire, 1977년 창설된 프랑스 무장조직.

있다…고 생각한다. 두 번째 입장은 "스폰티(Sponti)〔자생주의자〕"라는
경향의 입장과 같은 것으로 영화 속에서는 자기비판을 한 예전의 "테러
리스트", 호르스트 말러(Horst Mahler)[9]가 이 입장을 대변하고 있지
만, 요약하면 첫 번째 입장과는 반대로―그리고 나도 그것이 당연하다
고 생각하지만―당초의 목표와는 반대 방향으로밖에 가지 못하는 "최
악의 정치"를 고발하는 것이다.

그러나 이 후자의 입장에서는, 사회민주주의나 휴머니즘 체제 속에
빠르게 말려들어 가게 된다. 그리고 도덕의 이름으로 모든 폭력행동을
단죄하게 되는데, 그 도덕은 그러나 도덕을 표방하는 사람들이 범하는
최악의 폭력을 용인한다! 합법적인 사회변혁의 길밖에 없다는 생각을
수용하기에 이른다. 그 발걸음은 일련의 구좌파 활동가들―특히 이탈
리아의 『투쟁지속』이나 프랑스의 『리베라시옹(해방)』과 같은 출판물의
지도적 중심집단―에 의해서 이미 충분히 돌파되었다.

이 두 가지 입장은 각자의 방식으로 새로운 지하활동형태의 진정한
의미를 은폐하는 것처럼 생각된다. 이 새로운 지하활동형태는 최근 유
럽 어디에서나 발전하고 드디어 자본주의체제에 고유한 요새화된 정치
적 상황을 특징짓는 특성으로 된 것 같다.

〈독일의 가을〉과 같은 영화가 독자적인 방식으로 밝히고 있는 것은―
이탈리아를 다룬 같은 유형의 또 다른 영화가 있는데 우리를 같은 결론
으로 이끌어 간다고 나는 생각한다―, "테러리즘현상"과 연결되어 있는
거대한 감정적 전하가 현재의 정치전략의 하나의 근본적 여건으로 되고
있다는 것이다. 안타깝게 생각하든 않든, 오늘날 정치는 대중매체가 주
물러〔만들어〕 전달하는 집합적인 정서와 뗄 수 없게 되며, 이 집합적 정
서는 계급들과 민족〔국민〕들을 횡단하는 주체성양식을 이루고 있어서,

---

9) 적군파 초기 핵심인물 가운데 하나이다.

그 속에서 조작된 상상[가공]의 것과 사회경제적인 현실을 구분하기가 아주 어렵다.

　모든 권력구성체는 어떤 수준에서 생각해 보아도 대중매체적인 "소재"의 이러한 조작의 대상 그리고/혹은 주체이다. 따라서 예를 들면 오늘날 청년남녀가 "테러리즘"의 길을 걸을 때, 그들은 이데올로기체계를 이유로 그리할 뿐만 아니라 모든 곳에서 그들을 넘어서는 주체적인 운동의 위임자 혹은 속죄의 희생물로서이기도 하다. 그들의 행동, 그들의 감정은 그들에 동의하는 사람들뿐만 아니라 근 15년이나 수행해온 투쟁 속에 어떠한 출구도 찾지 못한 모든 활동가층, 청년혁명가층에도 "연결되어" 있다. 게다가 "온건파"나 여론에 체념한 사람들의 수동성은 두드러지고 절망적인 자신들의 행동에 의해서 내부로부터 흔들리기도 한다. 그들 자신이 이번에는 매체가 전하는 정보나 이미지를 조작하고 자신들과 가까이 있는 사람들의 "수족을 묶기" 위해서 자신들의 위신을 보이려고 한다. 자신들의 소멸을 가져오는 폭력을 사용해서라도 무관심의 벽을 허무는 것, 그리고 여론의 관심을 끌어내는 것, 그것이 이러한 새로운 무장투쟁운동이 노리는 것이다. 따라서 그들의 실패가 어떠하든, 그들이 처한 난관이 어떠하든, 그들의 조직을 우리가 "운동"이라고 불러온 것—즉 항의하는 혁명적 청년들 총체—과는 낯선 유기체라고 보는 것은 절대로 잘못일 것이다. 그들은 내생적으로 "운동"의 일부를 이루고 있을 뿐만 아니라 "운동" 속에 가장 격렬하고 가장 불굴의 부분을 체현하고 있다. 그래서 모든 의견차이를 넘어서 그들의 희생이 방대한 청년대중에 의해서 잔인한 손실로 받아들여지기도 하는 것이다.

　이러한 운동의 새로움—다분히 지속될 것이다—은 사실 운동이 나타난 상황에, 운동이 가져온 대중매체적인 메아리[반향]에서 유래한다. 그러한 것으로서 이 유형의 투쟁은 현대사를 통하여 일관되게 다시 나타났다. 제정러시아의 최후의 격렬한 진동, 프랑스의 레지스탕스, 스페인에서의 최근의 투쟁 등을 상기해 보는 것만으로도 충분할 것이다! 따라서 이 운동은 보수적인 혁명가가 그 운동에 보내는 저주와 배척에 전혀 값하지 못한다─그 운동이 다양한 열강국의 비밀기관들에 의해서 원격조작되고 있다고 상정하게 하는 암시 등은 논외로 하고, 히틀러의 암살은 무수한 인간이 바라는 것이며, 오늘날 이란인민의 학살자 암살 혹은 니카라구아 인민의 학살자 암살은 좌파의 다수의견에서 전혀 문제로 제기되지 못할 것이다! 또한 프랑코독재체제에 저항하는 싸움에서 결정적 계기를 이룬 스페인에서의 칼레로 브랑코(Carrero Blanco)[10] 라는 인물의 처형에 관해서 좌파나 혁명운동 속에서 누구도 진지하게 문제제기할 수 없었다! 그렇다면 폭력이나 무장행동은 스페인의 경우처럼 아주 광범한 대중운동에 지지받을 때에만 정당할 수 있고, 현재 독일에서는 대중이 "따르지 않기" 때문에 정당하지 않다고 말하는 것으로 충분할까? 이탈리아의 예는 반드시 그렇지는 않다는 것을 우리에게 보여준다. 사실 이탈리아에서 무장폭력은 정치적 비합법주의와 시민적이고 범죄적인 비합법주의 사이의 일종의 연속선상에서 가장 다양한 형식들로 드러나는 상당히 광범한 폭력의 확장 속에서 이루어진다. 그렇지만 과연 그것만으로 붉은 여단의 행동을 정당화하기에 충분할까? 그렇지는 않다. 여기서 문제로 될만하다고 내가 생각하는 것은 무장투쟁의 **원칙**도 아니고 각 혁명운동에 속하는 무장투쟁의 양태들도 아니며, 각각의 특수한 상황 속에서 **반자본주의투쟁 총체**에 대해서 무장투쟁이 지니고 있는 현실적인 범위[영향]이다. 그리고 명백히, 슈라이어같은 그런 지도자의 제거가 체계의 기능작용을 전혀 교란시킬 수 없을 뿐만 아니라,

---

10) 1973년 6월 Franco 총통은 집권이래 계속 맡고 있던 수상직에 부수상 Carrero Blanco 해군제독을 임명하였다. 1973년 12월 한 과격 바스크 분리주의자단체가 Blanco 수상을 암살하였다.

권력이 그 경찰장치나 대중매체라는 무기를 남김없이 수중에 쥘 기회를 제공함으로써 그것을 다수의 피착취자를 지배의 망 속에 더욱 깊숙이 빠뜨리는 데 사용하는 것은 명백하다. 달리 말하면, 진정한 드라마는 사람이 죽는다는 그 자체로서의 사실이 아니라 그들의 행동이 부르주아적 억압체계, 파시스트의 습격, 비밀경찰이 행하는 유괴 등과 전혀 구별되지 않는 양식에 따라서 수행된다는 것, 그리고 결국 현재 독일 전체를 두렵게 하고 있는 집합적 우울증에 메아리치게 하는 것과 다른 결과를 가져오지 않았다는 것이다. 나로서는 가슴에 작은 글씨를 붙인 슈라이어나 모로의 사진들보다 더 음침하고 더 무서운 것을 알지 못한다고 말해 두어야겠다. 나는 그들의 처형이 정당한가에 대한 심판을 거부하고 또한 그들에 심판을 내리는 사람들을 재판하는 것도 거부한다. 그러나 나는 이러한 유형의 절차, 매체를 통하여 널리 퍼진 어떤 이미지를 지지할 수 없다. 그것은 당연하게도 표적이 된 사람에게 연민의 정을 불러일으킴과 동시에 그러한 행위를 한 사람에 대한 혐오와 반발의 감정을 불러일으킨다.

자본주의는 사회적 무사안일주의, 기득권의 옹호, 조합주의적·민족적 이해를 넘어서는 모든 것에 대한 체계적인 무시 등에 의거한 다수적 합의를 발전시키는 데 성공하는 한에서만, 적군파와 붉은 여단이 흔들려고 하는 자신의 요새들을 공고화하게 된다. 그리고 개인을 고립시키는 방향으로 가는 모든 것, 개인의 무력감을 강화하는 모든 것, 개인에게 죄책감을 부여하고 국가나 집단적 시설 및 그 부속물—조합이나 전통적인 좌파정당이 그러한 것으로 될 가능성이 있다—에 의존하게 하는 모든 것이 이러한 합의를 육성한다. 이러한 대중조작의 현상들을 공격하지 않고 혁명행동을 한다는 것은 터무니없는 짓이다. 공업 열강국들이 제3세계를 수중에 넣기 위해서 남북문제를 축으로 하여 행하고 있

는 잠복된 전쟁은 확실히 본질적이다. 그러나 그렇다고 해서 우리는 또
하나의 남북 축이 존재한다는 것을 잊어버려서는 안 된다. 이 남북 축은
지구 전체에 관련하며, 국가권력과 피억압민족, 이민노동자, 실업자,
주변인, "보장되지 않은 사람"과 "정상화〔규격화〕된" 임금소득자, 도시
주민과 바리오, 파벨라〔브라질의 빈민촌〕, 게토, 비동빌〔판자촌 빈민
가〕 등 슬럼의 주민, 인종・성・계급・연령 등의 대립들에 개입하는
적지 않게 본질적인 갈등들이 이 축 위에서 펼쳐지고 있다. 이 또 하나
의 전쟁을 수행하기 위해서, 모든 일상세계와 욕망세계를 사회적 정신
적으로 통제하기 위해서, 자본주의는 방대한 수단을 동원한다. 그러한
유형의 대결을 무시하든가 혹은 부차적인 것이라고 보는 것은 전통적인
노동운동조직이 인도하는 모든 색다른 사회투쟁형식을 무력하게 만들거
나 회수해 버리는 것이다. 바라든 바라지 않든 오늘날의 상황 아래에서
는 폭력과 매체는 연결되어 있다. 그리고 어떤 혁명집단이 가장 반동적
인 매체게임을 하고 집합적 죄책감의 게임을 할 때, 그 혁명집단은 잘못
하고 있는 것이다―표적, 방법, 전략, 이론, 상상계 등에 걸쳐서 잘못
하고 있는 것이다.

자본주의 억압의 희생자―모든 희생자―에 대해서 전면적인 연대를
확인하는 것은 모가디슈 공중납치나 지하실(!)에서 심의되는 자칭 인민
재판의 언어도단의 광경으로 가는 방황을 지지하는 것을 의미하지 않는
다. "정의" 모델이나 권력억압 모델의 바보스러운 재생산, 매체의 구역
질나는 사용, 편협한 섹트〔분파〕주의, "동반자"의 조작은 결코 이차적인
문제가 아니다. 영화 〈독일의 가을〉의 효과는 이러한 문제 전체를 측정
하도록 도와준다. 이 영화는 독일사회에 대한 신랄한 비판을 제시하고
있을 뿐만 아니라 지하무장투쟁을 그 진정한 영역에서 검토하려고 한
다. 이 후자의 방향에서 그 비판은 우리의 눈으로 보면 여전히 너무 머

뭉거리고 너무 모호하다. 다시 여기서 사람들은 사건의 무게를 느끼고 권력의 회수공작에 허점을 보일까 봐 두려움을 느낀다. 그러나 영화는 본질적인 점을 건드리고 있다. 즉 거대한 국가권력과 사소한 정치-군사 기구들 사이의 모든 면에서 어처구니없는 대치에서 생겨난 **병적인 극화 방식 (dramatisme)**을 건드리고 있다.

이 영화의 제작자들은 38구경 총을 조종하지 않고 단지 카메라를 조종할 뿐이다. 그러나 그들의 행동이 효과가 적은 것이 아니다! 현재의 독일에서 유머에 대한 권리, 가장 특이한 욕망을 표현하는 권리, 어떠한 속박도 없이 발언하는 권리 등—그리고 어떠한 압력이 있어도, 상황이 극적인, 더욱이 비극적인 성격을 지닐지라도—을 확인하는 것은 이제 확실히 앞으로 실효성 있는 혁명적 전진에 본질적인 전제를 이룬다.

(1979. 7, 8)

08

4월 7일 체포된 이탈리아지식인에게 보내는 편지[*]

이탈리아 및 프랑스의 정치적 사회적 문제들은 그 어느 때보다도 더 유럽적이고 세계적이며 미세한 수준에서 파악되어야 한다. 억압은 국제화되고 있다. 미국은 냉전의 한창 때처럼 자신의 행동을 이탈리아 정치가들에게 강요하고 있다. 이러한 전방위적인 간섭에 직면하여 민족[국민]적인 경계 안에 갇혀서는 어떤 것도 가져오지 못할 것이다. 비밀공작에 대해 할 수 있는 한 광범한 공개토론을 대립시켜야 한다. 나로서는 이탈리아지식인이 프랑스 문제에 개입하는 것을 적극적이라고 보며, 또한 그 이상으로 이탈리아 상황에 대한 국제적인 논의가 전개되기를 기대하기도 한다. 이 편지의 의미는 이러하며, 대화를 개시하고 싶다는 것 이외에 다른 의도는 없다.

그러나 또한 현재 이탈리아 아우토노미아의 활동가들과 이론가들에

---

* 이탈리아 잡지 7 *avril* n° 2에 실림.

게 가해진 강경한 탄압에 내가 강한 관심을 쏟는 또 다른 이유가 있다. 즉 토니 네그리는 나의 친구이며, 나는 그가 직면하고 있음에 틀림없는 혹독한 시련에 대해 연대를 표명하고 싶다. 나는 붉은 여단의 이름을 들고 나온 테러리즘의 확대를 피하기 위해 그가 한 모든 노력을 증언하고 싶다. 프랑스에서 같은 현상[테러리즘의 확대]이 생기지 않은 것은 프랑스의 혁명적 극좌파에 끼친 네그리의 영향력에 힘입은 바 크다는 것을 나는 확신하고 있다.

경제적 사회적 위기의 격화에 비례하여 폭력이 유럽에서 증대하고 있다. 첫 번째 폭력은 무수한 가족을 빈곤에 처하게 하고 생산부문을 통째로 파괴시키고 있는 자본주의적 재구조화이다. 그것은 수백 명의 청년 노동자와 학생을 그들에게 부과된 조건에 반발한다는 이유로—국가에 기생하는 큰 도둑은 방치한 채로 (예를 들면 록히드 사건은 어떠했는가?)—투옥시키는 권력의 폭력이다.

현재 이탈리아와 프랑스 전 지역은 경제적으로 문화적으로 통째로 해체되고 있지만 이탈리아공산당과 프랑스공산당을 비롯한 거대 좌파정당은 이러한 타락에 직면하여 완전히 무력하다! 이러한 상황에서 다수의 젊은이가 절망적인 행동에 뛰어든다는 것에 왜 놀라는가?

이탈리아에서 "역사적 타협"과 프랑스에서 "공동강령"[좌우합작 강령]의 파산은 유럽극좌파의 다양한 전위들을 크게 실망시키는 즉각적인 결과를 가져왔다. 프랑스와 이탈리아에서는 수년 전부터 변화에 대한 커다란 희망이 사라져 갔다. 이 나라들에서 공산당과 극좌파집단은 도대체 무엇을 했는가? 공산당은 퇴폐적인 타협정책 속에 빠져 있다. 극좌파는 자신들의 이데올로기적 사회적 게토에서 벗어나지 못하고 있다. 이탈리아에서는 권력이 이러한 상황을 최대한 이용하려고 한다. 이탈리아를 "유럽의 높이로" 끌어올리기 위해서 권력은 이 상황에 제도개혁을 부과하려 한다고 모두가 생각할 수 있는데, 그러면 근 30년간 민중 스스로의 손으로 획득한 것은 수포로 돌아갈 것이다. 그러나 사태는 완전히 유동적이다. 모든 것은 이제 좌파와 극좌파가 스스로의 마비상태로부터 벗어날 수 있는 능력에 달려 있다.

이것은 무기를 손에 들고 국가권력에 대항하는 때가 올 것이라는 것을 의미하는가? 착취, 억압의 끊임없는 강화로, 그리고 아마도 전체주의체제의 수립으로 향해 나아가고 있는 부르주아적이고 민주주의적인 제도들을 평화적인 수단으로만 변혁하기를 바랄 수는 없다는 것이 사실이다! 오늘날 유효한 행동은 기성질서에 폭력을 가하는 것일 뿐이다. 그것은 도시게릴라 같은 몇몇 작은 지하집단을 만들 때가 왔다는 것을 의미하는가? 결과는 분명하다! 이러한 종류의 시도들은 반작용으로서의 "억지력"을 증대시키고, 방향을 잃은 대중을 전통적인 정당들의 참모본부 주위에 재집결시키는 결과만을 가져온다.

그렇다고 해서 폭력에 호소하는 것 모두를 원칙적으로 부정하는 것이 중요하지 않고, 신의 있는 해방동력을 발휘하면서 사회 세력관계를 혁명적인 방향으로 수정해 가는 효과적인 행동형식을 개발하는 것이 중요하다. 폭력은 자신들의 상황을 변화시키기 위해서 싸우고 있는 노동자, 여성, 청년 등이 행사하는 경우는 정당하다. 폭력은 매체에 미치는 자신들의 행동의 영향에 의해—어떤 속죄의 희생물을 제거하는 것을 넘어서는—자신의 존재의 본질적인 목적을 결정하는 교조적인 소집단에 의해서 실행되는 경우에는 정당하지 않다.

현재 국가권력과 소분파들의 테러리즘의 대치라는 난관을 가장 명석하게 고발하고 또한 새로운 행동형식을 재정의하려고 노력하는 활동가들이 경찰에 의한 탄압이나 신문 및 텔레비전의 거짓캠페인의 주요한 표적으로 되고 있다. 그 문제들을 알고 있는 모든 사람은 토니 네그리와 그의 친구들이 붉은 여단과는 전혀 관계가 없다는 것을 잘 알고 있다. 경찰과 사법부는 누구보다도 그것을 확실히 더 잘 알고 있다. 그러나 네 그리와 그의 친구들을 희생양으로 이용함으로써 그들은 흡사 마술에 의해서 구조적인 사회폭력을 없애기를 기대하고 있다. 이러한 최악의 정치는 모든 점에서 테러리즘의 정치와 짝을 이루고 있다!

이탈리아에서 테러리즘이 여러 가지 관점에서 보아 심각하고 위험한 문제라는 것은 사실이다. 그러나 그것은 근본적인 **그[대표적]** 문제가 아니다! "테러리즘"은 대중이 분명한 목표를 향해 걸어 나가기 시작할 때에는 소멸할 것이다. 우리는 어떠한 일이 있어도 불가역적인 사회변혁을 불러일으키는 방법이나 수단을 모색해 나가는 것을 잊어서는 안 되며, 그렇지 않으면 우리는 들쭉날쭉한 불안과 절망의 증대에 빠져들 것이다.

(1979)

09

가능한 아우토노미아 *

    지배적 의미작용의 악순환에서 탈출하는 것. 행동으로의 이행. 뒤돌아갈 수 없는 시대. 권력의 갑옷과 대치하는 금속적인 결단. 폭발하는 빛에 체계를 과잉 노출시키고 그 체계의 결핍의 거대한 입자를 폭로하는 것. 일그러진 어둠 속에 몸을 숨기고 나아가 현실의 단편을 손이 닿는 범위 안에, 사정거리 안에 움켜쥔다는 확신. 나는 성채의 한복판에 명령을 보내는 지구혁명군의 일개 병사일 뿐이다. 게바라나 바더(Baader) 같은 선생들과의 상상적 활력, 그러나 또한 고백하건대 카를로스(Carlos) 1) 나 슈퍼맨, 쿠르치오(Curcio), 2) 이단배척자 등과의 상상적 활력. 행

---

* 이탈리아 잡지 *Metropoli* 2호에 실림.

1) 후안 카를로스(Juan Carlos, 1938~). 로마 출생. 1931년에 스페인 왕위에서 쫓겨나 망명한 알폰소 13세의 손자. 로마에서 출생하였으나 스페인으로 귀국하여 1969년 총통 프랑코에 의하여 후계 국가원수로 지명되었고, 1974년 프랑코가 한때 신병으로 입원하자 임시 국가원수직을 대행하였다. 1975년 프랑코가 사망하자 11월 20일 국왕에 즉위하였다. 그는 정치·사회의 자유를 급속히 추진하여, 1977년에는 41년 만에 총선거를 실시, 1978년 새 헌법을 발포하여

동의 증가와 탄압의 증가, 매혹·위협에 의한 그리고 또한 상상하기에는 매일의 금·명예·섹스 등의 요리에 의한 전위의 포획.

오늘날 이탈리아에서 무장투쟁은 "새로운 자생성"의 본질적 형식이 되고 있으며 그 모범적으로 화려한 측면은 사회전체를 일렁이게 하는 파도의 물결 사이에 떠다니는 거품일 뿐이라고 당신들은 말한다. 그렇다면 이 경우에 무장투쟁이 소집단화해 가는 것을 거절해야 당연한 것 아닌가? 정확히 그것이 당신들의 주요한 관심[걱정]이라고 당신들은 말한다! 대중을 넘어서 군림하는 참모부(수뇌부)가 많을수록 전략전문가는 많아진다. 당신들은 횡단성에 의해서 군사적[전투적] 신경증을 해체하기를 바란다. 그렇다면 그것은 좋은 뉴스, 대뉴스가 아닌가! 혁명의 팔뚝이 도랑에서 빠져 나오고 뒤이어 레코드를 돌릴 수가 있다! 그러나 아주 낡은 후렴구의 이 뒷맛을 어떻게 쫓아내는가? 당신들은 척추를 바꾸었다. 즉 당신들은 잘 조정되고 도시화된 맑스레닌주의의 와친을 걸친 늙은 백색노동자계급을 불안정하고, 반(半)학생이고, 반-주변적인 청년프롤레타리아트로 바꾸었다! 어쨌든 다른 모든 사람들 즉, 예속을 거부하는 여성들, 다르게 살아가려고 하는 어린이나 노인들, "소수민족파", 광인들, 이 사회 속에서 더 이상 받아들여지지 않는 시인들에 관해서는 어떠한가? 당신들은 혁명적 주체성의 다양화에서 모든 결과를 끌어내려고 하는 것 같지는 않다. 당신들은 **하나의** 새로운 노동자 주체성의 등장에 특히 관심을 두고 있지만 새로운 투쟁형태들을 그것들의 고유한 리듬과 그것들이 표현하는 특유한 감수성을, 말을 바꾸면 그것들

입헌군주제를 정립하였다.

2) 레나토 쿠르치오(Renato Curcio). 붉은여단의 창설자. 1967년 북이탈리아 트렌토대학교에서 처음으로 좌파사상단체를 만들었다. 공장과 상점에 폭탄을 투척함으로써 1970년 11월 붉은여단의 존재를 세상에 알렸다.

을 통하여 형성되는 사회적 집합체들의 넘어서기 어려운 이질발생성을 존중하면서 수렴해 간다고 하는 것에는 그다지 관심이 없는 것 같다. 왜 항상 **하나의** 척추, 하나의 포괄적 주체라는 이러한 이상을 계속 가지려는 것인가? 왜 그것은 백, 십만, 1억은 아닌가…. 유효성을 생각해서? 리토르넬로(후렴구)!

게토에서의 탈출, 새로운 목표의 설정, 투쟁의 작전지도의 발명, 충돌시의 폭력의 성격에 대한 규정, 새로운 정치적 혹은 미시정치적 장에서 필요한 조직형태의 성격(그것의 표현·조정·증식 체계, 그것의 상대적 집중성 정도, 지속적인가 일시적인가, 지하적인가 공적인가 하는 사실 등), 이 모든 문제는 장기간에 걸쳐서 부적합한 이름을 부여받고 또한 약간 조잡한 취급을 받기도 한 중심과제—즉 **대중행동**이라는 과제—주위에서 완전히 쇄신된다. 그리고 솔직히 이 쇄신이 어디까지 미칠 것인가를 우리가 파악하고 있다는 인상을 나는 가지고 있지 않다.

항상 다음과 같은 세 가지 근본적인 포위망으로 되돌아가게 된다.

(1) 사회적 억압의 포위망.

(2) 소집단식 분절〔선분〕의 포위망.

(3) "집단이상"에 대한 무의식적인 과잉투여의 포위망. 이것은 지하 활동의 상황에서 엄청난 비율을 차지하는 경향이 있다.

이 세 가지 수준이 상통하고 있다(이데올로기, 매체, 제도, 조직, 집합적 설비들을 통하여)는 것을 확인하는 것만으로는 불충분하다. 동시에 다른 종류의 상호작용이 탄생하는 데 유리한 조건을 만들어냄으로써 이러한 사태를 수정하는 수단을 지녀야 한다! 서구혁명운동을 특징짓는 가장 참혹하고 가장 불명예스러운 것 가운데 하나의 예는 작은 게시판을 목에 늘어뜨린 슈라이어의 어떤 보기 싫은 사진이며 또한 누더기 같은 자세를 하고 붉은 여단의 선전용 간판에 등을 기대고 있는 알도 모로의 참고 보기 어려운 사진이다. 그것은 뿌리치기 어려운 동정심을 불러일으킴과 동시에 거의 민족학적인 성질의 연민의 정을 불러일으킨다. 암살 스캔들은 이 이미지의 스캔들 앞에서 사라질 것 같다. 유사한 광기 쪽에 있는 죽음이란 무엇인가? 이러한 미시파시즘 속으로 기울어져 간 동지들은 도대체 어떤 종류의 소집단적인 착취에서 그 대상이었는가? 그것에 대해서 표적을 바꾸는 것, 대중의 욕망에 대응하는 목표—예를 들면 사회통제에 봉사하는 컴퓨터 등—만을 노리는 것이 더 좋다고 답하는 것만으로 충분한가?

그러나 억압이 증대하는 가운데 매체에 의해서 곧바로 세계적인 슈퍼쇼(Super Shaw) 속에 회수되어버리는 동일한 종류의 지하적인(은밀한) "큰 인형극"을 본의 아니게 재생산하지 않기 위해서는 어떻게 하면 좋을까? 이 영역에서, 선의만으로는 충분하지 않다는 것을 경험이 증명하였다. 억압장치와 소집단식 논리의 결합으로부터 전제(專制)의 욕망과 복종의 욕망의 당치도 않은 형태가 불가피하게 재생한다는 객관적 위험이 확고하게 존재한다. 주지하는 바와 같이, 내가 여기서 이러한 형태가 무의식의 깊은 곳에서 "생겨난다"고, 거기에 억압되고 매장되어 있는 것이라고 말하는 것은 아니다… 아니다. 단지 어떤 혁명기획들은 그 기획이 위약하여 사상이나 욕망이 나약한 채 자기 자신에게 주저앉아, 전쟁기계의 반동적인 구식모델을, 역사의 온갖 구석에 자리를 차지하고 있는 도덕적 육체적 고문의 동일한 구식기계를 **다시 잡아당겨 재구축한다.**

앞으로의 길은 다음 두 가지 가운데 하나일 것이다. 하나는 다가올 아우토노미아, "가능한 아우토노미아"가 이러한 종류의 결합에서 생기는 파국적인 결과를 극복할 수단을 갖추는 것이다. 그렇지 않으면

　ー (무의식적 수준을 포함하여) 믿을 만한 대안들이 부재하고 "대중"은 계속 "대중"일 것이며 다수자적 개량주의 속에서 쩔쩔맬 것이다.

- 지하그룹의 격렬한 공격은 열렬한 흐름으로 상황을 혁명적인 방향으로 기울어지게 하기는커녕, 상상력을 마비시키는 당치도 않은 캠페인을 가져옴과 동시에 사회통제와 억압의 끊임없는 확장을 촉진할 것이다.
- 유럽에서 소수민족의 무장투쟁운동(바스크, 코르시카, 아일랜드 등)은 고립된 채 특수주의(particularisme)에 빠지거나 신화적으로 뿌리내릴 위험이 있다(이 경우 고립을 가져오는 특수주의와 복수의 개방을 가능하게 하는 집합적 욕망의 **특이성**을 혼동하지 말 것).
- 세계자본주의는 집합적 노동력의 훈육화 및 통합 기획을 지지하는 보조지주를 획득하고 새로운 유형의 사회질서와 무의식질서의 촉진에서 결정적인 이익을 취할 것이다. (모든 등록기 속에서 비용이 얼마일지라도!)

적어도 이들 문제에 대해서 우리는 고도의 명석함과 유머를 그리고 내가 "욕망의 실험"이라고 한 것을 조직해 내야 한다. 최근 10년 정도 사이에 유럽에서 교조적인 소집단 주위에서 결정화된 다양한 무장투쟁형태는 어처구니없고 엄청난 결과를 가져올 뿐이라는 것은 불행하게도 아주 명백하다. 그러나 또한 "분산된 투쟁지대"와 접합을 표방하는 운동들에 대해서도 세심한 주의를 기울여 비판적으로 보는 눈이 필요하다. 어쨌든 또 두 번째로 우리는 통일적이고 규격화하는 최강 층위, "전략"의 참모본부, 상황총체와 현존하는 복수의 관점들에 대응하는 사명을 지닌 강령이나 이론 등의 촉진을—그것이 어떠한 형태를 취하든—받아들일 수 없다. 국가적 혹은 국제적인 수준에서 행동에 몰두하려고 하는 경우 물론 곧바로 조직적 중심성의 재구성—반복하지만 다중심성, 혼성중심성이라는 형태로—이 필요하지만, 그것은 구성원의 아우토노미아, 이질발생성을 보존하는 투쟁의 상황적 배치와 다른 것에 근거해서는 안

될 것임을 잘 이해하고 배려해야 한다. 이 천년의 마지막 혁명들이 사회
적 전쟁기계, 글쓰기기계, 시(詩)기계, 이론기계, 생활기계를 완성시키
고 현행 사회체계의 파괴-재구축 과정에 결정적인 전진을 이루기에는
아마도 많은 시간이 필요할 것이다. 그러나 오늘날 분자혁명의 어떠한
구성요소도 경시도 무시도 하지 않을 최저한의 필요조건이 존재하는 것
같다. 더욱이 무엇보다도 기대할 수 있는 것은 바로 분자혁명의 하나 하
나의 구성요소 속에서 그리고 더욱 고전적인 양식으로 조직된 다양한
운동형식 속에서 예견하기 어렵고 상상할 수 없는 동맹·결합에 대한
새로운 감수성이, 새로운 처분자유가 발전하고 있다는 것이다.

(1979)

4부

욕망의
미시정치

아우토노미아의 가능성에 대한 모색은 미시정치에 대한 분석으로 나타난다. 가타리는 성해방이 아니라 욕망해방이라고 강조한다. 이성애와 동성애를 넘어서 횡단성애를 주장함으로써 성의 지층화에서 벗어나 다양한 되기(생성)를 시도하고자하는 것이다. '넘치는 것'으로서 욕망은 역능으로서 표현되고 권력구성체와 결합된 의미작용에 대립한다고 한다. 특히 권력구성체는 이 과정에서 기호적 예속을통해 욕망을 포획하며 표상을 통해 매개해 나가려고 하는데 이에 대항해 가타리는 언표행위의 집합적 배치를 제시한다.

그런데 가족주의적 입장에 서 있는 가족요법들은 현실에 하나의 형식, 구조, 혹은 체계를 투여한다는 구실로 이질적인(돌연변이적인) 성분의 침입을 금지하려고한다. 그러면서도 실은 주변인들에 대해서는 보호나 구조라는 명목으로 개입하여지배를 강화하고 있다. 「기표로서의 마약」에서 가타리는 경성 마약과 연성 마약을 구분한다. 월드컵이나 박세리 골프, 박찬호 야구 등과 같은 연성 마약과 스탈린주의 같은 집단적인 경성 마약이라는 상을 그리면서, 더 나아가 (주로 마약중독자를 중심으로 한) 마약문제를 경찰이 개입한다든가 해서는 결코 해결할 수 없다고 본다. 굉장한 경제기계가 작동하도록 돕고 있는 경찰의 마약금지에 대해서 마약의 무료배급을 통해 그 경제기계를 깨고, 나아가 몸을 망치는 마약이 아닌 다른 대체물들로 바꾸어 나갈 것을 권장한다. 물론 당사자들의 아우토노미아를 근거로 해서 말이다.

나아가 가타리는 선진국 내부의 제3세계화를 지적하면서 광범한 주변층들의 출현에 주목하였다. 이러한 전형적인 '오늘날의 빈곤' 상황은 사회전체의 커다란 변혁 없이는 나아지지 않을 것이라고 판단한다. 그리하여 가타리는 표준에서 배제된 주변층들을 포괄하는 혁명으로서 분자혁명의 필요성을 제기하는 것이다.

또한 아우토노미아운동으로서 제시되었고 자신도 열심히 참여했던 민중적 자유라디오에 대한 분석에서, 가타리는 국가기구나 독점체들이 지배하는 초집중적 방향으로 나가는 거대매체가 여론을 형성하고 대중의 태도나 무의식적인 가치도식을 지배적 규범에 적응하도록 강화하고 있는 것과는 반대로, 매체의 집단적 소유로 나아갈 수 있는 소형화 방향으로서 소형매체는 광범한 대중뿐만 아니라 소수자, 주변인, 모든 종류의 일탈자들에도 적합한 소통수단을 제공한다고 지적한다. 이러한 민중적 자유라디오에 의한 소형매체의 색다른 사용은 아우토노미아운동의 실질적인 투쟁수단이 된다고 본다.

10

욕망 해방

조지 스탬볼리언(George Stambolian) 1970년, 당국은 삐에르 기요 따(Pierre Guyotat)의 소설 『에덴, 에덴, 에덴』(*Eden, Eden, Eden*)을 미성년자들에게 판매하는 것을 금지시켰습니다. 더 최근에 당국은 당신이 중요한 기여를 했던 『르셰르셰』(*Recherches*)의 특집호("30억의 도착자들: 동성애 백과사전"〔Trois Milliards de Pervers: Grande Encyclo-pédie des Homosexualités〕, Mars 1973, 23F)을 불법화하고 압수했습니다. 그 일로 당신은 법원에 소환당하기까지 했습니다. 당신은 프랑스 정부가 보인 이러한 반응을 어떻게 설명하겠습니까?

펠릭스 가타리 그러한 반응은 시대에 뒤떨어진 것이었습니다. 적어도 표면적으로는 성(sexualité)에 대한 문학적이고 영화적인 표현에 대한 어떤 무관심 때문에 현정부가 그와 같은 방식으로 행동했을 것이라고 생각하지는 않습니다. 그러나 저는 당신에게 이러한 방식이 훨씬 더 교묘하고, 교활하고, 억압적인 정책이라고 말할 필요는 없습니다. 재판기간 동안 판사들은 자신들이 하도록 추궁당하고 있는 것 때문에 마음이 결코 편하지 않았습니다.

스탬볼리언 그것은 『르셰르세』 특집호가 성이 아니라 바로 동성애를 다루었기 때문이 아니었습니까?

가타리 확실하지는 않습니다. 왜냐하면 판사들을 가장 경악하게 한 내용들 가운데 하나가 이 작업의 가장 독창적인 부분들 가운데 하나인 자위에 대한 토론이었기 때문입니다. 동성애에 대해 다소 전통적인 방식으로 다룬 저술이라면 아무런 어려움이 없었을 것이라고 저는 생각합니다. 아마도 경악하게 한 것은 온갖 방향으로 나간 성표현이었습니다. 그리고는 삽화가 있었습니다—그 삽화들은 성표현을 돋보이게 한 것이었습니다.

스탬볼리언 당신 생각에 진정한 성해방에 도달하는 최선의 방법은 무엇이며, 이러한 해방은 어떤 위험들에 직면합니까?

가타리 제가 이해하는 한, 문제는 성해방이 아니라 욕망해방입니다. 일단 욕망을 성으로 특정화하면, 욕망은 특수화된 권력형식들로, 카스트·스타일·성계급의 지층화로 접어듭니다. 성해방—예를 들어 동성애자들 또는 이성복장착용자(transvestise)들 또는 사도-마조히스트들의 해방—은 일련의 다른 해방문제들에 속합니다. 그리고 이 해방문제들 속에는 선험적이고 명백한 연대가, 〔즉〕 필수적인 싸움에 참여할 필요성이 존재합니다. 그러나 저는 그것을 욕망 자체의 해방이라고 여기지 않습니다. 왜냐하면 이러한 집단과 운동 각각에서 우리는 억압적인 체계들을 발견하기 때문입니다.

스탬볼리언 "욕망"이란 무슨 뜻입니까?

가타리 질 들뢰즈와 저에게, 욕망은 주체와 대상 간의 대립 **이전에**, 표상과 생산 **이전에** 존재하는 모든 것입니다. 욕망은 세계 및 정서들이 저절로 우리 자신의 바깥에서 우리를 구성하는 모든 것입니다. 욕망은 우리로부터 흘러넘치는 모든 것입니다. 이것이 바로 우리가 욕망을 흐름으로 규정하는 이유입니다. 이러한 맥락에서 우리는 이러한 종류의 욕망이 어째서 어떤 종류의 무차별적인〔엉긴〕마그마가 아니며 따라서 위험하고 의심스럽고 혹은 죄를 저지르는 것이 아닌지를 밝히기 위해서 새로운 개념을 만들게 되었습니다. 그래서 우리는, 이제 "구조", 즉 어떠한 주체적인 지위, 객관적인 잉여성, 또는 준거좌표들이 존재하지 않는다는 것을 지적하기 위해, 기계들, "욕망하는 기계들"에 대해 말합니다. 기계들은 흐름들을 배치하고 연결합니다. 기계들은 사람들, 기관들, 물질적 흐름들, 기호적 흐름들을 구분하는 것을 인정하지 않습니다.

스탬볼리언 성에 대한 당신의 언급은 기존의 구분들에 대한 일관된 거부를 드러냅니다. 예를 들어 당신은 모든 성행동 형태는 소수적 형태들이며 그것들 스스로는 동성-이성 대당으로 환원할 수 없는 것으로 드러난다고 말했습니다. 당신은 또한 이러한 형태들은 그럼에도 불구하고 동성애와 당신이 "여성되기"라고 부르는 것에 더욱 가깝다고 말했습니다. 이 생각을 특히 "여성적"(feminine)이라는 말로 당신이 의미하는 바를 정의함으로써 밝혀주시겠습니까?

가타리 예, 그것은 매우 야심적인 정식화입니다. 제가 의미하는 것은, 신체기호계라고 부르는 신체와의 관계가 자본주의적-사회주의적-관료제적 체계에 의해 아주 특정하게 억압당한다는 것입니다. 그래서 저는 어떤 상황에서—댄서들, 동성애자들 등에 의해—신체가 강조될 때마다 무엇인가가 이러한 신체기호계를 분쇄하는 지배적인 기호학과 단절한다고 말하렵니다. 이성애 관계에서도 물론, 남자가 신체가 될 때면 그는 여성적이게 됩니다. 이러한 식으로 성공적인 이성애 관계는 동성애적이고 여성적이게 됩니다. 이것은 제가 여성 자체에 대해서 말하는 것이 아닙니다. 여성 자체는 모호성이 있는 곳입니다. 왜냐하면 여성적 관계 자체는 신체기호계를 잃고 남근중심적이 될 수 있기 때문입니다. 따라서 저는 도발하기 위해서 여성적이라고 말할 뿐입니다. 왜냐하면 단 하나의 성〔성애〕만이 존재하며 그것은 바로 동성애라고 말하려고 하기 때문입니다. 그러나 최종적으로 이렇게 덧붙이고 싶습니다. 단 하나의 성만이 존재하는데, 그것은 남성적이지도 여성적이지도 유아적이지도 않고, 궁극적으로 흐름, 신체라는 어떤 것이라고 말입니다. 제게는 진정한 사랑에는 남성이 더 이상 남성이 아닌 순간이 언제나 있는 것 같습니다. 이는 그가 여성이 된다는 것을 의미하지 않습니다. 그러나 소외되어 있기 때문에 여성은 비교적 욕망 상황에 더욱 밀접해 있습니다. 그리고 어떤 의미에서, 아마도 표상의 관점에서, 욕망에 접근하는 것은 남성에게 첫째로는 동성애 자체의 입장〔지위〕을, 둘째로는 여성되기를 함의합니다. 그러나 또한 동물되기, 또는 식물되기, 우주되기 등을 덧붙이려 합니다. 그것이 이러한 정식화가 매우 시험적이고 모호한 이유입니다.

스탬볼리언 당신의 정식화는 부분적으로 우리의 문명이 신체와 여성을 결합해 왔다는 사실에 기초하고 있지 않습니까?

가타리 아닙니다. 그것은 여성이 신체의 표면을, 〔즉〕 남성의 것보다 훨씬 커다란 신체적인 **즐거움**(jouissance)과 쾌락을 보전해 왔기 때문입니다. 남성은 "나는 너를 소유했어." "나는 너를 가졌어."에서처럼, 지배에, 사정(射精)의 분출에―자신의 페니스에 대해서 말할 수조차 없습니다―자신의 리비도를 집중해 왔습니다. 남성들이 사용하는 "나는 너와 정을 통했어." "내가 그녀를 만들었어."와 같은 모든 표현을 보십시오. 중요한 것은 더 이상 신체표면이 지닌 총체성이 아니라, "나는 너를 지배했어," "나는 너를 찍었어."라는 바로 이러한 권력기호입니다. 권력에 대한 이러한 집착 때문에 남성은 궁극적으로 모든 성을 스스로 거부합니다. 다른 한편 신체로서 존재하기 위해서, 남성은 자신의 성파트너들이 자신을 약간 여성이나 동성애자로 변형시키도록 부탁해야만 합니다. 동성애자들이 제가 말하고 있는 것을 쉽게 받아들일 수 있는지 모르겠습니다. 왜냐하면 저는 동성애자들이 여성이라고 말하려는 것은 아니기 때문입니다. 동성애자들이 여성이라고 말하는 것은 오해일 것입니다. 그러나 저는 어느 정도 남성동성애자들, 이성복장착용자들, 그리고 여성들의 상황 사이에 일종의 상호작용이 있다고 생각합니다. 신체와 관련해서는 일종의 공동투쟁이 존재합니다.

스탬볼리언 "상호작용", "변형", "되기〔생성〕", "흐름"—이러한 단어들은 제가 이해하기로는 당신이 분열분석이라고 부르는 것의 본질적인 측면인, 우리의 성적이거나 심적인 복수성 및 유동성에 대한 인식을 제기합니다. 그렇다면 분열분석과 제가 믿기에는 당신이 완전히 버린 정신분석 사이에 기본적인 차이는 무엇입니까?

가타리 저는 라캉의 학생이었습니다. 라캉은 저를 분석했고 저는 12년 동안 정신분석을 실천〔진료〕했습니다. 그리고 지금은 그러한 실천과 손을 끊었습니다. 정신분석은 무의식을 기입 및 표상 체계라는 격자를 통과하도록 강요함으로써 변형하고 왜곡합니다. 정신분석에서는 무의식은 언제나 이미 거기에 발생적으로 프로그램화되고, 구조화되고, 사회규범에 적응한다는 목표들 위에 결말지어집니다. 분열분석에서는 무의식은 구성하는 문제입니다. 말〔구절〕을 가지고 뿐만 아니라 모든 가능한 기호적 수단들을 가지고서, 개인들이나 개인들간의 관계들뿐만 아니라 집단들, 생리학적이고 지각적인 체계들, 기계들, 투쟁들, 그리고 모든 종류의 배치들을 가지고 구성하는 것입니다. 여기에는 전이, 해석, 또는 전문가에게의 권력위임이라는 문제는 없습니다.

스탬볼리언 정신분석이 무의식뿐만 아니라 삶 일반 그리고 아마도 문학에 대한 해석도 왜곡했다고 믿습니까?

가타리 그렇습니다. 하지만 그것이 정신분석가들 혹은 심지어 상업적 언론이나 대학에서 선전되는 정신분석적 관념들의 문제일 뿐만 아니라, 욕망에 대한 해석적이고 표상적인 태도—우리는 이러한 태도를, 정신분석을 모르지만 해석자의 지위에, 구루〔힌두교의 도사〕의 지위에 있는 그리고 전이의 테크닉을 보급하는 사람들에게서 발견할 수 있습니다—의 문제이기도 하다는 의미에서, 우리가 상상하는 것을 넘어서조차 그렇습니다.

스탬볼리언 질 들뢰즈와 함께 당신은 카프카의 작품에 대한 분열분석을 이제 막 마쳤습니다. 문학을 분석하고 이해하는 데 왜 **이런** 방법을 사용합니까?

가타리 그것은 방법이나 교의의 문제가 아닙니다. 단지 저는 카프카와 매우 오랫동안 살아오고 있었습니다. 따라서 저는 들뢰즈와 함께, 어느 정도 카프카-되기인 저의 일부를 우리의 연구에 넣으려고 노력했습니다. 어떤 의미에서 그 책은 카프카의 작품과 우리의 관계에 대한 분열분석이지만, 또한 1920년 비엔나 시기에 대한 그리고 그 시기에 결정화됐고 카프카를 매료시켰던 어떤 관료적 에로스에 대한 분열분석이기도 합니다.

스탬볼리언 한 긴 노트에서 당신은 카프카의 즐거움에 대해 말하고, 정신분석이 카프카의 슬픔이나 그의 비극적인 측면만을 발견해 왔다고 제시합니다.

가타리 『일기』에서 카프카는 자신의 글쓰기에서 발견했던 악마적 쾌락에 대해 언뜻 얘기합니다. 카프카는 그것은 자신이 밤에 일하려고 들어갔던 일종의 악마적(démoniaque) 세계였다고 말합니다. 저는 카프카의 저작이 지닌 폭력, 풍부함, 믿을 수 없는 유머를 만들어내는 모든 것은 그의 이러한 세계에 속한다고 생각합니다.

스탬볼리언 당신은 정말 창조는 즐거운 어떤 것이며 이러한 즐거움을 정신병으로 환원할 수 없다고 제기하고 있는 것 아닙니까?

가타리 당연히 그렇습니다. 〔이러한 즐거움을〕 결여로 환원할 수 없습니다.

스탬볼리언 카프카에 대한 동일한 저서에서 당신은 다수언어에서 소수자가 만들어내는 "소수문학"은 언제나 다수언어를 "탈영토화하고" 개인을 정치에 접속시키고 모든 것에 집합적 가치를 부여한다고 말합니다. 사실 이러한 것들은 당신에게는 기존 문학 안에서 모든 문학이 지니는 혁명적 특질입니다. 동성애가 반드시 이 세 가지 특질을 지닌 문학을 만들어냅니까?

가타리 불행히도 그렇지 않습니다. 오이디푸스적 동성애의 형태로 자신들의 글쓰기를 수행하는 동성애적 작가들이 확실히 존재합니다. 심지어 매우 위대한 작가들도 말이지요. 저는 지드(Gide)[1]를 생각하고 있습니다. 몇몇 작품을 제외하고 지드는 언제나 자신의 동성애를 전사(轉寫)하였고 어떤 의미에서는 그것을 배반했습니다.

스탬볼리언 지드가 『코리동』 같은 작품에서 동성애의 가치를 증명하려고 했던 사실에도 불구하고 말입니까?

가타리 그렇습니다. 하지만 저는 지드가 자신의 저술의 바로 한 부분에서만 그렇게 했고 그의 나머지 글쓰기는 다르지 않은가 생각합니다.

스탬볼리언 『앙티 오이디푸스』에서 당신과 들뢰즈는 프루스트(Proust)[2]

---

1) Andre Gide(1869~1951). 『지상의 양식』, 『배덕자』, 『사전꾼들』, 『좁은문』 등의 소설작품이 있다.

2) Marcel Proust(1871~1922). 프랑스의 소설가로 『잃어버린 시간을 찾아서』라는 대작을 남겼다. 기억을 끌어내면서 인간과 사물에 대해서 그림 그리듯이 그려내는 그의 기법은 카프카, 카뮈,

가 동성애의 두 가지 유형—오이디푸스적이고 그러므로 배타적이고 지구적이며 신경증적인 동성애와, 비오이디푸스적(a-Oedipus)인 즉 포용적이고 부분적이고 국지화된 동성애—을 기술했다고 지적합니다. 사실 당신에게 후자는 당신이 "횡단성애(transsexualité)"라고 부르는 것의 표현입니다. 따라서 만일 두 사람의 지드가 존재한다면, 역시 두 사람의 프루스트가 존재하지 않습니까? 아니면 적어도 프루스트의 작품에 대한 두 가지 다른 독해의 가능성이 존재하지 않습니까?

가타리 남성 프루스트에 대해서는 대답할 수 없습니다만, 저에게 그의 작품은 두 가지 측면을 나타내는 것으로 보이며, 우리는 실제로 두 가지 사태가 존재하기 때문에 두 가지 독해를 정당화할 수 있습니다.

스탬볼리언 당신은 카프카에게서 악마적인 것에 대해 말했습니다. 자, 지드, 프루스트, 그리고 주네(Genet)[3]는 동성애가 지닌 악마적인 측면에 매료되었다고 비난받아 왔습니다. 당신은 동의하시겠습니까?

가타리 어느 정도는 그렇습니다. 특별히 당신이 언급한 세 사람의 이름에 대해서가 아닐지라도, 저는 때때로 그것이 동성애보다 악마적인 것에 더 매료되었던 사람들의 문제가 아닌가 생각합니다. 동성애는 악마적인 것에 접근하는 수단이 아닌가요? 다시 말해서 그들은 어떤 방식에서는 보기에 따라서 괴테의 후계자들이며, 괴테가 악마적인 것이라고 부른 것은 본질적으로 신비〔불가사의〕의 차원이었습니다.

스탬볼리언 하지만 우리의 문명에서는 동성애는 종종 악마적인 것과

사르트르, 베케트 등에게 많은 영향을 끼쳤다. 가타리는 『기계적 무의식』(윤수종 옮김, 푸른숲, 2003) 2부에서 프루스트에 대해 분석한다.

3) Jean Genet(1910~1986). 사회에서 버림받은 자신의 경험을 주제로 한 소설을 썼으며 화려한 이미지와 웅변적인 서정에 넘친 그의 작품은 악을 찬미하고, 악을 미의 근원으로 삼는 절대적 배덕의 세계이다. 『도둑일기』, 『장미의 기적』 등의 소설과 『하녀』, 『발코니』, 『흑인』 등의 희곡, 『사형수』 등의 시집이 있다.

연관된다는 사실은 남아 있습니다.

가타리 그렇습니다. 하지만 범죄도 마찬가지입니다. 유사한 악마적 측면을 지니고 있는 범죄문학의 전체 장르가 존재합니다. 악마적이거나 신비한 것은 진정 사회세계에서 욕망의 잔여물입니다. 신비를 위한 자리는 거의 없어서 우리는 어디에서나, 회피하거나 주변적이게 되는 어떠한 것에서나 신비를 찾습니다. 예를 들면, 어떤 스타 영화배우의 삶에는 악마적인 어떤 것이 존재합니다. 그것이 바로 선정주의적인 언론이 스타를 이용하는 이유입니다.

스탬볼리언 그것이, 우리가 악마적인 것에 굶주려 있다는 것을, '자연스럽지' 않은 것들에 굶주려 있다는 것을, 악마적인 것에 대한 우리의 욕구를 충족시키기 위해 영화 스타들 및 동성애자들을 착취해 왔다는 것을 우리에게 말해주지 않습니까?

가타리 저는 자연에 대해 전혀 찬성하지 않기 때문에 자연에 반대하지도 않습니다. 따라서 인공물, 인위적으로 악마적인 것이 오히려 저를 매혹하는 어떤 것입니다. 단 악마적인 것을 직접적인 욕망 관계에서 살도록 하는 것과 그것을 억압적인 기계로 변형하는 것은 전혀 다른 것입니다.

스탬볼리언 동성애 작가들에게로 다시 돌아갑시다. 저는 여기에서 제게 충격을 주었던 당신의 진술을 인용하고 싶습니다. 『격주문학』(*La Quinzaine littéraire*), 1975년 8월호에 실린 당신의 인터뷰 마지막 단락입니다. 당신은 이렇게 말했습니다. "어떤 것을 깨뜨리는 모든 것, 기존 질서를 깨뜨리는 모든 것은 동성애와 또는 동물되기, 여성되기 등과 어떤 관련을 가집니다. 어떠한 기호적 절단도 성적 절단을 함의합니다. 따라서 제 생각에, 동성애 작가들의 문제를 제기하는 것이 필요하지 않고, 오히려 어떤 식으로든 비록 다른 측면에서 이성애적일지라도 위대한 작가에게서 동성애적인 것을 찾는 것이 필요합니다." 이러한 생각은 일부 프로이트파 비평가들 및 정신분석가들을 그렇게 괴롭혀온 문제— 즉 동성애나 모든 성애와 창조성 사이의 연계—에 접근하거나 아마도 넘어서는 새로운 방식을 포함하고 있지 않습니까?

가타리 예, 물론입니다. 저로서는 글쓰기가 다른 욕망기계들과 접속할 때 하나의 문학기계가 스스로 출발하거나 출발할 수 있다고 생각합니다. 저는 그 자체가 남성되기인 여성되기(이 역설이 완벽하기 때문에)와 관련되어 있는 버지니아 울프(Virginia Woolf)[4]에 대해 말하고 싶습니다. 저는 제가 매우 좋아하는 책, 『올란도』(*Orlando*)에 대해 생각하고 있습니다. 당신은 남성으로서 이야기의 전개를 따라가는 이러한 성격[인물]을 만납니다. 그리고 소설의 2부에서는 그는 여성이 됩니다. 자, 버지니아 울프 자신은 여성이었지만, 그녀가 여성작가가 되기 위해서 그녀는 여성되기라는 어떤 궤적을 따라야 했으며, 그러기 위해서는 남성임으로써 시작해야 했다는 것을 우리는 압니다. 우리는 조르쥬 상드(George Sand)[5]에게서 아마도 이보다 더 주목할 만한 것들을 확실히 발견할 수 있었습니다. 따라서 저의 질문은 글쓰기 자체, 기표 자체가 어떤 것과도 관련을 맺지 않고, 오직 자신과만 또는 권력과만 관련하는지 하는 것입니다. 글쓰기는 예를 들면 마약과의 관계에서 비트 세대, 여행・산행・요가와의 관계에서 케루악에게서처럼, 다른 어떤 것 속에서 작동하기 시작합니다. 그러면 무엇인가가 진동하기 시작하고 작동하

---

4) Virginia Woolf(1882~1941). 영국 소설가로 『제이콥의 방』(1922), 『댈러웨이 부인』(1925), 『등대로』(1927), 그리고 『올랜도』(1928) 등의 작품이 있다.

5) George Sand(1804~1876). 프랑스의 여류 소설가. 연애소설, 인도주의적 사회소설, 전원소설을 썼다. 그녀의 일생은 모성애와 우애와 연애로 일관된 분망한 생애로서 그야말로 낭만파의 대표적 작가다운 모습을 보여 주었다. 한편, 선각자적(先覺者的)인 여성해방운동의 투사로서도 재평가되고 있다.

기 시작합니다. 리듬이 나타나고, 말하고 싶은 욕구, 욕망이 나타납니다. 만일 그것이 정확히 글쓰기 및 문학영역을 벗어나 있지 않다면, 작가는 이러한 문학기계를 어디에서 출발시킬 수 있을까요? 성적 절단 따라서 동성애, 여성되기, 마약중독자, 선교사, 누가 압니까? 그것은 하나의 공장이며, 글쓰기기계에 에너지를 전달하는 수단입니다.

스탬볼리언 기호적 절단은 성적 절단에 선행할 수 있습니까?

가타리 성적 절단은 기호적 절단이 아니라 기호적 연관입니다. 저는 당신에게 보다 친숙한 예를 들겠습니다. 지적인 교육의 관점에서 빈약한 배경 때문에 광인이라고 불리는 사람들—아무 것도 읽지 못하고 초등학교 밖에 나오지 못한 농부들—을 예로 들어봅시다. 자, 분열발작, 정신이상 발작을 일으킬 때, 종종 그들이 쓰고, 그리며, 비범한 것들을 아주 아름답게 시적으로 표현하기 시작합니다! 그리고 나서 "치유되면" 그들은 들로, 사탕수수로, 아스파라가스로 되돌아가고, 글쓰기를 완전히 그만둡니다. 당신은 랭보(Rimbaud)[6]에게서 정신이상 발작의 기미를 봅니다. 그가 정상적이 되었을 때 그는 장사일을 하며 그 모든 것이 중단됩니다. 그것은 항상 어떤 접속의 문제입니다. 정말로 어떤 자질도 없는 약간의 학자적 글쓰기 기계였던 어떤 것이, 정신병에서 또는 마약에서 또는 전쟁에서 시작하여 이 작은 글쓰기 기계에 생명을 불어넣고 비범한 것들을 만들어낼 수 있는 믿을 수 없는 지각기호계와 접속됩니다. 당신은 일단의 접속이 풀린 기계들을 보며, 주어진 순간에 그들 사이에 전송이 있으며, 모든 것은 기능하기 시작할 뿐만 아니라 가속적인 작동을 만들어냅니다. 따라서 당신이 알듯이, 저는 성에 대해서 말하고 있지 않습니다. 성(sexualité)은 이미 성별(sexe)로, 카스트로, 성관행의 형태들로, 성의례로 구체화됩니다. 그러나 창조성과 욕망은 저에

---

6) Rimbaud(1854~1891). 프랑스의 조숙한 천재 시인.

게는 동일한 것, 동일한 정식입니다.

스탬볼리언 저는 당신에게 여전히 다음과 같은 질문을 하고 싶습니다. 당신은 예를 들어 위대한 작가인 베케트 같은 이성애작가에게서 동성애적인 것을 찾아낼 수 있습니까? 베케트의 작품은, 우리에게 종종 비상한 기호적 연관의 산물인 것처럼 보이며 어쨌든 이전의 모든 표상을 흔들고 그것들을 넘어서는 "동성애"를 제시합니다.

가타리 저는, 쌍쌍이 여행하며 완전히 성을 벗어나서 살기 때문에 아무런 성행동을 하지 않지만 그럼에도 불구하고 일종의 언표행위의 집합적 배치를, 일어나는 모든 일을 지각하는 집합적인 방식을 나타내는 그러한 인물[성격]들을 생각합니다. 그리고 아주 많은 일들이 발생하고 있기 때문에, 마치 각각의 강렬도를 포착하기 위해 현미경을 사용하듯이, 각 요소를 받아들이고 정제하기 위해서는 선별하고 좁히는 것이 필수적입니다. 정말로, 아마도 베케트에서는 성별을 벗어난 어떤 운동이 존재하지만, 그러나 대상에 대한 절대적으로 우화적인 관계, 대상에 대한 성적 관계가 존재합니다. 저는 『몰로이』(*Molloy*)에서 [입으로] 빠는 돌들을 생각합니다.

스탬볼리언 그렇다면 그의 작품에서 동성애의 요소, 사도-마조히즘의 요소들을 어떻게 설명할까요?

가타리 그러나 베케트의 작품은 극장입니다. 왜냐하면 만일 베케트의 작품에 어떤 상수가 존재한다면, 그것은 그가 소설을 쓸 때조차, 어떤 것을 보여주는 연출(mise en scène), 연기의 의미에서 극장을 창조한다는 것입니다. 따라서 그때에는 불가피하게 그는 표상들을 수집하지만, 문학을 창조하기 위해 그것들을 접합시킵니다. 더욱이 제가 생각하기에 베케트는 광기에, 정신병리학에 매우 관심이 있었던 사람이며, 그래서 그는 많은 표상들을 입수했습니다. 물론 그가 그것들을 사용하는 것은 본질적으로 문학적이지만, 그가 그것들을 사용하는 목적은 번역이 아니라, 콜라주며 춤과 같습니다. 그는 이러한 표상들을 가지고 연기합니다 또는 오히려 그는 그 표상들이 연기하도록 합니다.

스탬볼리언 영화에 관한 논문[7]에서 당신은 어떠한 표상이든 권력과 관련하여 일정한 지위를 표현한다고 말했습니다. 그러나 저는 베케트가 정치적으로 "순진무구한" 텍스트를 쓰는 데 성공하지 못하지 않았나 생각합니다.

가타리 저는 자연을 믿지 않는 것처럼 순진무구함도 믿지 않습니다. 한 가지 사실만은 분명히 해야 합니다. 만일 우리가 순진무구함을 발견한다면, 걱정할 이유가 있으며, 물론 죄—그것은 순진무구함과 동일한 것이며 그 짝입니다—가 아니라 정치적으로 생겨나고 있는 것을, 즉 점선의 정치학을 찾을 이유가 있습니다. 카프카를 다시 예로 들어봅시다. 비록 그의 텍스트는 순진무구하지 않을지라도, 최고로 순진무구한 인물〔성격〕은 K이며, 여전히 그는 순진무구하지도 죄가 있지도 않습니다. 그는 정치적 장으로 들어가려고 기다리고 있습니다. 그것은 허구가 아닙니다. 그것은 보르헤스(Borges)[8]가 아닙니다. 왜냐하면 그는 가장 커다란 정치적 드라마들 가운데 하나가 카프카의 작품 주위에서 공연된 프라하에서 정치적 장에 진입했기 때문입니다. 따라서 순진무구함은 언제나 정치적 문제가 기대하는 것입니다.

스탬볼리언 그래서 씌여진 모든 것은 이런 저런 방식으로 정치적 입장과 연결되어 있습니까?

---

7) 가타리, 「불행한 사람의 침대」, 『분자혁명』, 윤수종 옮김, 푸른숲, 1998, 257-270쪽.

8) Jorge Luis Borges(1899~1986). 아르헨티나의 시인이자 소설가. 스페인에서 전위시인 그룹인 울트라이즘파(派)에 가입했으나, 귀국 후에는 독자적인 시풍을 개척하였다. 시집으로는 『부에노스아이레스의 열정』(1923), 『전방의 달』(1925), 『산 마르틴의 일지』(1929)과 소설집 『픽션』(1944), 『알레프』(1949) 등이 있다.

가타리 그렇습니다. 두 가지 근본적인 축에서 말이지요. 먼저 수목의 축이 있습니다. 현실·지시대상과의 연관을 거부하는 식으로 쓰여진 모든 것은, 주체·대상을 개인화하고 글쓰기를 자체에 근거하게 하는 정치학을 함의하며, 그것에 의해서 모든 위계들에, 모든 집중화된 권력 체계들에, 질 들뢰즈와 제가 "수목"이라고 부른 것에, 즉 통일할 수 있는 복수성 체제에 스스로 봉사합니다. 수목과는 달리 두 번째 축은 "리좀"의 축, 순수한 복수성의 체제입니다. 순진무구한 텍스트들조차, 다다이스트[9]들의 것과 같은 무료 게임들조차, 콜라주, 컷업[잘게 잘라진 것들을 다시 엮는 것], 아마도 특히 이러한 것들은 어느 날 현실에서, 사회적 장에서, 경제적·우주적인 색다른 흐름의 장에서 유사한 절단 유형이 드러날 수 있도록 할 것입니다.

스탬볼리언 그처럼 성해방은 우리로부터 정치적 연관들을 제거하지 않고 있습니다.

가타리 성해방은 신비화입니다. 저는 다른 카스트 및 성 체계가 권력을 장악하는 것을 믿고 그것을 위해 투쟁할 것이지만, 성이 욕망이 되고, 욕망이 성적인 것인 동시에 다른 어떤 것이 될 자유일 때 해방이 일어날 것이라고 믿습니다.

스탬볼리언 한 카스트가 다른 카스트를 대체하는 이러한 딜레마에서 어떻게 빠져 나옵니까?

가타리 이러한 해방운동이 자신의 오류와 어려움을 통해 밝혀내는 것은 정말로 어떠한 카스트도 존재하지 않는다는 것입니다. 의사소통이 화자와 청자 사이에 세우는 권력관계들이나 성좌[배열] 속에 있는 개인

---

9) 1차 세계대전 말엽부터 유럽과 미국을 중심으로 일어난 예술운동을 다다이즘 혹은 다다(dada)라고 하며, 그 주도자들인 다다이스트들은 과거의 모든 예술형식과 가치를 부정하고 비합리성·반도덕·비심미적(非審美的)인 것을 찬미하였다.

들에 근거하지 않은 다른 주체적 배치 유형을 통해 사회가 스스로를 개혁할 가능성이 존재합니다. 잘은 모르지만, 가족에도, 공동체에도, 집단에도 기초하지 않은 배치가 존재할 것입니다. 거기에서는 삶·정치·노동의 목적이 언제나 무의식적 관계·미시권력관계·미시파시즘 관계에 대한 분석과 연접될 것입니다. 언젠가 이러한 운동들이 동성애자·여성·어린이의 해방뿐만 아니라 자신들의 지속적인 권력관계에서, 자신들의 소외관계에서, 자신들의 신체·사고·말하는 방식에 대한 억압관계에서 자신들에 대항한 투쟁을 자신들의 목표로 정할 때, 진정 우리는 다른 종류의 투쟁, 다른 종류의 가능성이 나타나는 것을 볼 것입니다. 타자들과 우리의 모든 관계에서 미시파시스트적인 요인들을 찾아내야 합니다. 왜냐하면 분자적 수준에서 투쟁할 때 우리는 몰적 수준에서 진정으로 파시스트적인, 거시파시스트적인 구성체를 막아낼 훨씬 더 많은 기회를 갖게 될 것이기 때문입니다.

스탬볼리언 당신과 들뢰즈는 종종 아르토에 대해 말합니다. 그는 우리에게서 작품들을 그리고 아마도 쓰여진 텍스트들조차 제거하기를 원했습니다. 쓰여진 텍스트는 이미 미시파시즘의 한 형태를 포함하고 있다고 말할 수 있습니까?

가타리 아닙니다. 왜냐하면 쓰여진 텍스트는 확장될 수 있기 때문입니다. 거리의 낙서들은 지우거나 덧붙일 수 있습니다. 쓰여진 텍스트는 모순적일 수 있고, 글자를 지우고 그 위에 덧붙일 수 있습니다. 그것은 극히 살아있는 어떤 것일 수 있습니다. 훨씬 덜 살아있는 것은 **저작집** (*oeuvre*)이고, 아르토 자신은 하나의 작품이나 책을 쓰지 않았습니다. 그러나 그렇게 되면, 우리는 결코 책을 쓰지 않습니다. 우리는 이미 씌여진 책들을 접합니다. 우리는 우리 자신을 하나의 계통(phylum)에 놓습니다. 영원하고 보편적인 교본이기를 원하는 책을 쓰기 위해서는,

예, 당신이 옳습니다. 하지만 어떤 것 이후에 그리고 다른 어떤 것 이전에 쓰는 것은 하나의 사슬에, 더욱이 사랑의 사슬〔연쇄〕에 참여하는 것을 의미합니다.

스탬볼리언 저는 잠시 욕망과 해방문제에 대해 당신이 말했던 것으로 돌아가고 싶습니다. 저는 동성애 문제 및 이러한 투쟁의 특정성을 피하기 위해 모든 것은 바로 성이며 성만이 문제가 된다고 말함으로써 그러한 종류의 정식화로부터 이익을 얻을 수 있는 사람들에 대해 생각합니다.

가타리 저는 당신이 말하는 것에 대해 매우 동감합니다. 그것은 그들이 우리에게 노동자계급 투쟁에 대해 말하는 것과 약간 비슷합니다. 저는 그것을 이해하지만, 여전히 동일한 대답을 하고 싶습니다. 즉 그것은 동성애자들에게 달렸다고 말입니다. 저는 노동자도 동성애자도 아닙니다. 저는 제 자신의 방식으로 동성애자이지만, 현실세계나 집단세계에서 동성애자는 아닙니다.

스탬볼리언 그렇습니다만, 동성애에 대해 사람들이 제안하는 이론들은 언제나 중요하며, 절대 순진무구하지 않습니다. 『코리동』을 쓰기 전에 지드는 이론들을 읽었습니다. 『잃어버린 시간을 찾아서』를 쓰기 전에 프루스트는 당대의 심리학적 사상을 완전히 알고 있었습니다. 주네조차도 나중에 사르트르 이론의 영향을 받았습니다. 분명히, 작가들은 종종 다른 사람들이 이론으로 변형시킨 것을 처음 알아채는 사람들입니다. 저는 도스토예프스키,[10] 프루스트, 그리고 물론 카프카를 생각하고 있습니다. 당신은 과거의 문학을 연구하는 데 당신 자신의 이론들을 이미 사용하기 시작하였고, 그 이론들은 아마도 언젠가는 "욕망문학"이

---

10) Dostoevski(1821~1881). 톨스토이와 함께 19세기 러시아 문학을 대표하는 소설가이다. 『가난한 사람들』(1846), 『백야(白夜)』(1848), 『죄와 벌』(1866), 『백치』(1868), 『악령(惡靈)』(1871~1872), 『카라마조프의 형제들』(1879~1880) 등의 소설이 있다.

라고 불릴지도 모르는 것과 연관되어 있습니다. 작가들, 비평가들, 동성애자들은 이러한 이론들을 받아들이거나 거부하는 선택을 또는 그것들을 가지고 연기하는 선택을 합니다. 그러나 그들은 이론들을 잊을 수도 없고, 도덕주의자·정신분석가·철학자의 말들을 무시할 수도 없는데, 확실히 오늘날 프랑스에서는 무시할 수 없습니다.

가타리 맞습니다, 전적으로 동의합니다. 그것은 정말로 오염입니다. 그러나 어쨌든 당신은 제가 여기에서 진전시켜온 몇몇 이론적 명제들을 어떻게 생각합니까? 제가 당신에게 질문할 차례군요.

스탬블리언 당신이 여기에서 말해온 것과 당신이 써온 것을 통해 당신의 입장을 판단해보면, 저는 당신과 들뢰즈가 프로이트의 체계에 대해 진지하게 문제제기해 왔다고 생각합니다. 당신은 우리의 관심을 개인적인 것에서 벗어나 집단으로 돌리게 해왔고, 전체 오이디푸스적인 구조가 어느 정도 우리 사회의 편집증을 반영하며 사회적 정치적 억압을 내재화하는 수단이 되어 왔는가를 보여주었습니다. 또한 저는 『앙티 오이디푸스』에서 다음 구절을 인용하고 싶습니다. "우리는 통계적으로나 몰적인 측면에서 이성애자들이지만, 우리가 알건 모르건 개인적으로는 동성애자들이며, 마지막으로 요소적으로 분자적으로는 횡단성애자들이다." 저는 당신 이론의 이런저런 측면들을 충분히 이해한다고 주장할 수는 없지만, 당신은 우리 스스로가 다른 방식으로 성문제를 제기할 시간이 왔으며 그것은 일종의 해방이라는 것을 보여 줍니다.

가타리 글쎄, 저는 "모든 것은 성이다"라고 말하는 그러한 사람들에게 더 멀리 나아가 (재확신의 방향으로 가지 않기 위해서는) 사실 동성애자의 성뿐만 아니라, 사도마조히스트, 이성복장착용자, 매춘부, 심지어 살인자조차도, 그 문제에 관한 한 어떤 누구의 성이란 무엇인가를 알려고 노력해야 한다고 말해주고 싶습니다. 그들은 자신들이 얼마나 무서운 억압세계에 진입할 것인지를 알아야 합니다.

스탬볼리언 방금 제가 인용했던 당신 저작에서의 구절에도 불구하고, 당신은 말할 때 언제나 이성애라는 지배적인 영역의 바깥에 존재하는 집단들을 종종 인용합니다.

가타리 저에게 욕망은 언제나 "바깥"입니다. 욕망은 언제나 소수자에 속합니다. 저에게 이성애적 성애란 존재하지 않습니다. 일단 이성애가 존재한다면, 사실 일단 결혼이 존재한다면, 더 이상 욕망도, 더 이상 성애도 존재하지 않습니다. 25년 동안 이 분야에 대한 저의 모든 연구에서 저는 욕망의 선을 따라간 이성애적 결혼 커플을 결코 본 적이 없습니다. 전혀. 그들(욕망의 선을 따라가는 이성애적 결혼 커플)은 존재하지 않습니다. 따라서 저에게는 이성애란 있을 수 없기 때문에 제가 동성애 등을 가지고 성애를 주변화하고 있다고 말하지 마십시오.

스탬볼리언 동일한 논리에 따르면 동성애도 있을 수 없습니다.

가타리 어떤 의미에서는 그렇습니다. 왜냐하면 어떤 의미에서 동성애는 이성애에 역의존하고 있기 때문입니다. 문제가 되는 것은 신체의 위축입니다. 그것은 전적으로 유성화된(sexué) 신체되기가 불가능하다는 것입니다. 유성화된 신체는 모든 지각을 포괄하는 어떤 것이며, 마음 속에서 일어나는 모든 것입니다. 문제는 신체를—신체의 모든 측면들을—성욕화하는 방법, 신체를 욕망하고 떨리게 만드는 방법입니다.

스탬볼리언 우리 각자가 지닌 환상들이 여전히 존재합니다. 종종 그것은 몇몇 동성애적 글쓰기에서 흥미로운 것—매우 구체화되고 매우 특정한 환상들의 이러한 표현—입니다.

가타리 저는 사물들이 환상의 측면에서가 아니라 표상의 측면에서 연기된다고 생각합니다. 표상의 환상들이 존재합니다. 욕망에는 언어적 흐름을 포함하여 전적으로 상이한 성격을 지닌 기호적 흐름이 존재합니다. 그것은 환상들이 아니라, 〔단어〕말, 연설, 리듬, 시입니다. 시에서 환상적 표상은 결코 본질적인 것이 아니고, 고작 내용입니다. 환상은 언제나 내용과 관련됩니다. 중요한 것은 표현이며, 표현이 신체와 접속하는 방식입니다. 예를 들면 시는 자신을 신체에, 지각에 전달하는 리듬입니다. 환상은 작동할 때 내용을 표상하는 환상으로서 작동하는 것이 아니라, 우리를 움직이고, 우리를 멀리 실어가는 어떤 것을 가져오며, 우리를 끌고가 어떤 것엔가 가두는 무엇으로서 작동합니다.

스탬볼리언 형식환상들도 존재하지 않습니까?

가타리 형식환상들, 표현환상들은 실제로 미시파시스트적 결정화(結晶化)가 됩니다. 예를 들면 "정확히 이러한 입장에 서시오. 나에게 그러한 효과를 만들어내도록 이 시나리오를 따르시오."라는 것은 사도마조히스트적 인물〔성격〕이 지닌 권력장면에 포함되어 있습니다. 이것은 일종의 형식환상이 되지만, 거기서 중요한 것은 환상의 적용이 아니라, 다른 사람과의 관계이며, 공모입니다! 욕망은 형식적인 잉여성에서 벗어나고, 권력구성체에서 벗어납니다. 욕망은 알려지거나 알리지 않습니다. 욕망은 정보나 내용이 아닙니다. 욕망은 왜곡하는 어떤 것이 아니라, 다른 형식들을 이탈시키고, 변화시키고, 수정하고, 조직하며 그리고 나서 그 형식들을 버리는 어떤 것입니다.

스탬볼리언 그렇다면, 문학적 텍스트는 이것 저것으로 불릴 수 있는 어떠한 성뿐만 아니라 모든 범주화에서 벗어납니까?

가타리 당신이 매우 사랑하는 어떤 문학작품을 골라보십시오. 자, 당신은 그 작품이 당신에게는 성애나 욕망의 특수한 형태이기 때문에 그것을 사랑하며 그래서 저는 그 용어를 당신에게 남겨둔다는 것을 알 것입니다. 제가 『율리시스』를 읽는 동안 조이스(Joyce)와 사랑에 빠진 첫 시기는 절대로 잊을 수 없습니다. 그 소설은 비상했습니다. 저는 카프카와 사랑에 빠졌고, 저는 우리가 그렇다고〔사랑에 빠졌다고〕 진실로 말할 수 있다고 생각합니다.

스탬볼리언 프루스트는 "발자크11)를 사랑하는 것, 보들레르12)를 사랑하는 것"이라고 말했죠. 그리고 그는 어떤 하나의 정의로 환원될 수 없는 사랑에 대해서 말하고 있었습니다.

가타리 전적으로 동의합니다. 그리고 사람들은 카프카와 사랑에 빠졌던 동일한 방식으로 조이스와 사랑을 하지 않습니다. 만약에 사람들이 동일한 방식으로 사랑을 한다면 걱정할 이유가 생길 것입니다―사람들은 문학교수가 되고 있는지도 모릅니다.

스탬볼리언 아마도 그렇겠지요! 그렇다면 문학은 욕망해방일 수 있으며 텍스트는 성별을 복수화하는 방식입니다.

가타리 어떤 텍스트들, 작동하는 텍스트들은 그렇습니다. 작동하지 않는 텍스트들에 대해서는 아무 것도 할 수 없습니다. 그러나 작동하는 텍스트들은 우리의 기능작용을 복수화합니다. 그런 텍스트들은 우리를 광인으로 전화시킵니다. 텍스트들은 우리를 떨게 만듭니다.

(1979)

---

11) Jean Louis Guez Balzac(1799~1850). 프랑스의 소설가. 『인간희극(人間喜劇)』이란 작품이 있고, 거기서는 욕구의 무한, 탐구의 무한, 사상의 무한, 감정의 무한을 추구하는 초현실적인 인물들이 북적거린다.

12) Charles Baudelaire(1821~1867). 시집 『악의 꽃』이 있다. 보들레르의 서정시는 다음 세대인 베를렌・랭보・말라르메 등 상징파 시인들에게 큰 영향을 끼쳤으며, 명석한 분석력과 논리와 상상력을 동원하여 인간심리의 심층을 탐구하고, 고도의 비평정신을 추상적인 관능과 음악성이 넘치는 시에 결부시켰다고 평가받는다.

11

욕망은 역능, 역능[1]은 욕망
——스키조문화 회의에서의 대답

정신분석에 대한 체계적 공격 (적어도 저는 그렇게 생각합니다.) 후에, 질 들뢰즈와 저는 정신분석에서, 대학에서, 그리고 전반적으로, 권력구성체를 떠받치고 있는 언어적 기호적 관념들에 대해 질문하기 시작했습니다.

제가 **표현의 기호적 구성요소**라고 부르는 것에 대한 일종의 전반적인 억압은 특정한 유형의 글쓰기에서 발생해서, 사람들은 말할 때조차

---

1) puissance, 역능 개념은 영국을 제외한 유럽언어에서는 권력(불어로는 pouvoir) 개념과 대비되어 쓰이는 개념이다. 니체가 권력의지라고 했을 때 권력의 의미도 바로 역능(力能) 개념이다. 역능 개념은 대표제 모델에서 생각하던 권력 개념과는 달리 모든 개별자(singularité, 특이성)가 지닌 잠재력을 말하며, 데카르트적인 이성에 근거한다기보다는 스피노자적인 욕망에 기초한 개념이다. 역능을 지닌 개별자들이 차이를 확인하면서 서로 새로운 것을 구성해 나가는 방식을 통해 권력대표가 아닌 새로운 사회(공동체)를 만들어 가자는 문제의식에서 사용하는 개념이다. 즉 권력자의 지배 개념에서 벗어나 특이한 개별자가 지닌 새로운 것을 구성해 내는 능력을 말한다.

도 마치 글을 쓰고 있는 것처럼 말합니다. 동시에, 그들의 말하기 규칙도 특정한 통사법에 의존할 뿐만 아니라 특정한 **글쓰기 법칙**에 의존합니다.

원시사회와는 달리, 우리사회는 말하기에 대해 많이 생각하지 않습니다. 오직 글쓰기, 기호화되고 입증된 글쓰기만을 생각합니다. 자본주의 사회에서의 예속은 기본적으로 글쓰기와 연결된 기호적 예속입니다. 글쓰기에서 벗어난 사람은 생존에 대한 어떤 희망도 포기해야 합니다. 그런 사람들은 결국 전문화된 제도들에 갇혀버립니다. 일을 할 때나 삶의 어떤 다른 영역에서나, 사람은 항상 자신이 사용하는 기호적 양식들이 글쓰기 법칙의 현상과 관련된다는 것을 확인해야만 합니다. 만약 제가 몸짓〔제스처〕을 한다면, 그것은 "이 지점에서 이러한 제스처를 하는 것이 적당한가?"라고 말하는 텍스트에 관련되어야만 합니다. 만약에 저의 제스처가 앞뒤가 맞지 않다면, 컴퓨터에서처럼, 몇몇 쓰여지거나 디지털화된 장치에서 이렇게 말할 것입니다. "이 사람은 미쳤거나, 약물중독일지도 모른다. 아마도 우리는 경찰을 불러야 할 것 같다. 또는 아마도 그는 시인일지도 모른다. 개인은 특정한 사회에 속하고 쓰여진 텍스트에 준거해야 한다." 그러므로 이 콜로키움(분열문화 회의)에서 제기된 문제는—특정한 텍스트를 읽든 말든—기본적으로 대학을 넘어서는 권력구성체에 관한 문제라고 저는 생각합니다.

질문 이것은 앙토넹 아르토가 쓰여진 텍스트에 대해 말했던 것과 관련되지 않습니까?

가타리 절대적으로 그렇습니다. 아르토는 연극과 영화를 기호적 구성요소의 복수성 속에서 이해했습니다. 대개 영화는 쓰여진 텍스트, 대본에 근거하고 있고, 조형적이고 청각적인 요소들은 텍스트에 준거하거나 텍스트로부터 소외됩니다.

질문 그것은 글쓰기의 문제, 엄밀하게 말하기의 문제보다는 선형성 (linéarité)의 문제 아닙니까?

가타리 물론이죠, 아니면 모든 것을 디지트(digit, 숫자)로 바꾸는 디지털화라고 부를 수 있는 것이 문제입니다.

질문 자본주의에 고유한 선형성 문제입니까? 아니면 자본에 고유한 글쓰기 형태가 있습니까?

가타리 그렇습니다, 저는 그렇게 믿습니다. 언표행위 체계의 전체적 진화는 언표행위의 개인화로 그리고 언표행위의 집합적 배치의 타락으로 향하는 경향이 있습니다. 달리 말해서, 사람은 화자와 청자의 입장을 포함하는 개인화를 위해 복잡한 표현체계 전체—춤, 문신, 마임 등에서처럼—를 포기하여 소통에서 남는 유일한 것은 "비트(bit[binary digit], 정보량의 최소단위)들" 속에 양화된 정보의 전달입니다. 그래도 또 다른 배치에서 소통의 본질은 **욕망**의 소통입니다. 놀고 있는 아이나 누군가를 유혹하는 구애자는 정보를 전달하지 않습니다. 그는 일련의 기호적 구성요소들이 포함된 풍부한 표현적 상황을 창조합니다.

자본주의는 이러한 구성요소들을 고려하지 않습니다. 자본주의는 첫째로, 사람들이 노동분업을 확인하는 방식으로 스스로를 표현하기를 바라고, 둘째로, 욕망이 체계가 메꿀 수 있는 방식으로 표현되기만을, 또는 생산체계에서 선형화되고 양화되기만을 바랍니다. 많은 사람들은 여기서 선형화란 유전적 체계들에서조차 주어진 목적을 위해 데이터를 전달하는 가장 좋은 방식이라고 지적해 왔습니다. 예를 들면 구매가 이루어질 때 원시사회에서 일어나는 것을 생각해 봅시다. 구매는 종종 끝없는 토론에 연결된 신체입니다. 구매는 비록 교환으로 나타날지라도 더욱 종종 증여처럼 보입니다. 오늘날, 쇼핑은 이념적으로 판매자가 컴퓨터처럼 행동하도록 요구합니다. 비록 판매자가 상냥한 사람이고 모든 도상적 유혹 구성요소들을 보인다고 할지라도, 그럼에도 불구하고 그녀는 정밀한 코드에 따라 유혹합니다. 그녀의 치마는 일정한 길이여야 하며 그녀의 미소는 인위적임에 틀림없습니다. 자본주의가 기호적 예속을 확보하는 가장 좋은 방법은 욕망을 선형적인 방식으로 코드화하는 것입니다. 공장에서든 은행에서든 자본주의는, 현재 있는 그대로의 자신들의 총체성을 자신들의 욕망과 자신들의 문제들과 함께 가지고 오는 사람들을 원하지 않습니다. 그들에게 욕망하도록, 사랑에 빠지도록, 우울해지도록 요구하지 않습니다. 일을 하도록 요구할 뿐입니다. 그들은 자신들이 느끼는 것, 현재의 자신들, 자신들의 완전한 지각기호계, 모든 자신들의 문제들을 억눌러야만 합니다. 자본주의 사회에서 일한다는 것은 글쓰기 법칙과 정확한 관계를 가진 사용가능한 기호화의 양을 고립〔격리〕시키는 것을 의미합니다.

질문 그것은 지극히 넓은 의미에서 자본주의를 문제삼고 있는 것입니다.

가타리 명백히, 우리는 관료주의적 사회주의 또한 포함해야 합니다.

질문 다시 선형성의 문제로 돌아와서, 당신에 따르면 라캉의 오이디푸스적 삼각형에 대한 비판과 거부로부터 어떤 결과가 나옵니까? 혁명행동의 측면에서 비판적 주석으로서만이 아니라 지적 실천으로서 그러한 비판의 영향은 무엇입니까?

가타리 무의식에 관한 라캉의 정의가 자본주의적-사회주의적인 관료제적 사회적 장의 무의식을 잊어버린다는 것을 기억한다면, 저에게는 그것〔정의〕이 특별히 적절한 것 같습니다. 사실, 라캉은 뭐라고 말합니까? 그는 무의식이 언어처럼 구조화되어 있고 기표는 또 다른 기표에 대해서 주체를 나타낸다고 말합니다. 사람들은 표상, 상징적 질서, 그〔상징적 질서〕 속에서의 사람들의 접합을 통해, 〔가족〕삼각형과 거세를 통해 무의식에 접근합니다. 사실상 이것이 진정 무의식이란 것이며, 욕망은 표상되는 한 표상체들을 통과할 때만 존재할 수 있을 뿐입니다. 그렇지 않으면, 사람들은 근친상간적 미분화, 욕구 등의 검은 밤으로 빠져듭니다. 전체적인 문제는 여기에 있습니다. 라캉을 끝까지 가까이 따라가면, 그는 결국 뭐라고 말합니까? 당신〔여러분〕은 기표와 거세를 통해 욕망에 접근합니다. 그런데 당신이 접근하는 욕망은 불가능한 욕망입니다〔라고 말합니다〕.

저는 라캉이 자본주의적인 사회적 장의 무의식이란 견지에서는 완전히 옳다고 생각합니다. 왜냐하면 어떤 사람이 우리의 욕망을 표상하자마자, 엄마가 아이의 욕망을 표상하자마자, 선생님이 학생들의 욕망을 표상하자마자, 화자가 청중의 욕망을 표상하자마자, 또는 지도자가 추종자들의 욕망을 표상하자마자, 혹은 지도자가 우리의 욕망을 표상하는 어떤 사람에게 상당한 무엇인가(저는 "마초"가 되었거나 아니면 그녀가 저에 대해서 생각할 것이 되었습니다) 이려는 야망에 싸여 있는 우리 자신을 표상하자마자, 더 이상 욕망은 존재하지 않기 때문입니다. 저는 무의식 속에서 주체와 대상의 위상은 형이상학적인 일반적 주체가 아니라 특수한 주체, 일정한 사회-경제적 장에 있는 특수한 대상의 한 유형을 계속 함의하는 것이라고 생각합니다. 욕망 그 자체는 대상뿐만 아니라 주체에서도 벗어납니다. 그리고 특히 이른바 일련의 부분 대상들에서 벗어납니다. 정신분석의 부분 대상들은 억압적 장에서 나타날 뿐입니다. 프로이트의 논문 '꼬마 한스'[2]를 기억하는 사람들에게 항문이란 부분 대상은 모든 다른 대상들이, 옆집의 어린 소녀, 또는 길 건너기, 산책하기, 엄마와 함께 잠자기, 또는 자위행위가 금지될 때 나타납니다

---

2) 프로이트가 증상치료를 한 사례로, 말을 무서워하고 밖에 나가는 것을 힘들어 하던 어린 소년 한스 이야기이다.

다. 그리고 나서 모든 것이 불가능해질 때, 두려워하는 대상이 나타나고, 두려워하는 주체가 나타납니다.

의미작용체계는 항상 권력구성체와 연결되어 있습니다. 그리고 권력구성체가 의미작용과 의미화[3] 행위들을 제공하기 위해 개입할 때마다, 목표는 항상 의미작용과 의미화를 위계화하고, 중심적 권력구성체와 양립할 수 있도록 조직화하고 만드는 데 있습니다. 여기서 중심적 권력구성체는 민족어의 존재에 의해 매개된 국가의, 자본주의 권력의 구성체입니다. 그리고 민족어는 각자의 특수한 입장을 구체화할 만큼 많은 특수어로 분화되는 일반법칙 체계의 기계입니다. 민족어는 각 사람의 말하기 방식을 구체화하는 번역가능성의 수단입니다. 이민자는 선생님, 여성, 지배인 등과 똑같은 방식으로 말하지 않습니다만, 어쨌든 각자는 일반적 번역가능성 체계에 비추어 윤곽이 그려집니다. 저는 전달·소통·언어의 기능들이나 법률권력의 기능들을 구분해야 한다고 믿지 않습니다. 바로 동일한 유형의 수단이 통사법의 법칙을 설립하며, 경제법칙·교환법칙·노동분배 및 소외의 법칙·추방의 법칙·잉여가치법칙을 설립합니다.

그리고 저는 스스로 〔언어와 권력의 관계에 대해〕 그렇게 많이 이야기했는데, 사람들이 어떻게 제가 언어와 권력을 부인한다고 비난할 수 있었는지 모르겠습니다. 권력 일반에 대항해서 전쟁하는 것은 불합리할 것입니다. 반대로 특정한 유형의 권력정치, 특정한 유형의 권력배치, 특정한 언어사용, 그 중에서도 특히 민족어는 역사적 상황의 맥락에서

---

3) 의미작용(signification)과 의미화(significance). 기표에 기의를 연결하여 기호를 만듦으로써 기호로 하여금 기의의 가치를 표현하게 하는 작용으로서 기호에 담아놓은 기의의 가치를 추출하는 작용을 말한다. 이러한 의미작용을 통해서 모든 의미를 해석해 내려는 경향을 의미화라고 한다. 이러한 의미작용이나 의미화는 기표적인 작동으로 가타리는 비기표적인 무의미와 대립시킨다.

표준화〔정상화〕됩니다. 역사적 상황이란 특정한 언어적 카스트의 권력 장악, 방언의 파괴, 모든 종류의 특수어—유아언어나 여성언어 뿐만 아니라 전문언어까지(로빈 라코프의 연구4)를 보라)—의 거부를 함의합니다. 저는 그것이 지금 일어나고 있다고 생각합니다. 욕망과 역능을 대립시키는 것은 불합리할 것입니다. 욕망은 역능입니다. 그리고 역능은 욕망입니다. 쟁점이 되는 것은 현존하는 상이한 언어적 배치에 관련해 어떠한 유형의 정치를 추구하느냐 하는 것입니다. 왜냐하면—그리고 이것은 저에게는 필수적인 것 같습니다—자본주의 권력과 관료적 사회주의 권력은 모든 개인적 기호화양식에 침투하고 개입하기 때문입니다. 오늘날, 그 침투와 개입은 경찰이나 물리적 억압의 명시적 사용에 의한 직접적 예속을 통해서보다는 기호적 예속을 통해서 더욱 진전하고 있습니다. 자본주의 권력은 개인의 모든 태도에, 인식·신체·어린이·성파트너 등과의 개인의 관계에 미시파시즘을 주입합니다. 만약에 자본주의 체계에 대항하는 투쟁을 지도할 수 있으려면, 제 생각에는 자본이 근거하고 있는 모든 기호적 침투에 대해 철저히 이해한 채 부르주아 권력에 대항하여, 부르주아적 착취 체계 및 제도에 대항하여—눈에 보이는, 외적인 목표를 지닌—투쟁을 결합해냄으로써만 가능할 수 있습니다. 결과적으로, 조직의 관료제, 개량주의 정책 등에 대항한 투쟁영역을 탐색할 때마다, 우리 자신이 얼마나 이러한 미시파시즘에 많이 오염되어 있고 이러한 미시파시즘의 담지자인가를 알아야만 합니다.

모든 것은 제가 **언표행위의 개인화**라고 부르는 것 속에서 행해지고 조직되어서, 사람들로 하여금 그러한 작업에 착수하는 것을 방해하며,

---

4) Robin T. Lakoff. 1967년에 하바드에서 언어학 박사를 받았고 버클리의 캘리포니아대학교에 있다. 그녀는 언어형식과 사회심리적 맥락의 관계, 언어와 젠더, 담론전략, 담론장르 등에 관심을 갖고 있다. 『언어와 여성의 지위』, 『얼굴가치: 미의 정치』, 『말하기 권력』, 『언어전쟁』 등의 저서가 있다.

개인을 항상 그 자신, 그의 가족, 그의 성에 옭아매고, 그러한 해방작업을 불가능하게 만듭니다. 그러므로 혁명적 정치투쟁과 분석을 융합하는 이러한 과정은 또 다른 도구가 만들어진다는 조건 위에서 생각해볼 수 있을 뿐입니다. 우리의 (즉 질 들뢰즈와 함께 한) 용어에서, 이러한 도구는 **언표행위의 집합적 배치**라고 불립니다. 이것은 반드시 하나의 집단을 의미하지 않습니다. 즉 하나의 언표행위의 집합적 배치는 사람들과 개인들—그러나 또한 기계들, 기관들—을 작동시킬 수 있습니다. 이것은 소설 속에서 발견하는 몇몇 인물들의 노력과 같은 미시적 노력일 수 있습니다(저는 베케트의 『몰로이』를 생각하고 있습니다). 그것은 초월적 매개나 집단작업일 수 있습니다. 그러나 언표행위의 집합적 배치는 집단에 의한 해결책은 아닙니다. 그것은 기호적 구성요소들이 체계적으로 깨지고 선형화되고 분리되지 않도록 하기 위해서, 서로 다른 기호적 구성요소들 사이의 연접기회를 만들려는 시도일 뿐입니다.

이전의 대담에서, "대담"하던 사람이 저에게 와서 다음과 같이 말했습니다. "만약에 제가 오랫동안 말했다면 즉시 그것은 제가 금지되었다고 느꼈기 때문이고, 말할 수 없었기 때문입니다." 우리는 언표행위의 집합적 배치로서 기능하지 않습니다. 저는 그가 말하는 것을 듣는 것에 대한 제 자신의 금지와 말하는 것에 대한 그의 금지를 연관시키지 않았습니다. 그것은 항상, 만약 당신이 이성적 담론을 버린다면, 당신은 열정·살인의 검은 밤〔칠흑 속〕에, 그리고 모든 사회적 삶의 해체에 빠질 것이라는 생각으로 되돌아갑니다. 그러나 저는 이성적인 담론이 병리학, 특별히 병적인 담론이라고 생각합니다. 세상에서 일어나는 일을 살펴보기만 해 보십시오. 이성적 담론은 어디에서나 지배하고 있으니까요.

질문 어떻게 당신은 언표행위의 집합적 배치에서 선형성과 통사법의 재부과를 막을 수 있습니까?

가타리 정보, 잉여성들, 제안들, 모든 기존 세력이 억압하기를 원하는 이미지들을 억압하려는 것 또한 불합리할 것입니다. 그리고 문제는 기호적이거나 언어학적이거나 정신분석적인 것이 아닙니다. 문제는 정치적인 것입니다. 문제는 의미적 잉여성의 정치나 완전히 다른 성격의 복수적 접속 어디에 강조점을 둘 것인가를 자문하는 데 있습니다.

질문 당신은 좀더 명확히 해야만 합니다. 당신은 기호계, 정보, 언표행위의 집합적 배치 즉 언어학에 대해서 말합니다. 그리고 나서 당신은 당신의 논증을 언어적 또는 심리학적 체계에서 정치 체계로 대체합니다. 저는 더 이상 당신을 따를 수 없습니다.

가타리 매 시기 그것은 똑같은 것입니다. 학교에서 글쓰기 교육이란 구체적인 예를 들어봅시다. 문제는 다른, 지구적인 방법으로 종종 제시됩니다. 완전히 자유로운 학교에서조차 사회는 지금 있는 그대로 만들어지고 있어서, 우리는 아이들에게 글쓰는 방법과 언어적 교통신호를 인식하는 방법을 가르치는 것에 반대한다는 것을 거의 상상할 수 없습니다. 중요한 것은 이러한 기호적 훈련을 개인의 기호적 예속과 권력을 결집하는 데 사용하는가 아니면 다른 어떤 것에 사용하는가 입니다. 학교가 하는 것은 정보를 전달하는 것이 아니라 신체에 기호적 모델화를 부과하는 것입니다. 그래서 그것은 정치적입니다. 만약에 사람들로 하여금 관료적인 자본주의-사회주의 체계의 소외를 받아들이게 하려면, 체계에 대한 그들의 기호적 수용성을 확보하는 방식으로 사람들을 모델화하기 시작해야 합니다. 그렇지 않으면 그들은 공장이나 사무실에서 일할 수 없을 것입니다. 그들은 정신병원이나 대학으로 내몰려야 할 것이기 때문입니다.

질문 당신은 라캉이 언어학과 정신분석학을 통해 가공한 지식체계를 완전히 거부합니까?

가타리 완전히 거부합니다. 저는 라캉이 자본주의체계에, 사회주의 관료체계에 있는 무의식을 묘사했다고 믿습니다. 이것은 바로 정신분석의 이상을 이룹니다.

질문 그러나 그것은 이러한 체계를 묘사하는 데 하나의 체계로서 타당합니까?

가타리 확실히 그렇습니다. 정신분석협회는 (그리고 이것은 우리가 그들에게 비싼 값을 지불하는 이유입니다) 다른 권력영역—대학에서 그리고 다른 곳에서—에 대해 커다란 중요성을 지닐 수 있는 특정한 모델을, 이상을 나타냅니다. 왜냐하면 정신분석협회는 욕망은 기표 속에 그리고 순수한 듣기, 분석가의 조용한 듣기에서조차 기표에만 투여된다고 확신하는 길을 대표하기 때문입니다. 그것은 최고도로 표현된 기호적 예속의 이상입니다.

질문 니체에 따르면, 사람은 자기 자신의 약점에 순응하면서, 그 약점을 순화하면서, 그것을 포섭하거나 넘어섭니다. 물론 니체는 반동적인 사람입니다. 급진적인 어떤 사람이 정신분석적 담론과 산업적 담론을 더욱 탐색하자고 제안할 수 있겠습니까?

가타리 무엇보다도 먼저, 저는 니체주의자가 아닙니다. 둘째로, 저는 저의 약점을 넘어서는 것에 대해 생각하지 않습니다. 셋째로, 저는 정신분석에서 그리고 대학에서 목을 적시고 있는데 이러한 영역에 제가 기여할 수 있는 것을 알지 못합니다. 화자와 청자 사이의 정보전달이 어떤 것도 변화시킬 수 있다고 믿지 않으므로 더욱 그러합니다. 그리고 이것은 여기서 이해할 수 있듯이 이데올로기적 노력이나 또는 진리를 향한 노력의 문제도 아닙니다. 그것은 간단히 이렇습니다. 즉 사람이 (저를 시작으로) 다른 어떤 것과 나란히 하나의 요소를 이루는 다른 유형의 언표행위배치가 될 것인지, 아니면 아무 것도 아닐 것인지 입니다. 그리고 아무 것도 아닌 것보다 더 나쁜 것은, 많은 나라들에서 파시즘이 지속적인 선형적 방식으로 전개되고 있고, 거기에서 당신이 파시즘을 지니고 있다는 것입니다.

(1975. 11)

12

가족요법에 관하여[*]

사회통제와 억압을 담당하는 온갖 종류의 제도는 노골적인 자태를 드러내지는 않는다. 그 제도들은 과학적이라는 이데올로기의 가면을 쓰고 있으며 진부한 이론적 명제에 호소할 때에도 새로운 치장을 한다.

정신분석은 그처럼 오랫동안 "유행하는" 모든 종류의 "심리학자(psy)"의 의무적인 준거가 되어 왔다. 그러나 오늘날 정신분석은 유행의 한창 때를 약간 지나가기 시작하고 있다. 그래도 또한 부상 혹은 재부상하는 것은 조건화와 암시에 근거한 기술들이다. 수년 이래 사람들은 그러한 기술을 정보이론, 커뮤니케이션 이론, 체계이론 등으로 보강하면서 시류에 타려고 시도했다.

그러나 원리는 동일한 채 있다. 매번 사람들은 억압당한 혹은 주변화된 사람들—어린이, 광인, 일탈자—에 대한 사회적인 차별관행을 과

---

* *Cahiers critiques de thérapie familiale et de pratique de réseaux*, Editions Gamma, 1979, 1호에 실림.

학적으로 정당화하려고 하며, 지배권력은 그러한 차별을 관리하는 팀이나 설비의 보증인이 되려고 한다. 사회사업가나 정신위생노동자의 일상적 실천은 잘 받아들여지기 위해서는 고도로 전문적인 위광을 지녀야 한다.

이와 관련하여 전반적으로 동의하는 분위기이다. 대학인도 공무원도 매체도 또한 뉴스 자체도 모두가 이 영역에 있어서 의사(擬似) 분업을 강화하는 데 공헌하고 있다. 그러나 이 전문화의 강화는 기술의 의사민주화에 조금도 역행하지 않는다. 전문가는 자신의 진료소에서 나와서 거리[도시]로 나가야 한다. 사람들은 오늘날 정신병원의 너무나도 낡은 중장비로 된 시설을 변혁하고 소형화하고 사회통제의 이데올로기를 최대한 보급하고 그 기본원리를 대중화하려고 한다. 차별과 억압은 당연하며 그것은 과학적 견지에 속하며 따라서 이 문제에 관해서는 다음의 것들을 요구하는 것이 정당하다는 여론을 납득시켜야 한다.

— 끊임없이 요원 및 설비의 보강.

— 기능의 다양화 및 자질화 추진.

— 자신들의 활동방식과 관련하여 사회 전체로의 광고 및 협력의 확대
　　요청.

현재 가족요법의 다른 재탕들이 실제 유행하는 것처럼 보이는 것은 이러한 맥락 속에서다. 정신위생과 어린이에 관련하는 많은 노동자는 일이 순조롭게 진행된다는 느낌을 가지고 있다. 정신분석은 그들에게는 너무 엘리트주의적인 것 같다. 그래도 제도를 벗어나는 대안들은 너무 위험한 것 같다. 따라서 체계적인 방법의 환원주의적 성격을 몇 가지 느껴도 그들은 그것의—큰 소리로 선언되는—유효성이란 이름으로 수용한다. 문제는 그 유효성을 부정하는 것이 아니라 그 유효성의 실제적인 궤도를 아는 것이다. 가족요법의 치료자가 다른 어떤 전문가보다도 살

아있는 현실에 접근하기 때문에야말로 더욱 위험하다! 실제 그들의 가장 사사로운 "처방"도 미시정치적인 문제들의 연속체—그것은 궁극적으로 사회문제들 총체, 우리 사회의 기능양식의 규정 자체에 개입한다—를 끌어들인다. 이러한 전문가의 비정치적인 선의, 기술적인 자부심은 아마 오늘날 기성 질서의 기반의 하나가 되어가고 있다.

그것에 대해서 "손실을 막는" 것을 생각할 수 있고 예를 들면 몇 가지 반동적인 가족주의적 관념을 처분하고 과학적 및 기술적 구도에서 몇몇 가치있는 요소를 보존할 수 있다고 반박할 수도 있다. 그러나 사태는 그렇게 단순하지 않다! 결국 사실상 이론 전체가 확산된 반동적 이데올로기에 주입되고 있다. 따라서 전지구적인 이론적 문제제기에 만족할 수 없다. 즉 가족요법의 개입을 가장 즉각적인 실천 속에서 암암리에 정치화하는 것이 좋다.

이러한 유형의 이론의 타당성을 위협하는 기본 사상은 여러 가지 수준의 특정성에 관련된다. 그것에 따르면 몇 가지 유형의 문제는 전지구적 사회에 배타적으로 귀착되고(예를 들면 고용, 실업, 사회통제 등) 다른 문제들은 한층 더 "손이 미치는 범위에 있는" 미시사회적인 집합체에 귀속된다. 그래서 전자는 "대(大) 정치" 전문가들에게 속하고, 후자는 정신·어린이·가족의 전문가들에게 속한다. 그렇지만 사태는 현실적으로 항상 그렇게 기능하는 것은 아니다. 어떤 특이한 욕망도 어떤 은밀한 징후도 가장 커다란 사회문제와 직결되어 있다. 아버지, 어머니, 교사 혹은 "텔레비전에서 말하는 사람" 등을 통해 바로 사회 전체가 표현된다. 반대로 사람들의 머리 속에서 수 천 킬로미터 상공을 통과하고 있는 것처럼 보이는 모든 경제적·사회적·정치적인 대문제들은 생활양식의 문제들, 사람들에 있어서 더할 나위 없이 중요한 노동·신체·성·환경 등과의 관계의 문제들에 작용하고 있다. 예를 들면 에너지 문제는 일련의 기술경제적인 자료로 환원되지 않는다. 그것은 그 사태의 이유와도 관련된다. 왜 그러한 유형의 에너지인가? 어떠한 사회에서 살기 위해서인가? 생산관계, 사회관계, 가정이나 부부 등의 관계는 더욱 더 뒤얽힌다. 그리하여 서로 연결시키지 않고는 그것들을 분석할 수가 없다.

체계이론에 따르면 모든 투입은 좋고, 모든 매개변수는 가치가 있다. 교환가능성이 전반적으로 군림한다. 그 점에서 체계이론은 확실히 자본의 노선 속에 있다. 가장 개인적인 욕망도 사회경제적인 여건도 일정한 체계 총체 속에 균등하게 동일한 권리로 상호작용할 것이다. 이 이론이 대상의 구체적인 풍부함을, 특히 미시사회적인 배치의 사회역사적인 연계들을 보존할 수 없다는 것은 기본적 공준 가운데 하나 속에서 정당화된다. (이 공준은 단순한 양심에 속하는 것처럼 보이기 때문에 간과될 위험이 있다.) 그 공준은 어느 주어진 체계의 구성요소는 필연적으로 그 소속 **집합체와 동일한 범주**의 하위체계라는 것을 인정하는 것에 있다. 따라서 하위체계의 서열적인 정돈은 부분에서 전체로 이행하는 한 **증가하는 복잡성**의 원리에 기초한 "자신들의 규정관계의 재강화"에서 유래한다. 그러나 마땅히 그러한 것은 저절로 이루어지는 것이 아니다! 이러한 원리와 반대로 "가장 분화된 것"이 "작동을 개시하는" 데 유리한 조건을 보존하고 기대하는 체계적 부분집합체 속에 완전히 숨을 수 있다는 사실을 증명하는 다수의 예를 끌어내는 것은 쉬울 것이다. 예를 들면 염색체 체계는 다른 체계가 접속되는 한에서만 실제로 생산적인 것으로 될 수 있는 은행과 같다. 그러한 하위집합체에 관해서 그것은 실제로는 하위집합체는 아니지만 "규정관계"의 관점에서 보면 가장 풍부한 체계로서 출발시점에 있어서 진정한 체계적 총체를 이루는 것이라고 할 수 있지 않을까? 질문은 결코 형식적이지 않다. 현실에 하나의 형식, 하나의 구조 혹은 하나의 체계를 투여한다는 구실로 **이질적인** 구성요소들의 투입을 금지하는지를 아는 것이 중요하다. 아주 미소한 탈주선, 사소한 징후가 체계로서는 무수한 결과를 동반하는 문제설정의 벡터들일 수 있다. 하위체계의 문제가 중요한지 아닌지를 공표하는 것이 이미 하나의 미시정치적인 선택이다. 특히 이러한 종류의 직업에서는 그러한 선택은 불가피할 것이다! 그러나 최소한 요구할 수 있는 것은 각각에 대해 구체적인 비판적 입장이기도 하다. 여기서는 분석이 곧바로 정치적인 것이 된다. 예를 들면 가족적 혹은 미시사회적 집합체 속에서 한 개인을 거절하는가 수용하는가를 결정하는 것은 "항상적인(homéostatique) 균형"이 아니다. 그때 찾고 부딪치고 혹은 겹치는 것은 바로 우주, 세계관, 사회적인 역관계이다. 이 수준에서 전문가는 자신이 장악하고 있는 과학적 기술보다는 오히려 자신의 사회적 비중이라든가 자신의 "지식자본"이 나타내는 위협능력에 의해 훨씬 더 개입한다. 이러한 권력메커니즘을 명석하게 자각했을 때 비로소 기성질서와 반대 방향으로 그 메커니즘을 가동시키기를 바랄 수 있다.

(1979)

13

기표로서의 마약*

중요한 것은 이 현상을 순수 의료적으로든 정신의학적으로든 심리적으로든 혹은 사회학적으로든 범죄학적으로든 단순화하는 태도를 피하는 것이다. 이 현상은 모든 그 "전문영역들" 안 쪽에 뿌리를 내리고 있다.

비행 및 범죄 메커니즘을 마약 자체의 메커니즘과 분리할 수 없다. 마약은 너무 비싸고 마약중독자를 일종의 게토에 감금해 버리는 그러한 생활방식을 동반한다. 거기에는 끔찍한 경제기계가 있는데, **마약의 무료배급**이 실현되는 한에서만 그 기계에서 탈출할 수 있을 것이다. 아마도 의학적 통제 하에 두는 것으로도 가능할 것이지만, 억압적이지 않은 새로운 접근법이, 따라서 관련당사자와 공권력 사이의 새로운 역관계가 설립될 수 있는 한에서만 이 문제는 검토될 것이다. 총체적으로 봐서 그 결과는 확실히 현재상태보다도 훨씬 덜 파국적일 것이다. 현재 상태에서는 마약중독자는 끝없는 고통과 공포 속에 살 수밖에 없고, 또한 경성

* Claude Olivenstein, François Châtelet, Numa Murard 등과의 토론에서 발췌.

마약의 섭취에 관한 신화를 발전시키는 특수한 환경을, 게다가 마약중독 판매인이 살아가는 유일한 방법인 온갖 권유방식을 분비하고 있다. 문제는 거기에 있다. 즉 연성 마약에서 경성 마약으로 이른바 단계상승에 관해서 닥치는 대로 이론화하는 것이 중요하지 않고, 결국 〔마약을〕 권유하는 유도체계를 무장 해제시키는 것이 중요하다. 매독환자가 연명하기 위해서 매독을 퍼뜨리도록 강제된다는 것을 상상할 수 있을까? 경성 마약을 자유로이 유통되도록 하고 중독자에게 여러 가지 대용품 가운데 하나의 선택지로서 제공하는 것이 불가결하다고 나는 생각한다. 그리고 치료를 목적으로 한 이러한 보급의 조직방식은 중독자 자신들 집단과, 사회사업가, 의사 등과 협의하여 정할 수 있을 것이다. 그러나 첫 번째 원칙은 판사와 경찰이 이 영역에 절대 억압적으로 개입〔침입〕하는 것을 금지시키는 것에 있을 것이다.

경성 마약의 메커니즘은 다른 마약의 메커니즘과는 근본적으로 다른 생화학적 과정에 속한다고 규정하는 "과학적" 신화는 마약중독자 자신이 지닌 신화와 짝을 이룬다. 알코올은 지극히 위험한 마약이지만, 자유로이 판매되기 때문에 만성 알콜중독이나 간경화가 증가하는 것은 아니다. 경성 마약의 영역에서 조절은 저절로 이루어질 것이다. 그리고 자유로운 판매체제 아래에서는 신화의 힘이 떨어지고 솔선하여 권유하는 사람도 사라지기 때문에 아마도 소비량은 감소할 것이다.

이러한 방향을 성급히 단죄하기 전에, 영국에서 이러한 근거에서 행해지는 경험을 면밀히 검토해 보면 좋을 것이다. 많은 중독자가 등록되기를 거부하거나 합법적으로 배분된 마약의 사용을 비합법적인 마약과 결합하는 것은 사실이다. 그러나 우선, 경제적인 의존과 범죄화를 완전히 벗어나게 할 수 없는 이 경험이 지닌 제도적 맥락에 대해서 분석해야 한다. 반복해서 말하자면 범죄화하는 것을 중지하는 것은 분명히 무시할 수 없는 전제를 이룬다. 마약을 먹고 소규모로 밀매매하는 수준에서 공권력이 범죄화하는 데 집착한다면, 일부 활동가 단체와 집단이 대안적인 보급을 조직하는 책임을 지는 것도 필요할 것이다. 그것은 어려운 조건 속에서 뱅센느에서 시도되고 있는 것이다. 그러나 그렇게 하면 적어도 제품의 질을 집합적으로 통제하는 것이 최소한 가능하게 된다.

　이 문제의 가장 일반적인 틀은 낡은 주체적 영토화 양식이 붕괴한다는 사실에서 유래한다고 나는 생각한다. 사람들로 하여금 영토, 대상, 의례, 혹은 여러 가지 보상행위에—그것들이 아무리 바보 같거나 파국적일지라도—어떤 희생을 치르더라도 매달리도록 하는 현상을 나는 "블랙홀의 에코〔메아리〕"라고 부른 바 있다. 이 관점에서는 오토바이나 록 음악에 대한 젊은이의 열정, 어린이의 인형에 대한 열정, 구역 패거리의 문장(紋章)에의 재영토화, 부인들의 소비재에의 재영토화, 기업간부의 승진위계기능에의 재영토화 등을 모두 동일한 계열에 넣을 수 있다. 그렇게 보면 마약 문제는 사회적 물질적 심리적 등등의 다양한 마약들 사이의 이행통로들의 문제로 대체된다. 왜 다른 것, "사회성 있는" 길 혹은 당사자 본인이나 주위 사람에게 처참한 결과를 가져오는 어떤 것에가 아니라 마약에 "재영토화"되는가?

　렝지스(Rungis)〔파리의 큰 시장〕의 오토바이대원의 위장자살, 시청 각중독의 만연 등과 같은 다양한 현상들을 동일한 구도에서 취급하도록 하는 경성 마약의 공통점은, 내가 미시파시즘이라고 특징짓는 어떤 유형의 주체적인 블랙홀의 존재인 것 같다. 블랙홀은 어떠한 사회적 장에서도 번식하고 증식한다. 한 개인의 삶 전체가, 그의 기호화양식 전체가 고통 및 죄책감의 중심점에 의존하는 방식으로, 주체성이 블랙홀에 에코〔메아리〕를 울리게 하는지를 아는 것이 중요하다. 나는 블랙홀이란

이 이미지를, 외부와의 교류생활의 모든 가능성이 끊어진 한 개인 혹은 한 집단의 기호적 구성요소들의 금지현상을 보여주기 위해서 제안하였다. "블랙홀의 에코"라는 표현으로 나는 몇 가지 봉쇄(blocage)[1] 체계의 공명상태를 가리킨다. (예를 들면 당신이 위경련을 일으킨다고 한다. 당신은 또 그것밖에 생각하지 않게 된다. 그리고 그것은 "전신증상"으로 변한다. 당신은 성감대를 고통스럽게 하며 처나 아이를 박해하며 등등, 그리고 이 영역들 모두는 공명하기 시작한다.)

공적인 표현양식을 가지고 자신들이 처해 있는 상황을 "극화"할 수 있는 몇몇 록 그룹을 보면, 경성 마약의 세계로부터 다치지 않고 탈출하는 사람들은 거의 없다. 다른 사람들은―그것은 정확하게 해 두어야 한다― 견딜 수 없는 비참한 상태에 있다. 경성 마약의 신화를 뒷받침하기 위해서 중독자의 경험에 기반하여 무언가를 밝히는 어떤 유형의 사람들에게 의지하려고 하는 것은 속임수일 것이다.

*

경성 마약과 연성 마약의 구별은 결국 너무 인위적이다. 그것은 임상적인 구도에서 잘못 근거하고 있는 것 같다. 연성 마약의 경직된[경성] 사용방법이 있다면, 반대로 경성 마약의 부드러운[연성] 사용방식도 있다. "궁극적"으로는 항상 같은 신경계가 반응하며, 결국 모든 것은 마약의 농도, 강도, 그리고 물질적 사회적 주체적인 관리 및 배치양식의 사안이라고 당연히 생각해 볼 수 있을 것이다.

달리 말하면, 물리화학적인 특징뿐만 아니라 구입양식, 분위기, 맥락, 신화 등도 중요하며, 모든 문제는 이러한 복잡한 배치가 출구 없는 고독의 방향으로, 사회적이고 신경증적인 포위의 방향으로 가고 주체성

---

1) 혹은 르네 톰(René Thom)의 의미에서 파국(catastrophe).

의 강요된 개체화에 이르는가 아닌가를 아는 것이다.

틀지움〔구획화〕, 사회적 통제는 대부분의 사람을 다음과 같은 극한 상황들 사이에 몰아넣는다.

- 구제할 수 없는 고립
- 어떠한 형태의 고립도 수용할 수 없는 무능력, 결국은 모든 의존양식, 모든 "관계"(스포츠, 텔레비전, 부부관계, 일, 위계서열 등)에 대한 끊임없는 호소.

경성 마약은 첫 번째 상태에 속하고 연성 마약은 두 번째 상태에—종종 이 상태를 넘어서는 현상도 일어나기도 하지만—속하는 것이라고 나는 생각한다.

연성 마약은 욕망의 미시경제를 구축하는 사람들, 마약이 구성요소의 자격으로 개입하는 다소 집합적인 배치들에 의해 소비된다.

마약은 주체적인 개체화, 포위, 외부현실과의 단절의 방향으로 나가지 않는 한 연성이라고 할 수 있다. 마약은 어떤 개인들에서는 자신들의 금지를 걷어치우고 스스로의 생활양식, 도덕적 정치적인 선호, 물질적 사회적인 환경을 의문시하도록 하는 **언표행위의 집합적 배치**의 설치에 참여한다.

경성 마약의 신화를 구성하는 요소의 하나는 그것이 특정한 독창적인 생산을 촉발한다는 생각에 있다. 이렇게 마약과 연결된 문화가 있다. ("비트세대"가 특히 착취한 테마). 이러한 신비화는 이른바 정신병리적인 예술과 관련하여 만들어진 신비화와 궤를 같이 하는 것 같다. 예를 들어 앙리 미쇼[2]가 환각을 불러일으키는 마약을 주제로 하여 만든 2편

---

2) Henri Michaux(1899~1984). 벨기에 출생. 프랑스의 시인이자 저술가이다. 저서로『내면의 공간』(1944), 『비참한 기적』(1955)이 있고 작품으로『에콰도르』(1929), 『아시아의 한 야만인』(1932)이 있다. 신비주의와 광기(狂氣)의 교차점에 서는 독자적인 시경(詩境)을 개척한 것으로

의 단편영화를 보자. 그 영화는 실제로 마약경험과 거의 어떤 관계도 없다! 어떤 이미지들은 아주 아름답지만, 이 영화가 나타내고자 하는 것은 분명 앙리 미쇼의 **문학**(littérature)이며, 마약에 고유한 기호화양식들은 전혀 없다. 광인, 어린이, 마약중독자 등의 특별한 예술이 실존한다고 상상하는 것은 당치도 않다. 어린이, 광인이 예술작품을 만든다는 것이 그 작품이 본질적으로 유치하다든가 광적이라는 의미는 전혀 아니다! 마약중독자들의 어떤 환경은 어떤 문화를 발전시키지만, 마약이 특정한 표현양식을 만들어낸다고 추론할 수는 없다!

마약이 주변적인 세계에, 특수한 문화에 속하는 것이 아니라, 반대로 모든 사회에서, 모든 문화적 종교적 영역에서 근본적인 역할을 해왔다는 것을 인류학이나 언어학의 연구가 밝힐 날이 올 것이다. 인간언어의 최초의 "비약"(décollage) (내가 또한 "패러다임적 도착"이라고 부른 것)을 작동시키는 데 기여하는 것은 구석기 시대로부터의 마약의 사용이었다고 생각할 수 있다. 그러나 자본주의의 고독한 마약은 이제는 예를 들면 샤머니즘의 마약과 같은 집합적 양식으로는 드물게밖에 기능하지 않는다. 우리 사회 전체가 마약에 중독되어 있으며, 마약을 "경성화"하고, 마약을 점점 더 파국의 맛보기와, 세계종말의 박동과 연결하고 있다. 이제 말할 것도 이룰 것도 없다! 이러한 움직임을 쫓아가는 수밖에 없다! 파시즘, 스탈린주의는 집합적인 경성 마약이었다. 소비사회는 수동성과 죽음을 향한 경로를 소형화한다. 더 이상 절멸캠프를 만들 필요는 없다. 사람들은 절멸캠프를 스스로 갖추고 있다.

실제로 연성 마약과 경성 마약의 단절은 하나의 새로운 생활스타일—이 경우 나는 새로운 문화라고 하기보다는 "분자혁명"이라고 하고 싶다—

평가받는다.

과 자본주의적 내지는 관료사회주의적인 공업사회의 미시파시즘적 양상 사이에 위치하고 있다. 나는 항상 어떠한 마약중독자이든 억압에 저항하여 그들과 연대하고 싶다. 그러나 그것은 내가 본질적으로 미시파시즘적이라고 생각하는 경성 마약을 옹호한다는 것을 의미하지 않는다. 경성 마약은 분자 자체로서가 아니라 주체성을 폐지환영 속에서 결정화하게 하는 욕망의 분자적 배치로서 미시파시즘적이다.

*

마약과 정신병이 동일시되거나 혹은 오히려 미묘하게 구별되는 방식은 나에게는 매력적이긴 해도 위험한 것처럼 보인다. 정신병의 경우 사람들은 신체의 기호적 해체를 극복하기 위해 시도하는 것에 비해서, 마약의 경우 사람들은 미시정치적 의지, 말하자면 그 해체를 스스로 행하는 사명을 지니고 있다. 나는 이러한 생각은 근거 있는 것이 아니라고 믿는다. 나는 항상 배치라는 생각, 구성요소에 대한 배치의 일차성이란 생각에서 시작하려고 시도한다. 내가 말하는 배치는 망상도 증후도 환각도 아니고, 사람 이상인 것도 사람 이하인 것도 포함하는 어떤 것이며, 사회체의 분절, 경제 구조, 기관 기능, 생태 환경 등을 포함한 어떤 것이다. 마약중독자가 광인보다 더 큰 주도권을 발휘하지는 않는다. 여기서 내가 경계하는 책임감, 죄책감 문제를 제쳐둔다. 광인은 광인이며 그것은 본인의 잘못은 아니다! 그러나 마약중독자는 비열한이다. 왜냐하면 중독자는 스스로 그러려고 하기 때문이다! 이러한 종류의 집합적 환상에 의사과학적인 지지를 부여할 수 있는 모든 것을 미세하게 검토하고 분해할 만하다고 나는 생각한다.

책임, 집합적 죄책감과 단절해야 한다. 탈출의 여지를 노리는 미시정치적인 가능성의 장에 들어가는 유형의 사람들이 있고 완전히 막다른 골목으로 들어가는 다른 유형의 사람들이 있다. 그것은 객관적인 요인과 동시에 가장 직접적이고 가장 밀접한 언표행위배치의 수준에서 미시정치적인 요인에 좌우된다. 홍수가 닥쳐올 때 한 조각의 나무판에 매달리는 사람이 있고, 그대로 밀려 쓸려 버리는 사람이 있다. 사람들이 들어있다고 생각하는 미시정치적인 배치에 따라 개인들에게 **충분한 책임과 충분한 무책임〔책임없음〕**을 동시에 부여하는 일종의—이중적인 것이 아니라, 삼중적, 복수적, 다의적인—논리에 도달해야 한다.

마약의 증가에 대하여

장 발타자르(Jean Balthazar)는 오해를 불러일으킬지도 모를 짧은 글에서 내가 "첨가제의 자유로운 실습과 그것의 대대적인 유통"을 권하고 있다고 말한다. 그러나 나는 올리번슈타인(Olivenstein)[3]과의 "논쟁"에서 경성 마약의 자유판매—진료소의 처방전에 근거해서 약국에서 판매하든가 혹은 전적으로 다른 방법으로—가 종종 중독자가 밀매자나 권유자로 될 수밖에 없게 만드는 **현행의 비밀체계보다도 피해를 적게 가져올 것**이라고 말했을 뿐이다. 게다가 유통하는 제품의 품질을 관리하기—그것은 필요불가결하다—위한 다른 수단이 없다! (아무도 밀매 마약, 무균상태의 불충분함에 의해서 야기된 피해를 모르지 않는다.)

정말 "행복한 중독자"도 있지만, 중독자가 처해 있는 상황은 대체로 비참하고 더욱이 비극적이라고 인정해야 한다. 그러나 그것이 과연 억압을, 경찰의 통제를 정당화하는 것일까? 사실은 정확히 정반대이며, 그러한 억압에 과학적이라고 자칭하는 보증을 부여하는 "전문가들"은 순전히 사회통제와 틀짜기〔구획〕—그것의 배열장치는 끊임없이 확대

---

3) 마약과 관련된 책을 여러 권 썼다.

된다―게임을 한다.

누구나와 마찬가지로 중독자는 치료받을 자유 혹은 치료받기를 거부하는 자유, 더욱이는 이런 저런 치료방식을 거부하는 자유를 가져야 한다. 나로서는 어떠한 치료형태도 이 문제에 대한 중독자 자신의 책임을 동반하지 않는 한 유효할 수 없다고 확신한다. (뉴욕의 사우스 브롱크스South Bronx에서 "해독 서비스"의 경험4)을 참조). 그러나 그것은 분명 중독자와 관련한 모든 억압형식을 중지하거나 사전에 무력화〔중화〕할 것을 포함한다!

사람들은 전염―경성 마약에의 "의존(기댐)"의 확대!―의 위험을 억제하기 위해서 억압을 정당화한다고 한다. 이 주장은 여러 가지 면에서 속이는 것이다. 우선 경찰의 고백부터 보면, 현재의 억압〔마약단속〕이 어떤 식으로든 중독현상의 확대를 억제하는 데 공헌하지 못한다. 다음으로 세상의 다양한 경험에 비추어 보면 마약보급의 정상화〔규범화〕가 중독자의 수를 늘게 하지 않는다. 더욱이 미국에서는 금주법이 없어진 뒤 간경화나 주객담망(酒客膽妄, 알콜중독에 의한 정신병)이 증가하지 않았다고 모든 사람이 말한다! 그리고 알콜 의존의 문제는―전문가가 뭐라고 하든―근본적으로 경성 마약 의존의 문제와 다르지 않다.

마약은 마리화나를 시작으로 필연적으로 증대해 간다고 하는 것에 관해서는 그 논의가 얼마나 기만적인지에 대해서는 더 이상 말하고 싶지 않다!

(1978. 11)

---

4) 가타리, 『분자혁명』, 윤수종 옮김, 푸른숲, 1998, 215-216쪽 참조.

14

오늘날의 빈곤 *

1978년의 프랑스에는 하층프롤레타리아, 의지할 곳 없는 어린이들, 온갖 종류의 극빈생활자가 2백만 명 이상 존재한다고 사회학자는 보고 있다. 이 "우려할 만한 문제"는 여러 가지 측면에서 연구되고 있다고 한다. 쟝 슈미트(Jean Schmidt)는 그 자신으로서는 유에트(Huchette) 가에 사는 사람들의 얼굴에 카메라를 약간 가까이 대고, 수도의 중심을 함부로 날뛰는 룸펜, 마약중독자, 알코올로 영락한 사람들에게 마이크를 들이밀고 귀를 기울이는 데 만족한 것뿐이었다. 그러나 그 충격은 참기 어려웠다. 통계는 사라졌다. 연민, 혐오, 반역, 무력감, 거부라는 감정이 구별하기 어렵게 섞여 있다. 그리고 권력이나 지배적 합의의 부르릉거리는 얘기들이 돌연 들리지 않게 된다.

그가 만든 영화 〈대천사 미카엘 혹성의 타락한 천사처럼〉1) 은 단순한

---

* Le Monde, 25-1-7와 잡지 Création, Recherche, Image에 실림.

다큐멘터리를 상당히 뛰어넘는다. 이 영화는 저널리즘적인 조사가 할 수 있는 것보다도 주변에 밀려나서 살고 있는 사람들의 오늘날의 현실에 훨씬 접근하고 있다. 그것은 왜냐하면 이 영화에서는 사회조사의 "객관성"은 이 "빈곤의 영토"—그 주민 가운데 한 사람의 표현을 차용하면—의 주민들 자신이 주도한 탐사로 대체되었기 때문이다. 주민들은 외부로부터 부름에 대답하는 것만으로 하지는 않았다. 왜냐하면 사실 이 영화는 그 주민들이 완전히 자유롭게—아마도 그들의 인생에서 처음으로 진정하게, 열렬하게—자신들이 처한 상태의 의미, 자신들에 대한 사회의 책임, 구호조직의 실제적 기능 등에 관해서 자문할 수 있도록 구상되었기 때문이다. 장 슈미트는 사태를 있는 그대로 파악한다. 그는 최대한의 몽타주 효과를 가져오기 위해서 주민들의 이야기를 선별하려고 하지 않았다. 그는 약간은 어디에나 흩어져 있는 상투적인 것들뿐만 아니라, 번쩍거리는 시적인 작업들, 이유없이 떠들어대는 장광설, 가장 참을 수 없는 인종차별적 저주들을 수록하였다.

내 생각에 이 증언에서 나오는 가장 충격적인 폭로는 선진국이라는 나라들에서 주변으로 밀려난 희생자들이 당하는 차별절차의 가혹한 성격에 관련된다. 포위, 감금은 직접적인 강제방법에서보다도 오히려 여러 개의 머리를 가진 하나의 **의존상태** 체계에서 생겨나는 것 같다.

그 체계는 기아나 추위 혹은 가난한 사람들의 마약(알코올, 에테르 등) 의존이라는 면에서 보면 **생리적**인 것이다.

그 체계는 영원히 불안전하고 동시에 룸펜, 집없는 사람, 불량배, 밀매인, 경찰, 관광객 등이 동일한 공간을 계속 점유한다는 면에서 보면 **심리적**이며 또한 **민족학적**이라고 할 수도 있을 것이다.

---

1) *Comme les anges déchus de la planète Saint-Michel.* 1979년 작품.

그 체계는 사회사업가나 집합적 시설(재교육센터, 감옥, 정신의료서비스기관, 간이숙박소, 병원 등)에 의지하지 않을 수 없다는 면에서는 **제도적**인 것이다.

그 체계는 결국 예를 들어 퐁피두센터 앞의 광장에서 관광객을 감동시킴과 동시에 놀라게 하기 위해 촌극을 즉흥적으로 연기하는 청년들에게는 **볼만한 것(스펙터클)의 차원**에 속한다.

여기서는 희망조차도 공권력, 자선사업단체, 정치운동에 의해서 조작되고 위조되고 "설치"된다.

이 영화에서는 다음과 같은 두 장면이 나온다.

─한 주변인 집단이 한 교육자의 도움으로 임시노동을 찾기 위한 자주관리협동조합을 만들려고 한다. 그러나 그러한 기획이 행정감독기구의 "비호" 없이는 실현불가능하다는 것이 곧 분명해진다.

─그 동일한 집단이 접수된 건물의 전세인추방에 반대하는 구역(이웃)투쟁에 참가한다. 그러나 투쟁의 승리 즉 시청과 새 주거지 교섭 뒤에 전원이 고립상태로 되돌아가고 어떤 사람들은 무의미한 폭력을 휘두르고 광기에 빠지기도 한다.

그 성과가 어떠하든, 그러한 시도는 최선의 경우에는 거대한 미래가 없는 일시적인 성공이라고, 또한 최악의 경우에는 사방으로 뻗친 재적응 메커니즘에 의해 회수되어버린다고 비난받는다. 그렇다고 해서 이러한 기획이 시도할 만하지 않다는 것이 아니다! 어쨌든 애매하고 덧없는 성격을 지니고 있어도 그러한 "약간의 희망"으로부터 특히 끌어낼 수 있는 아마도 거대한 이점을 무시할 수 없을 것이다. 그러나 또한 이 측면, 적어도 이 한 측면에서만으로는 어떤 진정한 해결책을 찾을 수 없을 것임은 아주 분명하다. 그때 그때의 잠정적인 개혁이나 일부 사회사업가의 분명한 헌신이 문제의 뿌리에 결코 이를 수 없을 것이다. 민중세력과 조직노동자운동이라 불리는 것이 우선 변화하기 시작하고 마침내 사회 전체의 깊이 있는 변혁이 이루어지는 것만이 주변인의 상황을 실질적으로 변화시킬 수 있을 것이다.

오늘날 이러한 것들에 관해서 일반적으로만, 일정한 거리를 두고 말할 수 없을 것이다. 그러한 것들이 "전문가"에게만 속한다는 생각을 더 이상 지지할 수 없다. 그러한 방향에서 쟝 슈미트와 그의 팀이 만든 이 영화는 하나의 모범적인 개입형태를 이룬다고 볼 수 있다. 이 영화는 스캔들을 고발하는 것에 만족하지 않는다. 이 영화는 "알고 싶지 않은" 여론을, 즉 매체가 둔화시키고 "중독시키고" 유치하게 만든 감수성을 직접 공격한다. 이 영화는 여론의 코밑에 그러한 이미지들과 그러한 사실들을 들이밀면서 정면에서 여론에 맞닥뜨리고 있다.

(1979. 1)

15

민중적 자유라디오[*]

대중적 커뮤니케이션수단의 진화는 다음과 같은 두 가지 상반되는 방향으로 나가는 것처럼 보인다.

– 국가장치, 독점체, 거대한 정치조직 등이 통제하는 초집중화된 체계의 방향으로. 이것의 궁극 목적은 여론을 형성하고, 주민의 태도와 무의식적 도식들을 지배적 규범에 강제로 적응하도록 하는 것이다.

– 매체의 집합적 전유의 가능성을 여는 소형화된 체계의 방향으로. 이것은 "거대한 대중"에게만이 아니라, 소수자, 주변인, 모든 종류의 일탈집단들에게도 실제적인 커뮤니케이션 수단을 제공한다.

첫 번째 방향은 중앙집권주의, 순응주의, 억압을 끊임없이 강화해 가는 방향이고, 두 번째 방향은 자유, 자주관리, 욕망의 특이성의 개화를 위한 새로운 공간을 전망하는 방향이다.

---

[*] *la Nouvelle Critique*와 *Rouge*, juin 1978에 실림.

그런데, 이 두 번째 방향이 프랑스와 이탈리아에서 자유라디오라는 현상으로 개척되었다는 것, 즉 이 방향이 라디오와 같은 이미 상대적으로 낡은 기술에 입각해 있다는 것을 어떻게 설명할까? 왜 근래에 커다란 기대를 불러일으키는 비디오는 아닌가? 왜 케이블은 아닌가? 왜 슈퍼8은 아닌가? 자유라디오의 이러한 "이륙"을 가능하게 한 모든 요소들을 밝히는 것은 아주 어려울 것이다! 그러나 거기에는 아주 특별히 부각시킬 필요가 있는 요소가 있다.

- 비디오와 영화의 경우, 기술적 주도권은 본질적으로 거대산업기업의 수준에 있다.
- 자유라디오의 경우, 기술의 중요한 부분은 "브리콜라주"의 창의성에, 자유라디오를 촉진하는 당사자들에 의존하고 있다.

그런데 어떠한 영역에서도 있을 수 있지만 이 경우 역시 기술적 선택은 항상 정치적 미시정치적 선택을 포함하고 있다. 예를 들면, 텔레비전 영역에서 기술적 선택은 모두 가족적 및 개인적인 소비에 집중되어 있다. 따라서 방송의 틀은 아주 구속되고(기술, 진행, 방송구상의 분업, 외부와 차단된 "방송실[studio]"에 끊임없이 재집중되는 경향, 프로그램의 국민적 사명 등), 불가피하게 소비자의 절대적 수동성을 유도한다. 그러나 애초 기술적 구도에서 이러한 정치적 선택을 강요하는 것은 아무 것도 없다! 예속집단이 아니라 "주체집단"[1]에 적합한 생산과 소비에 어울리는 설비를 구상하는 것도 가능할 것이다. 그러나 자본주의적·국가적 결정권자들은 그러한 방향에 전혀 관심을 보이지 않았고, 결국 "중장비 수단"의 선택이 승리했다. 그리고 현재 이 선택이 사태의

---

1) 주체집단은 자기자신의 행동을 통해 자신의 대상을 분명히 하며 자기자신의 해명수단을 만들어내는 집단이다. 스스로를 만들어 낼 수 있기 때문에 자신의 직접적 이해를 넘어서 세상에 열려 있게 된다. 그에 반해 예속집단은 구조들을 위계화하는 다른 집단(생각)에 자신을 적응시키는 집단이다.

자연적인 과정이라고, 기술의 "자연적인" 진화라고 정당화하려는 경향이 있다.

자유라디오의 경우, 동일한 유형의 기술정치적 문제에 처해 있다. 그러나 이 경우 권력과의 대결 때문에 자연스럽게 "빈약한(가벼운) 수단"이 요구된다. 실제 현 단계에서는, 위험을 최소화하기 위해 송신기의 수를 늘리고 장비를 소형화함으로써만 전파방해와 경찰수색에 대해서 효과적으로 저항할 수 있다. (이러한 일상적인 전파게릴라는 세력관계— 공공방송, 국경일 등—가 자신에 적합할 때 백일하에 "개국"할 수 있다).

민중적 자유라디오의 추진자들[2]이 특히 역점을 두고 있는 점은 기술적 인간적 수단 전체가 청취자와 방송팀 사이에 진정한 "피드백" 체계를 만들어 낼 수 있게 하려는 것이다. 전화에 의한 직접교류, "방송실"의 문호개방, 청취자에 의한 카세트를 사용한 방송제작 등에 의해서. 이 점과 관련하여 이탈리아의 경험은 비슷하게 열릴 새로운 가능성의 거대한 장을 우리에게 보여준다. 특히 "라디오 알리체(Radio Alice)"와 신문 "아/뜨라베르소(A/Traveso)〔횡단〕"를 활성화한 볼로냐 집단의 경험이 있다. 거기에서 사람들은 라디오는 모든 커뮤니케이션 수단—마지오레(Maggiore) 광장에서의 비공식적인 일상적 회합에서 신문의 발행에 이르기까지, 게시판, 벽화, 포스타, 삐라, 집회, 공동활동, 축제와 같은 것까지—가운데 한 요소에 지나지 않는다는 것을 알게 된다. 사람들은 이러한 사고방법과는 반대로 라디오를 통해서 자기표현하는 사람들의 대표성에 집착하는 **지방라디오**의 프랑스인 유지들의 기술관료적인 관념이라든가, "좋은 노선"과 동원식 제안만을 전파에 싣는 데 무엇보다도 부심하는 전통적인 좌파의 관념과는 아주 멀리 있다! 이탈리아 자유라

---

2) "비상업적 자유라디오연합(Fédération des radios libres non commerciales)", 1. rue Keller, 75011 Paris.

디오에서는 극히 진지한 토론이 갑자기 매우 모순된 개입이나 유머러스한 더욱이는 시적인-망상적인 개입에 의해서 종종 중단된다. 사람들은 또한 오늘날 중요한 것은 방송의 내용이, "근대적인 시선"이나 "새로운 청취"의 모든 신화에 맞추어 방송을 제작하는 배려라고 선언하는 근대주의적 기술자들의 관념으로부터도 멀리 있다. 기관지의 질, 메시지의 내용, 표현형태와 관련된 이 모든 "전제조건"이 재결합된다. "지방주의자", 활동가, 근대주의자는 이러저러한 방식으로 자신들을 전문가—연락 접촉, 슬로건, 문화, 표현 등의 전문가—로서 규정한다는 공통점을 지닌다. 그런데 정확하게 자유라디오라는 현상에 의해서 열린 길은 모든 전문화 정신의 반대방향으로 가는 것 같다. 자유라디오의 특수성은 전문성을 삼키고 "횡단"하는 언표행위의 집합적 배치이다.

물론, 온갖 종류의 사회집단이 이렇게 직접 발언하는 것은 영향이 없지 않다! 그것은 모든 전통적인 사회적 대표체계를 근본적으로 위협하고 또한 대표라든가, 국회의원, 권위있는 대변인, 지도자, 저널리스트와 같은 개념을 다시 문제 삼는다. 그것은 마치 영구적인 거대한 집회—청취자 규모의 차원—에서 아무리 움츠러든 사람, 혹은 아무리 소리가 작은 사람일지라도 누구도 자신이 바랄 때에 발언수단을 가지는 것과 같다! 이러한 조건에서는 어떤 진실이 강조하는 것, 즉 **새로운 표현소재**에 기대할 수 있다. 얼마 전에 베르트랑 불랭(Bertrand Boulin)이 유럽 제일방송(Europe n°1)에서 아이들이 하교할 때 전화로 직접 자기 표현하는 방송을 내보냈다. 결과는 실로 놀랄 정도로 충격적이었다! 무수한 증언을 통해서 어린이들이 처해 있는 상태의 몇 가지 측면이 어떠한 저널리스트도 교육자도 심리학자도 결코 발견하지 못한 생생한 상태로 적나라하게 밝혀졌다. 그러나 이름, 장소, 정확한 상황도 알려졌다. 즉 그것은 스캔들이 되고 압력이 가해져 방송이 중단되었다.

1789년 제3신분의 대변자는 진정서를 작성하려고 문자 그대로 새로운 표현수단, 새로운 언어를 창안해야 했다. 오늘날 제3세계는 또한 진정 사회전체에 관련하는 문제들을 밝히기 위해서는 소수언어를 찾고 있다. 자유라디오 문제는 바로 이 새로운 유형의 직접민주주의의 실험이라는 맥락에 위치해 있다. 확신에 차 있지만 또한 주저하고 모순 혹은 난센스 등등도 포함한 살아있는 발언, 직접적 발언은 욕망의 상당한 전하를 담고 있다. 모든 종류의 대변자, 통역자, 관료를 축소하고 맑게 해가는 것은 항상 욕망의 이 부분이다. 공식 매체언어는 지배층이나 대학인의 깔끔한 언어로 복사된다. 그것과 함께 모두는 말과 행동의 근본적인 단절로 귀착된다. 그리고 적법한 방식으로 말하는 방법을 마스터하는 사람만이 그것을 할 권리를 갖는다. 반대로 욕망의 언어는 새로운 수단을 창출하고, 행위로 이행할 필연적인 경향을 지닌다. 욕망언어는 "만지고", 웃게 만들고, 전복시키는 것에서 시작해서 역시 말하는 사람들에게 그리고 관련 당사자들에게 즉 "…에게 향해서 가고" 싶게 한다.

이 모든 것에도 불구하고 프랑스는 이탈리아와는 다르고, 국가독점 속에 드러난 모든 균열 속에 민간상업라디오와 탐욕스런 광고업자가 떼를 지어 밀려들 커다란 위험이 있다고 반박할 수도 있을 것이다! 그러나 그렇게 주장하는 것은 결국 자유라디오를 고발하고 독점의 유지 혹은— 기껏해야 도지사의 간접적인 통제 하에 놓여 있고 저명인사에 봉사하는 지방라디오로 유도하는—그 부분적 수정을 정당화할 뿐이다! 민중적 라디오의 발전에 대해서 이렇게 광고를 문제삼는 것은 나쁜 속마음이 있다는 것을 말할 뿐이다! 물론 분명히 이 두 가지 문제를 나누어서 보아야 한다. 즉 한편으로는 자유라디오의 비약의 전제조건으로서 독점을 해체한다는 문제가 있고, 다른 한편으로는 상업광고의 통제라는 상당히 큰 문제가 있다. 그러나 후자의 문제는 벽, 신문, 텔레비전에 그리고 결국은 자유라디오에 광고 가능한 어디에나 있다. 광고중독을 문제삼는 것이—좌파가 마땅히 이 문제를 다루기로 정말 결정할 것이라고 가정하고서—왜 자유라디오의 통제, 검열, 제도적 보호를 의미하는가? 광고업자들이 많은 돈을 사용하여 많은 민간라디오를 시작하기도 한다. 그러나 광고를 규제한다든가, 더욱이는 모든 전파에 대해서 금지하든가 하는 경우, 과연 그러한 광고업자들이 그러한 모험(민간라디오의 개국)에 빠져들기로 항상 결정한다는 것은 정말 놀랄 일이다! 그것은 일리가 있지만, 그 경우 이번에는 정부가 은밀히 광고업자(그리고 더욱이 지방명사도)를 뒷받침하고, 반면 정부는 진정한 자유라디오를 억압한다—최근 실제로 "라디오 93", "파리 자유라디오", "라디오 로케트"가 장비를 차압당한 때에 있었던 것처럼—고 한다.

결국 중요한 것은 누가 결정하는가 하는 것이다. 즉 규제인가? 권력의 지하공작인가? 혹은 현장의 역관계인가? 현재의 수십 개의 자유라디오들이 수백 개의 새로운 집단에 의해서 운영되고 더욱 더 광범한, 더욱 더 다양한 주민층이 이들 라디오에 참여하고 재정지원하고 옹호하고 있다. 사람들은 정부, 민간, 지방명사 사이의 실제적 동맹이 얼마나 비중이 있는지를 알 것이다! 독점도 규제도 공중(公衆)을 광고로부터 마땅히 보호할 수 없다. 그것은 텔레비전에서 증명하는 것이다! 그리고나서 대중이 솔선하여 광고오염에 대항하여 스스로 조직할 수는 없을까? 사람들은 어린이가 아니다. 또한 어린이 자신이 최근 책임이 없는 사람으로 취급되는 것을 점점 거부하고 있다! 그럼에도 불구하고 어린이들은 광고업자가 설치한 시시한 상품에 대해서 자신들로 하여금 가지고 싶어하는 "나쁜 성향"으로부터 보호될 필요가 전혀 없다! 그들은 어느 날엔가 트랜지스터 라디오로 백 개국의 방송을 듣게 되고, 자신들에 어울리는 것을 스스로 선택할 수 있을 것이다! 자유라디오 문제에 관한 좌파정당과 노조의 좋기도 하고 싫기도 한 신중한 태도―적어도 그것은 말할 수 있다―는 사회적 장에서 대중의 개입방식에 관한 시대에 뒤진 관념을 함의하고 있다. 문서, 청원, 법규, 대표파견과, 생생한 사회집단이 문제를 현실적으로 책임지는 것은 전혀 다른 것이다. 광고공세에 대항하는 대규모 투쟁을 정말 조직하려면, 광고 스스로가 모든 물질적 정신적인 공세 형태, 국가권력이나 경영자권력뿐만 아니라 그들을 타도한다고 자칭하는 조직의 권력조차도 상당한 정도 의거하고 있는 모든 순화형식에 대해서도, 모든 신체적이고 도덕적인 공세형식에 대해서도 투쟁해야 한다! 전투적인 관료들이, 이러한 광고공세 및 순화형식에 대항한 투쟁의 **실질적인 수단**을 어떻게든 창조하려고 노력하는 사람들을 오랫동안 위협할 수 있다는 생각을 그치기를 기대하면서!

(1978. 6)

5부 분자혁명과 계급투쟁

이 5부에 실린 가타리의 글들을 보면, 네그리가 얼마나 가타리의 생각을 착취했는지를 알 수 있다. 네그리의 텍스트에 비유해 말하자면, 「권력구성체의 적분으로서 자본」은 『맑스를 넘어선 맑스』에, 「지구계획」은 『제국』에 해당한다고 할 수 있다. 이미 가타리는 네그리에 훨씬 앞서서 이런 문제를 제기하고 있었던 것이다. 「권력구성체의 적분으로서 자본」은 교조화된 정치경제학에 문제를 제기하면서 변화된 자본주의의 현실을 강조한다. 특히 노동의 성격변화에 대한 논의는 네그리의 비물질적 노동에 대한 논의를 미리 보여준다. 또한 「지구계획」은 '제국과 대중'이라는 네그리의 문제설정을 '통합된 세계자본주의와 다양한 소수자운동의 증식'이라는 오히려 좀더 구체적인 그림으로 미리 그려주고 있다.

「권력구성체의 적분으로서 자본」은 기존의 자본주의분석에 기호화양식을 통한 자본의 자기실현과 지배라는 문제를 부가하고 있다. 노동시간 단위로 착취를 설정한 맑스를 비판하면서, 자본가는 시간이 아니라 복잡한 질적 과정을 강탈한다고 본다. 기계노동이 인간노동을 점점 더 대체해 가면서 자본주의는 달라진다. '자본주의적 착취는 인간을 기계로 다루며, 계량주의적인 양식에 기초하여 인간을 기계로 보고 임금을 지불하게 된다. 그러나 착취는 거기에만 머무르는 것은 아니다! 자본가는 자본의 저울로 달 수 있는 다른 많은 잉여가치나 이윤을 추출하기도 한다. 자본주의는 피착취자에게 뒤떨어지지 않게 "사회적인 것"에 관심의 눈을 돌린다.' 이러한 가타리의 분석은 네그리의 분석과 일맥상통한다.

'자본은 전에는 맑스가 "한 국가의 사회적 자본"이라고 부른 것을 기점으로 해서 움직였지만, 지금은 세계적으로 통합된 자본을 기점으로 해서 움직인다.'는 인식 위에서 가타리는 통합된 세계자본주의라는 상을 제시한다. '자본은 항상 경제, 과학, 기술, 풍속 등 모든 영역의 탈영토화 움직임에서 구성되어 왔다. 기호적 존재로서 자본은 전반적인 기술적, 사회적 변화에 체계적으로 접목되어, 그것을 도표화하여 권력구성체 안에 재영토화한다. 그리고 자본주의는 임금노동자를 그 노동시간뿐만 아니라 "여가"시간도 착취하는 데 그치지 않고, 임금노동자가 자신들의 행동반경에 집어넣는 사람들—임노동자에 딸려 있는 비임금노동자 혹은 친지, 아내, 어린이, 노인 등 여러 가지 보조를 받고 있는 사람들—을 착취하기 위해 그 대리자로서 임금노동자를 이용하기도 한다.' 이러한 자본의 변화는 산노동과 생산수단이란 기본조건으로 설명하기가 어렵게 되었다. 가타리는 자본의 기술적 구성을 생각할 때, 산노동(노동력)과 생산수단에, 자본주의적 권력구성체와 국가적 준국가적 기구 및 시설의 네트워크와 미디어를 중요한 구성요소로서 추가한다.

이러한 분석에 입각하여 가타리는 자본이 전과는 다르게 주체들을 소외시키고 특히 소형화 기술을 통해 인간을 내부에서부터 지배해 나간다고 본다. 자본은 기계를 통해 사회구성원들을 다양하게 분화시키고, 자신의 권력적 공리계 및 기술적 요청에 기초하지 않는 모든 범주를, 폐지하지 않을 정도로까지 소거하여 무력화시킨다는 것이다. 자본은 그 연쇄체계의 끝에서 남자나 여자, 어린이, 노인, 연금생활자, 빈민, 육체노동자, 지식인 등을 '재발견'하면 자기자신의 지표에 따라 그들을 재정의하며, 스스로 그들을 재창조하려고 한다. 여기서 가타리는 혁명은 분명한(드러난) 정치적 수준에서 파악될 뿐만 아니라 욕망의 변화, 과학기술이나 예술 등의 변화라는 그것보다 훨씬 분자적인 차원에서 일어나기도 한다는 것을 지적한다.

여기에 덧붙여 「지구계획」에서는 자본주의의 변화를, 통합된 세계자본주의가 안정화되고 공고화될 가능성과 특이한 욕망을 꽃피우는 주변집단, 소수집단, 아우토노미아운동의 가능성이라는 양자를 대립시켜 분석한다. 선진국에서는 보장된 노동자와 비보장된 노동자로 계급적대가 재편되며, 국제적 노동분업도 재편된다. 국제적인 하위분할이 진행되면서 미디어를 축으로 한 기호화양식에 의한 소형화된 억압이라는 새로운 형태의 파시즘이 세계적으로 확산될 것으로 판단한다. 그러나 이러한 경향에 대한 반대 움직임으로서 주변집단들의 증식을 통한 변혁가능성도 있음을 지적한다.

이러한 그림 속에서 가타리는 사회혁명이자 욕망혁명인 분자혁명이 계급투쟁의 발전 위에서 더욱 전진해 나갈 혁명의 방향임을 강조한다.

16

권력구성체의 적분으로서 자본[*]

자본은 추상적인 범주가 아니라 특정한 사회 구성체에 봉사하는 기호적 작용자(opérateur)이다. 자본의 기능은 (1) 선진 산업 사회에 고유한 권력 구성체 및 (2) 지구상의 경제력 전체에 관련된 흐름과 경제적 역관계를 등록하고 균형잡고 조정하고 초코드화하는 것이다. 권력의 포획〔자본화〕 체계는 가장 오래된 사회에서도 다양한 형태로 존재했다(위신 자본, 마술적 역능의 자본이 개인, 가계, 종족 안에 구현된다). 그러나 이러한 자본화(자본축적)의 일반적 기호화 절차가 자동적으로 일어나게 된 것은, 유일하게 자본주의 생산양식 안에서였다고 생

---

[*] 이 글은 CINEL의 집단저작, Éd. Recherches, *Collection les Temps mêlés*, 1979에서 발췌한 것으로, Félix Guattari, *La Révolution Moléculaire*, Editions de Recherche, 2e éd., 1980년에 실린 'Le Capital comme Intégrale des Formations de Pouvoir'를 번역한 것이다. 한국어판 『분자혁명』 (푸른숲, 1998)에는 실리지 않은 글이다. 일어판으로는 『分子革命』, 法政大出版部, 1988에 번역되었다. 『진보평론』 6호, 2000년 가을호에 실렸다.

각된다. 자본화의 일반적 기호화 절차는 다음 두 축을 따라 발전했다. 즉 (1) 권력의 일반적인 등록(inscription) 및 양화(量化) 체계의 통제 하에 들어가는, 국지적인 권력 기호화 양식을 탈영토화하는 축. (2) 이 등록 및 양화 체계를 지배적인 권력구성체—국민국가 부르주아지—위에 재영토화하는 축.

화폐, 회계, 주식(증권) 등의 언어로 표현되는 경제적 자본은, 결국은 하나의 구체적인 영토를 둘러싸고 대결하는 권력들의 미분적(微分的)이고 역동적인 평가메커니즘에 항상 근거하고 있다. 따라서 어떤 자본을 철저하게 분석하려면 그 자본의 성질이 어떤 것이든, 극히 다양한 구성요소—예를 들면 선물, 기득권, '여분의 이익', 용돈, 저금 등과 같이 성적(性的) 혹은 가정적인 차원에서 조금이라도 화폐화된 지급에서부터, 신용조작, 투자, 산업도입, 협력 등의 평계로 사실상 바로 경제-전략적인 대결인 거대한 국제거래에 이르기까지—를 고려해야 할 것이다. 이와 관련하여, 자본을 어떤 일반적인 등가물에 또는 화폐를 고정환율체계에 너무 고집스럽게 준거하게 하는 것은, 자본주의적인 예속(assujettissement) 및 제어(asservissement) 과정이 지닌 현실적 본성—즉 사회적 및 미시사회적인 역관계, 권력의 변질, 한 사회구성체의 다른 사회구성체와의 관계에서 전진과 후퇴, 혹은 영토의 상실을 피하기 위해 인플레주의자 식의 전방으로 탈주하려는 집단적 태도, 혹은 결국 완전히 드러나고 말뿐인 감지할 수 없는 권력장악 등을 작동케 하는 것—을 은폐할 수밖에 없다. 준거표준은 계산, 상대적인 표준설정, 일시적인 조절의 역할을 할 뿐이다. 권력을 분명하게 수량화한다는 것은 권력구성체에 직결된, 그리고 사회적 좌표 위에 알맞게 국지화된 생산적(기호적인 만큼 물질적인) 배치에 직결된 기호화 양식에 의거할 수밖에 없다.

1. 기계노동과 인간노동

자본주의 시장에서 판매되는 노동가치는 양적 요소—노동시간—와 질적 요소—노동의 평균적 질—에 의해 결정된다. 기계적 제어[1]가 두 번째 측면(질적 요소) 하에 있는 한 노동가치를 개인적 수준에 한정할 수는 없다. 왜냐하면 먼저 인간적 수행이 지닌 질적 특성을 특수한 기계적 환경과 분리하여 규정할 수 없기 때문이다. 다음으로, 인간적인 능력은 항상 양성〔교육〕과 사회화라는 집합적 층위에 속하기 때문이다. 맑스는 종종 노동을 어떤 '집합적 노동자'의 결과로서 얘기한다. 그러나 맑스에게 그러한 실체〔집합적 노동자〕는 통계적 차원에 머문다. 즉 '집합적 노동자'는 '평균적인 사회적 노동'을 염두에 둔 계산에서 나온 추상적인 인물이다. 그러나 이 조작을 통해 맑스는 노동가치의 정립에서 개인적 차이를 넘어설 수 있었다. 이렇게 해서 노동가치의 정립은 어떤 생산에 필요한 노동시간과 관련 노동자의 수와 같은 일의적인 양적 요소에 따르게 된다. 이것에 입각하여 맑스는 노동가치를, (1) 노동의 재생산에 필요한 노동에 일치하는 양과 (2) 자본주의에 의한 잉여가치 수취로 확인되는, 잉여가치를 구성하는 양[2]이란 두 부분으로 나눌 수 있었다.

---

1) 사이버네틱(자동제어)한 의미로서의 제어.

  이 글에 실린 16개의 각주들은 (편)역자의 역주가 아니라, 모두 가타리 자신이 직접 달은 것임을 밝혀둔다.

2) 맑스는 잉여가치를 다음과 같이 규정하고 있다. "나는 노동일의 단순한 연장에 의해 생산되는 잉여가치를 절대적 잉여가치라고 이름 붙이며, 반대로 필요노동시간의 단축과 그것에 동반하는 노동일을 구성하는 두 부분(필요노동과 잉여노동)의 상대적 크기 변화에서 유래하는 가치를 상대적 잉여가치라고 이름 붙인다."(Marx, Œuvres, Pléiade, t. I, p. 852)

  잉여가치율은 다음과 같은 식으로 표시된다.

  잉여가치율＝잉여가치/가변자본＝잉여가치/노동력의 가치＝잉여노동/필요노동

  맑스는 이것을 다음과 같이 명확히 한다. "세 번째 식이 가치가 생산되는 시간 크기의 비율

이러한 잉여가치 개념은 아마도 자본주의의 회계실행 안에서 그 대응물을 찾을 수 있지만, 확실히 자본주의의 현실적인 기능, 특히 근대 산업 안에서 그 대응물을 찾을 수는 없을 것이다. 이 '집합적 노동자' 개념을 하나의 추상적 관념으로 환원해서는 안 된다. 노동력은 항상 사회적 관계들을 생산수단에, 인간노동을 기계노동에 밀접하게 융합하는 구체적인 생산 배치를 통해 드러난다. 따라서 맑스가 생산수단에 관련한 자본(불변자본)과 노동 수단에 관련한 자본(가변자본)으로 나누고 있는 자본의 유기적 구성이 지닌 도식성은 재검토되어야 한다.

맑스가 자본의 가치구성(불변자본, 가변자본)과―자본의 가치증식에 소요된 생산수단의 현실적 양과 자본을 작동시키기 위한 사회적 필요노동의 객관적 양에 관련하여―'현장'에서의 자본의 기술적 구성을 구분했다는 것을 상기하자. 이처럼 당연하게도 기호가치의 작동에서 물질적이고 사회적인 역관계의 작동으로 넘어간다. 맑스에 따르면 자본주의 생산양식은 기계장치의 진보와 함께 불변자본에 대한 가변자본의 상대적 감소로 불가피하게 나아가며, 맑스는 여기서 자본주의의 일종의 역사적 운명인 것 같은 이윤율의 경향적 저하 법칙을 끌어낸다. 그러나 생산배치의 현실적 틀 안에서는, 사회적 평균노동의 양에 근거한 절대적 잉여가치―그 일부는 말하자면 자본가에 의해 약탈된다―에 대한 맑스주의적 계산방식은 명확할 수가 없다. 시간요소는 사실 다른 착취요소들 가운데 하나의 요소일 뿐이다. 오늘날 지식자본의 관리, 노동조직화에의 참여정도, '가족〔회사사랑〕'정신, 집단적 규율 등도 자본생산성에 결정적인 중요성을 가진다고 말한다. 이와 관련하여, 시간당 산출액의 사회적 평균과 같은 개념은 그 자체로는 어떤 산업분야에도 의미를 갖

로 나타내고 있는 것을, 앞의 2개의 식은 가치의 비율로 나타내고 있다." (Marx, Œuvres, Pléiade, t. I, p. 1024)

지 않는다고 인정할 수 있다. 어떤 산업분야나 어떤 나라에서 이러한 종류의 평균을 선도하는, 말하자면 '안내하는' 것은, 어떤 이유에선가 '생산적 엔트로피'의 국지적 감소가 생기는 작업팀, 작업장, 공장들이다. 반면 노동자의 집단적 저항이나 조직의 관료주의 등은 그 평균에 제동을 건다. 달리 말하면, 자본주의 이윤영역의 범위를 한정하는 것은—양성, 혁신, 내부구조, 조합관계 등과 관련한—복합적인 배치이지 노동시간의 단순한 공제가 아니다. 물론 맑스 자신은 노동의 기계적 구성요소, 지적 구성요소, 육체적 구성요소 사이에 어긋남이 증대되어 가는 것을 완전히 알고 있었다. 『요강』에서 맑스는 지식 총체가 '직접적인 생산력'이 되는 경향이 있다고 강조했다. "대공업이 발전함에 따라 실질적 부의 창출은 노동시간이나 사용된 노동량보다도 노동 동안에 작용한 여러 다양한 요소의 활동—그 강력한 효력은 그 생산에 소비된 직접적 노동시간에 비례하지 않는다—에 달려있다. 실제 부의 창출은 오히려 과학이나 기술진보의 전반적 상태, 이 과학기술의 생산에의 적용에 달려있다." 맑스는 이렇게 노동시간에 입각한 가치 측정이 지닌 불합리함과 일시적 성격을 강조했다. "노동자가 자신의 직접적 형태 속에서 부의 커다란 원천이 되기를 멈추자마자, 노동시간은 노동의 척도이기를 멈추고 또 멈추어야 하며, 마찬가지로 교환가치도 사용가치의 척도이기를 멈출 것이다"(Karl Marx, *Œuvres*, N.R.F, Tome II, pp. 304-312).

지나는 김에 이 마지막 대비의 박약함을 지적해 두자. 즉, 사실 오늘날 노동시간이라는 척도는 정말 소멸한 것처럼 보이는 반면, 교환가치라는 척도에 관해서는 사정이 전혀 다르다! 자본주의는 노동시간이라는 척도 없이 지속될 수 있는 것처럼 보이지만, 교환가치의 소멸—이것은 혁명적인 사회변화의 결과로 생기는 사태일 뿐이다—이후에도 존립한다고는 도저히 상상할 수 없다. 맑스는 여가와 노동의 대립을 제거하면 노동자 대중이 잉여노동을 통제할 수 있지 않을까 생각하였다.[3] 그러나 안타깝게도 자본주의 쪽이 먼저 노동시간이라는 척도를 더욱 더 등한시하게 되고, 여가와 교육(양성) 정책을 추진한다─그것도 자본주의는 그러한 정책을 식민화할수록 (현재, 얼마나 많은 노동자, 봉급생활자, 기업 간부가 승진 준비를 위해 퇴근 후의 밤시간이나 주말을 사용하고 있는가!) 더욱 더 '공공연'한 방식으로─는 것은 충분히 있을 법한 일이다. 따라서 노동시간에 입각하여 가치를 양화(量化)하는 것을 수정하는 것이 맑스가 생각한 것처럼 계급 없는 사회의 특성은 아닐 것이다! 그래서 실제로는, 운송양식, 도시생활 혹은 가정생활이나 부부생활의 양식 변화에서, 더욱이 대중매체, 여가뿐만 아니라 꿈조차도 산업화됨으로써, 이미 한 순간도 자본의 지배를 피할 수 없게 되는 것 같다.

봉급생활자는 '사회적 평균노동'을 순수하게 행하는 시간에 걸맞는 급료를 받는 것이 아니라, 기업에 몸을 담고 있는 시간 동안에 행해지는 노동을 초과하는 어떤 **권력**에 대한 배치나 보상에 대해 지불받는 것이다. 여기서 중요한 것은 어떤 기능의 점유이며, 생산배치와 사회구성체를 통제하는 사회집단과 노동자 사이의 권력게임이다. 자본가는 시간연장이 아니라 복잡한 질적 과정을 강탈한다. 자본가는 노동력이 아니라 생산배치를 좌우하는 힘(권력)을 구매한다. 예를 들면 단추를 누른다든가 안전장치의 점등신호를 감시하는 등의 외관상 가장 계열적인[자동적인] 노동도 역시 다양한 구성 요소─언어, 관습, 규칙, 위계 등에 대한

---

3) 맑스는 이렇게 쓰고 있다. "참된 부(富)는 모든 개인의 생산적 힘[역능]을 전면 개화시킨 것이므로, 그 측정기준은 노동시간이 아니라 가처분시간일 것이다. 부의 기준으로서 노동시간을 적용하는 것은 부의 기준을 빈곤에 두는 것이다. 그것은 여가가 잉여노동시간 안에 그리고 잉여노동시간에 대립하는 것으로서만 존재함을 보여주려는 것으로, 또 시간 전체를 노동시간만으로 환원하여 인간을 노동자의 역할, 노동도구의 역할로만 깎아내리는 것이다." (Marx, Œuvres, Pléiade, t. I, p. 308)

지식, 생산배치에 고유한 점진적 추상화 과정, 각 단계, 상호작용에 대한 제어 등—로 이루어진 기호적 자본의 구성을 미리 상정하고 있다. 노동은 이전에 그랬다고 해도 이제는 생산의 단순한 한 요소, 단순한 첫 번째 소재가 아니다. 바꾸어 말하면, 인간노동 안에 들어오는 기계적 제어의 부분은 결코 그 자체로서 양화할 수 없다. 반대로 어떤 하나의 노동현장이나 다른 어떤 사회적 기능에도 내재하는 주체적 예속, 사회적 소외는 완전히 양화할 수 있다. 게다가 이것은 자본에 주어진 기능이다.

한편으로 노동가치에 관한, 잉여가치 안에서 노동가치가 행하는 역할에 관한 문제, 다른 한편으로 기계장치에 의한 생산성 향상이 이윤율에 대해 지닌 영향이라는 두 가지 문제가 밀접히 연결되어 있다. 인간적 시간을 **기계적 시간**이 점점 더 대체한다. "바로 인간은 이러한 과정에 직면하여 감시자로 조절자로 행동하게 된다"고 맑스가 이에 대해 말하듯이, 인간노동은 더 이상 기계장치 안에 삽입되어 있지 않다. 가장 근대적인 경제분야 안에서 연쇄작업의 존속과 상이한 테일러주의 형태들은, 생산력들에 특정한 제어절차보다도 일반적인 사회적 예속방법에 더 의존하는 것 같다.[4] 노동시간의 이러한 테일러주의적 소외, 노동현장에의 신-의고적인 예속형태는 원칙적으로 어떤 일반적인 등가물에 기초하여 측정할 수 있는 채로 남아 있다. 사회적 평균노동에 대한 통제는 이론상으로는 항상 권력의 교환가치 속에 구현된다(예를 들면 세네갈 농민의 형식적인 소외시간을 재정부의 관리나 IBM 기술자의 형식적인 소외시간과 비교할 수도 있을 것이다). 그러나 기계적 시간에 대한 현실

[4] 달리 생각하면, 현재의 미국에서의 행태주의(béhaviorisme)의 융성은 결코 "과학의 진보"의 결과가 아니라 사회통제의 가장 엄격한 방법의 체계화의 결과임을 알 수 있다.

적 통제, 인간 기관들을 생산적 배치에 따라 제어하는 것에 대한 현실적 통제는 그러한 일반적인 등가물에 기초해서는 훌륭하게 측정될 수는 없을 것이다. 공장이나 감옥 안에 현존시간, 소외시간, 감금시간을 측정할 수는 있지만, 그것이 개인에게 미치는 결과를 측정할 수는 없다. 또 실험실에서 한 사람의 물리학자가 행하는 외견상〔드러난〕노동을 양화할 수 있어도 그가 가공한 정식들이 지닌 생산적 가치를 양화할 수는 없다. 맑스주의의 추상적 가치는 교환가치의 생산에 투여된 구체적인 인간노동 총체를 초코드화했다. 그러나 자본주의의 현동적 움직임은 모든 사용가치가 교환가치가 되고, 모든 생산노동이 기계장치에 예속되는 방향으로 나아가고 있다. 교환 자체의 극이 기계장치 쪽으로 넘어가며, 컴퓨터가 대륙간에 대화하며 경영자에게 교환조항을 알려준다. 자동화되고 정보화된 생산은 이미 자신의 일관성을 기초적인 인간적 요소에서 끌어내는 것이 아니라, 모든 기능, 모든 인간 활동을 관통하여 틀지우고 분산시키고 소형화하고 집어삼키는 기계적 계통에서 끌어낸다.

이러한 변화는 신자본주의가 구자본주의를 완전히 대체한다는 것을 의미하지 않는다. 오히려 다음과 같이 상이한 수준에서 작동하는 자본주의가 공존하고 지층화되고 위계화된다.

⑴ 국민국가에 영토화된 그리고 하나의 화폐적·금융적인 기호화 양식에 근거하여 자신의 통일성을 분비하는 **전통적인 분절적〔일국〕 자본주의들**.[5]

---

5) 『중상주의 혁명』을 참조하면 좋을 것이다. 나는 특히 토마스 문(Thomas Mun)의 『영국과 동인도의 무역에 대한 논문』(1609년, 런던, 1621)에 생각이 미친다. 이 책은 맑스에게는 '중상주의가 자신이 생겨난 체계와 만들어낸 의식적 분리'를 보여주고 있다…이 책은 '중상주의의 복음서'로서 남아 있을 것이다. (Marx, *Œuvres*, Pléiade, t. II. p. 1499)

(2) 이미 화폐적·금융적인 자본의 기호화 양식에 의거할 뿐만 아니라, 더욱 근본적으로는 과학기술적, 미시-거시 사회적, 대중매체적 등의 제어절차 전체에 의거하는 **통합된 세계 자본주의**.

맑스주의의 잉여가치 정식은 본질적으로 분절적 〔일국〕자본주의들에 연결되어 있다. 이것은 현재의 자본주의의 진전을 특징짓는 세계화와 소형화라는 이중운동을 설명할 수 없다. 예를 들면 어떤 하나의 산업분야가 전적으로 자동화되는 극한적인 경우에, 이 (맑스주의적인) 잉여가치에 무슨 일이 일어날지 도무지 알 수 없다! 맑스주의적 방정식에 엄밀히 따른다면, 잉여가치는 완전히 소멸해야 할 것이다. 그것은 정말 어이없는 이야기다! 그렇다면 잉여가치는 기계노동 속에만 있을까? 왜 안 되는가! 기계적 잉여가치는 기계의 유지 및 갱신 비용 이상으로 기계가 '요구하는' 잉여노동에 상당한다고 하는 정식을 제기할 수 있을 것이다. 그러나 이런 식으로 문제의 양적 측면을 수리하려고 시도해서는 우리는 그 이상 더 멀리 나아갈 수 없을 것이다. 실제, 이러한 경우에는—또한 불변자본에 대한 가변자본의 상당히 큰 감소를 동반하는 모든 중간적인 경우에도—잉여가치를 기업이라는 틀에서 혹은 경영자와 임노동자의 직접적인 관계에서 도출하는 것은 도저히 불가능하며, 그것은 통합된 세계자본주의라는 두 번째 공식에 따라 산출할 수밖에 없다.

'실질적인 노동착취도', 잉여가치율, 가변자본에 대한 잉여노동시간의 비율이 같은 것이라는, 맑스가 제기한 이중의 방정식은 그대로는 받아들일 수 없다. 자본주의적 착취는 인간을 기계로 다루며, 오직 계량주의적인 양식에 기초하여 인간에게 기계처럼 임금을 지불하게 된다. 그러나 이미 살펴 본대로 착취는 거기에만 한정되지 않는다! 자본가는 자본의 저울로 달 수 있는 색다른 잉여가치나 색다른 이윤을 추출하기도 한다. 자본주의는 피착취자들만큼이나 '사회적인 것'에 관심을 갖는다. 그러나 자본주의에게는 기계적인 것은 사회적인 것에 앞서며 동시에 사회적인 것을 통제해야 하는 반면, 피착취자들에게는 반대로 기계적인 것은 사회적인 것에 굴복해야 한다. 인간과 기계를 본질적으로 나누는 것은, 인간은 기계처럼 수동적으로 착취당하지 않는다는 사실이다. 단지 현재의 상황에서는, 착취는 우선 기계적 배치에 관련되고, 인간과 인간의 능력이 이 배치의 필수적인 일부분을 이룬다는 점을 인정할 수 있다. 이러한 절대적인 착취에 입각하여, 두 번째 시기에는 사회 세력들이 **기계적 생산물**의 분배를 둘러싼 투쟁에 들어간다. 그런데 노동자의 생존기준이 상대적인 것이 되어버렸다. 사실 오늘날 '최저생계비'의 절대적 한계[문턱], 즉 노동의 재생산에 필요한 노동에 상당하는 가치부분을 어떻게 평가하는가? 경제적·사회적인 재화의 분배에 대한 모든 문제는, 본질적으로 정치적인 일이 되었다. 정치 개념을 확대해서 거기에 생활 방식, 느끼는 방식, 말하는 방식, 미래 구상의 방식, 역사 기억의 방식 등 다양한 삶의 양식에 개입하는 미시정치적인 차원 전체를 통합한다는 조건에서 그러하다.

노동자의 예속이 이제 '사회적 평균노동'의 양적 요소를 부수적인 방식으로만 작동시킨다는 것을 확인한 뒤, 우리는 착취율을 맑스주의의 잉여가치율에서 '분리하기'에 이른다. 그렇게 함으로써 우리는 맑스에게서 잉여가치율과 밀접한 관계에 있는 이윤율에서도 착취율을 암묵적으로 분리하게 된다. [6]

이 구분의 확증을, 우리는 국영 분야에서 흔한 '원가보다 싸게 파는'

---

6) 맑스에 따르면, 일정한 사회의 총자본의 유기적 구성의 균형을 깨뜨리는 것은 (기계장치의 진보와 기업집중이라는 사실에 의한) 불변자본에 대한 가변자본의 상대적·점진적인 축소이다. "그 직접적인 결과는 잉여가치율이 끊임없이 계속 줄어드는 이윤율로서 표시되며, 다른 한편 착취도는 변하지 않거나 증대하기까지 한다는 것이다." (Marx, Œuvres, Pléiade, t. II. p. 1002)

기업이 상당한 이윤을 남기고 있다(맑스주의적 정식에 따르면 이론적으로는 잉여가치가 마이너스가 됨에도 불구하고 이 기업들은 플러스의 이윤을 만들어내고 있다)는 사실에서 확인할 수 있다. 이윤은 오늘날 기업 외부의 요소일 뿐만 아니라, 국가[민족] 외부의 요소에도 의존한다. 예를 들면 국제 원자재 시장을 이용한 제3세계에 대한 '원격조작식' 착취가 그것이다.

결국, 초국적 메커니즘이 중요해져 불변자본에 상응하는 기계장치의 국지적인 증가율에 관련될 수 있는 국지적 잉여가치율을 규정하는 것을 더 이상 생각할 수 없는 정치-경제적인 장에서는 이른바 이윤율 저하경향은 존속할 수 없다[7]는 것을 지적해 두자. 이윤획득 영역의 재부흥(再復興)(예를 들면 의사[pseudo]-석유위기), 새로운 산업분야의 창출(예를 들면 원자력산업)은 오늘날 본질적으로, 맑스가 도무지 상상할 수 없었던 복잡한 많은 요소에 대한 고려를 포함하는 세계전략에 속한다.

2. 통합된 세계자본의 유기적 구성

맑스가 생각한 것과는 달리 자본은 자신을 교환가치의 맹목적인 양화양식에 가두는 정식에서 벗어날 수 있었다[8] (즉 사용가치의 생산·유통

---

7) 예를 들면, 어떤 다국적 기업이 어떤 국가권력과 교섭한 후 저개발 지역에 초근대적인 공장을 설치할 것이다. 수 년 후 정치적 이유로 또는 사회적 "불안"을 이유로 혹은 복잡한 상업적 계산을 이유로 그 다국적 기업은 공장을 폐쇄할 것이다. 이러한 상황에서 고정자본의 증대를 속이는 것은 불가능하다! 철강 영역과 같은 또 다른 영역에서는 초근대적인 산업부문 쪽이 시장 문제나 이른바 기술적 선택을 이유로 축소되거나 국지적으로 파괴되지만, 이것은 경제적·사회적 발전 총체에 관련된 근본적인 선택의 표현일 뿐이다.

8) 많은 인류학자가 고대사회에 대해서 증명하고 있듯이, 외관상 교환은 항상 현실적인 역관계(力關係)와 관련되어 있다. 교환은 항상 권력에 의해 위조된다. E. R. Leach, *Critique de l'anthropologie.*

양식 전체를 통제할 수 있었다). 자본주의적 가치 증식이—이윤율 저하 경향에서 과잉생산 위기로 가치를 막다른 골목으로 이끌며 그와 더불어 자본주의를 전면적으로 고립시키는—기계적 암에 항상 걸리지는 않는다. 자본의 기호화는 권력의 구체적 가치증식을 설정하고, 양화(量化)하고 조작할—따라서 존립할 뿐만 아니라 증식하기도 한다—수 있는 수단을 점차적으로 많이 만들어 왔다. 겉보기에는 어떻든 자본은 합리적이지 않다. 자본은 패권주의적이다. 자본은 사회구성체와 조화하지 않는다. 자본은 사회경제적인 불균형을 힘으로 조정한다. 이윤이 작동하기 전에 권력이 작동한다. 자본은 이윤의 토대에서 기계적으로 연역되지 않는다. 자본은 꼭대기에서 부과된다. 자본은 전에는 맑스가 '한 나라 전체의 사회적 자본'9)이라고 부른 것에 입각하여, 지금은 세계적으로 통합된 자본에 입각하여 움직인다. 자본은 항상 경제, 과학, 기술, 풍속 등 모든 영역의 탈영토화운동에 입각하여 구성되어 왔다. 기호적 존재로서 자본은 전반적인 기술적·사회적 변화에 체계적으로 접목되어, 그것을 도표화하여 지배적인 권력구성체에 재영토화한다. 자신이 상업활동, 은행활동, 산업활동에 입각하여 화폐적 이윤수취에만 집약되어 있는 것처럼 보이던 시대에조차도, 자본은—가장 역동적인 자본가계급의 표현으로서—이미 근본적으로 이러한 파괴와 재구성의 정치(전통적인 농민층의 탈영토화, 도시노동자계급의 구성, 구 상업부르주아지 혹은 구 장인계급의 접수, 지역적·민족[국가]적인 '고풍스러운 것들[archaïsme, 의 고주의]'의 일소, 식민지 영토확장 등)를 수행하고 있었다. 10)

---

9) Marx, Œuvres, Pléiade, t. I, p. 22, t. II, p. 1002.

10) 그러나 이 일반적 탈영토화 운동은 다소 영토화된 의고적 지층을 남기고 있다. 혹은 더욱 자주 그러한 지층의 기능을 변형시켜 거기에 제2의 숨결을 불어넣기도 한다. 이 점에 관하여 현재의 화폐 '재고등(再高騰)'은 하나의 놀랄만한 예를 이룬다. 그것은 상반되는 두 방향으로 동시에 작용하는 것으로 생각된다. 한편으로는 기호적인 블랙홀, 경제적 금지의 울혈로

따라서 여기에서 자본의 정책을 환기하는 것만으로는 충분하지 않다. 자본은 그 자체로 정치적, 사회적, 과학기술적인 것 이외의 어떤 것이 아니라, 그것들이 상호 접합된 것이다. 이 일반적인 도표적 차원은 자본세계화의 연결자로서 국가자본주의의 역할 증대와 함께 더욱 더 분명하게 드러난다. 국민국가는 하나의 다차원적 자본―화폐량, 경제지표, 이러 저러한 사회적 범주에 '보조를 맞추는' 일, 사람들을 적합한 장소에 앉히기 위한 억제의 흐름 등―을 조작한다. 말하자면 일종의 자본주의의 집단화―그것이 국가틀 안에 한정되어 있든 아니든―가 일어나고 있다. 그러나 이것은 자본주의가 퇴화하고 있음을 의미하는 것은 확실히 아니다! 자신의 기호적 구성요소를 지속적으로 풍부화함으로써, 11) 자본주의는 임노동이나 화폐화된 재화를 넘어서, 일찍이 국지적·가정적·리비도적인 경제 안에 배태하고 있던 엄청난 권력을 통제한다. 오늘날 자본주의적인 이윤수취의―돈 혹은 사회권력에서―각각의 특수한 작동은 권력구성체 전체에 차례차례 개입한다. 자본주의 기업이나 임노동의 지위라는 개념은 자본의 통제 속에서 직접적으로 생산·재생산되고 있는 사회 조직 전체와 분리할 수 없게 되었다. 자본주의 기업 개념 자체를 집합적 설비(공공시설)에까지 넓혀야 하며, 또 노동의 지위 개념을 다수의 임금 받지 않는 활동으로까지 넓혀야 할 것이다. 어떤 방식에서 주부는 가정에서 노동의 지위를 점하고 있다. 또 어린이는 학

서의 방향. 다른 한편으로는 권력의 도표적 작용자로서의 기능으로서의 방향. 그리고 이 도표적 작용자는 (1) 화폐 보유자가 '좋은 시기', '좋은 장소'에 증권적 기호적 개입을 할 수 있었다는 사실과 (2) 여기서 그리고 이후, '적당한 시기'에 체계의 핵심적 경제부문에 권력의 추상적 영향력을 주입할 수 있다는 사실을 다룬다. 도표적 기능, 기호적 블랙홀 등에 대해서는 *L'inconscient machinique*, Ed. Recherches, Coll. Encre(『기계적 무의식』, 윤수종 옮김, 푸른숲, 2003)를 참조할 것.

11) 오늘날 자본은 논, 유통화폐, 신용화폐, 주식, 부동산 권리증 등을 넘어서, 정보장치나 미디어를 포함한 모든 종류의 권력조작이나 기호적 작동으로 나타나고 있다.

교에서, 소비자는 슈퍼마켓에서, TV시청자는 TV화면 앞에서 각각의 노동의 지위를 점하고 있다. 공장 안에서 기계가 전적으로 자동적으로 움직이는 것처럼 보일 때, 실제로는 사회 전체가 기계에 인접하여 움직이고 있다. 오늘날 기업의 임금제도를 엄청난 수의 연체임금, 사회복지, 사회적 비용 등의 체계와 무관하게 생각하는 것은 너무 자의적일 것이다. 이들 체계는 집합적 노동력의 재생산에 크고 작은 영향을 미치는 것이지만, 기업의 화폐 유통 회로에 포함되어 있는 것이 아니라 권력이 설정한 많은 제도나 시설이 그 부담을 지고 있다. 한마디 덧붙이자면—나는 이 점에 그렇게 집착하지 않지만—, 자본주의는 임금 노동자를 그노동시간을 넘어서 '여가'시간도 착취할 뿐만 아니라, 더 나아가 임금노동자가 자신들의 행동반경에 집어넣는 사람들—임금노동자에 딸려 있는 비임금노동자 혹은 친지, 아내, 어린이, 노인, 여러 가지 보조를 받고 있는 사람들—을 착취하기 위해 그 연결자로서 임금노동자를 이용하기도 한다.

우리들은 항상 다음과 같은 핵심적인 생각으로 되돌아온다. 즉 임금체계를 통해 자본주의는 먼저 **사회 전체**의 통제를 노리고 있다는 것이다! 그리고 반복적으로 어떤 상황에서도 교환가치의 활동은 항상 사회관계들에 의존해 왔으며, 그 반대가 아닌 것으로 생각된다. 이와 관련하여, 인플레와 같은 메커니즘이 사회적인 것의 경제적인 것에의 지속적인 침투를 잘 보여준다. '정상'적인 것은 인플레이지 물가안정이 아니다. 왜냐하면 영원히 진화하는 권력관계(구매권력, 투자권력, 다양한 사회구성체의 국제적 교환권력)의 조정수단이 중요하기 때문이다. 경제적 잉여가치는 노동, 기계, 사회공간에 관여하는 권력의 잉여가치와 분리할 수 없게 연결되어 있어서, 자본을 (추상적, 보편적인 양이라기보다는 오히려) 권력의 기호계가 지닌 일반적인 자본화양식으로 재정의하는 것은, 자본의 기술적 구성에 대한 재검토를 함의한다. 자본의 기술적 구성은 이미 두 가지 기본적 좌표—산 노동과 생산수단 속에서 결정화된 노동〔죽은 노동〕—에 의거하는 것이 아니라, 적어도 다음과 같은 상호 환원불가능한 네 가지 구성요소, 네 가지 배치에 입각해 있다.

⑴ **자본주의적 권력구성체.** 이것은 자본을 질서유지를 위한 것으로서 실현하고, 소유, 사회계층구조, 물질적·사회적 재화의 분배 등을 보증한다. (어떤 재화의 가치는—그것이 어떤 것이라도—법률, 경찰 등의 억압적 설비에 대한 신뢰와 분리할 수 없고, 기존 질서의 유지에 유리한 일정 정도의 인민적 합의 여부와 분리할 수 없다).

⑵ 고정자본을 구성하는 생산력(기계, 공장, 수송수단, 원자재의 비축, 과학기술적 지식자본, 기계적인 제어기술, 교육도구, 연구시설 등)에 관련된 **기계적 배치.** 이것은 생산력의 고전적인 영역이다.

⑶ **자본주의 권력에 종속된 집합적 노동력과 전체 사회 관계들.** 집합적 노동력은 이 경우 기계적 제어의 측면에서가 아니라 사회적 소외의 측면에서 파악될 수 있다. 집합적 노동력은 부르주아지와 관료제에 예속됨과 동시에 색다른 사회적 범주(여성, 어린이, 이민자, 성적 소수자 등)를 예속시키는 요소이다. 이것은 생산관계들 및 사회 관계들의 영역이다.

⑷ **시설, 국가적 혹은 준국가적인 권력장치의 연계망 그리고 미디어.** 미시 사회적인 규모에서뿐만 아니라 전지구적인 규모에 관련된 이 연계망은 자본의 중요한 부품이 되어 있다. 이것에 의해 이전의 제3의 구성요소에 관련된 권력의 부문별 자본화〔포획〕를 추출하고 통합할 수 있게 된다.

따라서 권력구성체 전체의 기호적 작동자로서 자본은 이들 4 가지 구성요소가 근거하여 진화하는 하나의 탈영토화된 등록표면을 펼친다. 그러나 자본은 현존하는 상이한 관점이 대립하는 곳인 의회극(議會劇)과 같은 **하나의 표상**이 연기되는 무대가 아니라는 사실을 강조해 두자. 자본은 기계적이고 사회적인 배치의 구성에 그리고 이에 관련되는 모든 일련의 미래를 내다보는 작업에 참여하는 한, 직접적으로 **생산적인** 활동이기도 하다. 자본이 지닌 특정한 도표적 기능—즉 대표할 뿐만 아니라 작동시키는 등록의 기능—은, 앞에서 말한 상이한 구성요소를 단순히 집적한 것에 무언가 본질적인 것을 '부가'한다. 이 도표능력(diagrammtisme)에 일치하는 기호적 추상화 수준의 상승은 버틀란드 러셀(Bertrand Russell)이 자신의 논리형태론에서 서술한 것을, 즉 어떤 계급과 그 구성원들 사이에는 근본적인 불연속성이 존재한다는 것을 환기시킬 수 있다. 그러나 자본과 관련해서, 우리는 논리적인 차원에서뿐만 아니라 기계적인 차원에서 어떤 불연속성을 접하고 있다. 그 불연속성이 기호의 흐름뿐만 아니라 물질적 사회적인 흐름에도 입각하여 작동한다는 의미에서. 실제로 자본에 고유한 도표능력의 감속(減速)[힘을 내기 위해 속도를 줄이는] 역능은 자본주의의 다양한 구체적 배치를 탈영토화하는 '역동성(dynamisme)'과 분리할 수 없다. 이것은 결과적으로 자본주의 내부 모순이나 자본주의 사이의 모순에, 혹은 대중적 압력에 따른 자본주의의 인간화에 근거한 개량주의적인 정치적 전망(예를 들면 일국자본주의에 다국적기업을, 조국집합체로서의 유럽에 게르만-아메리카적 유럽을, 소련의 사회-자본주의에 '서구' 자유주의를, 남에 대해 북을 대항케 '하려고' 바라는 것)을 결정적으로 실추시킨다. 자본은 자신의 모순들을 먹고산다. 이 모순들은 탈영토화의 자극제로서 기능하는 시련들로 구성된다. 혁명적 대안이 존재한다면, 확실히 이러한 기반에 의거하지는 않을 것이다!

3. 자본과 주체적 소외기능

기호계를 통한 자본의 권력행사는, 사회적 선분들에 대한 위로부터의 통제에 입각하고 동시에 각 개인의 모든 순간[계기]들을 예속시킴으로써 착수하는 특수성을 지니고 있다. 자본의 언표행위(énonciation)가 개인화됨에도 불구하고, 자본주의적 주체성보다 덜 개인적인 것은 전혀 없다. 자본에 의한 인간의 활동·사고·감정의 초코드화는 모든 특수한 주체화 양식을 등치시키고 공명시킨다. 주체성은 말하자면 국유화된다. 욕망 가치 전체가 교환가치에 대한 사용가치의 체계적인 의존에 의거한 경제 속에서 재조정되어, 이러한 (사용가치와 교환가치의) 범주적인 대립이 정말 의미를 잃어버린다. 도시의 길거리나 시골에서 '마음내키는 대로' 산책하는 것, 깨끗한 공기를 마시는 것, 노래를 흥얼거리는 것, 모두가 자본주의적 관점에서 양화할 수 있는 활동이 되었다. 녹지대, 자연보호구역, 자유왕래도 사회적 산업적인 비용이다. 결국에는 자본주의의 신민(sujet)—왕의 신민이라고 말하는 의미에서—은, 내가 여기서 제기하는 확대된 정의에 따른 자본이라는 일반적 등가물에 등록할 수 있는 부분 외에는 더 이상 자신의 존재를 지닐 수 없다. 자본주의 질서는 개인들에게 하나의 교환체계를 위해서만, 즉 모든 가치를 일반적 번역이 가능하도록 하는 식으로만 살도록 부과하려고 하여, 그 안쪽에서는 모두 약간의 욕망조차도 비사회적이며 위험하고 죄가 많은 것이라고 느끼도록 되어 있다.

아주 작은 차이에도 정확하게 '핵심을 찌르면서' 사회적 장 전체를 은폐하기 위한 이러한 예속작용은, 외부적인 사회적 통제로 만족하지 않을 것이다. 따라서 자본이 펼치는 일반적인 가치시장은 사태를 내부와 외부에서 동시에 생각한다. 자본은 경제적으로 설정할 수 있는 가치뿐만 아니라 정신적·정서적 가치에도 관련할 것이다. 이 외부와 내부의 접합을 작동시키는 것은 바로 집합적 시설의, 국가적 준국가적 미디어적 장치들의 다중심적인 연계망(réseau)에 있다. 따라서 권력의 국지적 기호화 양식이 지닌 일반적 번역 가능성은 단순히 중앙의 배열장치(dispositif)만이 아니라, 국가권력에 인접하든가 혹은 국가권력에 직접 속하는 '기호적 축전기(condensateur)'에도 의존한다. 그리고 이 축전기의 본질적 기능 가운데 하나는 한 사람 한 사람의 개인이 지배질서의 통제·억압·모형화 메커니즘을 스스로 받아들이도록 만드는 것이다. [12]

통합된 세계자본주의라는 맥락에서, 국민국가의 중앙권력은 전부임과 동시에 전무라고 볼 수 있다. 현실적인 경제적 능률이라는 점에서 전무이거나 대단한 것이 아니며, 사회적 통제나 모형화와 관련하여 전부이거나 거의 전부이다. 역설은 국가의 장치·시설·관료들의 연계망이 어느 정도까지는 스스로 국가권력에서 벗어나는 경향을 갖는다는 것이다. 실제, 바로 이 연계망이 종종 국가권력을 유도[원격조종]하고 조작한다. 즉 이 연계망의 본래의 대화 상대는 사실 '사회적 파트너', 압력단체, 로비꾼들이기 때문이다. 이렇게 국가의 현실적 모습은 국가적이고 준국가적인 기술구조(techno-structure)와 일치하는 경향을 띠며, 이 기술구조는 그 때문에 생산관계나 계급관계 속에서 상당히 애매한 위치를 점하게 된다. 한편으로 이 기술구조는 현실의 지도적 부서를 통제하여 지배질서의 유지에 효과적인 방식으로 공헌하며, 다른 한편으로는 그 자체가 노동자계급의 다양한 구성요소와 마찬가지로 자본주의의 착취대상이기도 하기 때문이다.

맑스는 학교 교사를, 경영자를 위해 노동하도록 학생들을 준비시키

---

12) 이것이 관공서, 경찰, 법원, 세무서, 증권 거래소, 군대 등과 함께 학교, 사회적 서비스부문, 조합, 스포츠, 미디어 등의 역할이다.

는 사람으로서 생산노동자라고 보았다. 13) 그러나 오늘날 교양과 사회성을 만들어내는 학교 교사는 이 자본주의적 연계망 형태 아래에서 무한히 줄어들고, 사람들은 집합적으로 배치된 하나의 복합 기업의 양상을 나타내고 있으므로, 배치를 물질적 생산, 사회체, 기호화 양식 내지는 주체화 양식이라는 자율적 영역으로 나누려는 것은 너무 자의적일 것이다.

테크노크라시(기술관료주의)에 특징적인 생산과 억압 사이의 애매함, 양면성을 노동자대중 속에서도 볼 수 있다. 즉 노동자는 소비재의 생산을 위해 노동하는 동일한 시간에 자신들을 '가공'하기 때문이다. 이런 저런 이름으로 모든 사람이 통제와 억압의 생산에 참여하고 있다. 실제로 앞에서 살펴본 것처럼, 동일한 한 사람의 개인이 하루 동안에, 공장 혹은 사무실에서 착취당하고, 그 다음에는 가정 안에서나 파트너와의 관계에서 착취자로 변하는 식으로 끊임없이 역할을 바꾸어 간다. 사회체의 모든 단계에서 소외의 벡터가 풀 수 없을 정도로 뒤섞여 있다. 예를 들면 첨단부문에 있는 노동자나 노동조합이 국민경제 속에서 점하는 자신들의 산업적 지위를 열렬하게 옹호한다고 하더라도, 그것이 오염의 영역에 '다시 빠지기'도 하고, 혹은 아프리카 주민을 기총소사하는 데 쓰이는 전투기 설비를 만드는 데 협력하기도 한다. 계급경계선, '투쟁전선'이 유동적이게 되었다. 계급경계선이 소멸해 버렸다는 것인가? 아니다. '전선'은 무한히 감속되었으며, 직접적인 대결이 부상했을 때조차 대결은 흔히 '본보기적인 성격'을 띠며, 그 대결의 주된 목표 가운데 하나는 미디어에 충격을 주고, 그 반동으로서 미디어가 대결을 조종하고 회수하는 데 이르는 것이다.

---

13) Karl Marx, Œuvres, Pléiade, t. I, p. 1002.

노동력의 모형화 메커니즘의 기반에서, 이데올로기와 정서(affect) 사이의 모든 상호 침투 차원에서, 자본주의적 시설이 지닌 이러한 촉각적인 기계적 연계망을 볼 수 있다. 그것은 이데올로기 장치의 연계망이 전혀 아니라, 순전히—노동자에 관계될 뿐만 아니라, 여성 · 어린이 · 노인 · 주변인 등을 영원히 어디에서나 '생산에 관계시키는'—무수하게 흩어진 요소들로 구성되는 거대기계(mégamachine)임을 나는 강조한다. 예를 들면 오늘날 어린이는 태어날 때부터 이미 가정, TV, 탁아소, 사회 서비스 등을 통해, '일에 쫓기고', 복잡한 교육과정에 들어가게 된다. 그리고 결국에는 어린이의 다양한 기호화 양식은 그 아이를 기다리고 있는 생산적 사회적 기능에 적합하도록 설치될 것이다.

오늘날 기업경영에서는 산업유지에 관한 평가가 중요한 위치를 차지하고 있다고 말한다. 그런데 구석구석까지 미치는 일종의 '사회유지'를 국가가 맡고 있다고 말하는 것으로 만족할 수 있을까? 내가 볼 때는 그것은 정말 불충분하다! 서구체제에서처럼 동구체제에서도, 국가는 자본의 본질적 구성요소와 직결되어 있다. 따라서 자본의 유기적 구성에 관한 정의와 국가의 유기적 구성에 관한 정의를 동시에 전면적으로 수정한다는 조건에서, 어느 체제에서도 국가자본주의에 대해 말할 수 있다. 내가 자본의 설비연계망이라고 부르는 것(그 안에는 미디어, 조합, 결사체 등도 어느 정도 포함된다)은, 교환가치에 입각하여 기능하는 엄밀한 의미에서의 자본과 권력가치에 입각한 기능적 **자본을 동질화하는** 기능을 지닌다. 또한 자본설비 연계망은 막대한 구매력이나 투자력을 다양한 사회적 산업적 부문에 배분하기 위한, 혹은 더 나아가 이 연계망에서 이를테면 세계적 규모에서 중심 역할을 하는 거대한 군산복합체에 재정지원하기 위해, 정규적인 재정적 개입 수단뿐만 아니라 집합적 태도들, 행동유형들, 체제유지 및 관리에 적합한 모든 종류의 준거들도 관리 운영한다.

이러한 영역들 각각을 폐쇄적인 범주로 분리환원하지 않는 것이 중요하다. 최종적으로는 언제든지 지배적 사회구성체가 조종하는 자본 자체가 중요하다. 즉 지식자본, 노동력을 생산환경에 적응·종속시키는, 더 일반적으로는 모든 주민을 도시환경 혹은 도시화한 농촌 환경에 적응·종속시키는 자본, 체제모형을 무의식적으로 주입하는 자본, 억압력과 군사력의 자본 등이 중요하다. 그리고 이러한 모든 권력의 기호화 양식은 당연하게도 현재 자본의 유기적 구성에 관여하고 있다.

따라서 자본주의적 가치의 일반시장의 발전, 그 지주인 자본주의적 설비와 국가적 설비의 다중심적인 연계망의 증식은 국민국가에 중심을 두면서 전반적으로 스스로를 강화해 나가는 권력의 존재와 모순되는 것이 아니라, 반대로 그러한 권력과 상호보완적이다. 실제로 그때 자본화되는 것은 생산과 경제 영역에서의 진정한 역능이라기보다 훨씬 더 **권력이미지**에 의한 권력(힘)이다. 국가와 국가의 무수한 가지는 모든 방법을 사용하여 대중이 그들의 일상생활이나 사회적 관계들을 크든 작든 인공적으로 재구성할 수 있도록 하기 위해 최소한의 대체용 표지나 영토를 재창출하려고 한다. 그러나 반대로, 결정과정의 진정한 연결자는 다른 곳에 있다. 그 연결자는 낡거나 새로운 영토화 양식을 관통하거나 맴돌며, 세계적 규모로 통합된 자본주의 연계망 체계에 더욱 더 의존하게 된다. [14]

현대 자본주의의 공간은 더 이상 향토, 카스트, 민족적·종교적 전통, '전자본주의적'인 동업조합 등에 집착하지 않으며, 또 거대도시, 공

---

14) 이 수준에서도 상대적인 재영토화를 찾아볼 수 있다. 즉 객관적으로 보아 세계적(cosmopolite)이고, 결코 미국의 경제적 부분집합으로 환원할 수 없는 다국적 기업들은 미국 시민의 대다수를 수뇌부에 지니고 있다!

업도시, 계급관계, 그리고 국민국가 시대의 분절적 자본주의의 관료제에도 더욱 덜 집착한다. 현대 자본주의의 공간은 미시사회적이고 미시신체적인 규모에서만큼이나 지구적인 규모에서도 제조되고 있다. '무언가에 속한다'는 감각은 '생활환경'과 마찬가지로 일종의 연쇄적인 생산에서 발생하는 것으로 생각된다. 이러한 상황에 비추어 보면, 국가권력은 더 이상 사회적 피라미드의 정점에 군림하여 대중을 원거리조작하는 것에 만족할 수 없고, 사회조직의 가공이나 재구성에 영원히 개입하여 그 위계화, 분리차별화, 기능적 훈육화, 특정한 자격부여의 '정식들'을 끊임없이 검토하고 수정하는 데 몰두한다는 것을 사람들은 잘 이해할 것이다. 세계자본주의는 눈이 아찔할 정도로 앞[전방]으로 탈주하고 있다. 세계자본주의는 어떤 수단도 닥치는 대로 이용하며, 또 어떤 형태이든 자신의 동원의 자유를 제한하는 민족적 전통, 법률적 문서, 혹은 사법관집단처럼 정식으로 구성된 집단에게 형식적일지라도 독립 등을 존중하는 사치를 더 이상 허용할 수 없다.

4. 자본과 기계적 제어기능

자본주의권력은 직접적 강제라는 전통적 체계에 덧붙여 각 개인의 공모는 아니더라도 적어도 수동적 동의를 요구하는 통제장치를 끊임없이 덧붙인다. 그러나 자본주의권력이 지닌 행동수단을 그렇게 확장하는 것은 그 수단이 인간의 삶이나 활동 자체의 원동력에 영향을 줄 수 있는 한에서만 가능하다. 여기서 수단의 소형화는 기술적 기계 장치 안에까지 멀리 나아간다. 자본주의적 기계장치—이 기계장치의 '볼 수 없는' 탈영토화된 부분은 분명히 가장 가공할 유효성을 가지고 있다—는 바로 인간의 지각적·감각적·정서[정동]적·인식적·언어적 등의 행동의 기본 기능에 접목된다. 이데올로기적인 기만 혹은 매저키스트적인 집단정념—그것이 어떤 성격의 것이든—을 기초로 한 대중예속에 대한 이론적 설명을 우리는 받아들일 수 없다. 자본주의는 인간 존재를 내부로부터 지배한다〔사로잡는다〕. 이미지와 사상을 통한 인간의 소외는, 인간의 개별적이고 집합적인 기본적 기호화 양식이 지닌 일반적 제어체계의 한 측면에 지나지 않는다. 개인들은 공장·학교·지역 등의 이름으로, 욕망의 지각 양식 및 규격화에 따라 '설치되고' 있다. 지구적 규모의 노동분업의 확장은 세계자본주의의 일부에서 모든 사회적 범주의 생산력을 통합하려는 시도뿐만 아니라, 그 위에 이러한 집합적 노동력의 끊임없는 재구성, 재발명도 함의한다. 자본의 이상은, 정열이 넘치며, 애매함, 망설임, 거부 또는 열광 등을 지닐 수 있는 개인들을 상대하지 않고, 오로지 인간 로봇과만 상대한다. 자본은 두 가지 범주의 피착취자만을 인정하고 싶어한다. 즉 임금생활자에 속하는 사람과 생활보호를 받는 사람만을 인정하고 싶어한다. 자본의 목적은 자신의 권력적 공리계 및 테크놀로지적 요청 이외에 다른 것에 근거한 모든 범주(화)를, 폐지하지 않을 정도로까지 소거하여 중립화〔무력화〕시킨다. 자본은 그 연쇄의 끝에서 남자, 여자, 어린이, 노인, 부자, 빈민, 육체노동자, 지식인 등을 '재발견'하면, 자신의 고유한 기준에 따라 그들을 재정의하고, 스스로 그들을 재창조하려고 한다.

그러나 자본주의적인 기계적 제어는 자신이 가장 기능적인—감각적, 정서적, 행위적인—수준에 개입한다고 하는 바로 그 사실로 인해, 자신의 효과를 전도시키고 맑스가 완전히 감지한 새로운 유형의 기계적 잉여가치를 밝히는 데 이를 수 있다. (인간종족의 가능한 감속, 인간의 욕망이나 창조성의 지평의 끊임없는 쇄신. 15)) 자본주의는 인류가 짊어

15) 자신의 변증법적 메커니즘 때문에, 맑스는 누차 이런 형태의 변형의 준자연발생적이고 무의

진 욕망의 짐을 독점한다. 기계적 제어를 통해서 자본주의는 개인들의 가슴속에 자리잡는다. 예를 들면 노동자엘리트나 기업간부의 사회적·정치적 통합은 물질적인 이익에 근거할 뿐만 아니라, 그들의 직업·테크놀로지·기계 등에 대한 때로는 극히 깊은 애착에 기초하고 있다는 것은 의문의 여지가 없다. 더욱 일반적으로 말해서 자본주의가 분비하는 기계적 환경이 거대한 주민대중을 무관심하게 만들지 않으며, 그들은 단순히 광고의 유혹에, 소비사회의 대상·이상을 내면화하는 데 집착하지 않는다는 것은 분명하다. 기계 속에 무언가가 확실히 인간욕망의 본질에 관계되어 있다. 그러나 모든 문제는 그것이 어떤 기계인가, 또 무엇을 하기 위한 기계인가를 아는 것이다.

기계적 제어는 사회적 예속화와 일치하지 않는다. 예속화는 쉽게 조작할 수 있는 전지구적 개인들, 주체적 표상들을 끌어들이는 데 반해, 기계적 제어는 층화된 사회적 관계들 속에 '고정하기' 매우 어려운 욕망의 분자적 경제에 따라 개인내부적인·사회내부적인 요소들을 배치한다.[16] 이처럼 지각적 기능, 정서, 무의식적 행동 등을 직접 작동시킴으로써, 자본주의는 사회학적인 의미에서 노동자계급의 노동력 및 욕망의 힘을 훨씬 능가하는 노동력 및 욕망의 힘을 점유한다. 이러한 상황에서 계급관계는 다르게 전개되는 경향이 있다. 계급관계는 덜 양극화되고, 더욱 더 복잡한 전략에 개입하는 경향이 있다. 예를 들면, 프랑스 노동

지적인 발생의 문제에 직면하게 된다. 즉 "부르주아 경제체계가 조금씩 발전하는 것과 같이, 이 체계의 최종적 귀결에서는 자기 자신의 부정이 조금씩 진전되어 간다. 당분간은 우리들은 직접적 생산과정을 시야에 넣고 있다. 부르주아사회를 총체적으로 고찰해 보면, 우리들은 사회적 생산과정의 최종적 결과가 사회 자체이며, 달리 말하면 사회관계 속에 있는 인간 그 자체라는 것을 깨닫게 된다." (Marx, Œuvres, Pléiade, t. II, p. 311)

16) 이러한 명제는 욕망을 미분화된 충동적 에너지로 보는 것이 아니라, 탈영토화된 기계 장치의 고도로 가공된 조립(montage)에서 스스로 발생하는 것으로 보는 한에서만 이해될 수 있다.

자계급의 운명은 자신들의 직접적인 경영자에게 좌우될 뿐만 아니라, 국가, 유럽, 제3세계, 다국적 기업 등의 경영자들과 게다가 다른 측면에서는 이민노동자, 여성노동, 임시노동, 지역주의적 투쟁 등에도 좌우된다.

부르주아지 자체가 성격상 변화했다. 부르주아지는 적어도 자신의 가장 근대주의적인 부분에, 생산수단의 사적 소유—개인적인 형태이든 집합적인 형태이든—의 옹호에 그렇게 맹렬하게 개입하지는 않는다. 오늘날 부르주아지의 문제는 기계와 사회적 설비의 토대연계망을 집단적 또는 전지구적으로 통제하는 것이다. 부르주아지가 자신의 화폐적 권력뿐만 아니라, 사회적·리비도적·문화적 등의 권력 모두를 끌어들이는 것은 바로 그 때문이다. 부르주아지는 이 영토에서 이탈하지 않도록 주의를 기울인다. 그리고 이 점에서 부르주아지가 특히 동구의 자본주의-사회주의적 체제 속에서 놀라운 적응·쇄신·재생 능력을 보이고 있다는 것을 다시 인식해야 한다. 부르주아지는 사적 자본주의의 측면에서는 영토를 잃어버렸지만, 국가자본주의 측면에서, 집합적 설비, 미디어 등의 측면에서는 영토를 계속 획득해 가고 있다. 부르주아지는 국가와 장치의 관료, 기술관료, 현장감독, 교사 등 새로운 층을 규합하고 있을 뿐만 아니라, 어느 정도 나머지 전 주민에 침투하고 있다.

자본가계급은 모든 인간활동을 자신의 기호망에 입각하여 유일하게 교섭가능한 등가물로 전면적으로 전환하려는 자신의 기획에서 어떤 한계에 부딪치는가? 그러한 전면적 침투체계 속에서 혁명적 계급투쟁을 어느 정도까지 구상할 수 있는가? 분명히 그 한계는 전통적인 혁명운동을 오래 전부터 괴롭혀 온 것에서 찾아야만 하는 것은 아닐 것이다! 혁명은 외관상 명백한 정치적 담론의 수준에서 일어날 뿐만 아니라, 욕망의 변화와 과학기술적 예술적 변화의 측면에서 훨씬 분자적인 차원에서 일어나기도 한다. 자본주의는 눈이 아찔할 정도로 앞으로 탈주해 나가는 가운데, 지구상의 모든 개인을 체계적으로 통제하는 길에 개입한다. 분명히 현재의 자본주의는—중국의 통합과 함께—자신의 힘〔역능〕의 정점에 이르고 있지만, 아마도 동시에 극단적인 취약지점에 이르고 있다! 자본주의는 그렇게 전면적인 의존체계를 전개하여서, 그 기능에 조금이라도 흠이 있으면 아마 그 흠은 자본주의의 힘으로는 통제할 수 없는 결과를 가져올 것이다.

(1979)

17

지구계획[*]

주변적인 것의 문제보다 더 주변적인 것은 없다. 주변적인 것은 모든 시간과 공간을 가로질러 횡단한다. 주변적인 것에 접근하지 않고는 사회변동, 혁신 혹은 혁명적 변화에 대한 어떠한 질문도 불가능하다. 그런데 왜 질서, 법 그리고 '좋은 형식'은 항상 위에서 내려와야 하는 것처럼 보이는가? 지배적 의미작용의 편에 서있으면서, 봉쇄된 자기충족성을 보장하고 사회구성체의 위계화를 영원히 고정시키는 완벽한 대상, 폐쇄된 영토, 블랙홀로 흐름들이 되돌아오는 것에 비례하여 증가하는 일종의 기호적 엔트로피가 존재한다는 것을 우리는 자명한 것으로 받아들여야만 하는 것일까?

---

[*] Namur에서 장 피에르 페이(Jean-Pierre Faye)가 조직한 콜로키움에서 "소수자를 생각한다"(des minorités dans la pensée)라는 주제로 한 발표노트. 1978년 9월 26일, 27일자 *Libération*과 Payot가 편집한 이 콜로키움의 보고서에 실렸다. 나중에 다음 책에 실렸다. Félix Guattari, *La Révolution Moléculaire*, 10/18, 1980, pp. 99-117.

나는 열역학적 비유를 믿지 않는다. 작용-반작용의 회로, 기원적 상태로의 회귀라는 원리는 전혀 필요없다. 비역사적인 도덕적 명령과 똑같이 이른바 역사과학의 법칙은 역사의 진정한 직조물을 구성하는 미시정치적 배치를 결여하고 있다. 우리는 **"자유선택이냐 운명이냐"** 하는 양자택일의 관점을 (누군가 그것에 그 어떤 변증법적 표상을 부여할 수 있더라도!) 버려야 한다. 우리는 사회체의 진화선과 퇴보선에 대한 가치평가와 가치전환(transvaluation)이라는 **선험적인** 가치 및 규범을 버려야 한다. 변화에 왕도(王道)는 없다. 다음 것들에서 출발하는 복수의 길이 존재한다.

(1) 경제-생태-기술-과학적…리좀의 다양한 구성요소들이 지니는 **'우선적 선택'**의 집합적 굴절(변화)에서부터.

(2) 주변적인 것들을 포함하는 모든 종류의, 모든 규모의 사회적 배치들이 기호화하는 그런 가능한 복수의 **'용도(목표)'**에서부터.

이것은 오늘날 진정한 혁명이 불가능하다는 것을 말하는가? 아니다. 단지 몰적, 가시적, 대규모 혁명이—파시스트-스탈린주의적인 것이 되지 않으려면—욕망경제를 포함한 분자혁명들의 확장 및 확대와 분리할 수 없게 되었다는 것을 말한다.

다른 말로 하자면, 우리는 일방적인 방향의 인과성을, 역사의 일방적인 방향을 거부해야 한다. 이 영역에서 현실과 진리의 시험은 일종의 전도된 변증법에 속하며, 모순을 해소하는 것이 아니라 철저하게 파헤쳐 낡은 잘못된 문제들과 난국에 빠진 상황에서 비기표적(a-signifiant) 잔여들을 추출해내고, 많은 사람들이 모든 것을 잃었다고 생각할 때 모든 것을 새롭게 다시 시작할 수 있는 곳에서 탈영토화된 기계체계(machinisme)를 추진시킨다.

경향: 지층화되었고 초월적 준거점 위에 고착된 전체화하는-전체화

된 구체계들은 자신의 일관성을 잃는다. 그것들은 다만 다음과 같은 조건에서만 대규모 사회단위들을 장악하는 데 성공한다.

(1) 자신들의 권력을 집중화한다.

(2) 자신들의 강압도구들을 소형화한다.

가능한 시나리오들 가운데 극단적인 두 가지는 다음과 같다.

(1) **통합된 세계자본주의의 공고화 및 안정화.** 이 새로운 형태의 자본주의는 독점자본주의와 다양한 형태의 국가자본주의 사이의 상호조정 및 상호변형에서 비롯된다. 단일한 세계체계 속에서 통합된 세계자본주의는 착취와 사회적 분리차별에 근거한 계급 및 카스트를 지닌 사회들의 상이한 구성요소들을 통합한다. 통합된 세계자본주의의 의사결정 중심은 전지구에 가지를 친 채 열강들의 국민국가적 이해와 관련해서는 특정한 자율성을 지니고, 더 이상 한정된 정치적 공간에만 자리잡고 있을 수 없는 복잡한 네트워크(에너지 복합체·군산복합체 등의 네트워크)를 구성하는 경향이 있다. 통합된 세계자본주의는 사회통제 및 대중매체적 분할구획의 체계적 정치를 발전시킨다. (모든 영역에서 부드러운 억압과 연결되어 있는 서독 유형의 강경한 탄압.)

(2) **기존 권력들의 상황에 대한 전진적인 통제상실.** (개인적 그리고/또는 집합적인) 욕망의 특이성(singularité)을 만개(滿開)하도록 하는 그리고 국민국가에 속하는 권력구성체를 [강제]수용하는 새로운 유형의 사회선분[집단]들이 출현하도록 하는 (예전의 그리고 새로운) 주변집단들, 소수자들, 자율집단들의 증식.

이 두 가지 경향은 더욱이 공존할 수 있다. 그러면 모든 것은 다음 세 가지 사이의 힘관계의 균형이나 불균형에 달려있을 것이다.

- 다수자적 합의의 영향력
- 고전적 성격의 사회투쟁
- 분자혁명

a) 첫 번째 가설: 통합된 세계자본주의의 공고화

다음과 같은 것들의 삼중 결합을 가정해 보자.
- 인구흐름의 증가
- 에너지흐름 및 원자재흐름의 점진적 차단
- 기계적 집중 및 정보적 집중의 가속화

다음과 같은 일들이 뒤따를 수 있다.

1. 선진국에서 계급적대의 재편

- 국가자본주의와 이윤경제가 기반하고 있는 산업부문들에서 직업 수의 상대적 감소. 수요의 불확실성과는 상관없이 생산부문에서 고용증가는 사실상 에너지 및 원자재의 세계적 '산출량'에 의해 제한될 것이다.
- 노동자계급 가운데 "특권적인" 분파들이 쁘띠부르주아적 이데올로기·생활양식·이해에 보다 두드러지게 통합될 것이다. 반면에 이민자, 초과착취당하는 여성들, 불안정노동자, 실업자, 전망 없는 학생들, 온갖 종류의 구제민들 등, "비보장된" 새로운 사회계층들이 생겨날 것이다.
- 열강들 내부에서 나타나는 저발전 지대들의 출현. 전통경제의 파산과 산업탈중심화의 실패는 더욱 더 급진화된 "민족주의적" 운동과 지역주의적 요구를 불러일으킨다.
- 산업공간의 재구조화와 "주변부 자본주의"의 발전은 기술적 선택보

다는 사회정치적 문제("사회적 위험"에 대한 계산)에 의해 결정될
것이다.

몇 십 년 동안 제국주의 중심부의 노동자계급과 쁘띠부르주아지는 다
음과 같은 것으로부터 "혜택"을 입었다.

(1) 오늘날의 것보다 덜 통합되고 덜 기계적인 생산수단의 존재.

(2) 식민지에 대한 초과착취.

고도의 숙련노동자 범주를 제외하고는, 이런 계급들은 "보조를 맞추
어야" 할 것이며, 자신들의 지위라는 일정한 이상과 "획득한 이점"의 일
부를 잃게 될 것이다. 여기서 문제가 되고 있는 것은 열강들 간의 "선두"
다툼이 아니라, 전지구적 규모에 걸쳐 동질화된 새로운 사회적 분리차
별의 창출이다. 가장 가난한 나라들에서 상위 노동자엘리트, 기술-과
학자들이 만들어지는 반면, 대칭적으로 가장 부유한 나라에는 거대한
극빈지역이 여전히 존속할 것이다.

따라서 구 산업열강들 속에서 자본주의의 재구조화는, 노동자계급이 강
하게 집착하고 있는 오래된 사회적 "성과물들"을 다시 문제삼는다. 사회적
인 차별임금. 〔사회보장, 퇴직연금, 수당 등. 국가권력이 중재하는 단체교
섭. 국영기업, 국유기업, 혼합기업, 정부보조기업 등 주요 경제 부문에 대
한 정부보호. 통합된 자본주의의 관점에서 볼 때 그런 보호는 거의 혹은 전
혀 이윤을 가져오지 않는 부문(사회간접자본 관리, 공공서비스 등)에서만
정당화된다. 그러나 지배적인 부문들에서 다국적기업 경영자들은 (지역,
국가, 대륙 수준에서) 산업재배치를 결정하고, 기술과 에너지 등의 영역
속에서 선택을 결정을 하는 데서 더 커다란 행동의 자유를 가지려고 한다.〕

이 문제는 동유럽국의 관료제에게는 다른 용어〔방식〕로 제기되지만,
이윤분배, 개선계획 등에 대한 논의 배후에는 최대착취라는 목표가 재
발견된다.

2. 국제노동분업의 재편

19세기 자본주의는 (여전히 봉건제에 의해 특징지어진 채 있는) 구체제의 사회관계와 공간의 장벽이 무너지는 한에서만 자신의 충만한 장을 정복하였다.

과거 유럽에서 그리고 특히 지중해 중심의 유럽에서 안정화되고 지층화된 그러한 국민적 장벽, 국민 '선거권', 계급균형은 오늘날 21세기 자본주의의 등장과 (부르주아 귀족정치와 동서의 관료제에서 생겨난) 새로운 전세계적 지배계급의 탄생에 객관적인 곤란함을 주는 것 같다.

최종적으로 현재의 세계위기는 **전지구적 규모의 집합적 노동력의 정치경제적 예속이라는 일반적인 새로운 절차**의 정립을 목표로 하고 있다. 다국적 권력과 기술구조를 위해서 낡은 국가자본주의 형태가 점진적으로 쇠퇴하는 것(국민적 실체와 관련하여 의사결정 중심의 탈영토화)은 다음을 수반한다.

- 전체 원자재시장에서 영속적인 긴장에 따른 몇몇 제3세계 나라들의 상대적 약진. 이러한 경제도약에 참여하지 못하는 나라들에서 살고 있는 수 억 인민의 절대적 궁핍화. 극빈국과 극부국 사이의 중간 지역들 및 나라들에 대한 초과착취.
- 경제영역에서뿐만 아니라 지구의 감시를 위해서도 동-서 간의 더욱 더 긴밀한 관계, 즉 (긴장국면이 있을지라도) 동-서 나라들의 기술관료, 행정관료, 경찰 등 간의 밀접한 협력.
- 군비경쟁 방향의 수정. 현재 문제는 3차대전을 준비하는 것이 아니라 다음과 같이 하는 것이다.
1) 최강국들 사이의 군사적 평형—그리고 결과적으로 정치경제적 평형—을 유지하는 것.

2) 2류 하위열강들과 최강국들 간의 충분한 격차를 유지하는 것.

3) 군사, 경찰, 에너지, 기술 등의 영역에서 내부구도에 대해 중앙집중적 모델 유형을 부과〔강요〕하는 것.

주의: 아마 마지막 목적이 처음 두 목적을 조건짓는다. 실제로 정치적 중앙집중주의라는 낡은 모델이 위협받기 시작하면서, 통합된 세계자본주의에게는 다음 둘 간의 분명한 모순을 극복하는 것이 필요하게 되었다.

　- 에너지, 원자재, 산업입지, 기술선택, 통화 등의 부문에서 일국권력〔정부역할〕의 상대적 쇠퇴.
　- 새로운 유형의 권력구성체에 대해 집합적 노동력을 재접합하고 재영토화할 필요성.

새로운 세계적 (부르주아-관료적) 귀족정치는 국제열강들의 위계에 계속 기반할 것이다. 그러나 그 귀족정치는 열강 중 특정한 어떤 나라와도 일치하지 않는 경향이 있을 것이다. (우리가 최근에 "200 가족들"[1]의 신화 없이 지내야 했던 것처럼, 오늘날 독일-미국 자본주의의 절대적인 우위라는 신화에서 거리를 둘 필요가 있다. 진짜 목표물은 결코 그렇게 집중되지 않는다. 자본주의의 가장 위험스런 불씨를 서구에서뿐만 아니라 동구와 제3세계 나라들 속에서도 발견할 수 있다.)

3. 거대한 국제적 하위단위들의 새로운 재배치

("유럽의 사법공간"을 구축하려는 시도와 병행하는) "독일 모델"이 구성하는 현재 실험되고 있는 정식은 다음과 같은 것들을 화해시키려고 노력한다.

　- 이류 열강들의 프롤레타리아트와 점점 분리되고 있는 노동귀족의

---

1) 세계적인 부자들.

강화된 통합.

- 특히 시민사회와 관련된 모든 영역에서 국가권력의 억압능력의 강화.
- 통합된 세계자본주의(다중심적, 초국가적, 탈영토화된 네트워크)
  의 결정중심에 대한 완전한 자유처분권.

요약하자면, 다음 것들을 결합시키는 것이 중요하다.

- 국지〔일국〕적 구도에서 노동력의 특유한 재영토화. (개인들을 모
  델화하고 기존질서를 지지하는 다수의 동의를 만들어내는 데서 대
  중매체적 분할구획은 결정적인 역할을 한다.)
- 유럽적 구도에서, 사회통제 및 억압에 대한 "공동체적"〔유럽공동
  체〕 관리.
- 세계적 구도에서, 자본주의의 새로운 기능작용에 대한 완벽한 적응.

우리는 또한 경제적 사회적 공간을 재구조화하려는 통합된 세계자본주
의의 다양한 색다른 시도들을 고려해야 한다. 다음과 같은 것들이다.

- 쿠바-소비에트의 개입에 대항하기 위해 프랑스와 미국에 근거를
  두는 범아프리카 군대기획. 이러한 모든 개입의 유일하게 확실한
  결과는 아프리카에 대한 세계자본주의의 지배력강화이다.
- 브라질에게 라틴아메리카에서 점점 더 주요한 역할을 하도록 요구
  할 것으로 보인다.

이와 같은 예들은 지금까지 미국과 소련이 수행해온 '국제경찰'의 역
할(수에즈를 상기하라!)이 확인하기 아주 어렵지만 적지 않게 무자비한
국제적 층위〔세력〕의 손으로 넘어갔다는 것을 보여준다. (그러나 라틴
아메리카 나라들에 대한 후견—미국의 후견을 보완하는—의 역할이 독
일 사민주의로 귀속되고, 프랑스어권 아프리카에 대한 일종의 최강군주
의 역할이 지스카르 데스텡〔프랑스 대통령〕에게 귀속되는 것을 지적해
야겠다.)

4. 새로운 파시즘 유형의 지구적 규모에서의 발전

몇몇 측면에서, 통합된 세계자본주의는 정치적 관료제 및 군벌(軍閥)의 지지와 지원을, 그리고 초국적이고 탈영토화하는 자신의 고유한 논리와 배치되는 데로 가기 쉬운 전통적 국민구조와의 타협정식의 수용을 의미하는 고전적인 권위주의적 해결책을 최대한 줄이는 데 이해를 가지고 있을 것이다. 소형화된 수단을 쓰는 부드러운 통제체계에 의존하는 편이 더 나을 것이다. 폭동진압 경찰에 근거한 억압보다는 집합적 설비・사회복지사・정신의학자의 상호감시와 "주술을 거는" TV에 의존하는 편이 낫다! 모든 창발성을 억누르는 부담스러운 관료제보다는, 제도에 대한 개인들의 자발적 참여가 오히려 좋다.

- 그러나 몇 년 동안 경제메커니즘 전체를 마비시켜온 장기간의 전반적 위기는 20세기의 3/4분기를 특징지었던 근대자본주의 이데올로기의 붕괴를 가져왔다.
- 삼자위원회(미국, 유럽, 일본)의 최고경영자들이 분명히 한 것처럼, 과거의 계급균형, 국가가 부르주아지의 여러 하위집단을 중재했던 전통적 방식들, 부르주아 민주주의에 내재해 있는 정치적・법률적 안전장치들, 이 모든 것을 재평가해야 한다.
- 통합된 세계자본주의는 다음 기능작용을 통제할 수 있는 한에서만 살아남을 희망이 있다.
(1) 국제관계와 거대한 사회운동(예를 들면 1974년 포르투갈의 "카네이션 혁명"2)에 대한 조종이나, 이탈리아에서 최열강국의 개입3)).

---

2) 1974년 4월 25일 포르투갈에서 일어난 무혈혁명. 1932년 이래 살라자르의 장기독재와 아프리카 식민지의 독립운동탄압에 대해서 1960년대부터 비판의 소리가 높아졌다. 4월 25일 리스본에서 '국군운동(MFA)'이 반란을 일으켜 정부기관과 방송국을 점령하였다. 스피놀라 장군이 구국군사평의회 대표로서 임시정부를 조직하여, 정치범의 석방과 언론・결사의 자유를 선언

② 국가기구들(사법기구도 포함하여, 현재 변호사와 하급판사들 사이에서 일어나는 현실적인 저항의 중요성에서부터)

③ 노동조합기구, 노동위원회 등. 노동자와의 계약협상은 이후 기업의 정상적 업무의 일부분으로 간주될 것이며, 노동조합은 직원과의 관계를 담당하는 조사부서와 같은 기능을 하게 될 것이다.

④ 집합적 설비들—학교, 대학, 그리고 집합적 노동력을 모델화하는 데 기여하는 모든 것.

⑤ 언론·영화·TV 등의 기계, 그리고 가족적이고 개인적인 주체성을 모델화하는 데 기여하는 모든 것.

한 개인의 머리 속에 있는 항의는, 그것이 다른 사람에게 전염효과를 가질 수 있는 순간에 위험을 나타낸다. 따라서 모든 종류의 일탈자들과 주변인들을 세밀히 감시하는 것이 필요하다. 심지어 그들의 무의식적인 반응의 수준도 포함하여.

b) 두 번째 가설: 통합적 세계자본주의에 의한 상황통제의 점진적 상실

－통합된 세계자본주의는 지금까지 지구의 근본적인 문제들(인구증가, 생태적 황폐화, 새로운 생산목표의 규정 등)에 대해 어떠한 해결책도 가져올 수 없다는 것이 드러났다. 통합된 세계자본주의가 에너지와 원자재의 문제에 대해 제시하는 해결책들은 거대한 주민

하고, 살라자르시대의 고관들을 파면하였다. 국외로 망명하였던 사회당·공산당 지도자들도 귀국하였고, 메이데이인 5월 1일 참가자 전원이 카네이션을 가슴에 달고 해방감에 넘친 '카네이션혁명'을 벌였다.

3) 역사적 타협을 강요한 열강국들의 입김을 말한다.

대중에게 별로 가져다주는 것이 없다.

현실의 국제기관들은 분명히 열강들 간의 분쟁을 해결할 수 없다는 것이 드러난다. 사실상 그들은 풍토적[국지적]인 군사분쟁(중동전쟁, 아프리카전쟁 등)을 핑계로 일종의 안전밸브를 설정하는 원리 위에서 작동하는 것 같다.

– 인류 이익의 이러한 "관리"에 대해 분노와 환멸이 끝없이 증가한다는 것을 확인하는 것은 결코 과격한 선동이 아니다. 즉 자본주의는 이를 잘 알고 있으며, 저항과 반란에 대처하기 위해 할 수 있는 모든 대비책을 마련하려 하고 있다.

– 그러나 삼자위원회의 "전문가들"과 통합된 세계자본주의의 경영자들이 달성하려고 하는 새로운 전체주의 질서를 순진하고 단순하게 히틀러나 무솔리니 유형의 민족적 파시즘과 동일시할 수 없다. 새로운 전체주의 질서는 어디에나 존재하는 동시에 아무 곳에도 존재하지 않을 것이다. 그것은 세계의 모든 지대를 오염시킬 것이지만, 초억압적인 지대 근처에는 상대적으로 자유로운 지대가 있을 것이고, 그 두 지대 사이의 경계선은 유동적인 채 있을 것이다. 이 새로운 전체주의 질서의 행동수단은 단지 권력의 도구로서만 작동하는 것이 아니라, 오히려 노동력의 양성, 각 개인의 모델화, 특정한 생활양식의 부과에 기여하는 모든 요소를 통해 작동할 것이다. 즉, 학교, 상업적 스포츠, 매체, 광고, 모든 종류의 '서비스'기술들(사회서비스, 대규모 정신분석, 문화프로그램 등)에서 작동하는 복수의 기호적 예속체계를 통해 작동할 것이다.

– 통합된 세계자본주의는 노동자대중, 투쟁하는 여성, 저항하는 젊은이, 압박받는 소수자들에 대한 어떤 체계적이고 전반적인 분쇄도 겨냥하지 않는다. 사실 통합된 세계자본주의가 의지하고 있는 생산

수단은 생산관계와 사회관계에서 일정한 유연성을 필요로 하며, 여기저기서 "나타나는" 새로운 인간관계 유형과 새로운 감수성 형식에 적응할 수 있는 최소한의 능력을 필요로 한다. (주변집단들의 '창조적 발견'을 회수하는 광고, "자유방임" 지대들에 대한 상대적 관용) 그러한 조건 속에서 반쯤은 묵인되고 반쯤은 장려되면서 흡수되는 저항이 체계의 본질적 부분이 될 수 있다.

- 반면에 다른 형태의 저항은 그 체계가 기반하고 있는 본질적인 관계(노동 · 사회적 위계 · 국가권력에 대한 숭배, 소비주의라는 종교…)를 위협하는 한 아주 위험한 것으로 드러난다. 회수될 수 있는 주변성과 진정한 **"분자혁명"**의 길로 나아가는 주변성을 명확히 구분하는 것은 불가능하다. 여기서 경계선은 사실상 시공간적으로 유동적인 채 있으며 변한다. 최종적으로 문제는 바로 사회체(socius)의 "가장자리에" 남을 현상—그것이 포함하는 것이 얼마나 광범하든간에—인가 아니면 사회체에 근본적으로 문제제기할 현상인가를 아는 것이다. 여기서 "분자적인" 것을 특징짓는 것은 **탈주선이 체계의 탈영토화라는 객관적 선을 그대로 따르고** 새로운 자유의 공간에 대한 억누를 수 없는 열망을 창조한다는 사실이다. (그와 같은 탈주선의 예는 자유라디오방송[4] 이다. 기술발전, 특히 소형화된 송신기와 아마추어들이 그것을 "조립"할 수 있다는 사실은 새로운 표현수단에 대한 집합적 열망과 "만난다".)

- 미래의 혁명적 변혁의 가능성을 평가하기 위해서는, "객관적" 구도 위에서 그리고 새로운 사회적 실천의 구도 위에서 고려해야 할 많

---

4) 이탈리아에서의 자유라디오 운동에 뒤이어 프랑스에서도 다양한 자유라디오들이 등장하였다. 자유라디오들은 대형매체의 획일적인 대중지배에 대항하는 소규모 매체의 상호네트워크화를 지향하였다.

은 요소들이 있다.

(1) 통합된 세계자본주의는 최대 다수가 수용하는, 사회적 분리차별이 강화된 사회질서를 세울 수 있을까? 자본─동서 모두에서─은 **권력의 자본**이다. 즉 다양한 권력형식을 기호화하고 동질화하고 전달하는 양식이다. (재산·토지에 대한 권력, 노동·하급자·"약자"〔弱者〕에 대한 권력, 이웃·가족 대한 권력 등.) 오직 우주〔세계〕와 사회체와의 새로운 관계양식의 출현만이, 자본의 체계와 그것의 다양한 권력결정체들에 대한 개인들의 이런 '리비도적 고착'을 변형시킬 수 있을 것이다. 사실, 자본의 체계는 대다수 개인들이 자신 안에 참여할 뿐만 아니라 무의식적으로 자신에게 들러붙어 있는 한에서만 유지될 수 있다. 따라서 현대 자본주의의 전복은 물질적 예속과 가시적 억압형태에 대항한 투쟁사안일 뿐만 아니라, 무엇보다도 복수의 대안적인 기능작용을 창조하는 것에 관련된다.

(2) 지금까지 전통적 노동운동을 특징지어온 투쟁전선들과는 매우 다른 종류의 "투쟁전선"이 수십년 이래 끊임없이 증가해 왔다. (이주노동자들, 부과된 노동유형에 항의하는 미숙련노동자, 실업자, 초과착취 당하는 여성, 생태주의자, "소수민족" 사람들, 정신병원에 갇힌 사람들, 동성애자들, 노인들, 젊은이들 등 사이에서). 이들의 목표는 결국 체계가 받아들일 수 있는 "요구"의 틀 속에 안주하는 것으로 끝날까? 아니면 그것들 배후에서 분자혁명의 벡터〔담지자〕들이 증식될 수 있을까? (지배적인 좌표 위에 국지화할〔놓을〕 수 없는 것들. 은밀한 횡단적 상호연결의 축과 낡은 생산관계, 낡은 사회관계 및 가족관계, 그리고 낡은 신체·성(性)·우주와의 관계를 침식해 들어가는 행위의 축 사이에서 유지하는 자기 자신의 준거축의 자동생산)

(3) 이 미시혁명들이, 사회관계들에 대한 이러한 문제제기가 사회적

장의 제한된 영역에 갇힌 채로 있을까? 아니면 위계나 분리차별의 체계들을 만들어내지 않으면서도 서로를 연결하는 새로운 "사회적 선분성〔상호접속〕"이 가능할까? 한마디로 말해서, **이 모든 미시혁명이 진정한 혁명을 낳는 것으로 귀결될까?** 미시혁명들이 국지적 문제들뿐만 아니라 대규모 경제단위의 관리도 "책임질" 수 있을까?

- 다른 말로 하자면, 우리는 "무엇으로 돌아가자"는—기원, 본성, 초월성으로—다양한 유토피아로부터 벗어나고 있는가? "객관적인" 탈영토화의 선은 불가역적이다. 우리는 과학기술의 진보"와" 타협해야 한다. 그렇지 않으면 아무 것도 가능하지 않을 것이고, 세계자본주의 권력은 항상 다시 우세하게 될 것이다.

코르시카(Corsica)〔지중해 북부 사르데냐섬 북쪽 보니파시오 해협 사이에 있는 프랑스령 섬〕와 브레타뉴(Bretagne)에서 일어나고 있는 민족자결권 투쟁의 예를 들어보자. 이런 유형의 운동이 앞으로 몇 년 간 격화되리라는 것은 분명하다. 그것은 "무엇으로 돌아가자"는 것에 불과한가? 사실 여기서 문제가 되는 것은 새로운 코르시카, 새로운 브레타뉴의 건설이며, 새로운 사르세예즈(Sarcelles)와 이벨리네스(Yveliness)[5]의 건설이기도 하다. 과거를 깨끗한 미래의 틀 위에 다시 써넣는 것이다. 예컨대, 소수집단의 요구도 소수민족집단의 요구도 일정한 유형의 국가권력, 예속권력의 담지자, 즉 자본주의적 바이러스의 담지자일 수도 있다.

(4) 통합된 세계자본주의의 현재의 발전에 의해 떠밀려난 가장 전통적인 집단들이 채택할 수 있는 저항형태는 무엇인가? 노동조합, 고전적 좌파정당은 현대자본주의가 자신들을 조종하고 회수하도록 끝없이 내버려둘 것인가, 아니면 심도있게 변형될까?

---

5) Sarcelles와 Yveliness는 파리근처의 주택도시로 도시재개발에 저항하였다.

- 현재 시작하고 있는 혁명이 미래에 채택할 **투쟁형태 및 조직형태**들을 예상할 수는 없다. 모든 문제가 여기에서는 또한 열린 채 있다. 그러나 몇 가지 점들은 확실한 것 같다. 이러한 투쟁형태들이 있다는 것에 대해서가 아니라, 반드시 이러한 투쟁형태들이 없다는 것에 대해서.

(1) 투쟁형태 및 조직형태는 단지 양적인 목표에만 집중하는 것이 아니라, 노동의 목적, 따라서 여가와 문화의 목적을 다시 문제삼을 것이다. 투쟁형태 및 조직형태는 환경, 일상생활, 가족생활, 남녀관계, 어른-아이 관계, 시간에 대한 인식, 삶의 의미 등을 다시 문제삼을 것이다.

(2) 투쟁형태 및 조직형태는 성인-남성-백인-숙련-산업-노동자계급에만 집중하지는 않을 것이다. (1917년 푸틸로프 공장에서의 혁명적 노동자의 신화 같은 것은 더 이상 없다.) 오늘날의 생산을 중공업과 동일시할 수 없다. 본질적으로 생산은 컴퓨터뿐만 아니라 기계-도구도, 과학-기술적 개입 뿐만 아니라 사회적 배치도 포함한다. 생산은 아주 어린 나이의 어린이들의 "노동"에서부터 시작하는 노동력 양성과 분리될 수 없다. 생산은 유지, 재생산, 양성의 "세포"를 포함할 뿐만 아니라 현재의 억압적인 조건 속에서 여성들이 주로 그 운영부담을 지고 있는 가족을 구성한다.

(3) 투쟁형태 및 조직형태는 투쟁의 사고주체로서, 그리고 "대중운동" 전체가 그로부터 규정되어야만 하는 근원으로서 간주되는 전위당에만 집중되지는 않을 것이다. 투쟁은 다중심적일 것이다. 투쟁의 상이한 구성요소들은 총체적으로 조화되지는 않을 것이며, 똑같은 상투적인 언어로 이야기하지 않을 것이다. 그들 사이에 모순들, 심지어 환원불가능한 적대도 존재할 것이다(예. 남성이 지배하는 운동에 대해

여성의 특정한 관점). 여기서 모순은 행동을 마비시키는 것이 아니라 특이한 위상, **특수한 욕망**이 문제가 된다는 증거이다.

⑷ 투쟁형태 및 조직형태는 국민국가[일국]적 틀 안에서만 나타나지는 않을 것이다. 그것들은 가장 일상적인 현실에 밀착하여 모든 부분에서 국민적 실체를 넘어서는 사회적 단위들을 동시에 포괄할 것이다. 오늘날 국민국가적 틀에서만 정식화된 모든 투쟁전망은 미리 자신의 효과를 잃을 것이다. 자신의 목표를 '국가 정치권력의 장악'에 한정하는 가장 혁명적인 당과 소집단뿐만 아니라 가장 개량주의적인 당과 소집단도 스스로 무력해질 수밖에 없다. (예를 들어 이탈리아 문제에 대한 해결책은 사회주의자에게도, 공산주의자에게도, 무소속에게도 속하지 않을 것이다! 그것은 최소한 유럽 4-5개국에서 발전하는 투쟁운동을 필요로 한다.)

⑸ 투쟁형태 및 조직형태는 단일한 이론체계에 집착하지 않을 것이다. 투쟁의 상이한 요소들은 각자의 수준에 따라, 각자 고유한 리듬에 따라, 자신들의 행동을 규정하고 방향짓기 위해 스스로의 기호화 양식을 가공할 것이다. (여기서 우리는 생산적 노동과 과학적 혹은 문화적 노동 사이의, 육체노동과 지식노동 사이의 대립의 쇠퇴라는 문제를 재발견할 것이다.)

⑹ 투쟁형태 및 조직형태는 교환가치, 사용가치, 욕망가치 사이의 구분을 거부할 것이다. 그러한 구분은 자본주의와 사회적 분리차별이 의존하고 있는 자기폐쇄적이고 위계화된 권력구성체의 본질적인 지지물 가운데 하나이다.

결론적으로

─ 자본가적 "엘리트" 및 기술관료 '엘리트'들의 통제 아래 있는 사회적

생산은 개인들의 이해 및 욕망과 더욱 더 분리되고 있다.
이는 다음과 같은 결과를 낳는다.

(1) 인류의 미래 자체를 위협하는 산업들의 체계적인 과잉가치증식 (군비경쟁, 원자력 등).

(2) 필수적인 사용가치들에 대한 평가절하(세계적 기아, 환경보존)

(3) 욕망의 특이성 속에서 욕망의 억압 및 단조화, 즉 삶의 의미의 상실.

이러한 조건 속에서, 혁명적 변혁의 전망은 완전히 가능하다. (정치의 종말, 사회의 내파 등과 관련된 테마들의 불합리함.) 근본적인 문제는 다음 투쟁들을 발전시키고 쇄신하고 접합하는 것이다.

(1) 일상생활투쟁, 욕망투쟁.

(2) 전통적인 노동자계급투쟁

(3) 민족해방투쟁 및 소수민족해방투쟁.

(1978. 9)

18

분자혁명

지금 여러분과 공유하고 토론하고 싶은 것이 많지만, 저는 혁명이나 욕망을 제외한 어떠한 것—저의 사생활, 제가 어떻게 투표하는지—에 대해서도 절대적으로 말할 수 있겠다는 느낌을 갖습니다. 혁명이나 욕망은 진짜로 이곳 콜롬비아 대학[1]에서는 음란한 듯할 것입니다.

---

1) 가타리는 1975년 11월 콜롬비아 대학에서 Semiotext(e)가 개최한 분열문화회의에서 연설하고 있는 중이다. 이 회의에는 약 2천여 명이 다양한 워크샵, 강연, 정신의학·광기·정치적 억압·포르투갈 등에 관한 토론 등에 참여하였다. 강연자들 중에는 Ti-Grace Atkinson, William Burroughs, John Cage, Gilles Deleuze, Richard Foreman, Michel Foucault, Félix Guattari, Joel Kovel, R.D. Raing, Jean-François Lyotard가 있었다. 분위기는 매우 뜨거웠고 푸코는 CIA의 자금을 받았다고 도발자들에 의해서 공개적으로 고발당하여 매우 당황하였다. 푸코는 이 회의를 주재한 Sylvère Lotringer에게 사적으로(그리고 어느 정도 비웃듯이) 이것이 "1960년대의 마지막 대항문화회의"라고 말했다. 그것은 사실 미국에서 이루어진, 68이후 프랑스이론가들, 뉴욕예술세계, 미국 "급진" 아카데미 구성원들 사이의 첫 번째 만남이었고, 많은 충돌이 이어졌다. 가타리의 즉흥 저녁 연설은 조롱자들, 아마도 그의 바로 뒤에 의자에서 말한 Ti-Grace Atkinson의 추종자들에 의해 중단되었다.

만일 누군가가 그런 일2)을 맡기 위해 진정 CIA 요원이 되어야 하지 않을까 하는 지점에 이르렀습니다. 많은 사람들을 오염시켰던 것 같고 다른 시기에 계속 재발하는 CIA 바이러스와 같은 어떤 것이 여기에 있으며, 저는 제가 그 병원균[바이러스]을 잡지 못했는지 아닌지 자문하지 않을 수 없습니다.

만약 대학 안에 존재하는 일종의 소리벽을 구성하는 이러한 소음기를 통과하거나 이러한 벽들을 넘을 수 있다면, 세계 위기가 상당한 속도로 가속화되고 있다는 것을 인식하기 시작할 것이라고 생각합니다. 제가 단지 가속하는 분열과정에 잡혀있는 걸까요? 몇 년 동안 우리는 1929년의 과정—지역분쟁·국지적 정치대결·경제위기의 전 영역—과 비교할만한 과정을 경험해 오고 있습니다. 바로 지금은 정치무대에서 히틀러나 무솔리니 같은 극도로 두드러진 인물들은 존재하지 않지만, 여전히 절멸캠프는 존재합니다. 방글라데시 전역이 그러한 캠프입니다. 즉 수천, 수만 명의 사람이 방글라데시에서 죽어가고 있거나 죽음 직전에 있습니다. 왜냐하면 그들은 독특한 정부정책으로 인해 생기는 특수한 경제상황에 갇혀 있고 그들에게는 절멸 이외의 어떠한 대안도 존재하지 않기 때문입니다. 저는 모든 일련의 요소들이 전 세계를 통틀어 모든 사회조직 수준에서 절대적 위기를 가져오고 있다고 믿습니다. 이러한 상황은 혁명적인 해결책을 요구하지만, 아무 것도, 어떤 사람도, 어떤 조직도 혁명적 해결책과 그것의 명령규칙들을 다룰 준비가 되어 있지 않습니다. 지금 제가 여러분들 앞에서 방어하고 싶은 음란한 주제는, 모든—볼세비키적인, 맑스-레닌주의적인, 공산주의적인, 자생주의적인

---

2) 전세계적 매체의 취재에 의해 현혹된 아마도 라루치 노동위원회 소속의 밀정들이 렝(R.D. Raing)과 미셸 푸코가 CIA의 자금을 받았다고 공개적으로 고발함으로써 몇 차례 회의를 방해하려고 했다.

(이런 저런 형태로), 사회민주주의적인—조직은 이러한 혁명투쟁과 그 발전의 본질적인 측면을 놓치고 있다는 것입니다.

혁명을 거부하는 두 가지 방식이 존재합니다. 첫 번째는 혁명이 어디에 존재하는지 보기를 거부하는 것입니다. 두 번째는 혁명이 분명 일어나지 않을 곳에서 혁명을 보는 것입니다. 이것들은 간략하게 말해서 개량주의적 길과 독단적 길입니다. 정말 거대한 폭의 혁명이 오늘날 분자적인 또는 미시적인 수준에서 발전하고 있습니다.

저는 이러한 분자혁명이 전반적인 정치적인 위기와 병행하여 발전할 수 있을 뿐이라고 믿습니다. 몇몇 사람들은 1960년대의 미국이나 68년 프랑스에서의 사회적 동요는 자생주의적—일시적인, 주변적인—사건이었으며, 그러한 유토피아적 혁명은 어디에도 이르지 못한다고 말합니다. 그러나 제 생각에 중요한 것들은 아마도 낡은 형태의 마지막 혁명이었던 그 혁명[68혁명] **이후**에만 발생하기 시작했습니다. 분자혁명은 상대적으로 알려지지 않은 영역에서 발전합니다. 질 들뢰즈는 이해하려고 애쓸 것이 많지 않다고 우리에게 막 말하고 있었습니다.[3] 우리는 학생들이 바리케이드에서 반항하고 움직이고 있는 것을 봅니다. 우리는 십대들이 고등학교 생활을 바꾸는 것을 봅니다. 우리는 죄수들이 프랑스 감옥의 절반에 불지르는 것을 봅니다. 우리는 프랑스공화국 대통령이 죄수들과 악수하고 있는 것을 봅니다. 여성들의 반란이 여러 수준에서 온갖 방향으로 일어나고 있습니다. 즉 유산문제, 매춘문제에 관한 물려받은 정책들에 반대하는 방향으로 말이죠. 우리는 이민자들이나 인종적 소수자들의 투쟁, 동성애자·약물복용자·정신병환자의 투쟁을 봅니다. 심지어 우리는 전에는 상상할 수 없는 사회적 범주들이, 예를 들면

---

3) 질 들뢰즈는 점심 때 나중에 "리좀"으로 발전된 생각을, 즉 수목과 리좀에 관해 칠판에다 그림을 그려가며 프랑스어로 말했다.

일부 판사들이 프랑스에서 활약하고 있는 것을 발견합니다.

이러한 움직임을 모두 테이블 위에 하나하나 올려놓고서 우리는 다음과 같이 물을 것입니다. 이 모든 움직임은 무엇을 공통적으로 갖고 있는가? 이 모든 움직임을 혁명을 시작하는 데 이용할 수 있을까? 이 움직임은 예를 들어 식민지 군대의 장교들이 콩 방디와 같은 사람들을 연기하고 있는 포르투갈에서 지금 당장 일어나고 있는 것과 어떤 관계가 있을까? 우리는 확실히 이러한 현상을 주변적인 것이라고 폐기할 수 있고, 잉여세력으로서 다시 가두려고 할 수 있습니다. 이것은 정확히 대부분의 소집단이 갖는 태도입니다. 혹은—이것은 제 가설입니다—우리는 제가 말한 분자혁명이 비가역적 방식으로 여기에 위치해 있고 발전하며, 낡은 조직형식 및 조직구조가 권력을 장악하고 욕망의 리좀적 요소를 수목적 권력체계 속에 묶어두기 때문에 이러한 운동은 그때마다 실패한다고 가정할 수 있습니다. 그러므로 저에게 주요한 문제는 정치문제와 관련하여 철저한 태도변화입니다. 한편으로는 신문이나 TV에서 보는 "심각한" 일들—정당, 조합, 소집단에서의 권력문제—이 있습니다. 다른 한편으로는 작은 일들, 사생활과 관련된 일들이 있습니다. 아이들을 돌보기 위해 집에 머무는 활동가의 아내, 의회복도에서 거래하는 하급관료, 이들은 대부분의 정치적 균열의 근원이며 강령적 측면을 지닙니다만, 항상 관료적 투여 현상에 그리고 이러한 조직들을 움직이는 특정한 카스트에 연결되어 있습니다.

혁명운동은 무엇이든, 이데올로기 때문에 자신의 방향〔입장〕을 바꾸지는 않는다고 믿습니다. 이데올로기는 이 모든 조직들 사이에서 효과적으로 지속되는 리비도적 교섭과 비교할 때 그렇게 비중이 높지는 않습니다. 그 모두는 마찬가지가 됩니다. 즉 정치적 목표들은 모든 종류의 투쟁의 메아리이고, 현재 조직 안에서 욕망 및 사회적 무의식 현상에 대한 분석과 결합됩니다. 그렇지 않으면 관료적 난관과 회수가 필연적으로 되풀이될 것이고, 대중 및 이익집단의 욕망은 대표체들을 통과하고 하나의 대표〔표상〕에서 생겨날 것입니다.

우리는 모두 이러한 종류의 전투적 주도권〔대표제화〕을 경험해 왔습니다. 우리는 왜 사태가 그러한 방식으로 작동하는지, 왜 욕망이 모든 종류의 대표체와 관료에 위임되고 있는지, 왜 혁명적인 욕망이 조직적 미시파시즘으로 전환되는지 이해할 수 있어야 합니다.

확실히 혁명적 욕망을 대체하게 되는 보다 강력한 투여가 있음에 틀림없습니다. 잠정적으로 저의 설명은, 자본주의 권력은 경제영역 안에서 그리고 계급의 종속을 통해서 실행될 뿐만 아니라, 경찰·감독관·교사·교수를 통해서 실행될 뿐만 아니라, 제가 모든 개인의 **기호적 예속**이라 부른 또 다른 전선에서도 실행된다는 사실에서 시작합니다. 아이들은 말을 하기 전에 요람에서 자본주의에 대해 배우기 시작합니다. 아이들은 텔레비전에서, 가족을 통해서, 보육원에서 자본주의적 대상과 관계를 인식하게 됩니다. 만약 아이들이 어떻게 해서든 기호적 예속을 벗어나게 되면, 전문화된 제도들(두 가지만 이야기하자면, 심리학과 정신분석)이 아이들을 보호〔감시〕합니다.

자본주의는 일련의 기호적 예속을 통해 전진해 가지 않으면, 자신의 노동력을 성공적으로 결집시킬 수 없습니다. 어려운 것—그리고 기본적인 이론적 문제를 제기하는 것—은 모든 이러한 전선(전통적인 정치적 사회적 투쟁의 전선, 피억압민족 집단들 및 지역들의 해방, 언어투쟁들, 보다 나은 이웃관계를 보다 공동적인 생활방식을 위한 투쟁들, 가족생활이나 가족생활을 대신하는 모든 것을 바꾸는 투쟁들, 이성애적이든 동성애적이든 커플 사이에서 생겨나는 종속양식을 바꾸는 투쟁들)들에서 투쟁들의 접합과 통일을 만들어내는 방법입니다. 비록 저는 특별히 좋아하진 않지만 "미시파시즘적"이라는 용어 아래에 이러한 모든 투쟁들을 포함시킵니다. 저는 미시파시즘적이라는 용어가 사람들을 펄쩍 뛰게 하고 놀라게 하기 때문에 그냥 그것을 사용합니다. 자기 자신의 신체, 자신의 기관이 지닌 미시파시즘이 있고, 식욕감퇴에 이르는 일종의 거식증이, 교환가치나 사용가치를 제외하고 욕망가치를 희생하며 사물의 가치에 눈감게 만드는 지각적 거식증이 있습니다.

이것은 중요한 이론적 문제를 제기하는데, 저나 들뢰즈 그리고 몇몇 사람들에게 이 문제는 나중에 다소 변하였습니다. 우리는 가장 무서운 적이 정신분석이라고 생각했는데, 그 이유는 정신분석은 모든 욕망형태를 특수한 구성체인 가족으로 환원시키기 때문입니다. 그러나 정신분석은 단지 적용의 한 지점일 뿐이라는, 즉 모든 기호화 양식의 축소판이라는 또 다른 위험이 존재합니다. 제가 **기호화**라고 부르는 것은 지각에서, 공간운동에서, 노래부르기·춤·흉내·애무·접촉에서, 신체와 관련한 모든 것에서 발생하는 것입니다. 모든 이러한 기호화 양식은 지배언어로, 전체적인 발언생산과 자신의 통사적 규칙을 조정하는 권력언어로 환원됩니다. 학교나 대학에서 배우는 것은 본질적으로 내용이나 자료가 아니라 일정한 사회적 카스트에 적합한 행동모델입니다.

여러분이 학생들에게 시험을 치르게 할 때 무엇보다 먼저 학생들에게 요구하는 것은 일정한 기호적 주형화 방식이며, 기존 카스트에의 일정한 진입입니다. 이러한 진입은 노동자 훈련과 더불어 표준교범적 양성의 맥락에서 더더욱 잔인합니다. 시험은, 공장노동에서 부서이동은 항상 흑인인지 푸에르토르코인지 부자동네에서 자랐는지, 적절한 어투를 가지고 있는지, 남자인지 여자인지에 달려 있습니다. 교육적인 양성동안 작동하는 권력기호들, 인식기호들이 존재하는데, 이러한 기호들은 진정한 진입의례입니다. 저는 대학의 예를 들었는데, 많은 다른 권력구성체들에서 쉽게 예를 들 수 있을 것입니다.

만약 투쟁이 모든 전선, 특히 권력구성체의 전선들을 목표로 하지 않는다면, 지배권력은 개인들에 대한 기호적 예속을 확장할 것입니다. 대부분의 사람들은 이러한 기호적 예속을 알아채지조차 못합니다. 마치 사람들이 기호적 예속이 존재한다는 것을 믿고 싶지 않은 것처럼 말입니다. 그래도 이것은 온갖 관료들을 지닌 정치조직들이 하려는 것입니다. 이것은 모든 형태의 회수를 창조하고, 만들고, 유지하는 데 기여하는 것입니다.

미국에는 저에게 매우 흥미로운 것이 많이 있습니다. 그것은 수년 동안 특히 비트세대와 함께 발생해 왔고, 아마도 신체, 지각의 기호계와 관련된 문제들이 지닌 바로 그 예리함 때문일 것입니다. 이것은 사람들이 관계들과 무의식에 대한 일정한 지식인적인 관념에 묶여있는 유럽에서는 훨씬 그렇지 않습니다. 여기에서 신체기호계를 재도입하기 위해 주어진 다양한 합리화와 정당화는 저에게 별로 흥미롭지 않습니다. 어떤 것들은 선불교를 포함하거나, 무대에서 이제 막 공연되고 있는 타이치(Tai Chi)〔중국체조〕와 같은 다양한 기술형태를 포함합니다. 약간 맹목적인 방식으로 거기서 무엇인가를 찾고 있는 것처럼 저에게는 보입니다. 맹목성은 다양한 형태를 취합니다. 예를 들어, 프랑스에서 우리는 정신분석협회들 안에 구루〔교사〕네트워크를 지니고 있습니다. 심지어 우리는 중요한 정신분석조직을 이끄는 문(Moon) 경[4]과 같은 인물조차 갖고 있습니다. 그러나 정신분석은 특수한 일단의 사람들을 포함할 뿐입니다. 미국에서는 분명히, 정신분석이라는 바이러스를 다소 피하긴 했지만, 저는 때때로 정신분석의 위계체계가 구루체계 속에, 욕망을 표

─────────────

4) 통일교의 문선명.

상하기 위한 체계 속에서 재생산되지 않을까 의심합니다.

　문제는 이렇습니다. 즉 사람들은 모든 미시파시즘을 확인하지 않고는, 투쟁을 통해 자신들을 재생산할 수 있는 권력의 모든 기호적 예속양식들을 확인하지 않고는, 정치적 대상을 향해 투쟁할 수 없으며, 자생성이나 자연으로의 복귀라는 신화는 아무 것도 변화시키지 않을 것입니다. 우리의 아이들과 우리의 파트너와의 관계이든 우리의 학생(교수에게)과의 관계이든, 아무리 순진하게 사람들이 이와 관련하여 결백하다고 가정할지라도, 저는 이 결백[순진무구함]이 죄와 같으며 죄를 낳는다고 믿습니다. 특히 사람들이 미시파시즘을 알지 못할 때, 중요한 것은 유죄냐 결백이냐가 아니라 사람들이 자신 안에 숨겨둔 미시파시즘을 찾아내는 것입니다. 물론 제가 여기서 제기하고 싶은 마지막 것은 미시파시즘이 개인적 해결책을 받아들일 수 있다는 것입니다. 미시파시즘은 새로운 유형의 **언표행위배치**로 다뤄질 수 있을 뿐입니다. 이러한 언표행위배치의 한 예—욕망의 배치라는 관점에서는 불가능한, 정말로 무서운 배치—는 몇몇 개인이 다른 모든 사람 위에 올라서서, 누구든 정말 토론을 시작할 수 없게 하는 준비된 토론을 하는 이 방 자체의 예입니다. 어제 저는 전체 틀을, 우리가 여기에서 하고 있는 전체 작업유형을 바꾸어야 한다고 제안했는데, 아주 놀랍게도 저는 모든 사람들이 회의가 그대로 유지되기를 원한다는 걸 깨달았습니다. 비록 여기서 아무도 말하는 것에 대해서 돈을 받지는 않았지만, 일부 사람들은 자신들의 돈을 돌려달라고 요구하기까지 하였습니다.[5]

---

5) 전날, 가타리는 정식 강의형식을 토론 후의 간단한 요약으로 바꾸자고 제안했으며, 청중들은 조엘 코벨(Joel Kovel)의 논문발표 도중에 이 제의에 대해 두 패로 나눠졌다. 절반 정도의 청중들은 메인 홀에 남아 있었으며, 나머지 사람들은 가타리와 함께 푸코가 "어린이의 성"에 관한 자신의 논문을 영어로 읽고 있었던 더 작은 방으로 이동했다. 밀정들이 푸코를 CIA요원이라고 고발했던 것은 바로 그 시점이다. <분열문화 회의>가 콜롬비아 대학으로부터 지원

여러 번 이러한 종류의 대화를 하려는 시도들이 있었습니다. 대화를 시도하고 시작하려고 나섰던―완전히 가짜인, 그러나 현실적인 욕망으로 가득 찬―유일한 사람들은 우리를 허위로 CIA요원이라고 고발한 사람들이었습니다.

우리는 욕망의 미시정치 및 미시파시즘이 지닌 리비도 경제에 투여하듯이, 정치투쟁의 수준에서 구체적으로 실존하며 성격상 완전히 다른 동맹들과 가능성들을 정확히 확인해야 합니다. 저는 일전에 장 자끄 레벨(Jean-Jacques Lebel)[6]에게, 그의 포르투갈에 관한 워크샵과 관련하여, 사람들이 포르투갈 공산당의 태도에 관련하여 내리는 판단은 필연적으로 스피놀라(Spinola)[7]의 판단이나 그 자신〔레벨〕의 판단과는 다르며, 그래도 관료화 메커니즘과 대중의 욕망에 대한 무시는 두 경우 모두 마찬가지라고 말했습니다.

또 다른 예를 봅시다. 프랑스에서 우리는 등에 스와스티카〔나찌표시〕를 붙이고, 온갖 종류의 파시스트 훈장으로 도배한 채 돌아다니는 몇몇 집단, 갱들을 만납니다. 하지만 그들의 미시파시즘과 서구 등의 정치집단의 파시즘을 혼동해서는 안 됩니다. 분자적 수준에서 미시파시즘과 싸우는 한에서만, 미시파시즘이 거대한 정치집단들의 수준에서 발생하는 것을 막을 수 있습니다. 만약 우리 각자가 미시파시즘적 오염, 자본

받지 못하고 회의 등록금이 전적으로 사범대학의 강의실을 빌리는 데 다 사용되었던 점을 주목해야만 한다.

6) Jean-Jacques Lebel(1936~). 횡단적인 화가로서 그림, 영화, 비디오, 시, 음악 등을 함께 전시하는 작업을 하였다.

7) Antonio Spinola(1910~). 포르투갈의 군인이자 정치가. 1974년 4월 군부 쿠데타가 성공하자 그는 군부 내 온건파 지도자로서 임시 대통령에 취임하였는데, 곤살베스 내각의 식민지 해방 정책에 반대하여 군부 내 우파를 이끌고 다시 쿠데타를 기도하였으나 실패하였다. 1975년 브라질로 망명하였다가 군 급진파의 실각 후 1976년 귀국하였다.

주의에 의한 기호적 오염에 대해 면역된다고 사람들이 믿는다면, 그때 우리는 고삐 풀린 거시파시즘 형태의 등장을 볼 수 있다고 확실히 기대할 수 있습니다.

(1975. 11)

19

『분자혁명』 결론

이 20세기 마지막의 대위기는 모든 가능한 격변이 결합한 것으로서 예고되고 있는 것 같다. 갈피를 잡지 못하고 있는 혹은 파국적으로 진화하는 영역들(에너지, 고용, 생태, 인구문제, 국제관계 등)을 열거할 수밖에 없다. 아마 핵참사를 예상할 여지는 없다! 그러나 우리는 이미 아주 오랫동안 억제된 "장기적인" 복수의 혁명의 폭발로 이어지는 새로운 종류의 백년전쟁 속에 들어서고 있다.

이러한 지복천년설〔종말론〕적인 분위기 속에서 설교사들이 매체를 잡아 흔들며 정치의 죽음, 계급투쟁시대의 종언, 사회적인 것의 내파, 일신교의 불멸의 가치로의 회귀의 필연성을 선언한다. 부유한 나라의 주민들은 회의적이면서 불안하기도 하고 또한 약간은 얼빠진 채 자신들의 기득권에 매달리고 옛날로의 복귀를 바란다. 그리고 이러한 기다림 속에서 질서와 안전의 여신에게 필요한 모든 희생을 바칠 것을 약속하는 누구에게든 몸을 맡겨 버린다.

그러나 그간 세계인구의 반이 먹을 물이 없고, 삼분의 일은 장기간 기아상태에 있고, 5억의 인간이 문맹이고, 2억5천만 명은 빈민굴에서 비좁게 생활하고, 또한 수천만 명이 난민캠프, 강제수용소, 특별감옥이나 보통감옥에 갇혀 있거나 길가에, 해변에, 바닷가…에 떠돌아다니고 있다. 그리고 모든 전문가가 이 빈곤의 피라미드가 엄청나게 증대할 것이라고 예언하고 있다.

이러한 유형의 사회"질서"는 군사수단, 경찰수단, 제도적 매체적인 통제체계의 끊임없는 확장에 의해서만 유지된다. 몇몇 지표들은 이 점에 관하여 동도 서도 또한 북도 남도 똑같은 방법을 채택해 나가며, 아마 앞으로 각각의 억압공간이 전반적으로 통합되어는 가는 경향이 있다는 것을 보여준다.

위기는 어디로 향하는가? 이 위기라는 말은 아마도 세계자본주의와 (오늘날 제3세계 나라들과 이른바 사회주의 나라들이 구성하는 세계자본주의의) 두 가지 거대한 식민지 집합체의 재모형화라는 거대한 기획을 은폐하는 속임수이다. 생산수단, 경제수단, 연구활동, 군사력 등의 초집중화는 인간의 공간을 믿을 수 없는 위계화로 유도한다. 대륙들은 게토로 변하고 또한 번영한 최근의 나라들은 강제수용소로 그리고 심지어는 죽음의 수용소로 변한다. 새로운 스타일의 파시즘이 지구전체 수준에서 수립되고 있다.

이러한 상황 속에서는 모든 사람은 절망과 해방의 거대한 투쟁이 여기저기서 발발할 것이라고 당연히 믿는다. 그러나 어떠한 사회에, 어떠한 다른 종류의 사회질서에 이르기 위해서? 이란혁명의 불길한 전개는 반성할 소재를 제공해 준다. 현재의 거대한 사회운동이 난관에 봉착한 문제는 국가권력과 정치기구 및 조합기구의 성질에 관련되어 있으며, 후자가 국가권력의 제도적 설비로 되는 한 이 두 가지 측면은 연결되어

있다

국가와 전통적인 정치구성체들을 통제하는 권력장치 및 카스트에 의거하지 않고, 근대적인 생산, 합리적인 커뮤니케이션과 교환의 수단이 기능할 수 있다고 생각할 수 있는가? 사회주의 사회의 건설은 오늘날 권력의 단순한 전복이나 생산수단에 대한 부르주아 통제력의 탈취에서 이루어지는 것이라고 생각할 수 없다. 더욱이 사회혁명은 선진산업국의 노동자계급이 초과착취당하는 사람들—제3세계의 노동자, 이민자, 성적 가족주의적 억압체계의 희생자인 여성이나 어린이, 모든 종류의 소수자—에게 행사하는 권력을 탈취하는 데에도 참여하고 있다. 일반적으로 말하면 사회혁명은 내가 "**분자혁명**"이라고 부른 것에 속하는 모든 것을, 달리 말하면 역사와 계급투쟁 속에서 욕망의 위상에 관련하는 모든 것을 움직이게 하고 있다. 공산주의 문제도 역시 사적 소유의 폐절의 측면에서만이 아니라, 새로운 유형의 언표행위・삶・창조・투쟁의 집합적 배치에 의해서 생산 및 기호화 수단 총체를 전유한다는 측면에서도 제기되어야 한다.

이처럼, 현재의 거대한 위기의 "가시적"인 측면들은 그 위기의 무의식적 측면들과 분리될 수 없다. 앞으로 다가올 사회혁명은 **따라서** 분자적이든가 그렇지 않으면 혁명은 오지 않을 것이다. 사회혁명은 영구혁명이며, 가장 일상적인 투쟁에 참여할 것이며, 현행체계와 공모하는 권력구성체에 복종하는 욕망구성체에 대한 끊임없는 분석을 함의할 것이며, 그렇지 않으면 국가와 관료제에 필연적으로 회수될〔말려들어 갈〕것이다.

(1980)

20

펠릭스 가타리와 『분자혁명』*

모리스 나도(Maurice Nadeau)

유명한 『안티 오이디푸스』를 질 들뢰즈와 함께 쓴 펠릭스 가타리의 『분자혁명』을 읽은 뒤, 나에게는 주요한 저작이 된 그 책의 서평을 쓰기 시작했다. 나는 가타리의 말이 어떤 번역, 어떤 주석, 어떤 요약도 허용하지 않을 것이라는 기분이 들었다. 가타리의 말은 정면에서 치고 나오고 밝히고 길들을 추적하며, 어떤 맑스주의의 파산이나 정신분석의 관습적 용법 앞에서 우리가 제기하는 무수한 자문에 답하고 있다. 아, 물론 가타리의 말은 "신철학자들"의 말을 본따서 대중매체를 통해서 유포되지 않을 것이며, 아마 수공업적인 출판기획에 접할 수 없는 사람들에게조차 도달하지 않을 것이다. 가타리의 말은 그 자체가 그가 말하는 "분자혁명"의 하나의 측면이며, 이 분자혁명을 벗어나서는 위기에 처한

---

* la Quinzaine littéraire, n° 265, 15 octobre 1977에 발표된 글. [1977년 판에 대한 서평]

사회, 우리의 사회, 그리고 말을 남용(점점 더 약해지고 있지만) 하자면 "사회주의"라는 사회를 구제할 수단이 어디에서 나타나는지를 실제로 결코 찾지 못할 것이다.

정치기구에만 관련할 뿐만 아니라 사회의 모든 톱니바퀴들, 가장 분자적인 것들조차 문제 삼게 되는 혁명. 그것은 새로운 처방전인가? 유토피아에 이르는 새로운 길인가? 그렇지는 않다. 여기서 주목할 것은 새로운 사상의 출현이다. 이 책에는 직접 마주 대할 만한 말이 있다.

"맑스와 프로이트, 맑스학(Marxologie)과 프로이트학(Freudologie) 배후에는 공산주의운동과 정신분석운동의 똥같은〔지저분한〕현실이 있다…. 맑스주의와 프로이트주의는 노동자운동과 정신분석운동 그리고 대학이란 구성된 신체들에 의해 너무나 중화되어서 누구도 흐트러트릴 수 없을 뿐만 아니라, 심지어 기성질서의 보증자가 되어, 그 질서가 심각하게 흔들릴 수 없다는 것을 귀류법〔부조리〕으로 보여준다…. 이론적인 활동은, 아주 미미한 전복적 실천조차도 욕망의 모든 투여에서 단절시킴으로써 의례화하고 장악하려는 자본주의적 경향을 피하기 어렵다. 이론적 실천은 현실의 투쟁 속에 자신을 개방할 때에만 비로소 자신의 게토에서 벗어날 것을 기대할 수 있다…. 모든 형태의 맑스주의는 욕망을 결여하고 있으며, 관료주의와 인간주의로 경도됨으로써 그 내장〔본질〕을 잃어버리고 있다. 반면 프로이트주의는 처음부터 계급투쟁과 관계가 없었을 뿐만 아니라, 더 나아가 무의식적 욕망을 지배질서의 가족적이고 사회적인 규범에 수갑을 채운 채 속박함으로써 지속적으로 무의식적 욕망과 관련된 초기의 발견을 왜곡했다…. 이론적 언표를 소비하는 데는 두 가지 방법이 있다. 먼저 대학의〔아카데믹한〕방법은 텍스트를 전체적으로 취하거나 버리는 것이다. 반면 정열적인 애호가〔아마추어〕의 방법은 자신에게 편리하게 텍스트를 조작하고, 자신의 좌표를 밝혀주고 자신의 삶의 방향을 지시하도록 사용하면서, 텍스트를 취하는 **동시에** 버리는 것이다."

"생산수단의 사적 소유는 자아, 가족 그리고 사회질서에 의한 욕망의 전유와 내생적으로 연결되어 있다. 첫째로 노동자 편에서 욕망으로의 모든 접근은 가족주의적 거세와 소비주의의 덫 등에 의해 차단당한다. 그 이후에 그 노동력은 쉽게 탈취당한다. 노동에서 욕망을 분리하는 것은 자본의 첫 번째 명제〔정언명령〕이다. 그러므로 자본에 봉사하는 이론가의 임무는 정치경제를 욕망경제에서 분리하는 것이다. 노동과 욕망은 자본주의와 관료주의적 사회주의가 지닌 명확하게 정의된 생산관계, 사회관계 그리고 가족관계의 틀 안에서만 상호모순된다. 어떠한 욕망의 소외도 어떠한 성-심리적 컴플렉스도, 외적 억압 및 사회심리적 컴플렉스와 근본적으로 그리고 궁극적으로 분리할 수 없다…. 사회적 구도에서 욕망이 생산한 것들—꿈, 사랑행위, 구체적 유토피아—이 자동차나 주방기구와 같이 상업적으로 생산된 것들과 동일한 존재가치를 획득할 수 있는가?… 자본가가 관심을 갖는 것은 자신의 착취기계에 연결할 수 있는 다양한 욕망기계 및 생산기계이다. 즉 만약 당신이 청소부라면 당신의 팔, 당신이 기술자라면 당신의 지능, 당신이 표지모델이라면 당신의 유혹능력, 그런 식으로 말이다. 자본주의는 그 밖의 것에 관해서는 주의를 기울이지 않을 뿐만 아니라, 심지어는 사람들이 그것에 관해 말하는 것을 듣고 싶어하지도 않는다. 다른 것들에 관해 말하는 어떤 목소리가 들린다면, 그것은 자본주의적 생산체제의 질서를 방해할 뿐이다. 따라서 비록 욕망기계가 산업기계와 사회기계 사이에 득실거린다 하더라도, 그것은 항상 서로 감시당하고, 일정한 방향으로 보내지고, 구획된 채 있다. 사람이 진정으로 인간의 사회적 조건에 고유하며 정당하다고 생각하는 이러한 소외적 통제양식을 극복할 수 있는가를 아는 것이 중요하다…. 사회적 생산과 욕망하는 생산 간의 이러한 이분법은 여성, 아동, 마약중독자, 알콜중독자, 동성애자 등에 대해 가족주의적 억압이 작동하는 곳이라면 어디서든 혁명투쟁의 표적이 되어야만 한다. 그러므로 이러한 미시적 계급투쟁이 오직 정신분석 영역에서만 수행되어서는 안 된다…."

"비록 사회의 점진적인 변형을 기대하는 것이 환상이라고 할지라도, 나는 또한 미시적 시도들—공동체, 지역위원회, 대학에 탁아소를 설립하는 것 등—이 절대적으로 근본적인 역할을 할 수 있다고 믿는다…. 이러한 영역에서는, 나는 혁명조직이 지닌 영원한 개량주의를 믿는다. 회유메커니즘 앞에서 얼빠진 수동적 태도나 직업활동가들의 관료주의적 조종보다는, 열 번의 연이은 실패나 하찮은 성취가 더 낫다."[1]

왜 인용을 멈춰? 〔계속 인용할 수 있을 것이다〕

펠릭스 가타리는 직업적인 사상가도 이데올로그도 아니고 정신의료, 정신분석, 사회투쟁의 실천가이다. (그는 최근 볼로냐에 있다). 그리고 그 사상은 또한 일상적 실천을 교육하기도 하고 그 역이기도 하며, 우리의 개인적이고 집합적인 수동성이나 무기력으로 하여금 일어서도록 하는 모든 것—가타리가 포착하고 질문하려고 하는 이 삶에의 호소를 역시 그렇게 오랫동안 압살할 수 없던 것 같은 폐허—속에 침투하여 수동성과 무기력을 내부로부터 붕괴시키려고 한다. 그의 사상이 여기서 400페이지의 인쇄된 형태를 갖추고 있는데, 거기에서는 공장에서의 세분화된 노동으로부터 "혁명적인 것"조차 차차 구속복으로 만드는 지적 구축물에 이르기까지 인간활동의 다양한 형식이 검토되고 있다. 68년 5월이 하나의 결정적인 비약을 가져온 이론적 실천적 행위의 흐름에 따라서

---

1) 가타리, 『분자혁명』, 윤수종 옮김, 푸른숲, 1998, 31-44쪽에서 인용.

400쪽에 걸친 인터뷰, 글, 성명, 분석, 개인적인 주석 등이 전개되고 있다. 그것은 미래에 대한 단순한 사색인가? "기존 환경을 닮은 인간이나 제도나 사상이 일소된" 시대가 예전에 한번도 존재하지 않았던 것처럼 말이다. "그러나 정확히 이러한 순간에 욕망이 스스로를 현실로 생각하기보다는 현실을 효과적으로 공격해 들어가고 변혁해 가는 것 아닐까?"라고 가타리는 말한다.

인간은 "역사의 주체"로 되며 "삶을 변화시키고" "세계를 변혁하는" 데에 집중한다. 그래도 그믐달들이 있다. 가타리 덕택으로 새로운 빛이 비춰진다.

(1977. 10)

텍스트 출처

1부 욕망과 혁명

1. 욕망과 혁명

   Félix Guattari, (Gerhard Brodt herausgegeben), *Wunsch und Revolution: Ein Gespräch mit Franco Berardi (Bifo) und Paolo Bertetto*, Verlag Das Wunderhorn, 1978 (Gerhard Brodt, Mario Damolin, Dorothea Lang, Robert Willet, *Desiderio e rivoluzione: Intervista a cura di Paolo Bertetto*, squilibri, Mailand, 1978), pp. 21-89.

2부 60억의 도착자들

2. 똥꼬에 열광하는 사람들 (무명씨)

   'Les Culs Énergumènes', *Recherches: Trois Milliards de Pervers: Grande Encyclopédie des Homosexualités*, Mars 1973, 23F, pp. 226-265.

3. 신체에 대한 말살을 끝장내기 위하여 (무명씨)

   'Pour en finir avec le massacre du corps', *Recherches: Trois Milliards de Pervers: Grande Encyclopédie des Homosexualités*, Mars 1973, 23F, pp. 158-162.

3부 유럽에서의 탄압/폭력과 새로운 자유의 공간

4. 1977년 9월의 볼로냐회의

   Félix Guattari, 'La rencontre de Bologne de Septembre 1977', *La Révolution Moléculaire*, 10/18, 1980, pp. 153-177.

5. 유럽에서의 탄압에 관하여

   Félix Guattari, 'A propos de La Répression en Europe', *La Révolution Moléculaire*, 10/18, 1980, pp. 179-190.

6. 왜 이탈리아인가?

'Why Italy?', Christian Marrazzi and Sylvere Lotringer ed., "Italy: Autonomia" issue, Semiotext(e), Vol. Ⅲ, No. 3, 1980; (translated by David L. Sweet); in Sylvere Lotringer ed., Félix Guattari, *Soft Subversions*, Semiotext(e), 1996, pp. 79-84.

7. 집합적 우울증의 메아리처럼

Félix Guattari, 'Comme un écho de la mélanchorie collective', *La Révolution Moléculaire*, 10/18, 1980, pp. 191-202.

8. 4월 7일 체포된 이탈리아지식인에게 보내는 편지

Félix Guattari, 'Lettre aux intellectuels italiens à props des arrestations du 7 avril', *La Révolution Moléculaire*, 10/18, 1980, pp. 203-206

9. 가능한 아우토노미아

Félix Guattari, 'L'autonomie possible', *La Révolution Moléculaire*, 10/18, 1980, pp. 207-213.

4부 욕망의 미시정치

10. 욕망 해방

A Liberation of Desire, (an interview conducted and translated by George Stambolian), George Stambolian and Elaine Marks eds., *Homosexuality and French Literature*, Cornell University Press, 1979; Sylvere Lotringer ed., Félix Guattari, *Soft Subversions*, Semiotext(e), 1996, pp. 45-62.

11. 욕망은 역능, 역능은 욕망

'Desire is Power, Power is Desire', (translated by David L. Sweet) Guattari's response to the Schizo-Culture Conference, in November 1975. in Sylvere Lotringer ed., Félix Guattari, *Soft Subversions*, Semiotext(e), 1996, pp. 15-23.

12. 가족요법에 관하여

Félix Guattari, 'A propos de la thérapie familiale', *La Révolution Moléculaire*, 10/18, 1980, pp. 257-262.

13. 기표로서의 마약

　Félix Guattari, ‘Les drogues des signifiantes’, *La Révolution Moléculaire*, 10/18, 1980, pp. 335-345.

14. 오늘날의 빈곤

　Félix Guattari, ‘La misère d'aujourd'hui’, *La Révolution Moléculaire*, 10/18, 1980, pp. 347-350.

15. 민중적 자유라디오

　Félix Guattari, ‘Les radios libres populaires’, *La Révolution Moléculaire*, 10/18, 1980, pp. 367-374.

5부 분자혁명과 계급투쟁

16. 권력구성체의 적분으로서 자본

　Félix Guattari, ‘Le Capital comme Intégrale des Formations de Pouvoir’, *La Révolution Moléculaire*, 10/18, 1980, pp. 67-97.

17. 지구계획

　Félix Guattari, ‘Plan de la planète’, *La Révolution Moléculaire*, 10/18, 1980, pp. 99-117.

18. 분자혁명

　‘Molecular Revolution’, (translated by David L. Sweet) transcript of Guattari's address to the Schizo-Culture Conference organized by Semiotext(e), in November 1975 at Columbia University in New York. in Sylvere Lotringer ed., Félix Guattari, *Soft Subversions*, Semiotext(e), 1996. pp. 7-14.

19. 『분자혁명』 결론

　Félix Guattari, ‘Conclusion’, *La Révolution Moléculaire*, 10/18, 1980, pp. 375-378.

20. 펠릭스 가타리와 『분자혁명』 (모리스 나도)

　Maurice Nadeau, Postface: Félix Guattari et La "Révolution Moléculaire", Félix Guattari, *La Révolution Moléculaire*, 10/18, 1980, pp. 380-385.